HISTOIRE DU MARIAGE EN OCCIDENT

西方婚姻史

Jean-Claude Bologne

［比利时］让 - 克洛德·布洛涅 著

赵克非 译

上海文化出版社

致读者

本书涵盖的题目太多，不可能完全按照编年史的架构来写。用纯粹的编年体写法，会把素材搞得七零八落，使写出来的书不堪卒读。不能把离婚史、结婚仪式史和亲属关系禁忌史等分开叙述，然后再把这些内容按照年代顺序简单地排列在一起。谈到公元856年埃塞沃尔夫国王给朱迪思公主的那枚戒指时，我们势必也要谈到现代的结婚戒指，谈到罗马的订婚戒指。

反之，严格按照题目划分，又会使不同题目之间的平行关系变得模糊，而不能充分彰显婚姻史上的一些重大关节。于是，经过一番努力，我找到了一个折中办法：在编年体的框架之内选择题目。我将对婚姻史中的重大问题分时期进行论述：这些问题出现的时期是个什么情形，大家都来思考这些问题的时期是个什么情形，这个问题以另一种方式提出的时期又是个什么情形……不过，每次论述这些问题时，我都会指出问题的来龙去脉，说明问题是怎样提出的，发展情况如何。

因此，我论述加洛林王朝时期形成的宗教婚姻仪式时，同时也说到了这些仪式的发展变化。用取消婚姻的办法将夫妻分开，这个问题是放在中世纪里谈的，那时禁止离婚；离婚问题放到了16世纪，当时发生了"亨利八世事件"。陪嫁问题则放到了17世纪，就是阿巴贡①喊出那句动人心魄的

---

① 莫里哀喜剧《吝啬鬼》中的主角。——译者注。本书未标明的注释均为原书注。

台词"没有陪嫁!"的时代。由恋爱而结合的婚姻是 19 世纪的事,同居则是 20 世纪的问题;不过,对这两者显然还都应该做些回顾。总的来说,在各个章节里都能感受到社会风气的变化。

目 录

第三部分　婚姻制度的瓦解
文艺复兴

第四部分　不可避免的矛盾
17 世纪至 18 世纪

第五部分　现代婚姻
19 世纪至 20 世纪

婚姻宝鉴

亚当和夏娃被逐出伊甸园以后，一直想得到上帝的宽恕，希望上帝赦免他们的罪恶，允许他们重返伊甸园。当然，撒旦有一套相反的计划，他对这两个失了神宠的人穷追不舍。眼见自己的努力不起作用，撒旦决定采取果断措施，让亚当和夏娃永远回不了伊甸园。

于是，有一天，魔鬼撒旦和他的十个帮凶，摇身一变，都成了貌若天仙的美女。一行人走向亚当和夏娃，自我介绍，说她们是另一种创世的作品，人数众多，当然也更幸福。亚当心想：这些美丽年轻的姑娘是怎么繁衍出来的呢？"交配吧，繁衍吧！"上帝确曾对他们这样说过。但是，如何交配？怎样繁衍？上帝却守口如瓶！

"真幼稚！"撒旦驳了亚当一句，接着就给他上了一堂性教育课，向亚当介绍了他那些同伴的丈夫和孩子，劝亚当按照他的指点去做。亚当生性谨慎，他请撒旦一起做祈祷，撒旦立刻拔腿跑掉。然而，胚芽已在亚当心田种下，他再也不能用原来的眼光看待他的同伴夏娃了。所幸，上帝明察秋毫，知道亚当"抵御不了撒旦的进攻"。为了避免使亚当落入非法性关系的陷阱，上帝急忙决定设立婚姻制度，并派出几位天使去宣布这个喜讯。天使们让亚当到他藏珍宝的洞里去把黄金和乳香拿来，这两样东西是他们走出伊甸园时，上帝送给他们的神秘礼物。

亚当把黄金郑重其事地给了夏娃，这就成了历史上的第一笔"亡夫遗产"。亚当又把乳香给了夏娃，乳香是把两具肉体合而为一的圣礼的象征。然后，他们各自伸出右手，像市场上的马贩子似的，击掌为约——这是历史上第一次用两只右手相击的方式正式确立婚姻关系。享受婚姻之前，他们还必须斋戒、祈祷40天。

大日子终于来到，正是他们从伊甸园被赶出来以后的7个月零13天，"撒旦发起的对亚当和夏娃的战斗，就此结束"。7世纪至9世纪的一部伪福音书《亚当的战斗》的第一部分，也确实是写到这里搁笔的。[①] 似乎以性为天然武器的魔鬼撒旦，在婚姻制度设立之后就已经被彻底打败。此后，亚当和夏娃就联合起来抵抗魔鬼的进攻了。

故事虽属虚构，却合乎基督教，尤其是圣保罗派信徒的教义：为避免非法性关系，容忍婚姻；而若无卑劣的本能作祟，男人（还有上帝！）原本是可以不要婚姻的。这个故事没有重视神关于交配和繁衍的叮嘱——假若撒旦不曾设下这个陷阱，神的叮嘱会不会永远得不到重视呢？故事也完全没有把亚当和夏娃在伊甸园里是否发生过性关系当一回事，而这个问题却使耶稣诞生以后几个世纪里的人，特别是圣奥古斯丁[②]，一直受着困扰。不过，这个故事还是被收进了12世纪才完成的一部关于婚姻起源的著作。

事实上，为了使各种说法不相互抵牾，必须承认亚当和夏娃有过两次婚姻，一次在伊甸园，另一次在犯下原罪之后。伊甸园是为一对没有丝毫情欲的夫妇准备的纯洁圣地，在那里，上帝已经规定了体面的婚礼，规定了没有罪恶激情的性关系，这种性关系可以让人不带激情地受孕，没有痛

① Migne, *Dictionnaire des Apocryphes*, t. I, col. 332 – 333 (*Encyclopédie théologique*, t. 23).
② 圣奥古斯丁（354—430），古罗马帝国时期基督教思想家，其代表是《上帝之城》和《忏悔录》。——译者注

苦地生产。这就是后来所谓的"责任婚姻",是一种"为了履行职责"而制定的制度,就是说,结婚是为了种族繁衍,而不是为了满足当时还不存在的性欲。犯下原罪之后,色欲渗入人世间,于是,"作为对策",必须制定第二种婚姻制度,当作一剂治疗人性弱点的妙药,以避免"肉体的不道德冲动"①。因此,在 12 世纪的基督徒眼里,理想的婚姻就成了这样的婚姻:没有性的快感而能传宗接代。中世纪和我们这个时代的距离有多大,从这件事上可以看得清清楚楚。在我们这个时代,对婚姻的主张常常是相反的,可是我们今天却依然根据这种婚姻理念生活着。

基督教这种看法的特点,同样把重点放在了性上(为的是否认在伊甸园的婚姻里有性,也为了在犯下原罪之后的婚姻里将性救赎),就好像在一桩牵涉的不仅仅是两个人、而是整整一个家庭的婚姻里,其他问题都和婚姻无关似的。在世界范围内发现的有关婚姻的各种神话传说中,基督教传说的特点是把婚姻说成神的创意,而不是一种开化行为。实际上,在传说中,世界上的多数民族都经历过这种从自由之爱向合法婚姻的过渡,最终建立起一种限制性关系的制度。而且,不管在哪里,这种制度又都是人类的法律,是由传说中的国王制定、适应新的社会秩序的法律。完成这项职责的,印度是国王斯维塔凯图,中国是"三皇"之一的伏羲氏,埃及是法老梅内斯,希腊是雅典的第一个国王塞克罗普斯。②

如果说其他文明中的婚姻有神圣性,由神祇主宰,犹太基督教文明的特点就似乎是把婚姻的起源完全归结为神意。这件事在婚姻史上并非没有重要意义。重新审视基督教的婚姻观,把婚姻中非宗教的物质利益(占很大比重!)识别出来,是由 18 世纪的哲学家们来完成的。

---

① Pierre Lombard, *Sentences*, 1. IV, dist. XXVI, 2, P. L. , t. 192, 140, col. 908.

② Westermark, 206, p. 9.

婚姻的起源

确实，努力寻找古老婚姻制度的自然起源，使婚姻从基督教的束缚中解脱出来的，是 18 世纪的哲学家。这种解脱无疑做得很谨慎，因为在用人性取代上帝旨意的同时，保留了认为严格管理婚姻是正确做法的理由，而这种理由是超越人的认识的。

孟德斯鸠就是这样做的，他从儿童教育入手。孩子的教育只能由父亲负责，父亲理所当然是为孩子提供饮食和保护的人。"父亲供养孩子的天然义务，"他写道，"使婚姻得以确立。婚姻宣告了应该负责完成此项义务的人是谁。"确实，在动物界，母亲就足以完成这些天然义务，因为动物只需要喂养；对人来说，特别是对"文明程度高"的民族来说，还必须"引领"孩子，而只有父亲能够担当此任。① 在这里，这位波尔多哲学家表明，他是自 16 世纪以来回潮的父系社会观念的继承人，同时也是 17 世纪末使法学观念发生革命性变化的"自然法学派"的继承人。

半个世纪以后，布列塔尼一个叫雷蒂夫的人对婚姻所作的讽刺就更辛辣了。当时，社会批评不再小心翼翼地用"分析"来打掩护，已经能够公开指责像婚姻这类腐朽而受尊重的制度了。照雷蒂夫的说法，婚姻是自私的老年人发明的。他解释说：在气候凉爽的地方，两性在人数上差不多相等。在这种情况下，为了克制性欲，最好能像鸽子那样，把男人和女人配成对儿。"如果没有婚姻，女人就会只委身于年轻男子。应该慰藉老年男人，而且，年轻男子的负担不是也太重了吗？"② 这当然是开玩笑，不过也

---

① Montesquieu, *Esprit des lois*, 1. 23, ch. 2 (éd. Bordas, classiques Garnier, 1990, t. II, p. 99).
② *Le paysan et la paysanne pervertis*, V^e partie, 105e lettre, 173, t. VI, p. 139.

表明，到了大革命前夕，婚姻的根本目的被曲解到了何种程度，其深刻意义完全被抽掉了。

大革命时期，加来海峡省巴波姆法庭的审判官朗格莱公民就严肃多了，他认为婚姻是嫉妒和用情不专的产物。"在人数不多的野蛮民族中间，由竞争引发的第一次争斗大概就已经表明，需要制定一些协议来防止争斗，保障每个女人有选择的自由，保证每个男人能够安安静静地、独自保有他得到的女人。"① 权利与自由之间的关系，变成了这种自愿忍受的束缚中的一个难点，于是，某些人就想从这种自愿忍受的束缚中解脱出来。

因此，关于婚姻起源的思考，总是折射着每一个时代占主导地位的思想。19 世纪，遭遇金钱婚姻现实的罗曼蒂克的爱情神话，至少在理想中使婚姻与爱情这一对凤敌和解了。但第三共和国的共和派议员路易·勒格朗却未能摆脱这个顽固念头的纠缠：在他看来，婚姻是为巩固有可能被时间冲淡的爱情而设置的，是为建立家庭而设置的。作为一个乐观主义者，他把爱情看作"婚姻天然和历史的基础"。他的目的是要指明，婚姻并非起源于宗教，它关系到的首先是政治社会，因为婚姻"植根于人类社会"②。

这样，从基督教传统到共和传统，都以各自的古老来证明其婚姻观念的正确，并在婚姻制度的根基上重新发现这些观念，似乎就是很自然的了。我们最终能够知道婚姻的真正起源吗？人种学家也曾想为此做出自己的贡献，特别是在美洲，对印第安人社会的观察为家庭结构的研究带来了新曙光。于是，他们就想从所谓的原始民族的现状出发，通过和日耳曼文明、凯尔特文明和古希腊罗马文明为数不多的残迹进行比较，来描述西方的原始婚姻。我们以后还会比较详细地谈到他们的理论，这些理论对 19 世纪末

---

① Lenglet, 121, p. 7.

② Legrand, 117, pp. 1 – 5.

的某些婚姻观产生过影响。大致说来，他们的理论可分为两派，一派以马克·勒南和摩根为代表，一派以韦斯特马克为代表。勒南派认为，开始时是两性"杂处"，然后是"群婚"，"群婚"慢慢被抛弃，让位于一夫多妻制，进而再让位于一夫一妻制。韦斯特马克派则认为，一夫一妻制在高等猿猴那里就达到了。经过长期辩论，韦斯特马克最终使自己的思想占据了上风。此后，对婚姻起源的研究就更多地专注于不同的婚姻类型（抢婚、买卖婚姻等）了。

如何理解在我们祖先那里突然出现的使婚姻和短暂结合有了区别的这种东西呢？希望或必须抚养一个孩子，出于身体、交往或心理方面的原因，更喜欢——当时还不知道这种东西叫作爱情——某个特别的女人，可能都起了作用。大部分古代遗留下来的证据，如同尚未欧化的民族还在实践着的做法一样，也都支持着存在多种不同类型结合的说法，使男人可以不必在单身和婚姻这个枷锁之间作痛苦的选择。抢婚、买卖——买卖男人或女人——婚姻、双方自愿的婚姻等形式，很多种文明都经历过，但情况有很大的不同。不过，对于西方社会来说，这类证据只有到婚姻已经建立起来的时代才有。在此之前，所有关于婚姻起源的探讨，可能永远都只是假说。但不管怎么说，在我们所作的研究范围之内，我们注重的只是历史上的婚姻，是婚姻在基督纪元开始后的情况。

神话抑或现实？

然而，看到历史上那些在我们看来彼此冲突的婚姻观念，我们会产生疑问：那些文件为我们提供的婚姻景象，或者说，文件的作者想为我们提供的婚姻景象，在多大程度上是真实的？无论是编年史、文学作品、神学著作还是法律文书，观点都彼此相反，而且又都失之于空泛，全是些论战式的漂亮话。乔治·迪比就曾指出，一位编年史学家是如何从一些至理名言出发，通过讲述德·吉纳伯爵一生的真实故事（把那些至理名言十分自然地插入到故事中），来试图推出一种生活模式、一种做丈夫和鳏夫的生活模式的。在教会打算将"女方同意"这一项强行列入结婚仪式的时代，某些女圣徒的传记也一再强调"嫁得不好"这个问题。至于艳情文学，则既传播了对古老婚姻形式感到的朦胧遗憾，也传播了为新式结合制定的封建法规。

我想展现的是婚姻的全貌，而不仅仅是像通常做的那样，依据法律文书（特别是教会法）、历史文件或文学作品来写婚姻史。目击者把他们那个时代的镜子递给我们，我们从中看到的，更多的是目击者本人的映像，而不是他们生活于其间的那个社会的映像。通过对这些映像进行比较，我力求把真实的部分从里面抽出来。我当然也明白，镜子里反映出来的东西太过庞杂，依据几块支离破碎的镜片，勾勒出来的也只能是一个社会的概貌。

我以前做的研究工作，范围已经很宽，我想就把自己限制在这个范围之内进行本书的叙述：基督教影响下的西欧。时间上也必须有所限制。在婚姻史上，我们在生活中依然遵循着的基督教观念尽管已经世俗化，却发生过根本性的断裂。承认只有一种类型的婚姻，承认只可以通过唯一一次仪式把这种婚姻落实，是一项重要的革新。强调夫妻之爱反映的是基督对教众之爱的圣事模式，虽然缓慢，却使原始婚姻逐渐为人们所接受。因此而宣布的婚姻不可分离，是一件史无前例的事，我们至今也还没有从这种观念中完全解脱出来。开始严格计算血亲等级，是乱伦观念中的一场革命。教会紧紧抓住不放的"双方同意"这一原则，最大限度地缓和了父权制和原始"大男子主义"观念的影响。基于诸多理由，让最初几个世纪里的神甫来为西方婚姻史撰写开篇是适宜的，尽管还要顺带提一提日耳曼、犹太和罗马的遗产。至于在空间上，可能主要限制在中世纪的基督教世界。自

16 世纪起，天主教教义、英国圣公会教义和基督新教教义相去甚远，欧洲体系保不住了。我越来越把自己局限在法国的范围之内，虽然间或也会提及其他国家的情况。

我确实想把与婚姻有关的大部分问题都谈到，但我也不得不限制在某些领域内。我探讨的只是婚姻的"行为"，而不是婚姻的"状态"。因此，我研究的是婚姻观念、结婚仪式、完婚的必要条件、结束婚姻或复婚的方式，而不是夫妻生活、夫权、夫妻吵架、家庭结构等关系到已婚男人状况的问题，这些问题需要由专著来论述。所以，那些与 19 世纪出现的同居和单核家庭相关联的诸多社会学问题，我也不去关注。

我不想做现实的社会学分析，也不想参与关于婚姻问题的论战。自从 1994 年被联合国宣布为"家庭年"以来，婚姻问题的讨论再次成了时髦话题。但有些问题是历史学家的事，虽然现在讨论这些还为时过早，需要慎重。存在"婚姻危机"吗？——统计数字似乎证明确有其事——或者，要给众多年轻人认为已经过时的概念重新下个定义吗？成年人为了逃避沉重的婚姻枷锁，把孩子们的家也毁了，这些"离婚留下的孩子"长大以后还想重新建立一个稳定的家吗？20 世纪 90 年代的"茧式生活"也和男女同居有关吗？自从婚姻本身变得十分脆弱以来，同居似乎也不再显得那么朝不保夕了。用历史眼光来看眼下讨论得沸沸扬扬的两性问题，不乏意趣。因为，在决定应该接受还是拒绝历史的遗产之前，必须先看看历史留给人们的是些什么东西。

第一部分
起源与遗产

中世纪早期

7 世纪法兰克人的婚姻

7 世纪时，法兰克人的婚姻依然要分两次完成。"婚礼"要在召开"贵族会议"的时候举行，这是一种定期召开的大会，全村的人都要到场。男女双方须偕同证婚人一起出席。未来的妻子要接受一张彩礼清单，是她结婚的唯一证物；未来的女婿要给他未来的岳父一笔钱，作为取得迎娶其女儿权利的代价；钱是象征性的，按规定是一个苏①加一个德尼耶②。

马尔屈尔夫的教会法规汇编，为我们留下了一张彩礼清单实例："愿一切都美好、顺遂、幸福、兴旺！把为生儿育女或其他必要的理由而为婚礼或结婚所作的赠与，都白纸黑字地写在一份文件里。因此，在结婚之前，某人给正派姑娘某某，他未来的儿媳，即他儿子某某的未婚妻一处叫……的房产，坐落在……家具一应俱全，能够立刻入住，里面的一切，都在赠与之列。同样，作为彩礼，赠与的产业还有……坐落在……另有可以用来铸造多少个苏的金银。同样的赠与，还有多少匹马，多少头牛，多少头役畜，多少头猪，多少只羊……这些东西要在举行婚礼之前，经他的手交给上面提到的那个姑娘，即他的儿媳，由她任意支配。如果有人想对赠与清单提出反对或企图撕毁，则该人须付给男女双方同样多的东西。"

赠与彩礼后要举行第二次婚礼，年轻的新娘由一支兴高采烈、举止得

---

① 辅币，1 法郎合 20 个苏。——译者注
② 一个苏合 12 个德尼耶。——译者注

体的队伍护送到夫家：新娘受撒利克法保护，若有人在护送途中把她强奸了，那个人就得赔偿8000个德尼耶！

晚上，神甫会来为洞房和新婚夫妇要睡的婚床祝圣。神甫会选这段保存在7世纪的一本祈祷书里的祈祷文："啊！神圣的天主，全能而永恒的上帝，我们为你的仆人新郎某某、新娘某某向你祈祷，你赐给了他们婚姻，他们希望通过我们的祈祷得到你的祝福。主啊，赐福给他们吧！使他们生活得美满和谐。让他们有撒拉那样的温柔，利百加那样的吃苦耐劳精神，拉结那样的爱情，苏珊娜那样的韵致和柔情。让你的祝福像落在大地上的露珠一样落在你的仆人身上吧！让他们通过祝福而感到你的力量，在永恒的欢乐中接受圣灵。"

婚礼要到第二天早晨或更晚新人"完婚"之后才全部结束。当时的教会力图使新婚夫妇在三夜之内保持贞洁，但通常只有信仰很坚定的人才能做到。女人和夫妻生活中的这个重要转折是以礼物作为标志的——这是妻子从丈夫那里得到的最初的礼物。礼物可以是首饰，主要是戒指，但不一定非得是戒指。尽管马尔屈尔夫的教会法规汇编写得很详尽周到，但没提新娘是到这个时候才真正得到"陪嫁财产"的。①

---

① D'après Beauchet, 18, pp. 26 ss.；Frédégaire, ch. XVIII；la loi salique, *passim*；formulaire de Marculfe, l. II, ch. XV (P. L., t. 87, 140, col. 738)；missel de Bobbio (Ritzer, 175, p. 431).

第一章

婚姻的管理

公元 824 年 11 月 3 日，万灵节的第二天，赖歇诺修道院的一名叫韦蒂的修士进入了弥留状态。据说，万灵节那天地狱之门会半开着，是这个日子的临近使濒死之人的精神受到了激荡吗？去见上帝之前，他有幸看到了幻象，而且还来得及把他看到的如实告诉了修道院院长。第二天，他就过世了。

这个叫韦蒂的修士在 9 世纪初为我们描绘的地狱情景，和中世纪早期众多受神灵启示的人为我们留下的彼岸幻象完全一样。种种酷刑在等待着有罪之人，其中首先被认出的是一些活着的时候作威作福的大人物。而韦蒂看到的那位灵魂正受着酷刑的伟大国王，可能使好几个修士感到震惊，因为这位国王于同一时期在三个死前看到过幻象的人面前现过身！瓦拉弗里德·斯特拉邦把韦蒂述说的情况写成了诗，毫不犹豫地提到了那位国王的名字，至少是间接地、用藏头诗的形式提到了：正是公元814 年死去的查理曼，他的"罪恶"和善行还都萦绕在后人的记忆里。其中一项与其他死前看到幻象的人描述吻合的酷刑是：一头畜生正在啃这位下了地狱的国王的生殖器，而他身上的其余部分都完好无损。在中世纪的寓意画里，这是好色的传统象征。领着韦蒂修士转悠的天使也确实是这样对他说的，查理曼虽然有很多值得称道的作为，却耽于色欲，所以受到了这样的惩罚。不过，用不了多久，他就会成为上帝的选民。①

　　查理曼好色是出了名的，史书上记载着的有据可考的四妻五妃便足以证明。他活着的时候，就已经有很多人对此感到不满。可是，查理曼不仅仅是一位伟大的皇帝，同时还是一位被西方教会封了圣的圣徒，尽管对他被封圣的时机一直存在着争议。为什么要把一个品德如此成问题的人拿来当楷模呢？仔细分析起来，他在性生活方面的种种丑闻给他那个时代的道德风尚造成的危害，远没有残存的古老婚姻观念带来的危害大。他的第一个妻子是父亲给他娶的。尽管教皇艾德里安三世把她说成"合法妻子"，所有的编年史作者却仍然把她当妃子对待。她给查理曼生的儿子驼背丕平，没有被指定为储君。驼背丕平起来造反，失败之后被关进了修道院。查理曼和第一个妻子的婚姻，其实不是真正由教会祝过圣的婚姻。

　　成为查理曼之前，年轻的查理当上国王以后，他的母亲贝尔特又亲自为他寻了一门亲事，找了一个比查理那个少年伴侣更配得上王位的妻子。贝尔特选定的是伦巴第国王迪迪埃的女儿。这样做，甚至用不着把已经娶的那个妃子休掉。教皇之所以坚持认为查理曼的第一次婚姻为合法婚姻，正是因为他不愿意看到法兰克王国和伦巴第王国联姻。法兰克王国一贯支持教皇，但伦巴第王国却企图蚕食教皇国。教皇用不着担心：这门亲事只维持了短暂的时间，国王就把伦巴第的公主休了。离婚的理由难以启齿，编年史学家皆三缄其口，只有修士圣加尔口无遮拦，说王后"终日生病，不能为国王生儿育女"。查理听从了一些十分仁慈的神甫的劝告，抛弃了

① Vision de Wetti, dans P. L., t. 105, 140, col. 775. Voir aussi Gaiffier, « La légende de Charlemagne. Le péché de l'empereur et son pardon », dans *Études d'hagiographie et d'iconologie*, Bruxelles, Société des Bollandistes, 1967, pp. 260 - 275. Sur les mariages de Charlemagne, voir la *Uita Karoli* d'Eginhard, ch. XVIII; Baronius, 15, t. XIII, pp. 61 ss. (770, IX - XI) et pp. 70 - 72 (771, II - III); abbé Reinhard de Liechty, « Les femmes de Charlemagne », *Revue du monde catholique*, 1880, t. 62, p. 420; Duby, 57, p. 47.

她，就当她死了。此事违反教规，于是就采取非法手段，将夫妻不育视同鳏居，大事化小。

离婚无疑遂了国王的愿，使他得到了解脱：他那年即将 30 岁（按照古人对年龄的划分，他的青年时代就要结束了），而他的弟弟卡洛曼已经不久于人世，只留下几个年幼的孩子，孩子们的继承权将被强夺，不费吹灰之力。伦巴第的联盟已经失去作用，但母权还钳制着查理。父亲给他娶了一房妻子，母亲给他娶了一房妻子，现在，到了他自己给自己挑选一个妻子的时候了。这一次，教皇没有对休妻的事进行谴责，因为此事于他有利。没有谁的表现会比教皇更像个天主教徒了。从伦巴第来的王后被放逐，甚至在史籍中连个名字都没有留下。不过，按照教会的说法，既然国王已经受到婚姻的约束，这桩婚姻不就是有效的吗？但"无出"可以解释为没有"完婚"：这样一个终日病恹恹的女人，真能够和丈夫同房吗？他的第二个妻子因此很快就被打发掉了。

接下来，查理曼先后娶了三位伟大的王后："国王们的母亲"伊尔德加尔德，为查理曼生了四男四女；法斯特拉特，生了两个女儿；里于特加尔德，终生无出。三次婚姻都因为王后去世而结束了。查理曼第三次鳏居时，已临近他公元 800 年的加冕礼。他不乏继承人：三个小伙子身强力壮，都过了 20 岁，健康似乎都已经有了保证。正在形成的帝国已经无须再做过多的划分：此后相继来到他身边的四个女人，都只是妃子。难道这四个女人都没生儿子？生了，有的当了修士，有的当了主教，有的当了修道院院长。这四个妃子也都像那几位王后一样英年早逝了呢，还是人老珠黄以后一个个被打发走了？我们对此一无所知。我们只知道，这几个妃子，他是"相继地"认识的。没有通奸，也不是一夫多妻：无论是王后还是妃子，这位皇帝从来不曾同时正式拥有两个妻子。他的性道德观念就止步于此。

日耳曼人婚姻的两种类型

实际上，查理曼因为本人长寿，妻子死得早，在娶后纳妃方面成了典型，这种情况在古代社会屡见不鲜。在编年史学家所使用的专业词汇里，被指为妃子的女人，是国王那些被承认的女伴，与短暂的情妇或妓女有严格区别，也是合法妻子。由于国王纳妃不太正式，因而妃子的地位也就不那么巩固；为了娶一位体面的王后，可以把妃子打发掉，连一纸休书都不给；特别是她们生的孩子，虽然不算私生子，但一般都不能参与王位继承。

这样，日耳曼人的婚姻就有了两种类型，一种是由家庭决定的正式婚姻，伴有给新娘父亲或监护人的礼物；另一种是被称之为"情婚"的比较松散的结合。"情婚"是"体面的同居"，无须举行正式仪式，也无须家长参与。只要男女双方同意，或者把女孩子抢到手，就算结婚了，这种结合所生的子女不是合法子女。但是，在某些日耳曼法律里，如果父亲愿意，或者他没有别的继承人，这样的"私生子"（教会用的就是这种贬义词）就不会完全丧失继承权。各日耳曼国家的情况也有所不同，丹麦把私生子排除在继承之外，瑞典为了不能继承而给予私生子一些补偿；而在伦巴第，大概还有法兰克，私生子则有继承权。

"情婚"并非因此就成了一种不稳定的婚姻，双方对彼此忠诚的程度提高以后，这种结合看起来就和正式婚姻一样。"情婚"中的妻子受法律保护：谁和她同床了，谁就得付给丈夫一笔赔偿金。在大家庭里，实行"情婚"似乎是为了让即将成年的小伙子耐下心来，先有个地位低的女人或女奴，再等着结一门更为称心如意的亲事。[1]

---

[1] Voir Gaudemet, 80, p. 96; Ritzer, 175, pp. 221 et 272; Westrup, 207, pp. 411 - 426.

加洛林王朝时代，几个世纪以来已经被基督教化了的东、西日耳曼人，会因为查理曼的正式与非正式的婚姻而感到耻辱。但是，未被基督教化的日耳曼部族又恢复了原有的习俗。"诺曼人"原是"北方人"，公元911年，糊涂王查理三世把法兰克人的土地给了他们一块。诺曼人的首领、第一代诺曼底公爵罗隆娶波帕为妻时，尚未信教。因此，他是依照丹麦人的习俗结婚的。这一点，编年史学家——朱米耶热的纪尧姆明确指出过。那既不是基督教婚礼，也不是盛大的日耳曼婚礼：罗隆没有想方设法向波帕的父亲支付一笔举行盛大婚礼的费用。其实，波帕是一个出身高贵的女俘，她是贝朗热伯爵的女儿，于公元886年巴耶遭洗劫时当了俘房。这门亲事很稳定，婚后波帕生了一儿一女，儿子叫纪尧姆，女儿叫热尔洛克（阿代勒）。然而，为了巩固和法兰克国王的联盟，罗隆毫不犹豫地把妻子抛弃了：他要按照基督教的习俗迎娶糊涂王查理的女儿吉塞勒为妻，而在合法妻子吉塞勒死去之后，罗隆竟然又把波帕找了回来！

　　波帕生的儿子纪尧姆合法地继承了罗隆的爵位。罗隆可能认为纪尧姆的权利脆弱，所以在自己活着的时候就指定他当了继承人。"长剑"纪尧姆虽然是基督教徒，却按照丹麦人的习俗娶了斯普罗塔为妻；斯普罗塔也是一名俘房，是纪尧姆远征不列颠时带回来的。纪尧姆也在生前就确认自己的儿子理查为继承人。理查是个虔诚的天主教徒，一心要巩固和法兰克的联盟，就按照教会的规矩娶了老于格（于格·卡佩的父亲）的女儿爱玛为妻。可是，爱玛没有生下一男半女就死了，理查于是打算再婚。

　　因此就发生了朱米耶热的纪尧姆提到的一桩异事：理查听到他的臣民夸赞阿尔克（加莱海峡）附近的索克维尔有一个看林人的妻子美若天仙，于是就去了那里，要求留宿。吃了甜点之后，被女主人的美貌深深打动了的理查，要求女主人侍寝。看林人和他的妻子颇感惊愕，就施了个手段：把女主人的妹妹居诺尔引到了公爵床上。妹妹也确实比姐姐漂亮。第二天，理查发现受了骗……但是很高兴，因为他毕竟没有犯下强占人妻的罪行，此事不要说不能算强奸，连通奸罪都算不上。而理查和居诺尔似乎也没举行其他形式的婚礼……这无疑是一桩合乎丹麦人习俗的婚姻，在众人眼里，这桩婚姻好像也没有因为未举行婚礼就不牢固：这是一桩根据同居法结成的婚姻。理查和居诺尔后来生了五子三女，一个儿子当了继承人，成了后来的理查二世，女儿爱玛成了英国王后。

　　然而，事情并不像理查父亲和祖父时代那么好办。人过了两代，风俗变了，基督教的伦理道德已经深入诺曼人心里。公元 989 年之前不久，鲁昂大主教出缺，公爵极力想把儿子罗贝尔扶上大主教的宝座。唯一的障碍是，教会指责罗贝尔不是合法婚姻所生，而理查对于没有按照规矩结婚一事似乎十分惊讶。不过事情也没什么了不起，再按照基督教习俗迎娶老伴一次就是了。孩子们也出席了婚礼，在婚礼进行时和他们一起罩着面纱，罗贝尔就这样取得了合法身份。①

　　根据上述五桩婚姻，可以看出，两桩是外交上的结合，娶的是外国公主，加强了法兰克和诺曼人之间的联盟；三桩是抢婚，其中至少有一桩主要是因为未婚妻长得美貌，而不是为了从结合中获得好处。我们不说这是一桩爱情婚姻，但我们得承认，在这件事情里，物质利益没有发生作用。两桩正式婚姻都是王子的婚姻，此事并非巧合，这是因为，庄严的婚礼和基督教婚姻的不可分离性，能够确保两国联盟的持久。其余的，能够在事实上结合就行，管他是在看林人的小屋里还是别的什么地方呢！走进"情婚"里的女人和古罗马时代的妃子不同，她们不是女奴。她们是自由的，常常是很高贵的，社会地位甚至可以比丈夫还高。有些法学史家认为，她们可能期望在这种情况下可以避免堕入夫权的牢笼：父权通过合法的日耳

---

① Sur les mariages des trois premiers ducs de Normandie, voir Westrup (207) et Besnier (25).

曼婚姻转到丈夫手里的情况，并不鲜见。

然而，这种类型的婚姻在日耳曼的法律文书中却很少被提到。此种类型的婚姻为我们所知，靠的主要是歌颂英雄的文学作品。如果把文学作品里描写的婚姻看作理想婚姻（对这种婚姻的真实面貌，我们所知甚少）的一面镜子，我们从中所得到的认知也还是很有意义的。这样，我们就可以把日耳曼的"情婚"和前古典主义时期的某些希腊婚姻进行比较，或者与印度叙事文学作品中的婚姻进行比较。经女方同意或未经女方同意的抢婚，是一种古老的婚姻形式，印欧语系民族可能都还保留着抢婚传说的痕迹，而其中的某些民族，比如日耳曼人，实行抢婚的时间可能比较久远。

在日耳曼传说中，这种先为非正式、然后是正式的双重婚姻，最广为人知的例子是西格弗里德的婚姻。这个故事因瓦格纳的作品而变得家喻户晓。在最早的版本，特别是费罗埃岛的版本中，西格弗里德征服了布里尼尔德并娶她为妻，未举行仪式，只是共度了一个新婚之夜。到了早晨，西格弗里德给了布里尼尔德一枚戒指（就是后来的"尼伯龙根的指环"），以及一大堆别的礼物、金戒指和项链：此即"清晨礼物"，是丈夫在婚后第二天给妻子的童贞代价。因此，这桩婚姻完全成立。可是，西格弗里德堕入陷阱、喝了令人失忆的饮料以后，又和居德伦结了婚。布里尼尔德不否认这第二次婚姻有效，她顶多也只能埋怨西格弗里德用情不专。与第一次事实婚姻相对应的，是第二次的正式婚姻；与使那位胆小的公主得以避免完全受制于丈夫的自由婚姻相对应的，是礼仪婚姻，在礼仪婚姻的仪式上，居德伦经由家长交给了西格弗里德。

结婚还是同居？

同样，罗马法也记载有婚姻的几个等级，但到了帝国时期，还在实行的婚姻等级就已经很少了。"交手婚"，新娘的父亲在婚礼上把新娘的手交给新郎，意味着将父权交给丈夫，丈夫变成了妻子的监护人，而妻子则被看作永远长不大的未成年人。不过，三种类型的"交手婚"这时都已经不常见。其中的第一种类型，即古老的"事实"婚姻，是原始抢婚的法制形式，只要同居满一年即可使这种婚姻变得合法。在抢劫萨宾人女子为妻的早期罗马人婚姻里，为使婚姻合法化，这样做是必要的；但到了罗马帝国时代，"事实"婚姻已经不再自成体系，和同居没有了多大分别。要结束这种"事实"婚姻，女人只要三天夜不归宿就可以了。

"交手婚"的第二种类型是"相互买卖"（实际上是互赠礼物）的婚姻，在罗马共和国时代就已经废除。这种类型的婚姻最初好像是罗马平民的婚姻。至于第三种类型的"隆重婚姻"（仪式非常隆重，以用斯佩尔特小麦面做成的献给朱庇特的饼命名），只有某些世袭贵族家庭才举行这样的仪式，起的作用也不过是获得某种宗教上的满足。这是纯粹的双方同意的婚姻，是贵族之间的婚姻，伴有隆重的宗教仪式。这三种"交手婚"，到了帝国时代都变成了古风：大部分婚礼上都不再"交手"，即不将父权转交。在这样的婚姻中，妻子的自由度提高了。①

但是，不同类型婚姻统一的这种趋势在罗马帝国时代没有成为现实。确实，并非所有的人都能有"正当的婚姻"（即被法律认可的合法婚姻）。不享有罗马公民权的人，仍然受其各自出生地法律的制约；如果他们娶罗马女人为妻，他们的婚姻就是"不正当的"，因此也就得不到法律保障：孩子没有合法身份，妻子依然受父权控制，也没有任何奁产……同样，自由

---

① 关于罗马人不同类型的婚姻，请参阅戈德梅著作（80 页），里采尔著作（175 页），勒菲弗著作（114 页）……博谢（18 页、4—6 页）的看法与其他人相反，他认为罗马人的各种婚姻其实是同一类婚姻，只是随着时间的消逝变得没有以前隆重了。他的这种看法已经没有人赞成。

人和女奴的婚姻也是无效婚姻。至于奴隶之间的结合，只被看作"同住一顶帐篷的伙伴关系"！原则很简单：只有罗马公民才受罗马法的庇护。还有一些其他类型的婚姻，之所以不一一列举，是因为那些类型的婚姻均无任何法律效力。

这类低级但持久的结合，在罗马人和日耳曼人中间似乎都很盛行，目的就在于防止年轻人的欲望在固定于体面婚姻中之前泛滥。泰伦提乌斯①的喜剧《安德罗斯女子》里的庞菲勒，已经和他钟爱的一个高等妓女来往了几年，并对她发过誓，说自己永不结婚。庞菲勒一直在父亲家里生活，但在那个妓女家里过夜。遵照父亲的吩咐，庞菲勒决定成家。他是否要利用这个机会把自己和妓女的关系合法化呢？他压根儿就没起过这样的念头！但是，深沉的爱把他和那个妓女连接在了一起：为了她，庞菲勒拒绝与合法妻子同床，仍然保持着和妓女一起过夜的习惯。丑闻？才不是呢！遭到冷落的妻子的父亲，非但没有因此感到不安，反而认为女婿旧情难断值得称道，并由此得出结论：庞菲勒不是见异思迁的人，品行好！

从另外一些细节也可以看出，结婚之前保持这种关系乃是一种风俗：庞菲勒的父亲把儿子在情妇身上的花销全包了下来，而庞菲勒的岳父得知他婚前和一个高级妓女来往，并不认为有这种关系就构成"青年人的疵点"，因为这是"人性使然"。以现代人的观点看，这样深的爱情不能走向婚姻，而且在庞菲勒的合法妻子略施小计使他当了父亲以后就轻易消失，会使我们感到惊奇。但是，爱情和婚姻当时并不属于同一个范畴；就庞菲勒而言，爱情是为了打发青春岁月的，而伉俪之情是留给孩子们的母亲的。从爱情到伉俪之情，庞菲勒过渡得很自然。

---

① 泰伦提乌斯（约公元前190—约公元前160），古罗马著名喜剧作家。——译者注

在普劳图斯①写的《爱吹牛的大兵》里，也有类似情况：一心想体面地结婚的大兵，一直和他抢来的女人同居，直到他父母和朋友催他成家，他都没动过娶这个女子为妻的念头。从这件事来看，似乎抢婚把自由女人变成了俘虏，就不可能再成为体面的婚姻了。

这种做法一直延续到古代基督教文明的晚期。圣奥古斯丁在幡然皈依基督教之前，一直和一个女子同居，共同生活了15年。到了30岁之后，他的父母逼着他结婚，那时他的孩子已经12岁了。和他同居的女子出身寒微，不能娶来做妻子。打发她走，真是撕心裂肺，难舍难分。在等待正式未婚妻达到结婚年龄时，圣奥古斯丁又另找了一个情妇，接着就突然离开了非洲，以逃避他母亲圣莫尼克没完没了的埋怨。

以上两类结合都是当时的习俗，教会不可能对这类和社会地位低下的女人长期同居的事一无所知。君士坦丁的母亲、真正十字架的首创者海伦，是君士坦提乌斯的同居伴侣，在君士坦提乌斯登上皇帝宝座的时候被遗弃。这样的事，教会怎么反对？公元400年召开的托莱德主教会议决定，把同时拥有妻子和同居伴侣的人逐出教门，但"因为没有妻子而把同居伴侣当妻子的人不在此列"。只要以一个女人为满足，不管是妻子还是同居伴侣，就不会被逐出教门。到了12世纪，格拉西安②认可了这种区别：同居伴侣是没有按照定式带陪嫁物品清单嫁过来的女人，但只要这种结合一直延续到一方死去，就无可指摘。然而，在这个时期，这种态度是个例外，例外的出现，可能与这位波伦亚修士把一些最古老的教规都收进了他那部教谕集有关③。

---

① 普劳图斯（约公元前254—公元前187），古罗马著名喜剧作家。——译者注

② 格拉西安，12世纪意大利修士，波伦亚人，《格拉西安教谕集》的作者。——译者注

③ Concile de Tolède, 400, canon 17（Mansi, 126, t. 3, col. 1001）. Gratien, Part. I, dist. 34, ch. 4（P. L., t. 187, 140, col. 189）.

到了上古晚期，可能仍然有很多人同居，特别是和女奴同居，未被禁止。公元440年至461年在位的教皇圣利奥一世，就这一点回答过纳尔博纳大主教吕斯蒂克提出的问题。"和男人结合的女人，不一定就是这个男人的妻子，"他开宗明义地说，"因为并非所有的儿子都是父亲的继承人。"只有"门当户对"的婚姻才是合法的婚姻："因此，有的女人是妻子，有的女人是姘头，就像有的女人是奴隶，有的女人是自由人一样。"他借助圣保罗谈到了亚伯拉罕的"双重婚姻"：以实玛利是亚伯拉罕和使女夏甲生的儿子，以撒是亚伯拉罕和妻子撒拉生的儿子，因此，以实玛利就不能像以撒那样继承亚伯拉罕。有了这样的权益，就很难理直气壮地谴责同居！因此，教皇得出结论，教士可以把自己的女儿嫁给一个有过同居伴侣的男人，但不能嫁给一个已经结过婚的男人。同居可能是件憾事，但并非不名誉的事。[1]相反，婚姻破裂却是一桩严重罪行。

在神职人员的传统里，与在民法制度里一样，维持不同等级婚姻并使之成为必须的，是整个中世纪早期一直存在的奴隶制度。关于这一点，教会的理论似乎是清楚的：所有的人都是平等的，不能依据夫妻的社会地位，在上帝面前把婚姻分为两种。这是最初几个世纪里的看法，视奴隶的同居为婚姻。但教会很快就不得不向社会现实妥协。公元2世纪，阿特那哥拉斯[2]就已经做出解释，他说基督徒要根据皇帝制定的法律结婚；民法禁止和奴隶结婚，和奴隶结婚要有（只有在和奴隶结婚时才需要）主教的允许才行。[3] 纪元初的几个世纪里在奴隶中间传播、向奴隶们许诺在上帝面前人人平等的基督教，和君士坦丁帝国时代的胜利教会（由上帝的选民组成

---

① Léon le Grand, dans la *Collectio Decretorum* de Denis le petit, *Decreta Leonis Papae*, XVIII, P. L., t. 67, 140, col. 288 - 289.

② 阿特那哥拉斯，希腊基督教哲学家和辩护士，《护教篇》的作者。——译者注

③ Ritzer, 175, pp. 90 - 94.

的宗教团体）不是一回事，和也经历过奴隶制的日耳曼诸王国更不是一回事。

从这个时候起，立法者就应该解决混合婚姻的命运问题（日耳曼风俗一致认为，自由民男人和女奴生的孩子要变为奴隶），并为奴隶的婚姻确定一种地位了。难点就在这里。教会的平等理论不能不重视经济的必要性，而教会的理论家却没有承担起这个责任。直到 8 世纪，结了婚的奴隶才有名号，男的称"夫"，女的称"妻"。但这只是在婚姻词汇上的一个小小让步，实际上，奴隶之间的婚姻是不稳固的，要依主人的意志而变化，男女双方不属于同一个主人的时候尤其如此。在男女双方不属于同一个主人的情况下，一旦主人们在奴隶夫妻所生子女的分配上不能达成一致，他们就会强迫自己的奴隶离婚，婚姻的不可分离性这时还不是绝对的。

这个问题直到农奴制取代了奴隶制以后，才能得到解决。农奴的物质条件毫无可羡慕之处，却享有奴隶不曾享有过的法律地位。农奴可以拥有财产，有继承权，可以嫁娶。在法兰克北部，从加洛林王朝的时代起，农奴制就占了上风。公元 813 年在索恩河畔的沙隆召开的主教会议做出决定，如果农奴结婚时得到了各自主人的同意，就不准离婚。[1] 不过，在那些仍然贩卖斯拉夫人的国家，或者仍然以穆斯林俘虏为奴的国家，比如西班牙和地中海沿岸诸国，农奴的婚姻依然是不稳固的。在拜占庭，主人们害怕祝福仪式会自然而然地把自由给了他们那些会说话的牲口，就禁止他们到教堂去结婚。一直到 1095 年，亚历克西一世才出面谴责古老的奴隶婚姻，并做出规定，要求主人让奴隶到教堂去结婚，否则主人就会失去对奴隶的所有权。[2]

---

① Concile de Châlon II, 813, c. 30, Mansi, 126, t. 14, col. 99.

② Voir Charles Verlinden, «Le "mariage" des esclaves», dans 133, t, II, pp. 569 – 593. Gaudemet, 80, p. 113; Ritzer, 175, pp. 170 – 171.

讨论奴隶婚姻得出的结论是：众多合法婚姻形式的统一，不可能在中世纪早期实现。这种由日耳曼人和罗马法传下来的多种婚姻形态，要到11世纪至12世纪实行教会法改革的时候才能结束。即便如此，在"婚姻"这块招牌下也还存在着正式婚姻、秘密婚姻、抢婚，等等，某些极端的婚姻形式还不计算在内。在特兰托主教会议召开之前，统一只是表面的。

婚姻的统一

可见，罗马人和日耳曼人都经历过"合法的婚姻"和一种不太稳固的婚姻；不太稳固的婚姻，在罗马人那里是同居，在日耳曼人那里是"情婚"。针对这种情况，教会想提出一种统一的婚姻观念，于是就有了三种体系。这三种体系之间的冲突，常常给中世纪早期的欧洲带来混乱。事实上，个人无法选择自己喜欢的婚姻类型，只能采取本民族认可、居住地法律也允许的婚姻类型。住在勃艮第的罗马人和移居西哥特的伦巴第人，地位就大不相同！所幸的是，在同一个地方，法律趋向于统一，那些为澄清婚姻上的混乱而颁布的法规成了弥足珍贵的资料，可用以证明法律明朗化这一缓慢进程。

因此，日耳曼人入侵初期，在同一个王国之内，几种法律可以并存，因而几种类型的婚姻也就可以并存。在同一座城市里，你可以建立不同类型的婚姻关系，可以受不同类型的法律管辖，这要看你是罗马人还是日耳曼人，是自由民、外乡人还是奴隶，要看你是否和一个与你地位相同的人结婚。例如，6世纪初，勃艮第国王冈多巴德为他的日耳曼臣民颁布了《勃艮第法典》，经他儿子西吉斯蒙德修改，《勃艮第法典》流传下来了。可能就是这同一个冈多巴德，也为他那些具有罗马公民身份的臣民颁布了一部《帕比安法典》，主要内容都是从罗马法里搬过来的，与日耳曼人的习俗大异其趣。

实际上，一个娶自己同种族女子为妻的勃艮第男人，要交给未来妻子的父亲或监护人一笔娶亲费。这种"买卖"婚姻，在所有的日耳曼习俗里都得到了证实。这里说的"买卖"，不是买妻子，而是用礼物的形式把父权的转让具体化。对于和这个勃艮第男子比邻而居的罗马人来说，则无须如此，只要男女双方同意就行了。充其量也只是要求丈夫给妻子彩礼，以使婚姻合法化，使日后生的孩子能够有继承权——连这个都是勃艮第人的发明。但女方的家庭不能向这位罗马公民要任何东西。遇到女方的父亲不同意这门婚事的时候，就成了抢婚，而对于抢婚，日耳曼人的习俗是很苛刻的：如果被抢的女人也不同意，抢婚者要付的娶亲费是习惯上应付的九倍；如果女方同意，要付的钱则为三倍。假如女方是罗马人，事情就简单了，只是剥夺她的继承权。男女双方都是罗马人怎么办，没有任何规定……对有着宽容习俗的罗马人来说，离婚也方便，他们可以协议离婚。勃艮第人就不行，但是可以休妻。罗马人可以休妻，勃艮第人也可以休妻。对罗马人来说，离弃是双方的：丈夫犯了严重罪行，妻子可以把丈夫赶走；妻子出了事，丈夫也可以把妻子赶走。勃艮第女人就不行，她们在任何情况下都不能和丈夫分开，否则就会被活埋。①

在同一个国家，这种五花八门的情况不可能长期维持下去，遇到不同种族的人之间的婚姻时，会带来一些复杂情况，说不清，道不明。从墨洛温王朝时代开始，日耳曼人的法律就统一起来了。公元 506 年，西哥特人也为他们的罗马臣民制定了一部法律；到了公元 654 年，又把日耳曼人和罗马人都置于新颁布的法律管辖之下，一视同仁。至于教会，如果说它也

---

① M. G. H. Leges, Sect. I, 2, 1, *Leges burgundionum*, 148, pp. 51 (XII), 68 (XXXIV), 95 (LXIX), 143 (XXI), 155 - 156 (XXXVII).

不得不考虑社会现实的话，考虑的结果只是规定二流婚姻须使用一些带贬义的字眼。较晚期的编年史学家在描绘那些他们不认可的情况时就不再使用那些古老词汇了。到了12世纪，《鲁的传说》里谈到波帕时，说是罗隆（即鲁）"把她当成了女友"，其他作品说到波帕的时候用的字眼都是"妍头"。那种不是从女子父亲手里"买来"、而是因爱而娶的"情婚"应该叫什么呢？拉丁文和法文里都没有一个体面的字眼用来指称这种婚姻。此后，新教强制推行自己的单一观点，宣扬只有一个上帝，只有一个教会，只有一种婚姻。

我们看到了，同样为教会反对的两种类型的"低级婚姻"，是如何自愿地混合起来的。起源于罗马人的同居，和女奴同居，或者奴隶之间同居；起源于日耳曼人的"情婚"，常常是门当户对的两个自由人爱的结合。这两种结合都容易分离，因而不被从加洛林时代就开始鼓吹婚姻神圣的教会看好。教会视"情婚"为同居，把日耳曼人的这种婚姻看成所生子女没有继承权的低级婚姻。11世纪，被父亲罗贝尔一世指定为诺曼底公国继承人的"征服者"纪尧姆，是罗贝尔"不合法的"儿子，他在继承爵位时遇到困难，标志着合法的基督教婚姻的胜利；这个时期，教会不仅想管继承，也想管婚姻。

"丹麦式"婚姻，是较晚出现的一种体面而合法同居的实例。通过11世纪至12世纪推行的格里哥利改革，教会最终强令人们接受了基督教的道德观。正如文学作品里反映出来的那样，人们是非常不情愿地接受的；文学作品是反映古代同居的最后一面镜子，虽然这种反映走了形。在叙事诗《德西雷》里就是这样，骑士和一个住在森林里有特异功能的女人生活在一起，充满激情，生儿育女。可是，骑士觉得需要将此事向一位隐居修士忏悔。隐居修士强迫他用苦行赎罪。骑士知道他和那个女人的关系违反教规，但是，他心里却没有断绝来往的念头，而宽恕了他的那位隐居修士，也没要求他那样做。"他从来没说过你的坏话,"德西雷对他的女友说。他的女友带着已然看破一切的口气说的那句带有调侃意味的话,已经有了向教会的做法妥协的意思:"既然没有摒弃罪恶的决心,去忏悔有什么用?"

但是,德西雷的女友喜欢秘密的爱,她为此还是发了脾气:"你在忏悔的时候说到了我,这是不可饶恕的错误。我成为你的负担了吗?这本不是什么了不得的罪行!我从来没有成为你的妻子,也没有成为你的未婚妻,也不曾答应过要嫁给你。你也没有娶老婆,也没有答应过谁什么。"① 可能像所有的凡人和仙女之间的结合一样,向别人坦白这种关系就构成了错误。不管向谁坦白,向一个守口如瓶的隐居修士坦白也好,或者像叙事诗《朗瓦尔》里说的那样,向王宫里的人坦白也好,事情都一样,没有区别。不过,通过凯尔特人这样一个违反禁令的题材,我们感受到的是,凯尔特人对教会在合法婚姻问题上窃取的权力表示不满。另外,德西雷的女友迫不及待地表示信仰基督教,对凯尔特人来说,这在从前好像也显得多余。以公开为条件的宗教婚姻,在这里也和凯尔特人的古老传统相冲突:与另一个世界的仙女结合是秘密的。一种稳定、生儿育女、具有排他性和不容分享的,但女方不能要求妻子名分的结合,成了此后唯一被承认的结合。

可见,同居并不是我们这个时代的发明。相反,远在中世纪,同居就被看作原始婚姻。《玫瑰传奇》(13 世纪)中描写了人物眼里的黄金时代的婚姻:在阿密说的话里,婚姻被说成了爱情的终结。因为,那个声称自己是情妇的奴隶的人,结婚之后立即变成了情妇的老爷。依据爱情伦理学,他不能再是唯命是从的情夫了。于是,阿密怀念起黄金时代来,那时候,情人们"彼此爱得真诚""自然":那时的爱情没有婚姻。② 无论是阿密还是

---

① Edité et traduit par Alexandre Micha, *Lais féeriques des XIIᵉ et XIIIᵉ siècles*, Paris, Garnier-Flammarion, 1992, p. 127.

② Ed. Poirion, Paris, Garnier-Flammarion, 1974, vv. 9437 - 9527, pp. 269 - 271.

让·德·默恩，都没有梦想重建这种自由结合。他们能做的，充其量也只是劝想把女人留住——不管是作为妻子还是女友——的男人，对女人平等相待，不打骂，不禁闭，不责罚……哪怕她有时想另找一个男人。

分阶段结婚

"这是异教民族的做法，"教皇艾德里安三世生气了，他在谴责查理曼轻率地休掉了第一个妻子。"完美的基督徒和神圣的民族"不如此行事。除了政治上的敌对之外，在查理曼的历史和罪恶中，莫非还存在着对某些基督教婚姻理念进行的抗争吗？可能，特别是因为在这位皇帝的传说中，除了同居和离婚之外，又添加了一些其他更为严重的罪行。他不再是历史上的查理曼，而成了中世纪记忆里反对基督教新秩序的日耳曼传统的化身，成了一面镜子，使我们从中可以看到另一些已经消失了的婚姻影像。

在性生活的其他方面，这个纵欲的家伙确实成了基督教作家们使用的反例。被查理曼穷追不舍的圣女阿姆尔贝尔热的故事，是这类创作手法的典型。从简明扼要地叙述"事实"的拉德博德誓言（10世纪），到一个世纪以后流行的关于这位圣女的冗长传记，这个传说大大地丰富起来了。阿姆尔贝尔热本是夏尔·马特尔的同代人，但为了使姑娘能够成为查理曼这个骗子皇帝的牺牲品，似乎连篡改历史也在所不惜。按照传说里的说法，在丕平想把阿姆尔贝尔热娶来给年轻的查理曼为妻时，那姑娘已经把自己许给了上帝。她说明了自己的决心，强调自己已经属于天上的未婚夫，但血气方刚的查理曼还是抢了她，抱了她，吻了她，以婚姻相许。如果不是出现了奇迹，姑娘将无法脱身；但查理曼仍然不依不饶，想破门而入，闯进阿姆尔贝尔热藏身的教堂。他去而复返，终于还是把装成修女的阿姆尔贝尔热从小礼拜堂里拖了出来，结果把她胳膊弄断了。这位未来皇帝可不是以强抢修女者的面目闯入圣地的，因为他责备身着"教会怪异服装"的阿姆尔贝尔热的话是："我父亲把你指给我做妻子以后，就没有哪个神甫敢再让你当修女。"这差不多就是以一个前来维护自己权益的受骗丈夫的面目出现了：阿姆尔贝尔热的意见无关紧要，因为她的兄弟们已经同意把她嫁给查理曼，而她也接受了妻子这个称号。

因此，这是一桩日耳曼式的婚姻。女方家庭把权利转给了她未来的丈夫，查理曼通过这一激烈举动提示我们，不这样做，他就不配当圣查理曼大帝。分两个阶段进行的婚姻，以两个家庭的男性成员之间达成一致开始，应该以将新娘交给新郎结束。在阿姆尔贝尔热和教会看来，这还不能算是结了婚；但是，按照日耳曼传统，婚礼的第一部分已经举行过了。在这个故事里，除了阿姆尔贝尔热希望嫁给天上的丈夫而不愿和凡人结婚这个传统主题之外，我们还必须看到教会的抗争。教会赞成的是双方同意的婚姻，只举行一次仪式，反对和女方家长协商，而这种协商却是日耳曼人的传统。请注意，这些准备工作不是"订婚"，而已经是婚姻的一个阶段。①

在这里，罗马法和日耳曼习俗之间仍然存在着冲突。我们日常看到的那种一次完成的婚姻，是通过教会法继承下来的罗马法婚姻。其他古老婚姻，大多数都分阶段进行，有时要用几年的时间。犹太人的婚姻，阿拉伯人的婚姻，日耳曼人的婚姻，非洲人的婚姻，莫不如此。写圣母的婚姻时，连基督教圣徒传记也不得不用这种传统来写，马太和路加开了个头，雅克在正福音书里进一步展开了。圣母马利亚是在一次庄严的婚礼上被交给约瑟之后，住到"未婚夫"家中的。那个婚礼场面在中世纪艺术作品里常常出现。在《天神报喜》里，马利亚确实被指为"未婚妻"，而她是在结婚之前因圣灵而怀孕的。那位伟大的神甫雅克没有忘记谴责约瑟，说他"偷偷

---

① *De S. Amalberga Uirgine*, *Acta Sanctorum*, 10 juillet, t. III, pp. 72 - 112.

摸摸地娶了"马利亚，而没有"低下头来让那只强有力的手为他的子孙祝福"。① 如果马利亚已经结了婚，她怀孕的事也许就不会引起那么大的轰动了。可是，如果没有结婚，她住到约瑟家又当如何解释？这肯定是分两个阶段进行的婚姻，而不是订完婚跟着就结了婚。

实际上，这样的"婚礼"是婚姻的第一阶段，整个婚姻可以拖上几年。犹太人的婚姻分三到四个阶段进行。首先，未婚夫要把商量好的"娶亲费"交给未婚妻的父亲。常常是过了很久之后，妻子才被交给他。结婚的时候到了，举行婚礼之前，常常要在女方家举行一周的"婚前"庆祝活动，有的时候，还要再举行一次"婚后"的庆祝活动。在妻子交给丈夫之后和举行结婚典礼之前这段时间里，"夫妇"要禁欲，但已经被置于婚姻法的管辖之下：犯了通奸罪的妻子，会被石头砸死；变成了寡妇，就得按照娶寡嫂的习俗，嫁给丈夫的弟弟。②

在日耳曼法中，同样类型的婚姻，在"体面婚姻"中还可以找到。体面婚姻的第一阶段是婚礼。为了确指圣母马利亚的"婚姻"，婚礼一词于3世纪被教会法采用，但和罗马人说的"订婚"有区别。③ 在日耳曼人那里，这指的是在未来丈夫和对他未来妻子握有权力的监护人之间做出的安排："监护人"是手里握有监护权的人，他将把监护权交到丈夫手里，丈夫要付一笔钱。监护人通常是父亲，没有父亲，就是兄弟或近支亲属。男人之间的这项协议附有给未婚妻家的礼物，这一点，过去曾让人想到"买卖婚姻"，但如今却被视为一种保证。伦巴第人却又不同，接受一件象征性礼物

---

① *Protoévangile* de Jacques, 15, 4, éd. F. Quéré, *Évangiles apocryphes*, Seuil, Points sagesses, 1983, p. 78.

② Gaudemet, 80, p. 28; 79, pp. 28 – 31; Ritzer, 175, pp. 57 – 62.

③ Gaudemet, 80, p. 60. Sur le mariage germanique, voir Gaudemet, 79, pp. 34 – 40; Ritzer, 175, pp. 220 – 222, 267 – 272, 292 – 305, 307 – 325…

的是未婚夫，礼物可以是一把剑或一件代表未婚妻的衣服。未婚夫要把礼物即刻交还给监护人，表示委托监护人代为看管未婚妻，直到举行婚礼。然后，才开始下一个阶段：新娘从父亲家来到丈夫家，这是履行由第一阶段达成的协议。

最后，仪式终于在新婚夫妇就寝时举行，以使他们正式完婚——这与罗马法截然不同，根据罗马法，只要夫妇双方同意，婚姻就足以有效。在罗马法学家看来，两个不在场的人举行婚礼，或者和一个不能生育的男人举行婚礼，都合法。日耳曼人的看法则相反，他们认为性的结合是婚姻的基础。结婚——同居也一样——的第二天，丈夫要对妻子有所赠与，这使人想到"童贞费"。这是婚姻的第三阶段，强调了肉体结合的必要，后来在法国法律和教会法里都留下了痕迹。"女人是在就寝时赢得亡夫遗产的"这句谚语就是这样来的；已经完婚的婚姻不能分离，以及不久之后出现的没有完婚的婚姻可以离婚，也都是这样来的：为了调和矛盾，教会法学家后来也不得不对婚姻的两个"阶段"进行区分。比如，在格拉西安看来，在罗马传统中，使婚姻成立的是双方同意而不是"破身"；可是，他接着又允许不能够完婚的人离婚，等于承认仅仅建立在双方同意基础上的婚姻不是真正完成了的婚姻。① 这个矛盾是以皮埃尔·隆巴尔为核心的法国法学派揭示的。

"赠与"这个词后来在我们的语言里留下了另一种痕迹，即"皇族与平民女子的婚姻"一词中的"皇族与平民女子的"这个限定词。在皇族与平民女子的婚姻里，妻子在民事方面不能分享丈夫的荣誉和尊崇，但婚姻受教会法约束。妻子可能就应该以这种物质的"清晨的礼物"为满足，而不

---

① Gratien, *Decr*., p. II, c. 27, 9. 2, c. 5 et c. 29, P. L., t. 187, 140, col. 1394 et 1403. Sur les deux écoles, bolonaise et française, voir ci-dessous, p. II, ch. 3, pp. 173 – 174.

能有别的要求，尤其不能要求从婚姻中得到什么荣誉。皇族与平民女子的婚姻，最著名的是路易十四和曼特侬夫人的婚姻，曼特侬夫人不能要求王后的称号。

在日耳曼法中，如果权力从父亲手里转交给丈夫时，连带着把管理妻子财产的事也给了丈夫，则只有肉体的结合才能使夫妻在法律上成为一体，并把财产变为夫妻共有财产。可以说，只有这种事实上的婚姻——在日耳曼人的两种类型的婚姻（"情婚"和由家庭决定的正式婚姻）里都是如此——才构成婚姻关系，婚礼的其他两个阶段只不过是权力从父亲向丈夫的转移。如此说来，尚未基督教化的日耳曼人的婚姻可能只有一种类型，即以肉体结合与丈夫给妻子"童贞费"为象征的事实婚姻。其余的，都只不过是购买父权以及合法地处置遗产的转移。① 不管怎么说，在实践中，归根到底还是有两种不同类型的婚姻。

早期的罗马可能也有分两个阶段的婚姻。但是，在古典文化鼎盛时期，订婚只不过是象征性的许诺，可以轻而易举地不认账。许诺只用一枚铁戒指来体现，和犹太与日耳曼传统中的"定金"完全不是一回事。法律文书中只谈双方同意的问题，这就意味着，无论是宗教仪式还是婚礼，都没有法律效力。结婚不一定要订婚，订了婚也不一定就得结婚。如同大多数古代法律一样，订婚从来就不是结婚的一个阶段。

在古代罗马，"订婚定金"其实很晚才出现，而且是出现在保留着东方文化基础的省份，如布匿人（即迦太基人）的非洲和过去到处是迦太基人商号的西班牙。神学家泰尔迪里安在迦太基第一次提到后来被渐渐称为"定金"的金戒指，是在 2 世纪末。公元 336 年，君士坦丁大帝给西班牙主

---

① Voir Gaudemet, 79, pp. 34 ss.

教蒂贝里安的诏书，含有罗马法中"订婚定金"的第一个确切痕迹①。事实上，罗马已经把婚姻简化为一次婚礼，而教会法后来保留下来的也正是这个传统。中世纪早期，日耳曼人的影响又再次把明确分成两个阶段的婚礼引入，即又加上了和罗马人的简单订婚仪式相去甚远的日耳曼式"婚礼"，但时间不长。不过，罗马法在12世纪重新出现，还会恢复一次完成的古老婚礼制度，但附带一项建议："体面"婚姻可以有订婚步骤，但不订婚也可以。直到今天，我们依然在按照这种制度生活。

乱伦这个幽灵

后来，打击日耳曼人的另一项习俗——乱伦——时，查理曼又成了典型；乱伦罪变成了查理曼连忏悔时都没敢承认的"隐秘罪行"，是大天使加布里埃尔奇迹般地启示出来，才使查理曼免于永世受罚。北欧传说《卡尔拉马纽斯》详细地讲述了查理曼和妹妹吉塞勒犯下的乱伦罪过。他们生下来的孩子不是别人，正是大名鼎鼎的罗兰（武功歌《罗兰之歌》的主人公）。查理曼把罗兰认作了侄儿。是传说呢，抑或确有其事？苏珊·马蒂内认为确有其事。由于具体资料太少，难以得出这样肯定的结论，不过，在日耳曼人和凯尔特人的神话里，英雄罗兰为乱伦的父母所生，却是真的。瓦格纳已经使我们对这个题目耳熟能详，因为在他写的"四部曲"中，西格弗里德就是西格蒙德和妹妹西格林德所生之子。在早期的传说中，西格蒙德和西妮（即西格林德）这两兄妹生的孩子是桑弗若特里，而不是西格罗尔（西格弗里德）。但那也是一个举世无双的英雄，对编著者来说，他"可能就是西格罗尔的原型"。

① Ritzer, 175, pp. 71–73, 128–130 et 290–292.

中世纪神话传说中的另一个伟大国王——亚瑟王，同查理曼一样，后来也犯下了乱伦的罪过：和妹妹摩甘（摩甘娜）生下了日后和他争夺王位的莫德里德。爱尔兰文学作品里也有兄妹所生的人物——科科·杜艾伯尼是凯尔布雷·马斯克和他的妹妹杜艾伯芬德所生；卢盖德是芬德·埃曼三兄弟和他们的妹妹克洛斯卢所生……从来如此，超人英雄必产生于非常的结合。发生这一切，就好像高贵血统和卑贱血统不能相混，而英雄犹如埃及法老，为了保持血统纯正，只能在他们之间繁衍。在北欧传说《沃尔辛加尔》里，把自己的名字给了国王沃尔辛加尔后代的"狼"部落，就是以这样的方式保持其纯粹野性的。西妮是以母狼的形象出现在西格蒙德面前的，而桑弗若特里之所以"有那么强烈的欲望，是因为他既是沃尔辛加尔国王儿子的儿子，也是沃尔辛加尔国王女儿的儿子"[1]。

是不是像苏珊·马蒂内设想的那样，查理曼年轻时可能是在迎合古老习俗，特别是日耳曼人的习俗？确实，年轻的查理曼很重视日耳曼人的习俗，他从来不选高卢人或拉丁人做妻子和姘妇。另外，教皇艾德里安三世在那封阻止查理曼和伦巴第结亲的信里也提到过，无论是他父亲、祖父还是曾祖父，都从来没有在法兰克民族之外娶过亲……墨洛温王朝和加洛林王朝时代，多次的主教会议上都曾通过大量决议，反复强调禁止乱伦，是不是反映了现实生活中的乱伦现象依然很严重呢？也许，查理曼和吉塞勒真是罗兰的父母。但不管怎么说，档案材料极少。我更倾向于认为，这是中世纪人心里对原始神秘婚姻类型挥之不去的向往，因为在现实生活中找不到，就反映到史诗中去了。

---

① *Karlamagnússaga*, traduite par Paul Æbischer, Genève, Droz, 1972, ch. 36, p. 123. *La saga des Völsungar*, traduite par Régis Boyer, *La saga de Sigurd ou la parole donnée*, p. 203. *La mort Artu*, éditée par J. Frappier, T. L. F. 1964, § 164, p. 211; Georges Dumézil, *Du mythe au roman*, Paris, P. U. F., 1970, ch. IV.

该隐和塞特的后代确实让中世纪的人很费了一番脑筋。不错，上帝是想方设法给亚当找了个妻子，可是，这对原始夫妻生的儿子又到哪里去找老婆呢？各种各样的伪圣经都出来回答这个问题，说该隐和塞特各有一个双胞胎妹妹，成了他们的未婚妻。根据埃塞俄比亚的伪圣经[1]，该隐是卢娃的未婚夫，亚伯则成了阿克勒亚娜的未婚夫。正是因为觊觎亚伯的双胞胎妹妹，该隐才把他这个弟弟杀死的。阿克勒亚娜最终嫁给了塞特，使上帝保佑的这一支有了传人。乱伦的神话后面，可能还有柏拉图学派的两性畸形人的神话。那些只应该"成为一体的人"，事实上不正是出自同一个单一的、他们要千方百计恢复原状的肉体吗？文学作品从来都只给我们一面理想化了的反映婚姻的镜子，在历史没有自动在镜子里现身之前，使用这面镜子，我们必须谨慎从事。

这样的日耳曼习俗（或神话），即使有，也会立即和犹太、罗马及基督教传统发生冲突。中世纪的欧洲，从犹太传统中继承了最为严格的禁忌。《利未记》首先就可以作为参考："你们都不可露骨肉之亲的下体，亲近他们。"（《利未记》18：6）。《圣经》里列举的亲人，有父母、孩子、兄弟姐妹、叔叔姑姑，血亲和姻亲的都包括在内。而且，除了摩西的这项禁忌，《旧约》也举了一些非常有名的乱伦例子。一个是罗得[2]的两个女儿，为了传宗接代，把父亲灌醉之后分别和父亲同寝，结果都怀孕生子；一个是他玛[3]，装成妓女和公公同寝，生下法勒斯和谢拉。摩西制定的娶寡嫂制，强迫没有孩子的寡妇嫁给已故丈夫的弟弟，合理合法，是乱伦禁忌的

---

① *Combat d'Adam et ève contre Satan*, VIIe – IXe siècles, publiée dans le *Dictionnaire des apocryphes* de Migne, t. I, col. 334 – 335.

② 罗得，圣经人物，亚伯拉罕的侄儿。——译者注

③ 他玛，圣经人物，犹大长子珥的妻子。珥短命，犹大命次子俄南与他玛同房，为长子留后。俄南死后，她又设法和犹大同寝，生下一对男婴。——译者注

一个例外。

　　除了这些近亲，在犹太传统里似乎再没有别的禁忌，犹太传统里的禁忌并不比其他的古老文明更多。但是，中世纪最有争议的禁忌扩大，即把禁忌扩大到"姻亲关系"，却是从《圣经》和犹太教士的传统里借鉴过来的：乱伦关系到的不仅仅是血亲，也关系到配偶的亲人。根据《创世记》的说法，夫妻只能是一体，亲家被视同自己的家，对"姻亲"和血亲实行同样的禁忌。因此，对一个基督徒来说，不存在娶已故妻子的妹妹为妻的问题，妻妹已经变成了"自己的妹妹"。

　　罗马帝国的法律比较宽容，法官们不能对血亲表现得过于严厉。不是有过一个叫克劳狄乌斯的皇帝娶了侄女阿格丽皮娜①为妻的事吗？因此，标准也就比较混乱：这样，加伊乌斯也就有可能娶他兄弟的女儿为妻（和克洛德干的一样，但他娶的不是妹妹的女儿）！只是晚期的罗马法，还有基督教教会法，才显得有了些约束作用：公元384年至385年，泰奥多兹下令禁止堂（表）兄弟姐妹之间的婚配。虽然他想到了为皇室留下特许，他的继任者还是把这项禁令取消。5世纪至6世纪，堂（表）兄弟姐妹之间的婚姻在东罗马帝国又重新得到许可。不过，罗马教会还是保留了限制性很严的条款，经塞维尔的伊西多尔之手，这些条款被写进了11世纪至12世纪的教会法里。②

　　在主教会议上严厉谴责乱伦容易，但在现实生活中，面对那些不知道这些禁忌的日耳曼人部落时，神甫们就不得不顺应形势了。因此，在开始的时候，禁止乱伦都是见机行事。确实，在勃艮第和法兰克历年召开的主

---

① 阿格丽皮娜是尼禄的母亲，后嫁给叔叔克劳狄乌斯，使尼禄成了克劳狄乌斯的养子，再将克劳狄乌斯毒死，使尼禄登上了皇帝宝座。——译者注

② Gaïus, *Institutes*, I, 58 – 64, 85, pp. 233 – 234. Voir Gaudemet, «Le legs du droit romain en matière matrimoniale», dans 133, t. I, pp. 139 – 179. Jean Fleury, *Recherches sur les empêchements de parenté dans le mariage canonique des origines aux fausses décrétales*, thèse de doctorat, Paris, librairie du recueil Sirey, 1933. Goody, 87, p. 67.

教会议上，一直不断地重复着那些恫吓，511 年、533 年、540 年在奥尔良，517 年在埃帕奥讷，535 年在克莱蒙，585 年在马孔……主教们直言不讳，用辛辣的语言揭露"贪淫好色"之辈无视亲等："就让他们像肮脏的猪猡一样，在粪便的泥潭即卑劣行径中去打滚吧！"① 可是，这种口头上不断重复的惩罚，实行得又怎么样呢？

像巴黎主教圣热尔曼那样正直的教士，敢把国王卡里贝尔特②逐出教门，就因为他娶了已故妻子的妹妹为妻。不过，那位遭到谴责的妻子马尔克韦伐也是教徒，而国王休掉的第一个妻子可能还活着。因此，将国王逐出教门的真正原因是什么很难说清，因为，在这件事情里，教会认为是丑闻的东西有一大堆！特雷沃的尼齐耶神甫也是一个十分倔强的人，特奥德贝尔国王带着一群被逐出教门的人——乱伦的、杀人的、通奸的——来望弥撒，他就将弥撒断然中止。③

不过，敢这样公开顶撞大人物的，也只有封过圣的教士，胆小怕事的都很顺从。同一个时代，在公元 540 年召开的奥尔良第三次主教会议上，"温和的"主教们就想使那些激进的主教，比如召集主教会议的昂热主教圣奥班，变得和缓一点。怎样做才能使那些习俗宽容得多的异教民众信仰基督教呢？如果让日耳曼人因为改信基督教而和妻子分开，他们是不会同意的。温和派得胜了，接受洗礼之前结下的这类带有乱伦性质的婚姻可以维持。但是，对于所有其他的亲属之间的婚姻，以"不知者不怪"为借口就不行了，因为，教会不能为上帝已经诅咒过的事物祝福。

---

① *In merda quod nefas est*, *sua*, *ut sues teterrimi conuoluuntur*. Concile de Macon (585), canon 18, Mansi, 126, t. 9, col. 956.
② 卡里贝尔特，巴黎王，561 年至 567 年在位。——译者注
③ Grégoire de Tours, *Histoire des Francs*, IV, 26. (Caribert) et *Vie des pères*, 17, 2 (saint Nizier).

然而，圣奥班不久就发现，在乱伦这件事上，高卢的主教们没有按照他说的办。依照为他作传的韦南斯·福蒂纳的说法，最后，"屈服于主教们压力"的圣奥班，"依照大多数主教的意思"，把那些因为乱伦而被他逐出教门的人又都宽恕了。所幸的是，上帝来了，来声援这些封了圣的主教，至少在圣徒记里是这样写的。"为被剥夺了领圣体权利的人准备的面包祝圣时，圣奥班也被请去了。他对其他已经为面包祝过圣的神甫说：'就算我被你们强迫着来祝了圣，只要你们拒绝捍卫上帝的事业，上帝也还是有力量报复的。'这话是在一个被逐出教门的人接受圣体之前说的，话音一落，那个被逐出教门的人就死了：在送圣餐的人到来之前，圣奥班的话就已经发挥效力。"① 尽管出现了这样明显的奇迹，但后来的情况说明，大多数主教还是不准备实行有关乱伦的新规定。

　　问题是，教会对于亲属之间的婚配表现得越来越严厉。犹太人原来限制到堂（表）兄弟姐妹，罗马人限制到叔伯和姑姨。这岂非太不认真了！从 6 世纪起，在西班牙的西哥特人法典里，从兄弟姐妹之间禁止婚配的规定就已经扩大到了再从兄弟姐妹，按照罗马法的算法，那是六等亲。罗马过了两个世纪才接受西班牙的这项规定，而这项规定推广到整个基督教世界，则用了三个世纪的时间（8 世纪至 11 世纪）。这项规定，理由显得有点似是而非：根据罗马法，如果没有遗嘱，对母系亲属遗产有权提出继承主张的，就到这个亲等为止；对父系亲属遗产有权提出继承主张的，则直到十等亲。② 这六个亲等，后来被视为血亲的界限，禁止婚配。继承和婚配之间的联系是明

---

① Concile d'Orléans III, 540, canon 10 (Mansi, 126, t. 9, col. 14) et *Vita Albini* de Venance Fortunat, *Acta Sanctorum*, 1ᵉʳ mars, pp. 59 - 60.

② Justinien, *Institutionum imperialium Liber* III, tit. 5 et 6, 104, t. V, col. 319 ss. Voir Gaudemet, «Le legs du droit romain en matière matrimoniale», dans 133, pp. 158 - 159 et 169 - 173.

确的："彼此之间可以继承的人，不能结婚。因为，与其说那是婚姻，不如说是乱伦。"① 至于第六等亲，很快就因为过度扩大而变成了第七等亲。②

教会的第二个强硬措施是，计算亲等时不按照教会据以实行血亲禁忌的罗马法行事，而是按照不曾经历过扩大乱伦范围的日耳曼人的方法计算。由民法保留下来的罗马制，用的是上溯到共同祖先的办法计算亲等，从共同祖先往下数；而已经变成了教会法的日耳曼制，则横向计算，把兄弟算成单独的亲等，与其说是按人算，不如说是按代算。日耳曼模式是人体结构，从头（始祖）开始，沿着手臂往下数，一个关节算一个亲等：

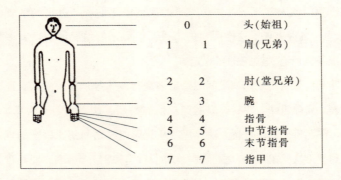

0		头（始祖）
1	1	肩（兄弟）
2	2	肘（堂兄弟）
3	3	腕
4	4	指骨
5	5	中节指骨
6	6	末节指骨
7	7	指甲

《旧约》也使用按代计算的办法，此事给了 6 世纪就已经采用这种体制的教廷以口实，使教廷从 11 世纪起把这种体制强行推向整个基督教世界。然而，民事法官却继续按照罗马法计算，但这样做并没有把事

---

① Benedictus Levita, I, ch. 310, cité par Jean Fleury p. 245, n. 15.
② 西哥特人法（Flavius Chindasvindus, III 5, I, M. G. H. Leges Visigothorum 148，159 页），6 世纪的几次主教会议谈到了第六等亲。732 年，教皇格里哥利三世谈到了第七代（致博尼法斯的信，P. L.，第 89 卷，140, col. 577），但后来的文件指明，所说的是"被排除"的第七代。教会法学家在 11 世纪至 12 世纪又重提格里哥利三世的信，认为他说的是"被包括"的第七代。关于这一亲等的变化，请参阅弗勒里著作，75、133 页及其后数页，245 页及其后数页；埃斯曼著作，64，第 1 卷，375—384 页；纳兹著作，154，第 4 卷，234—235 页。

情简化。① 这样一来，罗马制的第十四等亲，在日耳曼制里就变成了第七等亲；教会法的第三等亲（直到 1983 年一直是使婚姻无效的障碍），相当于民法的第六等亲。可以依据下表对两种体系进行比较：

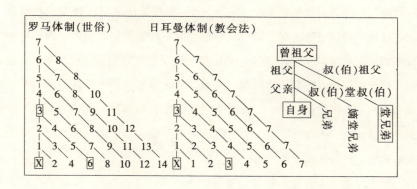

这个体系是 11 世纪推行到整个基督教世界的。1059 年，教皇尼古拉二世召开了一次普世会，会议结束时，教皇给各地主教的通谕确定了七个亲等："无论何人，凡在这七个亲等以内娶妻者，均须根据教会法由主教强令退婚：拒不退婚者将被逐出教门。"不久之后，1063 年，皮埃尔·达米安在他的《论亲等》里确立了计算亲等的模式，这一模式于 1076 年被正式列入了亚历山大二世的教会法②。

① 第一个使用这个体系的好像是 590 年至 604 年任教皇的格里哥利一世，用在他给昂格莱斯主教奥古斯丁的信里（P. L.，140，第 77 卷，col. 1189）。当时，罗马体系被用在了西哥特人的法律里，后来又被格拉西安吸收到教会法中（《法规汇编》，p. II，c. XXXV，q. 9，c. 6，P. L.，140，187 卷，col，1675—1689）。沙特尔的伊夫（Ives de Chartres）（《法规汇编》IX，64；Pan. VII，90，P. L.，140，第 187 卷，col，1675—1689）在比夏尔（Burchard）之后（《法规汇编》VII，28，P. L.，140，第 140 卷，col. 784）也追随朱斯蒂安（Justinien）的《法学纲要》。1061 年至 1073 年在位的教皇亚历山大二世在致那不勒斯教会的信里提出，反对这种计算模式，维护《旧约》中的亲等体系（P. L.，140，第 146 卷，col. 1402—1403）。
② *Ibid*.

当然，这里说的"血亲"还不具备我们今天所赋予这个词的严格定义。教会担心的并不是同一种血相混——即近亲结婚——导致退化的事，这一观念当时还完全不为人知。所以，必须把领养关系（在孩子和养父母的家庭之间，直到教会法里的第七等亲……）、精神上的亲属（教父和教母之间，或他们的教子和教女之间……和他们的家庭之间）和姻亲（夫或妻和配偶的亲属之间），都算作直系亲属。由于性交就足以构成这种关系，就出现了因未婚夫和未婚妻的妹妹发生关系而禁止这对未婚夫妻结婚的事！在武功歌《圣吉尔的埃利》中，我们看到的就是埃利和罗萨蒙德之间受了挫折的爱情，他们不能结婚，因为他们给同一个孩子做了教父和教母。埃利伤心欲绝，罗萨蒙德肝肠寸断……！[①]

禁止结婚的亲等逐渐扩大，变得十分可笑。让-路易·弗朗德兰计算过，一个男人在几代人里就会有 2731 个属于禁止结婚亲等的女亲属。在一些小村子里，合法婚姻变成了凤毛麟角！至于那些大家族，为了保住自己的地位，竟不得不到很远的地方去寻找妻室：卡佩王朝最早的几位国王到俄国、荷兰和丹麦去寻亲，而他们之前的加洛林王朝，国王们却优先考虑在自己的部族内寻婚。更有甚者，菲利普·奥古斯都想和丹麦的因吉布尔热分手时，他提出的理由竟是他们属于禁止结婚的亲等！整个欧洲变成了一个小家庭。

也许，我们从这里可以窥见突然扩大禁止结婚亲等的一个理由。因为，必须指出，除纯粹医学方面的考虑之外，那四个神学方面的理由，即阿坎的圣托马斯在其所著《神学大全》里列举的那些理由，我们今天听起来会感到奇怪。首先是羞耻心，就挪亚被儿子剥光衣服一事在廉耻心上大做文

---

① Sur la consanguinité, voir Fleury, 75, *op. cit.*, et Goody, 87, ch. IV（pp. 60 - 69）et VI（pp. 139 - 149）.

章。对，是不能暴露长辈的身体，可是，一家人都在一个屋檐下——且不说还都在家里的床上——时，这项禁忌很难遵守。另外，也不能把婚姻归结为廉耻心的问题。第二个理由是从亚里士多德那里搬来的：产生欲念的危险。这项理由合乎那个时代的逻辑：伉俪之爱再加上亲属之情，有溺爱妻子的危险，而从圣热罗姆开始，就一直反复地说，爱妻子爱得过分的人不是丈夫，是奸夫。如果这类说法（在我们接受其原则时！）对亲近家庭来说还能成立，一旦触及教会法的第七个亲等，就没有价值了！

圣奥古斯丁又加上第三个理由：如果允许亲属之间发生性关系，像我们经常在亲近的人中间看到的那样，性关系就太频繁了。在大家谈论婚姻而不再谈论"通奸"时，这个说法会不攻自破。至于社交上的理由——必须扩大交际圈子——主要适用于大家庭。然而，在实践中，占统治地位的大家庭之间联姻，从来没有阻止过战争的发生，恰恰相反，如果法国和英国不联姻，会有百年战争吗？禁止血亲结婚可能和教会的扩张主义政策有关系：结婚确实不仅仅是为了人类的繁衍，也是为了"通过亲属和姻亲关系促进人与人之间的仁爱之情"①。但是，由于可能成为扩大基督教仁爱之情最佳方法的混宗婚②依然被禁止，这种说法也就没有多大意义了。

然而，蛮族入侵时代，这类说法倒是可以接受的。基督教化了的人民遇到了传统上习惯于在部族内部婚配的日耳曼部族。禁止他们在部族内部婚配，对混合种族、融合国民有好处。教会是有意识地这样做的吗？这很

---

① 混血会导致种族退化的思想在中世纪尚未出现。古代禁止乱伦的理由中也未见这种思想[比如，可参阅普鲁塔克：《罗马问题》（Plutarque, *Quoestiones romanoe*, 108）]。纳兹（154，卷 IV, col. 234）在《利未人的祝福仪式》（*Benedictus Levita*, VII, 179）中提到过这种思想。在格拉西安援引的话里，格里哥利九世也只是说，近亲结婚可能导致不育（P.L., 140，第 77 卷，col. 1189，第 187 卷，col. 1672）。

② 混宗婚，指的是基督徒同持有其他宗教信仰的人通婚。——译者注

难说，不过，从这种说法成了扩大关系的习用手段这一点来看，会使人做此想。就那个时代而言，人们可以从策略的角度去理解为什么要做这些规定。五个世纪之后，规定又变本加厉，人们就不怎么接受了。

其实，即使在尽量按照那个时代的逻辑行事时，人们也不认为那些禁忌正确。雷吉娜·佩尔努就从关于乱伦的新规定里窥见到了挫败小封建主打算的意图；小封建主们的打算，是通过近亲结婚扩大地盘。[①] 为了不分割土地而在亲属之间结婚，或者为了扩大地盘而与邻人结婚，至今都是以农业经济为主的社会里的惯用手法。也许，教会真是为了同这种倾向作斗争，才发布如此严厉的法规的。但这种解释理由也不充足，因为其他文明，特别是古代的其他文明，也遇到过同样的问题，禁忌却不如此严格。

于是我们就会想到，这项在婚姻史中独一无二的禁忌的扩大，刚好和教会企图强力推行的历史上另一项独特法令，即婚姻不可分离的法令，发生在同时。想从罗马法和日耳曼法两部法律出发，直截了当地建立永恒的婚姻，那是空想。因为，那两部法律都接受分离，只是形式不同，一个是离婚，一个是休弃。无效婚姻，特别是有血缘关系的婚姻中的无效婚姻，是基督教婚姻这座关得牢牢的围城一个受欢迎的出口。下意识里，人们可能更喜欢不稳定的婚姻，或者，一些聪明的系谱学家会使婚姻变得不稳定……早在 1884 年，莱昂·戈蒂埃就已经预感到，无效婚姻可以成为"古代离婚的重建，既符合教会法，也很人道"。[②]

教会反对逐渐用取消婚姻来代替离婚，这是有前兆的。公元 813 年于索恩河畔的沙隆举行的主教会议上，教会对那些为离婚而耍手段的女人进行了谴责。为了和丈夫分手，她们"把亲生的孩子带到主教面前行坚振

---

① Pernoud, 160, p. 48.
② Gautier, 82, p. 352.

礼"，夫妻之间这种教父和教母精神上的"亲属"关系就这样人为地制造出来了，接着，她们就利用这种关系取消了婚姻（根据教会法第 31 条）。这种手段屡屡得逞，因为当时的洗礼都没有记录，谁和谁是教父教母，都只凭教士和教徒的记忆，是否构成婚姻障碍也由他们说了算。

这样一来，教会当局终于感到不安了："1497 年，枢机主教克西梅纳强制推行洗礼登记制度，先是在他自己的教堂，接着是在整个西欧。这一番努力对推行他的想法起了作用。他想 '遏制闹得越来越厉害的成批人离婚的丑闻。离婚都用有关无效婚姻的规定来打掩护，以在洗礼上结成的教父教母关系为借口——不是在受洗的孩子及其亲属之间有了这种关系，就是在教父教母和他们的亲属之间有了这种关系'。"[1] 天主教担心再生出别的离婚理由来。正是因为有这样的担忧，天主教在乱伦问题上的严厉程度才日渐松懈。

实际上，七等亲制寿命不长：因为"迫切需要和明显有用"[2]，七等亲于 1215 年在第四次拉特兰主教会议上被减为四等。为了使婚姻和自然法则靠近，有人提出：自然界也只有四季和四行[3]嘛！但是，这种已经相当严格的限制一直存在到 1917 年。1917 年的民法把禁止结婚的亲等减到三等（再从兄弟姐妹）。应该指出的是，在美洲的印第安人和黑人中间，这种做法从 1537 年就开始了；对于印第安人和黑人，似乎没人担心他们的种族会不会退化。约翰-保罗二世 1983 年颁布的法规再次减少了这种禁忌，但采用的是罗马制：旁系亲属，一直到四等亲，属于无效婚姻——与之相对应的是教会法里的第二等亲（嫡堂兄弟姐妹）。不过，除了二等亲（兄弟姐妹之间

---

① Tate, *The Parish Chest*, 1969, p. 43, cité par Goody, 87, p. 147.

② Latran IV (1215), canon 50, dans Mansi, 126, t. 22, col. 1035.

③ 四行指水、土、风、火。——译者注

结婚）和直系（父，祖……）血亲——血亲禁止结婚，没有亲等限制[①]——以外，某些特许情况事先已经被考虑到了。

说到民法，自从 1803 年 3 月 17 日的教谕被写进所有的民法典以来，直到今天，民法一直禁止直系尊属和卑属之间通婚，不管是婚生的还是私生的；对于旁系亲属，民法只管到第二和第三等亲（兄弟和姐妹，叔伯和侄女，姑姑和侄儿）。兄弟姐妹之间或直系尊属之间结婚是今天所说的乱伦禁忌。除此之外，共和国总统可以颁发特许令。因此，马塞尔·阿沙尔才能吹嘘说，他是 1899 年"由教皇和共和国总统特许"出生的。"我父亲娶了他妹妹的女儿，"阿沙尔解释说，"因此，我的祖父同时也就成了我的曾祖父，我父亲也是我舅爷，我母亲也就成了我的亲表姐。"由于法典不再考虑姻亲关系，拉比什就能够在《头婚子女》中充分发挥想象力了。他书中的人物，一个鳏夫，比他年龄大好多的妻子死后，就跟与他同龄的"女儿"生活在一起了。他后来再婚，娶了个年轻姑娘，这年轻姑娘的父亲又娶了他的"女儿"为妻。两个年轻女人同时成为彼此的"母亲"和"女儿"。对书中的主角来说，"女儿"变成了丈母娘，妻子变成了"孙女"！而这一切还都完全合法。

眼下的宽容大概得益于日益明显的异族通婚趋势。撇开 18 世纪农业社会中近亲婚姻的增加不说[②]，主要的发展趋势还是结亲的范围越来越广。先有了火车，接着又有了飞机，还有使男女交往机会倍增的大规模城市化、假日爱情、移民，都再一次促进了种族和血统的混合。还有一种远未普遍化的趋势：1976 年，将未婚夫妇分开的平均距离是 11 公里。在城市里，仍有人在娶当年的中学女同学为妻。

---

① "罗马"制被决议 108 条吸收；近亲或姻亲结婚无效的问题，在决议第 1091 条中提及。
② Enquête de *L'Express*, 9 février 1976, citée dans 128, p. 67, n. 129.

因此，在中世纪早期，教会不得不从打扫自家门前的婚姻灰尘着手。那些灰尘是日耳曼婚姻、罗马婚姻或犹太婚姻在几个世纪里堆积起来的。选择配偶的高度自由，像选择婚姻形式的自由一样，受到了限制；被简化为一次婚礼的婚姻，在 12 世纪的教会法里又找到了新内容。剩下的，就只是确定婚姻的形式了。

第二章

古老的礼仪

中古盎格鲁-撒克逊人建立的韦塞克斯,是未来的英格兰第一个能够抵御丹麦人入侵的伟大王国,公元 856 年,国王埃塞沃尔夫意欲和也遭受着北方人入侵的法兰克王国国王秃头查理结盟。埃塞沃尔夫去罗马朝圣,归途中在桑利附近的韦尔布里停了下来;像往常一样,法兰克国王正在那里小住。当时,整合欧洲的主要手段就是联姻。撒克逊国王向秃头查理的女儿朱迪思求婚,三个月之后举行了正式婚礼。

埃塞沃尔夫国王上了年纪。他已经和第一个妻子生了四个儿子。第一个妻子是一个叫奥斯比尔佳的女人,据说在国王决定结第二次婚的时候,她还活着。法兰克的公主正是豆蔻年华,芳龄 13 岁。可以说,这门亲事闹得沸沸扬扬,尤其使国王的几个儿子忧心忡忡,担心继承王位者的名单变得更长。在撒克逊王子们和未来的王后之间,敌意是公开的。国王长子埃特尔巴尔德比继母岁数还大,提前占有了他认为应该属于他的那一部分土地,就回了自己的封地。为了避免内战,不使正遭受着丹麦人威胁的王国变得衰弱,埃塞沃尔夫只好让步。

我们知道,法兰克人的公主嫁到外国王室去的还很少,他们想谨慎从事,务使婚姻牢固。最佳的谨慎措施莫过于举行隆重的婚礼,请教会派专人到婚礼上作一连串的祝福。可是,依据传统,婚礼要分两次举行,在夏天已经完成的"婚礼"之后,公元 856 年 10 月 1 日又在韦尔布里举行了盛大的结婚仪式。仪式由当时法兰克土地上最高的精神权威兰斯大主教欣克玛主持；天主教教会的婚礼程序可能就是他制定的，整个程序中所使用的不同祝福语可能也是他写的。他甚至可能还代表了罗马皇帝，因为没有特别提到皇帝出席婚礼。

兰斯大主教制定的"程序"，在加洛林王朝绝无仅有，可能也很特别，它不仅是最古老的结婚典礼文书，还是一纸证明，证明以两个王朝的名义对联合起来的两国人民在婚姻习俗上做了哪些让步。我们第一次有了证据，虽然简单，却超过了包含在弥撒中的对婚姻的简单祝福，为我们描绘了一个完整的结婚仪式。

先是劝诚，要求夫妻彼此忠诚，主要是劝诚新娘要忠诚；接着是为嫁妆祝福，为戒指祝福，说几句结婚仪式上的套话；最后是为新婚夫妇祝福。然后，举行另一个仪式，即王后加冕礼，这和我们关系不大。对教会派来的专人来说，为戒指祝福是对盎格鲁-撒克逊典礼仪式的一种让步。就在同一时期，朱迪思刚刚行完王后加冕礼之后不久，在英格兰岛的礼仪书里还真发现了为结婚戒指祝福的话语格式①。另外，戒指在各地也都是订婚的特有之物。"戴上这枚戒指吧！它是信仰和爱情的象征，夫妻关系的纽带。戴上它，人就不会把永生和永远主宰我们的上帝结合到一起的东西分开。"此即今日已经变成最典型的基督教婚礼的雏形。表达方式直白，象征意义丰富，让我们看到了古代人的想法。

反过来，王后加冕礼似乎不为盎格鲁-撒克逊人所知，举行王后加冕礼应该是对法兰克人习俗的一个让步。王后的婚姻遭到婆家人反对，大概也遭到了当地贵族反对，举行加冕礼也许能为少年王后的权威提供保证。"确实，"阿塞吕主教说，他是那个时代有关撒克逊资料的主要提供者，"西方

---

① Le rituel de Durham（871 - 901）et le pontirical d'Egbert（Xe siècle），qui incluent la bénédiction des anneaux dans la bénédiction *in thalamo*：il s'agit donc bien d'un anneau de mariage et non de fiançailles. Voir Ritzer, 175, pp. 280 - 281.

撒克逊人不能容忍王后坐在国王旁边，也不肯称她为王后，而称她为国王的妻子。"索尔兹伯里的这位主教接着还说，对王后的反感，源于一位王后的恶行，她行事招怨，终被休弃，从此就有了个决定，不许王后再分享国王的宝座。

公元 858 年，国王埃塞沃尔夫驾崩，朱迪思在 15 岁上又成了王后和寡妇……而且与继子尽释前嫌，做了继子的姘妇，引得岛国教会大为愤怒。一个小姑娘，一个受到举国敌视的王后，不这样，又能怎么做? 不过，她这第二次结合却招致了上帝的惩罚。公元 860 年，她又成了寡妇，而且被送回娘家，"在国王父亲的保护和主教的看管之下"，被幽禁在桑利城堡。过禁欲生活的命令，在这个芳龄 17 岁就两度守寡的女孩子身上，没有引起什么波澜。没过多久，她就被弗朗德勒的看林人博杜安、一个不久之后被人称作"铁臂"的青年拐走了。用拐走这个词有点重，因为朱迪思的哥哥（未来的国王路易）本人就知晓内情。可是，让父王赞成这第三次结合，难比登天，想都别想，他们这才想到私奔，迫使国王就范。私奔在当时就是抢婚。对博杜安来说，这是相当严重的罪行，有因"拐带寡妇"而被革出教门的危险。秃头查理几次请求教会严惩博杜安，均无结果，最后还是同意了这门亲事，并把弗朗德勒升格为伯爵领地，给了女儿，以保证她体面地结婚。就这样，早期的英格兰王国的一位王后，成了弗朗德勒的第一位女伯爵。①

在朱迪思的三次婚姻里，我们已经见过的加洛林王朝三种婚姻形式一

---

① L'ordo du mariage de Judith est notamment publié dans le *Recueil des historiens de la France*, 171, t. VII, pp. 621 - 622. Sur le mariage de Judith, voir Ritzer, 175, pp. 330 - 332; Molin/Mutembe, 142, p. 159; Asserius, *Annales . . .*, éd. F. Wise, 1722, pp. 9 - 10; *Recueil des historiens de la France*, 171, t. VII, pp. 72 ss. et 268; Camille Lebrun, dans *Nouvelle biographie générale* de Hœfer, 1967, t. 27, col. 143 - 145.

一再现：在丈夫和未来妻子的父亲之间达成协议且婚礼隆重的婚姻，惹人非议并带有乱伦味道的短暂姘居，女方父亲后来才承认的抢婚。不过，朱迪思的婚姻之所以使我们特别感兴趣，是因为这是一个最古老的实证，证明结婚戒指一直是婚姻的主要象征。

戒指

"不用吻，我的朋友，/把戒指戴到手指上吧！……"古诺①的《浮士德》中靡菲斯特的这一段唱词证实，戒指已经变成了结婚的同义词，以致到了今天，戒指还有一个名字：结婚戒指。事实上，戒指很早就以这样或那样的形式和婚礼连在一起了。《旧约》里说，亚伯拉罕老了以后，想给儿子以撒寻一门亲事，就把最老成的仆人派往故土，让他从那里带一个本部族的姑娘回来。使者把一枚金鼻环和两只手镯交给上帝选定做以撒妻子的利百加（《旧约·创世记》24：22—27）。在《尼伯龙根之歌》最古老的日耳曼版本里，即法罗岛版本，西古尔德（西格弗里德）给布里尼尔德的也是戒指和金项链。亚伯拉罕的仆人给的，是受委托人替主人给未婚儿媳的结婚信物；西古尔德给布里尼尔德的，是作为"童贞费"交给妻子的"清晨的礼物"。因此，戒指本身都不构成婚礼，但在这两件事里，戒指都和别的礼物一起与婚姻紧紧相连。严格说来，戴结婚戒指是到了9世纪才出现的习俗，很可能是从罗马的订婚戒指演变而来的。无论是犹太人、希腊人还是日耳曼人，都不认识戒指这种礼物，也不知道戒指是结婚和订婚的象征。

还必须到更古老的时代去寻根溯源吗？皮埃尔·泰伊确有此意。他从

---

① 古诺（1833—1885），法国作曲家。——译者注

最初戒指只给女方这一点看出，戒指其实是一条铁链子的最后一个环，而铁链子可能是新石器时代男人拴女俘用的。男人用铁链子把从别的部落抢来的女人拴在自己的床上，以防逃跑。① 即便关于戒指来源的传说确实把戒指列为镣铐一类的东西，泰伊的说法或许也有点儿离谱。事实上，在古代罗马，被看作铁戒指发明人的是普罗米修斯——老普林尼就是这样说的。普罗米修斯在高加索山上被绑，每天有一只鹰飞来吞食他的内脏。得到朱庇特赦免之后，为了纪念所遭受的惩罚，普罗米修斯大概留了一只镶着高加索山石的铁环。

在古代罗马，第一次出现在订婚仪式（不是结婚仪式）上的，还确实是一只铁戒指。至于其象征意义，则明显地来自戒指出现时的背景。戒指在普劳图斯（约公元前 3 世纪—公元前 2 世纪）的作品里出现过，在泰伦提乌斯（公元前 2 世纪）的作品里也出现过②。在普劳图斯的《爱吹牛的大兵》里，女友被大兵抢走的恋人想把女友要回来。为了让大兵放回女友，他让人给那个大兵送去一枚戒指，并让他相信，戒指的主人是一个有身份的女子，正暗恋着他。爱吹牛的大兵受到了诱惑，盼着结下这门得意的亲事，就把抢来的女子放了。如此看来，此处的这枚戒指是"爱的信物"，在这里是女子给男人的，目的是约会，戒指本身并不构成庄严的订婚之举。在泰伦提乌斯的《安德罗斯女子》里，戒指起的作用至为关键：剧中的男主角为了留下情妇，把家里给他娶的妻子打发走，就在妻子生的孩子身上做起文章来：他和妻子不曾有过肌肤之亲。事实上，他妻子在结婚前不久曾经遭到过一个陌生男子强奸，那男子还把她的戒指抢了去。如今，那枚戒指恰好就戴在剧中男主角情妇的手指上。真相大白：丈夫在不知情的情

---

① Theil, 195, pp. 5 - 6.

② Plaute, *Miles gloriosus*, vv. 771 - 798, 957, 1049; Térence, *L'Hécyre*, vv. 821 - 832, 847.

况下强奸了他要娶的女人，还把从受害者手上夺来的戒指给了情妇。在这里，牵涉的仍然不是正式的订婚仪式，因为那个年轻男人从来就没动过要娶那个高级妓女为妻的念头。但是，戒指却成了查明强奸者身份的珍贵物证，而遭强奸的姑娘还抱怨说不曾从强奸她的人身上夺得一件物品以便把他戳穿呢！

所以，按照普林尼的说法，戒指最早是作为辨认记号出现的。金戒指交给负有外交使命的使节，起的是国书的作用。因此，高官们平时只戴铁戒指，以便把家事和国事分开。普林尼接着说，同样的一枚铁戒指，未婚夫送给了未婚妻，就可以理解为戒指象征家庭这个领域，未婚妻将被限制在家庭的小天地里。从泰伦提乌斯（公元前 2 世纪）到普林尼（公元前 1 世纪），这一习俗礼仪化了，有了新的象征意义。作为爱情的信物，未婚夫变心时，戒指可以把他们的关系昭示天下，也是被抛弃的未婚妻指证自己孩子父亲是谁的唯一凭证。戒指还意味着，戴戒指的女人已经从公共生活中被排除。

订婚戒指逐渐时兴起来先是在罗马帝国，接着就传播到了整个基督教世界。6 世纪，图尔的格里哥利在一位日耳曼人——即未来的圣里法尔——的订婚仪式上提到过戒指。跟戒指在一起的，还有另一件象征性礼物：一双拖鞋。但同样是这一本书，在另外一处提到的礼物却只有拖鞋，这就是说，戒指在订婚仪式上并非不可或缺。[①] 里采尔长老认为，第一枚真正的结婚戒指出现在公元 856 年朱迪思的婚礼上，那是盎格鲁-撒克逊人的习俗。

戒指依然可以作为辨认记号：圣亚力克西在把没有同过房的妻子休弃之前，就把自己的戒指给了她。在古代悲歌《玛利扬松的戒指》里，那个行事不谨慎的女人把自己手指上的几枚戒指委托给一个嫉妒心强的男人保

---

① Grégoire de Tours, *Uitae patrum*, ch. XX, 1 et XVI, 1.

管，丈夫误以为她有了情夫，就把她弄死了。戒指成了"身份证"，既是人的象征，也是婚姻的象征。[①] 不过，一直到 15 世纪，戒指是用于结婚还是订婚，还没有确定下来。在 1488 年巴塞尔的一本宗教礼仪书里，就建议将戒指用于结婚，"如果丈夫戴来了一只的话"。这等于说，用于订婚还是结婚，没有硬性规定！在堂区没有登记簿，只有靠物和人来为婚姻提供证明的时代，这种不确定性是个很严重的问题。那么，戒指所代表的到底是合法的婚姻呢，抑或只是订婚？法学家说，在不同地区，代表的可以是订婚，也可以是结婚。只是到了 1563 年的特兰托主教会议之后，戒指才被保留下来做结婚之用，那时，订婚已经变得可有可无了。

结婚戒指被赋予了不少象征意义。首先涉及的是忠诚的保证，无须富有，只要忠诚。按照 11 世纪传入上巴伐利亚的拉丁史诗中使用的程式，忠诚的保证格外隆重。新郎把结婚戒指往新娘手指上戴的时候，要抽出宝剑，同时说出下面的话："我要像这枚戒指把你的手指完全箍住一样，把你坚定或永恒的诺言收藏起来。你要说话算话，否则就会一命呜呼。"[②] 代表诺言的戒指还是和奴隶的锁链相似。不过，从纪元最初的几个世纪开始，付定金的订婚占了上风，压过了仅仅由双方表示同意的订婚。从这个时候起，就出现了更为贵重的戒指与铁戒指竞争：很多地区，习惯上不是干脆把更为贵重的戒指叫作"定金"了吗？发现结婚礼仪书中嘱咐人把"定金"戴在无名指上，我们会感到惊奇，1500 年在于泽斯城，或者 1523 年在昂布兰城，都有过这种情况……

于是，我们在德尔图良（2 世纪）的著作里就看到了金戒指；而"欧坦的"洪诺留在 12 世纪证实，此后就都是真正的戒指了，金的，镶着宝石。

① Gaiffier, 78, pp. 185 – 186; Davenson, 52, pp. 163 – 169.

② Gaiffier, 78, p. 193. Dans la version française du XIIe siècle, l'épée sert à couper l'anneau en deux pour qu'il devienne signe de reconnaissance, un «symbole» au sens étymologique.

洪诺留迷恋象征主义，当然知道普罗米修斯的传说：铁戒指代表的是爱情的力量，表示爱情能够像铁一样克服一切，而镶在戒指上的钻石则象征着爱情的坚贞。但是，在这之后，就由黄金代表爱情了。优于各种金属的黄金，能更好地象征伉俪之情，而替代了钻石的宝石则代表爱情，爱情可以使伉俪之情弥笃。这样的解释无疑更有诗意，比必须给未婚妻一大笔定金要有诗意得多！① 到了中世纪末，这种最纯金属的象征意义就更明确了。因此，金戒指不给那些玷污过婚姻的人。因为婚前尝了禁果而被迫结婚的人，作为行为不端的标记，结婚时要戴麦秸做的戒指。在巴黎，这样的婚礼都在最小的教堂——圣玛丽娜教堂——里举行。②

可见，从罗马时代起，戒指的价值就变得和爱情相匹配了。在 13 世纪初期的武功歌《攻克科尔杜》③ 里，吉贝尔娶了美丽的阿盖，给的就是一枚价值连城的戒指：

> 他把一枚金戒指戴在她纤细的手指上，
> 主的名字刻在上面，闪闪发光，
> 戴戒指的人受上帝保佑，
> 永远不必为失败而惊慌。

订婚时付定金的传统，特别是在东方，使戒指对女人说来分外宝贵：

---

① Honorius Augustodunensis, *Gemma animae*, 1, I, ch. 216 (P. L. , 140, t. 172, col. 609).

② Du Breul, *Antiquités de paris*, p. 98, cité par Adolphe Chéruel, *Dictionnaire historique des institutions*, *mœurs et coutumes de la France*, Paris, 1865, t. II, p. 737. Chéruely voit l'origine du mot *paillard*, ce qui est sans doute abusif.

③ Il lui met un anneau d'or au meilleur doigt. Les noms de Notre Seigneur y sont écrits. Qui l'a avec lui jamais il n'aura peur d'être vaincu ou noyé ce jour-là, *Prise de Cordres*, B. N. , ms F. Fr. 1448, fol, 164 r°, cité par Gautier, 82, p. 427, n. 7.

在 11 世纪的拜占庭，未婚夫给出的是金戒指，而收到的却是铁戒指，顶多是银戒指。戒指的象征意义至少在双方中的一方是被保全了的！[①]

订婚戒指的价值，接着是结婚戒指的价值，很快就高到了让教士们感到担心的地步：15 世纪巴黎出的一本结婚礼仪书不得不提醒人们，戒指上不要镶宝石，也不要刻字。[②] 1533 年图尔出的一本礼仪书也明确指出："将被祝福的戒指应该是白色的，圆圆的，银的；这样的戒指才是神圣的。任何其他戒指都不会被祝福，也不具有神圣性。"教士们想使戒指变得像初期那样俭朴，但他们的努力似乎没起什么作用：可以迎合教士的要求使用不值钱的戒指，但送给新娘的却仍然是未经祝福的值钱戒指。就算用词上似乎已经把戒指和定金混为一谈，但戒指却实实在在是一种礼物，是一种永远也不能从彩礼或赠物中扣除的礼物。[③]

除了这种"钱财"方面的解释之外，戒指或许还有另一种象征意义：可以当印章用，而已经被证实了的东方习惯是，让主妇用自己名字首字母的缩写图案给新居里的贵重物品加印记。这就使人想到，在结婚甚至订婚的时候，未婚夫可能就已经把家事上用的印章正式给了未婚妻。[④] 亚历山大的克雷芒[⑤]写的一篇东西似乎支持这种假设。在《学究》一书里，这位希腊教会的神父表示反对滥用首饰，同时列举了可以佩戴首饰的各种场合。"学

---

① Ritzer, 175, p. 193.

② Chénon, 41, p. 43.

③ 关于戒指的来源，请参阅舍农著作，41，第 1 和第 4 章；莫兰、米唐布著作，142，第 5、6 章；戈德梅著作，80，32、58 页；T. J. 德尔福热（T. J. Delforge）在 1975 年第二期《瓦隆观察家》（Le guetteur wallon）上发表的文章。莫兰（141 页）使用的是"祝福"这种形式；我倾向于遵从格雷维斯律行事；格雷维斯律保持了这个字的形容词用法（§652b）。为了保持文件词形上的一致，我把引文里的字做了些改动。

④ Explication proposée par I. L. Blanchot, Les bijoux anciens, Les éditions pittoresques, 1929, p. 88.

⑤ 亚历山大的克雷芒（150—215），公元 2 世纪至 3 世纪最重要的基督教辩护士。——译者注

究给了女人们一枚金戒指，但那不是首饰，而是用来给家里需要特别保管的东西加盖印记的；那些东西需要有人留在家中小心看管。"（第三卷第二章）不过，在这部著作里却没有任何东西说明印章就是结婚戒指；而且，在基督教作家的著作中提到结婚戒指有这种新的象征意义的，这也只是个绝无仅有的例子。

镶宝石的金戒指过分贵重，引起了基督教徒的反对。大家很快又追溯起戒指最初的象征意义，特别强调戒指是夫妻忠诚的信物。"忠贞戒指"——人们有时就这样指称戒指——所代表的，可能是对基督教信仰的忠贞，但更可能是夫妻间彼此应该有的那种忠贞。自塞维利亚的伊西多尔（7 世纪）始，这种象征夫妻忠诚的说法就已经大行其道：对戒指所做的某些祝福，确实就是在祈求上帝保佑，"保护贞操"，首先是保护女人的贞操，然后是保护夫妻的贞操。"让这枚戒指保佑您的男女仆人吧！让他们保住贞操。"13 世纪圣莫代弗塞的一位大祭司就是这样说的。

在中世纪文学作品里，很多稀奇古怪的传说把这种象征意义具体化了。12 世纪的一篇武功歌里的女主角阿维尼翁的阿耶，结婚的时候就从丈夫加尼耶手里接过一枚镶着漂亮宝石的戒指。那枚戒指来自伊甸园，具有神性，戴着它可以保住贞操。你会觉得这礼物奇怪，因为送礼人的想法刚好相反。可是，就当时的情况而言，那却是很聪明的一招：在加尼耶达到正当的目的之前，阿耶被人抢走，并很快就成了撒拉逊人①、国王加诺尔的俘虏。那枚戒指一直起着保护作用，直到阿耶被丈夫解救出来。②

戒指可以保护贞操，这一点在文学作品里已经多次被证实，以此为依据，我们可以设想结婚戒指的另一个起源，至少是中世纪对这种古老习俗

---

① 撒拉逊人，中世纪欧洲人对阿拉伯等地穆斯林人的通称。——译者注

② *Aye d'Avignon*, éd. F. Guessard et P. Meyer, Paris, Vieweg, 1861 (Anciens poètes de la France), vv. 2000 - 2012, p. 62.

的另一种解释。大家都认为宝石有神奇功能，可以使戒指有多种保护作用，能使戴戒指的人不发烧，不牙疼，或旅途不遇险。在叙事诗《法兰西的玛丽》里，中了魔法的情人约内克临死前给了女友一枚戒指，那是一枚能使她那位嫉妒心强的丈夫失忆的戒指。这是一枚魔戒，也是爱情的信物，最后使叙事诗中的两位主角真正成婚的就是这枚魔戒：女主人公后来确实埋在了约内克旁边，而不是埋在她合法丈夫旁边。难道丈夫在给妻子魔戒的时候，祈求的是让妻子得到一种特殊保护，即保护她不被强奸？不管怎么说，文学作品是这样解释的。

在民众的思想里，戒指、贞操、性，很久以来就是连在一起的。"戒指"变成"环"（1392 年出现在医学文献里）的同义词是在中世纪。波热（15 世纪）的一则笑话清楚地指明了戒指的性象征意义。熟知这个笑话的拉伯雷，在《巨人传》第三卷里讲了汉斯·卡尔维尔的故事。戒备心强的汉斯有个比他年轻得多的老婆，有一天，他做了个梦，梦见魔鬼给了他一枚戒指，只要他把那枚戒指戴在手上，就能保证妻子忠诚。醒来时，汉斯发现手指正插在身旁睡着的妻子的"难以启齿之处"。讲这类故事用的是和很多中世纪韵文故事一样的套路：不是这里找到一枚戒指的三个女人商定把戒指奖给她们中间骗自己丈夫骗得最成功的，就是那里又发现了一枚戒指，如何如何，拿倒霉的主教寻开心①……这种话语暧昧、一语双关的传统，在贝朗热②所作的一首黄色歌曲里表现得特别明显：几个处女在副歌里一遍遍唱的是，她们迫不及待地等着人家把手指放进……她们的那个"环"里（《结婚戒指》）。

结婚戒指的象征意义接着又有了变化，变成了男人性能力的象征。因

---

① Rabelais, *Tiers Livre*, ch. 28 (La Pléiade, p. 433); Montaiglon et Raynaud, 143, t. III, p. 51 (n° LX), t. I, p. 168 (n° XV).

② 贝朗热（1780—1857），法国著名诗人和歌谣作者。——译者注

此，把戒指往手指上戴（这个动作的色情隐喻不言自明）的那一刻，就成了那些为使男人阳痿而向他们施魔法的"扎绳者"所要选择的最佳时刻。于是，17 世纪，在参加婚礼的人中可能混进巫师时，为使魔法失效，新娘在戴戒指时就故意让戒指掉在地上，这种做法当时成了习惯。在法国，施魔法的行为可谓根深蒂固。所以，从 1606 年至 1666 年，在埃夫勒、布尔热和布洛涅等人相继写的一系列宗教礼仪书里，都威胁说要把施魔法的人逐出教门。男人最常用的化解之法，竟是穿过结婚戒指撒尿。

戒指的象征意义，从合法丈夫的性能力，终于过渡到了夫权。在 19 世纪的民间传说中，戒指的象征意义到了无以复加的地步。在很多地区，如果丈夫给新娘戴结婚戒指时没能够把戒指戴到第二个指节以上，妻子将来就会独揽家里的大权；如果把戒指一下子戴到指根，当家的就会还是这个男人。因此，一些有性格的女人就会在婚礼上弯曲无名指，把戒指截在第二个指节上。在梅斯地区，交换结婚戒指以后，谁先抬头，谁以后就能降住对方，结果就把婚礼上的祝福变成了有趣的"体育锻炼"。在索姆河流域，交换戒指后先吻主祭坛的人以后能降住对方；在阿尔萨斯，神甫为新婚夫妇祝福时，谁的手放在对方的手之上，谁以后就能降住对方。[①] 在这里，戒指所象征的是生活中的一个新阶段，第一个确定了自己优势的人都想好好保持这种优势。

新戒指

至于戒指的样式，也经过多次变化。在罗马人那里，戒指就是一枚简单的饰物，铁的，不镶宝石，而且许可未婚妻戴的只有这一种。戒指上充

---

① Exemples empruntés à Segalen, 188, p. 146.

其量也只能刻些赎罪的或情爱的字句。可是，我们在远古文明里已经发现更为复杂的戒指，有并蒂型的，有"手信"型的。并蒂型戒指将一块宝石镶在两枚戒指上，是婚姻的最好象征。最复杂的并蒂型戒指合起来就像一枚戒指，上面可以刻整句的话。这种古老类型的戒指，16 世纪又重新流行起来，到了皮埃尔·拉鲁斯①的时代，就成了结婚戒指最流行的样式。而且，正是这种并蒂型的戒指被叫作"结婚戒指"。"结婚戒指"这个词，1661 年出现在戈特格拉夫编的法英词典里，解释为："结婚戒指：并蒂戒指。"作为婚姻牢不可破的最佳象征，戒指上面刻的常常是神诫："人不可把神连接起来的东西打破。"马丁·路德的结婚戒指上用拉丁文刻的就是这句话，后来有很多戒指刻的都是这句话。

"手信"型戒指是用两端呈手形的金丝做的，金丝上的两手相交，就成了一枚戒指。也有戒面上的宝石呈两手结合状的。这种类型的古老戒指于12 世纪重新出现，在中世纪广为流行。戒指上刻的话多种多样，有示爱的，有赎罪的："两心同结""坚贞的爱""荣耀与幸福"……最常见的是永恒之爱的许诺："天长地久""永不分离"……哥特时代的人对戒指和戒指上面刻的字句充满了幻想。我们在一些大戒指上看到过很时髦的语法谜语式的句子："一个主格的女人，置宾格于不顾，用属格的话语把我变成了她的与格。"（15 世纪）不过，人们仍然继续使用非常简单的戒指，使用一些既没有宝石也不刻字句的戒指，或者像今天仍然能够见到的那样，戒指上只刻着夫妇二人名字的缩写（16 世纪）。

从 16 世纪到 18 世纪，戒指装饰得越来越繁杂，竟使一些专家产生了这样的怀疑：这些戒指真是用来戴的吗？抑或只是一些具有象征意义、拿来收藏的首饰？较常见的戒指有雕花的（整枚戒指上雕满了花），有刻着两喙

---

① 皮埃尔·拉鲁斯（1817—1875），法国词典编纂者，出版家。——译者注

相交的斑鸠（刻着"让我们和它们一样"）的，也有用一把锁把两颗心连在一起、一边垂着一把钥匙的……在 18 世纪一枚"表达情感"的戒指上，我们看到四绺用四片水晶保护的头发，上面突显着四个字母：LACD（读作："她顺从了"）；四周有几个字组成一句话："爱情保护着她。"现在还搞不清楚的是，这些七拼八凑的东西是结婚弥撒上用的，抑或只是世俗的表达情感的礼物。

结婚戒指越来越复杂之风并没有到此为止。18 世纪末，珠宝业在戒指刻字方面真正到了登峰造极的地步：以藏头诗的形式，用镶在一枚（或几枚）戒指上宝石名字的第一个字母组成新娘名字，或组成一句情话。因此，用紫晶（Amethyste）、钻石（Diamant）、翡翠（Emerald）、青金石（Lapis Lazuri）等宝石按顺序镶成的戒指，就是送给新娘阿黛勒（Adele）的。人们把这种五颜六色的东西叫作"七拼八凑的戒指"。在英国，主要是用镶戒指的七种宝石名字的第一个字母组成"尊敬"或"至爱"一类的词。

大革命把这些过分繁杂的东西一扫而光。19 世纪，结婚戒指简单到了变成一根细金丝的程度，我们今天依然能够看到这种戒指。金戒指使用得越来越广泛，对戒指的简单化可能起了作用：打造金戒指的人建议打 10 到 22 开金的，有时是包金的，但多数情况下是真金的，因此比较细。① 这种形式简单的戒指终于完全取代了 19 世纪流行的并蒂型戒指。由于使用了今天已经成为经典的"线戒"或"半线戒"，结婚戒指终于又变成了普通指环。但有个倾向，即用镶小钻石甚至红蓝宝石的办法，朝着老式戒指回归。近几年来，交错在一起的戒指又时髦起来了，有焊在一起的，有绞成绳索

---

① 关于戒指的形状，请参阅欧仁·丰特奈：《古今首饰》(Eugène Fontenay, *Les bijoux anciens et modernes*)，巴黎，康坦书屋出版，1887, 35、60—69 页；安妮·沃德、约翰·彻里、夏洛特·盖尔和巴巴拉·卡特里奇合著：《古今戒指》(Anne Ward, John Cherry, Charlotte Gere et Barbara Cartligde, *La bague de l'Antiquité à nos jours*)，巴黎，美术馆出版，1981.

状的，也就是说，结婚戒指的象征性又回潮了。用各种不同颜色的混金打的戒指（"成对"型的）也有这个趋势。但总的来说，首饰匠们主要还是在普通戒指的形式上发挥想象力。虽然可向新婚夫妇推荐的样式不下百种，19世纪末确定下来的结婚戒指形状已经定型，不可能再改了。只要提一提近年来的一部电影《四个婚礼和一个葬礼》就能明白：电影里的新婚夫妇被迫戴那种心形或骷髅形等形状怪异的戒指时，都大为吃惊。

戒指为什么要戴在无名指上？这是出于罗马人的习俗，2世纪的奥吕热尔对这种习俗作过一番充满诗意的解释：一根很细的神经直接把无名指和心脏连到了一起，所以大家都相信，用戒指把未婚妻的无名指箍住，就能确保未婚妻的忠诚。学识渊博的基督教学者塞维利亚的伊西多尔，将这种解释在西方广为传播，但略有一点不同：在他的说法里，连接无名指和心脏的是一根小血管。把无名指叫作"戴戒指的手指"，也自这位伊西多尔主教始。没过多久，这种说法就通过格拉西安的一道教谕上了教会法！波伦亚的圣罗米阿尔修会修士甚至补充说，正是因为这一点，戒指才象征着心的结合。13世纪末的纪尧姆·佩罗则认为，"为了表明夫妻间的爱应该以心相许，而不仅仅是约束他们的外部行为"①，把结婚戒指戴在无名指上是很得体的。这条小小的所谓"热情血管"，不只是诗人的发明，中世纪的医学以及后来的某些医生都相信有这条血管。16世纪的荷兰医生莱穆讷治疗"心脏病"时，就是用番红花搓无名指和耳朵。据他说，"因为无名指与心脏相通，和心脏有感应"，是能被痛风病感染的最后一个地方。但是，假如无名指已经"发炎肿胀"，那可就离死不远了。

---

① Aulu-Gelle, *Nuits attiques*, X, 10; Isidore de Séville, *De officiis*, II, 20, P. L., t. 83, 140, col. 811 - 12; Gratien, p. II, c. 30, q. 5, c. 7, P. L., t. 187, 140, col. 1450. Guillaume Pérault, *Summa de uirtutibus et uitiis*, p. 2, tr. IV, c. 12, cité par Molin/Mutembe, 142, p. 172.

问题在于，根据普林尼提供的证据，高卢人和布列塔尼人是另一种习俗：他们把戒指戴在中指上。戒指究竟应该戴在拇指还是无名指上，西方礼仪书里的说法在很长时间里一直都犹犹豫豫，两种主张都有狂热的支持者。其余的手指偶尔也有机会戴戴戒指：摩萨拉布人①的古老礼仪是把戒指戴在女人的食指、男人的小拇指上②。至少从 12 世纪开始，给新娘戴戒指就有了一套特别的礼仪。先把戒指给右手的三个手指戴一遍；第一次戴的时候说"以圣父的名义"，第二次戴的时候说"以圣子的名义"，第三次戴的时候说"以圣灵的名义"。然后，就把戒指留在最后一个手指上，或者，最后把戒指戴到左手的一个手指上。应该把戒指戴在哪个手指上呢？根据阿夫朗什的教皇与主教仪典（12 世纪），应该戴在大拇指、食指和中指上。但三个手指的粗细有很大不同。根据鲁昂的弥撒经本（15 世纪），把戒指戴在左手中指上之前，先拿着它在右手的五个手指上碰一下。就在念着以三位一体中三个人的名义将戒指在几个手指上碰的当儿，戒指就戴在中指上了。可是，从 14 世纪开始，先在阿维尼翁，接着在整个法国，越来越常见的做法是，以三位一体的名义祝福完之后，说"阿门"的时候把戒指戴在无名指上。很明显，这是受伊西尔多和格拉西安都知道的热情血管的影响所致。

有关戒指该戴在哪个手上的习俗，同样也发生过变化。右手更庄严，中世纪的人都愿意把戒指戴在右手上。但是，若论起干活来，戴在左手上更方便些。戴在左手上还可以不和主教戴戒指的方式混淆——在只要求夫妻节制性欲的时候，主教"公然"把戒指戴在右手上，用以表示自己过的完全是禁欲生活。戒指何以从右手上转到了左手上，就是这样解释的。不

---

① 摩萨拉布人指在穆斯林占领期间效忠征服者但仍然信奉基督教的西班牙人。——译者注
② Gaiffier, 78, p. 186, n. 4.

过，将这一习惯推广开来，却是 16 世纪至 17 世纪的事了。[1]

逐渐地，订婚戒指变成了婚姻的最佳象征，也变成了圣徒传里说的殉道者与上天之间的神秘结合，"欧坦的"洪诺留说的主教与教会之间的神秘结合，或艾克斯于 1200 年发布教皇与主教仪典以来的修女和基督的神秘结合……的最佳象征。法国国王加冕礼戒指，很长时间里都一直象征着国王与民众的神秘结合。同样，把一枚戒指扔进亚得里亚海，就意味着威尼斯总督和大海神秘地结合在一起了。1177 年，教皇亚历山大三世确实给塞巴斯蒂安·扎尼总督送去过一枚金戒指，还有这样的附言："这是你的帝国对大海权利的保证，请你接受它；每年你都要和大海联一次姻，以便让你的后世子孙知道，大海是你的，你对大海的权利就像丈夫对妻子的权利一样。我为你的权利祝福。"从那时起，一直到威尼斯共和国结束，这个仪式每年都要在耶稣升天节那天举行一次。[2] 1831 年，马尔塞·巴特勒米建议，以同样的模式，即法国和太阳联姻的模式，纪念七月节（1789 年和 1830 年事件的周年纪念[3]）：

> 把一枚金戒指挂在蒙戈尔菲耶式热气球上，从先贤祠放飞。
>
> 万人翘首，两眼长时间追随着那个渐去渐远的球形象征张望，
>
> 它带着令人瞩目的使者升入蓝天，
>
> 把我们的结婚戒指带给太阳。

有了这种种理由，我们发现，结婚戒指变得越来越神圣，从一件私人

---

① Sur tout cela, voir Molin/Mutembe, 142, pp. 159 – 168; Metz, 138, pp. 401 – 404.

② Voir Chénon, 41, pp. 41 – 42; Gaiffier, 78, p. 187.

③ Barthélémy, dans *Némésis* n° 14, du 10 juillet 1831.

性质的礼物，变成了一项重要的仪式。兰斯大主教欣克玛甚至做出了榜样，他为朱迪思的戒指祝过福——那枚戒指可能是朱迪思公主接受的众多结婚礼物中的一件。这是个特例，而第一批为戒指祝福的套话要等到 11 世纪才会出现。16 世纪，神甫把戒指交给丈夫，丈夫再给妻子；在 1756 年的第四次米兰主教会议上，圣夏尔·巴罗梅规定，在戴戒指的时候夫妻不能说话。

交换结婚戒指的习俗也是在 11 世纪出现的。事实上，最初只有新娘手指上戴戒指。可能在某些地区，特别是 11 世纪以后的西班牙，15 世纪以后的波兰，新郎也戴起戒指来了。但在欧洲的大部分地区，规定上仍然只要求新娘戴戒指。1596 年在波尔多举行的一次婚礼上，第一次明明白白地给新郎准备戒指，这种做法直到 19 世纪下半叶才在法国普及。不过，作为习俗，是到 1969 年颁布的新弥撒经本才批准的。[1]

新娘的面纱

6 世纪，奥塞尔的神甫"非洲人"艾蒂安，受命修改他所在城市上个世纪的主教圣阿马特尔的传记。为了重现阿马特尔婚礼的排场，艾蒂安对"按照罗马人最高雅的礼仪和习俗"[2] 盖着一件火红色东西的新娘进行了一番描述。这件"火红色"的东西是什么呢？在"非洲人"艾蒂安笔下，那是一条橘红带点黄色的面纱，就是古罗马时代新娘戴的那种。某些地区把面纱染成以刺激性欲闻名的橘黄色。在 5 世纪已经基督教化的高卢，戴这种面纱的可能性很小。不过，艾蒂安所参考的，是这种墨守成规的古代婚

---

① Voir Molin/Mutembe, 142, p, 142.

② *Uita s. Amatoris*, 9，3，dans *Acta Sanctorum*，1er mai, 3, p. 52 F.

礼极具特色的方式。

罗马人的婚礼首先是一桩家事，但也是一桩带有一系列礼仪和迷信的事。繁文缛节和迷信令早期基督徒反感，但对很多人也保留着吸引力。从新娘的发型（向上梳成六根小辫儿），到新娘离开父母（要把哭哭啼啼的新娘从母亲怀里夺过来，假装抢婚）进入夫家（为了不碰门槛，要抱着）的方式，一切都被戏剧化了。通过像结婚这样保守的仪式，我们看到了罗马人繁文缛节仪礼的引人入胜之处，也明白了要根除这些仪礼有多么困难。因此，教会也就要求不高，只禁止异教文明仪式中那些和基督教教规相抵触的东西。

当然，不能再祈求朱庇特（契约护法）、朱诺（司婚姻之神）、维纳斯（爱神）、菲德（司信诺之神）和戴安娜（月亮神，保佑经期和生产期的妇女）这五位神祇保佑婚礼了。那些陪着新娘走完婚礼整个冒险过程的众多次要神祇，就更不必说了。异教文明中的这些次要神祇，圣奥古斯丁都兴致勃勃地提到了：监管两只手结合的朱加蒂尼斯，护送婚礼行列去夫家的多米迪屈斯，负责新娘在新居安置的多米蒂斯，保证新娘能在新居待下去的芒蒂尔那……至于失去童贞这样一件对每个女人说来都很棘手的事，当然就需要允许给新娘宽衣解带的维尔吉尼安西、负责把惊惶失措的新娘交给丈夫的叙比居斯、强迫新娘让丈夫搂抱的普勒马和负责最微妙动作（"交合"）的佩尔坦达了；当然，这要有个条件：普利亚普斯[1]也得在场，此刻要出现在男方这边才成[2]。

即使是最盛大的婚礼上，也不能有献给朱庇特的供品和用双粒小麦制成的点心。婚宴上和婚礼行列中，都伴有放荡的歌曲和淫秽的笑话，这是

---

[1] 普利亚普斯，司花园和葡萄园的神祇。——译者注
[2] Saint Augustin, *La cité de Dieu*, 6, 9, 3, dans P. L., t. 41, 140, col. 188.

一个悠久传统，想禁止也难。让·达马塞纳提醒年轻姑娘们对这类走夜道的婚礼行列、放荡的歌曲和淫猥的舞蹈提高警惕，但这种习俗根深蒂固，很难消除。[①] 起码是禁止教士参加这种婚礼的，这就使早期的教士们远离了结婚典礼。

　　不过，罗马婚礼的总体安排，有时会让人想到某些犹太传统或日耳曼传统还是被保留下来了，某些习俗干脆就被基督教化了。"火红色面纱"是不是就属于被基督教化了的东西呢？历史学家正在讨论的问题是："火红色面纱"和构成西欧中世纪早期婚礼上那种必不可少、如今仍然部分地存在于我们这个时代的面纱之间，究竟有没有关系？不管怎么说，"非洲人"艾蒂安提供的证据还是向我们显示出，这样的面纱，不管它起源于什么，都可以和6世纪罗马上流社会那种古老的"火红色面纱"归为一类。在《圣徒亚力克西生平》[②] 里，这样的面纱曾以更加模糊不清的方式再现。面纱随后就成了区分已婚妇女和年轻姑娘的标志——比如，我们可以在圣母马利亚的故事里看到这种象征意义，圣母就是在和约瑟结婚之后才戴面纱的。已婚女人的面纱和修女的面纱来源相同，不同的是，修女们和上帝神秘结合之后就总戴着面纱了。

　　基督教面纱和"火红色面纱"之间的主要区别，除去基督教面纱的颜色在教典里没有明确规定之外，主要还在于基督教面纱的礼仪用法特别。基督教面纱在神甫祝福的时候才戴，不像罗马人那样，新娘在婚礼那天一大早就得戴上，也不像犹太人那样，一直戴到婚床上，让新郎到举行婚礼的第二天早晨才能看到妻子的真面目，就像娶了利亚的雅各一直被蒙在鼓

---

① Saint Jean Chrysostome, Homélie XII, 6, dans P. G. , t. 61, 141, col. 104 – 105.

② 盖菲耶著作，78、189页。不过，此处是由亚力克西在仪式之后离开的时候把粉红色面纱给妻子的。还必须指出的是，这是5世纪在罗马举行的婚礼，古代的习俗在那里可能仍然很流行。

里，以为娶的是拉结一样①。神甫祝福时，新郎新娘被遮在同一块面纱之下。有人说，这是因为怕他们在婚礼最庄严的时刻感到不好意思。在某些仪式上，新娘只是用自己的面纱把新郎双肩遮上，表明她不管是否愿意都认同圣保罗这句话：丈夫是妻子的头②。这种同时把新郎新娘都遮住的面纱叫"双罩纱"，第一次被提及是在 4 世纪的维罗纳。在 5 世纪罗马习俗见证人诺勒的保兰的著作里，也提到过。

婚礼"双罩纱"的用法很特别，它和其他仪式上使用的面纱不同。但"双罩纱"和犹太人新郎家里支的帐篷或华盖很相近。新郎就在象征完婚的帐篷里迎接新娘。在罗马人的婚礼上，有时也让新娘戴"火红色面纱"，基督教习俗中的以纱罩面可能就是这样产生的。但是，罗马人的"火红色面纱"和犹太人的帐篷都是在一些特定仪式上使用的，和基督教的祝福风马牛不相及。③

无论其来源如何，戴面纱这种仪式越来越成了一道风景。新郎新娘双双走向祭坛，跪下，有时还要俯下身去，两手扶地，这时就把婚礼上用的"双罩纱"盖到他们身上。这还不是今天的新娘用的白色绢网头巾：这是一种"有色织物"，武功歌《攻克科尔杜》里就是这样说的。在这个故事里有个蒂尔潘大主教，是被请去为阿盖和吉贝尔的婚姻祝福的。这种"有色织物"是什么颜色的呢？收集过第一批婚礼资料的马尔特讷长老说，那只是一块让人想到罗马人"火红色面纱"的粉红色的布。但是，这一点没有任

---

① 《圣经》故事：雅各和拉结一见钟情，但结了婚之后才发现娶的是拉结的姐姐利亚。——译者注

② Ico, II, 3;《圣经·以弗所书》5：23。只由新娘戴面纱的象征意义不太被看重了：格拉西安认为，戴面纱是为了强调女人应该永远谦卑，服从丈夫（p. II. c. 30. q. 5, c. 7）。

③ 埃斯曼认为面纱起源有二，只是女人蒙面纱源于罗马，夫妇二人都蒙面纱源于犹太（64，第 1 卷，111 页）。

何东西能够证实。① 在某些地方，如西班牙，当时是把新婚夫妇的头并起来，围着他们的头用面纱结一根象征性的红白两色的带子。塞维利亚的伊西多尔为我们破解了带子的意义：通过生活的纯洁（白色）和生儿育女（血是红色的），显现了婚姻的不可分离性。格拉西安认可了这种解释，并确定为教规。②

在别的地方，比如法国北部，"双罩纱"只是由四个人举着罩在新婚夫妇身上，在基督教作家看来，"双罩纱"此时象征的是婚床或洞房，更让人想到犹太人的帐篷。③ 把婚前生的孩子往具有象征意义的"双罩纱"下面一放，就变成合法子女了。我们看到过这样的例子，诺曼底公爵理查的孩子就是这样合法化的。当然，并非所有的习俗都如此宽容。"放在'双罩纱'下，私生子依然是私生子，"在 1235 年至 1253 年年间，罗贝尔·格罗斯泰斯特担任林肯地区主教的时代，英国人就是这样说的。相反，《博韦人的风俗》的作者，即 3 世纪的博马努瓦的菲利普，以及于 1607 年发表了《风俗大全》的安托万·卢瓦泽尔，又都接受在"双罩纱"下将婚前所生子女合法化的形式。④ 一直到大革命为止，有不少事例证明这种习俗的存在。到了后来，这种做法就变得没有意义了，因为结婚本身就足以使婚前所生子女合法化。

新婚夫妇共用的"双罩纱"，从 16 世纪起逐渐从婚礼上消失，大革命以后消失得更快。另外，从《马扬斯的多恩》中记述的玩笑来看，"双罩

① Voir Gautier, 82, p. 429, n. 4.

② Isidore de Séville, *De officiis*, II, 20, P. L., t. 83, 140, col. 811；Gratien, p. II, c. 30, q. 5, c. 7, P. L., t. 187, 140, col. 1450.

③ 参阅 Jean de Salisbury, *De nugis curialium*, 卷 VIII, 第 11 章：新婚夫妇罩的面纱"和凭借基督名义举行的婚礼一样"；婚姻是用这种办法"掩盖其脆弱这一瑕疵"，掩盖结婚之前生的孩子。

④ Beaumanoir, ch. 18, n° 2；Loisel, *Institutes*, 125, I, XL (58), t. I, p. 87.

纱"似乎也不总是很被人看重，和庄严的祝福显得不协调。总之，照那本书所说，国王、王后和新郎的朋友们在加兰和马比莱特的婚礼上开过这样天真的玩笑：

> 蒂尔潘大主教为他们做完了唱经弥撒，
>
> "双罩纱"刚往新娘身上一盖，
>
> 国王就抓住王后的手，
>
> 把她拉到"双罩纱"里自己的身边蹲下。
>
> 多恩也立即把聪明的弗朗德丽娜拉到"双罩纱"里，
>
> 在为加兰祝福的时候，
>
> 六个人就这样快快乐乐满心欢喜地待在"双罩纱"下。[1]

"双罩纱"的遗痕在民间传说里一直残存到20世纪，比如克洛德·塞尼奥尔在贝里发现的"护栏"，或者维克多·加斯特布瓦在诺曼底发现的"盥洗室"。人们会想，"在盥洗室里占地方大的丈夫，在家里可能也更有权威"[2]。1912年，埃米尔·舍蒙还在著述中提醒人们注意这一点，但这种说法传播得不广。

只有早已普及的新娘面纱，以及仪式达到高潮时在纱下的互吻——这是"双罩纱"不引人注目的习俗——保留了下来。有人说，从"双罩纱"到新娘单独戴的面纱，这一过渡是受了修女发愿的影响：她们确实不能用

---

① Et l'archevêque Turpin leur a chanté la messe. Quand ils l'eurent voilée sous la couverture, le roi a saisi la reine par la main et l'a inclinée sous la couverture à côté de lui. Doon y mène aussitôt la sage Flandrine. Ils furent tous les six dessous, par joie et par amusement, quand la bénédiction fut jetée sur Garin. *Doon de Mayence*, vv. 11321 ss. cités par Gautier, 82. p. 429, n. 4.

② Seignolle, 189, p. 106; Segalen, 187, p. 33.

"双罩纱"把自己的神配偶遮住。更大的可能是，在结婚戒指完全被习俗接受以后，盖罩纱的仪式变得累赘，没用了。实际上，新婚面纱是和祝福联系在一起的。可是，祝福有个条件，即夫妻双方均须是处子之身。这样一来，很多夫妇就得不到祝福，无论如何，那些鳏居守寡之后想再婚的人就得不到祝福。所以，在整个中世纪一直成为婚礼高潮的这个仪式，并不能像结婚戒指那样完全成为婚姻的象征。[①]

花冠和罗马人的其他仪式

我们的橘花冠也能使人想起最古老的结婚仪式。古代在世俗或宗教典礼仪式上使用的冠冕有很多种，有花冠，也有金属冠。编织花冠的花或树叶可以有象征意义——比如桂冠象征胜利，甚至有医药价值：在宴会上，客人们戴用能够解酒或缓解头痛的药用植物编织的花冠。宗教仪式上用的花冠，从祭司戴的到受难者戴的，种类繁多。因此，新婚夫妇戴花冠虽然一直是一种传统，却被其他的日常礼仪淹没了。用什么花编织花冠都行，但所用的花必须由新娘亲自去采。在希腊，用来编织花冠的常常是香桃木花，里采尔长老认为，这可能是为了避邪。不管这种习俗是一直保留下来的，还是中断之后再恢复的，香桃木花花冠在 20 世纪初期所代表的意思一直是：新娘来到婚礼上的时候依然是处女。这种花冠在德国叫作"青春冠"[②]。

这种习俗异教色彩太浓，教会的神甫们觉得可疑，早期进行过谴责。那些教会不管的仪式，比如早期的结婚仪式，天主教教义普及会许可基督徒按照不违反信仰的异教徒礼仪举行。戴结婚戒指不成问题，《旧约》里提

---

① Sur le voile de la mariée, voir Molin/Mutembe, 142, pp. 25 – 26；228 – 233；Chénon, 41, pp. 65 – 74；Ritzer, 175, p. 222；Vogel, dans 133, t. I, p. 421.

② Au témoignage de Schrijnen, 185, en 1911.

到过；举行婚宴也不成问题，耶稣就在迦拿出席过婚宴。但是，给基督教信仰所不能接受的朱庇特献牲或摆供品的事，提都别提。不过，在明确许可和不许可的事物中间有一块模糊区，禁止和许可的东西分得不那么清楚，花冠就属于模糊区里的东西。不少人对花冠依然用于宗教仪式感到不满。因此，在2世纪至3世纪，亚历山大的克莱门特、米尼西于斯，特别是德尔图良（在《士兵的花冠》里），都起而反对花冠，说花冠违反自然（你能够看到和感觉到用来装饰头发的花吗？），是为了敬异教神祇，靠谎言搞起来的。因为"婚礼上给新婚夫妇戴花冠，所以我们不和异教徒结婚，以免被拉进偶像崇拜中去，异教徒的婚礼是从偶像崇拜开始的"。《圣经》里承认的花冠，只有上帝选民戴的那种，即照《启示录》中所说，上帝许诺到了天上可以得到的那种。在克莱门特看来，"应该把男人看作女人的花冠，把婚姻看作男人的花冠，把夫妻所生的孩子看作婚姻之花"①。这段话说得很精彩。

在最初的两个世纪，戴花冠的习俗好像从基督徒的婚礼中被清除了。但是，到了3世纪初，就已经可以感觉到，德尔图良在且战且退，还可以感觉到，他的热情终将被引向蒙唐②主义的异端邪说。那个时代的一些描摹婚礼场面的玻璃彩绘向我们展示，为新婚夫妇戴花冠的已经不再是传统的朱诺，而是基督了。怎么可以去谴责一项在《新约》和《旧约》里都有记载的习俗呢③？所以，尽管某些过分耿直的神甫反对，花冠也不再被视为异

---

① Tertullien, *De corona militis*, traité daté de 201, pendant sa période montaniste (P. L. , t. 2, 140, col. 73－102). Clément d'Alexandrie, *Le Pédagogue*, II, 8, 71, P. G. , t. 8, 141, col. 479. Pour la couronne aux débuts du christianisme, voir Schrijnen, 185, pp. 309－319.

② 蒙唐，2世纪至3世纪的预言家，曾作世界末日、耶稣再现等预言，主张禁欲。——译者注

③ 施克里日南著作，前引文。Les *fondi d'oro*，纪念3世纪至4世纪婚姻的艺术玻璃制品，反映的是真实而非象征性画面（新婚夫妇像，戴戒指，交换婚约，牵手……）。根据施克里日南的说法，献花冠应该是一种礼仪动作，而不是白头偕老的象征。

端了。花冠通常由新娘的父亲授予，因此可以理解为一项世俗仪式。德尔图良说，某些人为花冠作辩解，说这是一项从花冠的最初意义中引申出来的习俗：就像有人说是墨丘利①发明的文字，或者埃斯屈拉普②发明的医学，也都已经丧失了当初的神性，允许基督徒使用了。另外，戴花冠的习俗已经根深蒂固，尤其是在东方，很难根除。在东方，像纳齐扬兹的格里哥利那样的神甫（4世纪）都容忍戴花冠，但他认为由父亲授予比由神甫授予更得体。在《圣阿马特尔生平》里，我们又看到了罗马人的面纱（6世纪），其中的花冠是新娘平常衣饰的一部分，是由卖衣服的人送来的，没有经过任何仪式。而且，那是一顶带有塔形图案的花冠，使人想到的首先是金属冠，而不是用鲜花编织的花环。③

　　既然不能将花冠根除，就不如赋予它一种基督教的解释。古代把花冠当作胜利的象征。于是，圣约翰·克里索斯托姆④就解释说，花冠象征着做丈夫的对肉欲诱惑的胜利，叮嘱那些未被"妓女"拉下水而以童男之身来到婚姻殿堂的丈夫，要守身如玉。由于能够接受婚姻祝福的也是这些纯洁的新郎，戴花冠和受祝福很快就合在一起进行。这时，为新郎新娘戴花冠的已经是神甫。到了4世纪末，戴花冠的仪式在君士坦丁堡变成了正式礼仪。于是，花冠就成了拜占庭婚礼上突出的东西，和西方的面纱一样重要。

　　然而，在西方，戴花冠从来没有成为仪式的组成部分，9世纪的一个实例除外。那是一个孤证，花冠从来没有在圣书里出现过。不过，所有的文

---

① 墨丘利，罗马神话中众神的使者。——译者注
② 埃斯屈拉普，罗马神话中的医神。——译者注
③ Uita s. *Amatoris*, I, 3, *Acta Sanctorum*, 1er Mai, p. 52 F.
④ 圣约翰·克里索斯托姆（347—407），基督教神甫，雄辩家，长于辞令，有"金口约翰"之称。——译者注

学艺术作品向我们展示的新娘，在整个中世纪，又都是戴花冠的。那在当时纯粹是世俗礼仪，教士不插手。[1] 文学作品描绘婚礼的时候，新娘戴的花冠是从来不会被忘记的：在神秘婚姻（帕斯蒂尔的罗歇的三部曲《天主教七圣事》、范奥尔莱的《安娜和若阿基姆的婚姻》……）仪式上，新娘戴的是镶嵌着宝石的珍贵金冠；在农村婚姻（布吕埃格尔的《农村里的婚姻》……）仪式上，新娘戴的是花冠，或者就是一条简单的饰带。不过，花冠往往和传统头饰打架；头饰复杂，脑袋上插得满满的，就不能戴花冠了。因此，后来几乎已经没有人再戴花冠。大革命以后，在以怀旧为时髦的思潮影响下，出现了另一些结婚仪式，这时花冠也跟着回潮，并逐渐从城市扩展到了农村。

象征纯洁的白色橘花就是这个时候在法国传播开来的。这是巴黎人的奢侈，慢慢地传到了外省。在 1823 年出版——但描写的是 1805 年发生的事——的一部小说里，一个外省贵族青年女子举行婚礼那天拒绝穿时髦裙子，拒绝戴面纱和"橘花冠"，而这些东西都是为了婚礼专门从巴黎运来的。她就想戴她那顶带花边的帽子，穿大革命以前款式、上身用鲸须支撑的连衣裙。[2] 在那些和新政权格格不入的贵族看来，花冠散发着巴黎气息，是奢侈品，他们也许还觉得戴花冠是和传统决裂。花冠很可能是在督政府和帝国时期那股怀旧风中回潮的。《悲惨世界》里的泰纳尔迪埃，玻璃柜里保存着一顶新娘戴的花冠，是和酒馆一起买下来的，那是为了让人相信，他那个"魔鬼"老婆娶来的时候是处女，也是为了使投到他妻子身上的这股"高雅色彩"给他的家带来"英国人所谓的体面"。

戒指、面纱和花冠是从古代罗马传入西方社会的主要习俗。古代文明

---

[1] Sur la couronne, voir Metz, 138, p. 375；Molin/Mutembe, 142, p. 237；Ritzer, 175, pp. 65, 95, 135 – 137；J. Schrijnen 185, pp. 309 – 319.

[2] Élise Voïart, *Le mariage et l'amour*, 1833, p. 116.

添加进来的许多异教或迷信习俗很快就遭到了教会当局的禁止。我们从罗马人的婚礼中保留下来的，是那些传统的世俗形式，特别是"两只右手的结合"。在没有书面婚约的情况下，1世纪才传入罗马的东方习俗——"两只右手的结合"成了婚姻的基本要素。该习俗在地中海沿岸民族（希腊人、犹太人、罗马人……）中流行已经得到证实，在罗马也占据了重要地位，至少，泰伦提乌斯就提到过这种习俗。"两只右手的结合"不是宗教仪式，而是由一位当"媒人"的名声好的妇女主持。新娘的右手被放到新郎的右手里，然后，彼此向对方表示同意结婚。只要双方表示了同意，婚礼就算完成。其实，如果男女双方确实已经表示了同意，就不需要再有任何正式仪式，连"两只右手的结合"都不是必不可少的。

　　"两只右手的结合"的婚礼形式，在整个中世纪渐渐落入下风，竞争不过日耳曼人把新娘"交给"新郎的婚礼形式，最终消失了。两种动作好像很相近：一个是把两只手放到一起，一个是在新娘的父亲把新娘交给未婚夫时，未婚夫用手抓住新娘的手腕。但从象征意义上来讲，这两种动作有霄壤之别。在整个中世纪，这两种婚礼形式经历过几次大的反复。"左手的婚姻"① 就是这种古老习俗留下来的说法：在中世纪的德意志，王子娶一个社会地位低下的女子为妻时，他伸出的确实是左手而不是右手。"左手的婚姻"所生子女合法，但不能继承父亲的王位。

　　尽管有些人——如圣奥古斯丁——认为没有必要，基督徒后来还是又按照罗马人的仪式举行婚礼了。罗马式婚礼确实是纯粹的世俗婚礼，神甫们往往要从这种婚礼上自动退出。教会其实早就感觉到了与婚姻相关连的一些事情和自己有关系，但就是迟迟不肯插手婚姻的庆典。不过，"两只右手的结合"的婚姻形式是得到了《圣经》支持的。《圣经》里有一段话，当

---

① "左手的婚姻"意指贵族和平民联姻。——译者注

时被多次提及，说的就是多比雅和撒拉的婚姻[①]：撒拉的父亲拉格尔拉着撒拉的手，把她交给了多比雅。《圣经》中都提到了这种习俗，就足以证明这种习俗是正确的。在很长时间里，按照犹太人和日耳曼人的习俗，父亲把新婚夫妇的手合到一起，或者，像在罗马那样，由"女傧相"把新婚夫妇的手合到一起。"女傧相"是典型罗马式的，12 世纪在法国南方阿尔比举行的一次婚礼上，仍然提到了女傧相。当时法国南部保留的罗马色彩确实比北部浓得多："姑娘由最亲的亲人还是由傧相交到未婚夫手上，都是一样的。"在南方的书里就可以读到这样的话。[②]

新娘从父亲家到丈夫家，在所有的人类文明中都是一件热闹事，有一队人跟着。这一队人的拉丁文名字保留了下来，叫"迎亲队"。希腊人和罗马人一样，这时还都保留着象征着抢婚——即罗马神话里的抢萨宾女人为妻——的痕迹。因此，在希腊，虽然未婚夫给未婚妻的父亲送了礼物，他还是得把未婚妻抢走，并把她女扮男装，藏在一个亲戚家里。在罗马，是由新郎的一帮伙伴从女方家把哭哭啼啼的新娘夺走，带到新居。"迎亲"是婚礼中最让人开心的部分，一路上唱着淫秽歌曲，开着玩笑。这些歌曲和玩笑让神甫们大发雷霆。

夜里出动、打着火把的迎亲队伍，在中世纪的宗教画里留下了印记：教堂拱门上常常有行事稳重和行事毛躁的女孩的留言，让人想到那些伴送新娘去夫家的女孩子。行事稳重的女孩为自己的灯买了油，而行事毛躁的女孩把买油的事忘了，结果被从婚礼中除了名。[③]

---

① 撒拉结过七次婚，但丈夫都在尚未圆房时就被恶魔杀掉了。上帝应其祷告，使她和多比雅喜结良缘。——译者注

② Texte cité par Molin/Mutembe, 142, p. 293. Sur la *dextrarumiunctio*, voir Gaudemet, 80, pp. 34 – 35; Chénon, 41, ch. III; Molin/Mutembe, 142, p. 88; Ritzer, 175, pp. 75 – 79.

③ 基督在《马太福音》25：1—13 和《路加福音》12：35 中所述箴言，中世纪曾多次在戏剧和雕刻作品中出现。福音书如实地描述了当时举行婚礼的情况。

在中世纪，迎亲队伍和从娘家到新家过渡的仪式可能不是这样。但是，某些习惯，或许被日耳曼人的迎亲方式（和罗马人的迎亲方式相似）恢复了活力，还是由那些被吓坏了的神甫特意指了出来。拉乌尔神甫就是这样做的，他在 14 世纪整理并记录了德国人的那些与婚姻和生育有关的迷信。出于迷信，新娘不可以从可能抬出过死人的门进入夫家：在日耳曼地区，有相当长的一段时间都是让新娘从窗子进屋。进屋之后，新娘要在床上走几步，咬一口奶酪和面包，然后扔到身后，为的是给家里带来富足。① 这类把谨小慎微的神甫们吓坏了的民间习惯，逐渐演变成为民俗，使一些古老的婚姻观念在民众的记忆里扎根。根据古老的婚姻观念，新娘是外人，她应该先和这个新家里的诸神熟稔起来。19 世纪的民俗学家将会很欣赏这些地方习俗，有时还会冒冒失失地到那些地方的传统文化中去寻找这类习俗的起源。于是，新的婚姻传统就在经由基督教象征体系或民众记忆梳理和纠正过的古老礼仪残迹的基础上形成了，其中的一些习俗一直流传到今天。

---

① Rudolfus, 181, p. 430.

第三章

基督教的理想

　　查理曼的曾孙洛泰尔二世还不满 15 岁，父母就把一个叫瓦尔德拉德的姑娘给了他，跟他同居；把一个姑娘给青春期的男子好像是当时的风俗。这一年是公元 850 年，因为继承而分得七零八落、已经被大大削弱的帝国，仍然是他们的家业，而查理曼的三个孙子又把帝国的遗产做了瓜分。公元 855 年，洛泰尔一世驾崩，他的洛塔兰吉那块地盘，又重新在他的三个儿子中间平分。诸侯们担心，这样一次次平分下去，法兰克王国就会消失，于是就都支持想把自己那块地盘扩大的洛泰尔二世。国王非常年轻，16 岁到 18 岁，为赢得诸侯们的支持，他付出的是和贵族女子特特贝尔热结婚的代价。为此，他当然得把父母给他的那个同居姑娘打发掉；在日耳曼人看来，这样做没有任何不妥之处。而且，在那个时代，基督教对法兰克国王们的这类风俗也还是容忍的。

　　洛泰尔二世好像也没有激烈地反对这门亲事，但是，事后他却说自己是在胁迫之下娶的特特贝尔热。他对瓦尔德拉德的爱（感情上的？肉体上的？）却是尽人皆知的。

　　到此为止，和我们已经研究过的加洛林王朝时代的婚姻相比，这件事里还没有任何新东西出现。可是，这桩婚姻里包含着的野心勃勃的计划失败了：王后特特贝尔热经过两年的无效努力，发现自己不能生育；至于瓦尔德拉德，她即使未能控制住国王的感官，却一直占据着国王的心灵，而且此时可能已经给国王生了第一个孩子（她和国王一共生了三个孩子）。

情况于国王有利，不会生出什么问题：休了妻子娶自己继承人的母亲为妻，洛泰尔二世并非第一个这样做的国王。可是，时代不同了，已经不再是查理曼时代。在不到一个世纪的时间里，教会强化了自己对社会乃至对国王们的权力。在婚姻问题上，教会法不像日耳曼人的法律那样灵活。教会法没有休妻这一条。离婚？这只在发生了奸情的情况下才有可能，而且，离了婚的夫妇，双方都不能再婚。最好的办法是千方百计取消这桩婚事。

于是，恶意中伤特特贝尔热的流言蜚语便传播开了，说她结婚之前好像和哥哥、圣莫里斯-昂-瓦莱的修道院院长于贝尔发生过性关系。他们好像还采取了被禁止使用的避孕措施——体外射精，不过特特贝尔热还是怀了孕，堕了胎。一等亲的乱伦，被禁止的性行为，堕胎，情况不能比这个更糟了！尤其是乱伦，只此一桩就可以使婚姻无效。事情似乎变得简单了。公元857年，洛泰尔二世责成民事法庭审判王后，因为教会还一直没有正式介入有关婚姻的事。但是，上帝没有站在国王这一边。公元858年，王后把对她的控告全部推翻，要求上帝来审她的案子。支持她的人通过了神意裁判：被沉进滚开的水桶，出来后却毫发无伤。① 组成民事法庭的大人物——其中肯定有三年前安排这桩婚事的人——不同意将婚事取消。

洛泰尔二世不认输。诸侯们不听话了？好，那就再搞个宗教法庭。主教和修道院院长越来越受制于国王，因为国王已经在一定程度上直接介入神职人员的任命；另外，面对掠夺成性的贵族老爷，神职人员也需要国王的保护。被囚禁的王后由科隆大主教甘泰尔看管，他以听秘密忏悔的方式从王后那里得到了所需要的一切供词。到了公元860年，已经诸事具备，

---

① 中世纪实施的裁判法，令被告将手插入火或沸水中，若不受伤，便定无罪。——译者注

事情最终被认为可以了结了。六名当地高级教士聚集到艾克斯拉沙佩勒，而王后的供词也都以直接或间接的方式泄露出去了。

聚在帝城里的主教和修道院院长们感到局促不安。面对如此明确的控告，他们自感缺乏经验。教士们从来没有近过女色，不明白"体外射精"是什么意思。事后，兰斯大主教欣克玛曾埋怨洛泰尔二世，说不该把这件事委托给教士，照他的意见，只有结了婚的世俗人员才有资格处理婚姻问题。事实上，那些可怜的教士不得不请求兰斯大主教给他们上一堂性教育课，以便了解女人这架魔鬼的机器是如何运转的。精液射在王后的两腿之间，她就能生孩子？他们只是听说过，子宫是个耗人精力的小动物。这个小动物有力量把它渴求的精液吸进去吗？兰斯大主教像专家似的给了他们肯定的回答……他援引的是《圣经》。说到底，婚姻就不是教士们该管的事。

因此，艾克斯拉沙佩勒的主教会议做不了决定，这是明摆着的。有人谨慎地向国王建议，让王后戴起面纱去当修女，国王自己过禁欲生活。洛泰尔二世坚持己见，若是过禁欲生活，那他的继承人从哪儿来？当年又在同一座城召开了第二次主教会议。这一次，还邀请了几名外地的高级教士，第一个请的就是兰斯的大主教欣克玛本人。不知是出于谨慎还是真病了，欣克玛谢绝了邀请。会议作假，把欣克玛的沉默当成同意，于是对特特贝尔热进行了公开惩罚，把她关进了修道院。但废除婚姻的事，提都没提。

事情就是从这里开始恶化的。欣克玛因为自己的话被歪曲，一怒之下写了一篇文章，题目是《论洛泰尔国王和特特贝尔热王后的离婚案》。这篇文章成了了解这桩公案来龙去脉的最佳资料，弥足珍贵。特特贝尔热逃离修道院，把事情捅到了教皇面前。洛泰尔又在艾克斯拉沙佩勒召开第三次主教会议，洛林的八名高级神职人员在会上肯定了前一次主教会议做出的处罚，并终于允许国王再婚。洛泰尔希望得到教皇的确认，但他派往教廷的大使们觉得教皇尼古拉一世态度暧昧。国王不再犹豫，娶了他那位被赶走过的同居伙伴瓦尔德拉德为妻，并宣布她为王后。

如果不是尼古拉一世坚持不懈，事情可能也就到此为止了。尼古拉一世是一个公正廉明的人，而且后来还封了圣，他想使教会从几百年来受控制的状态中挣脱出来，树立教会的权威。在他之前，少有教皇敢这么做。很明显，他要拿洛泰尔开刀，利用这件事确立自己的权威。公元 863 年，他也在梅斯召开了一次主教会议。

洛泰尔突然改变策略。教皇要保卫婚姻的不可分离性？好啊！会有人出来说，国王在娶特特贝尔热之前就已经与瓦尔德拉德合法地结成了夫妻，因此第二次的婚姻理应取消。教皇派来的人得了国王的好处，认可了这种说法，忘记了宣读教皇尼古拉一世的训谕。于是，梅斯的主教会议批准了以前几次会议做出的决定。教皇气得七窍生烟！他派出的两位使者——科隆的大主教和特雷沃的大主教——前来向他禀报梅斯主教会议的决定时，不由分说，一下子就都被他革了职！事情闹大了，轰动了整个欧洲。法兰克国王和日耳曼国王（洛泰尔的叔伯）、意大利国王（洛泰尔的兄弟）都表了态，对于取消那桩婚姻的事，一会儿赞成，一会儿反对。上帝好像也亲自出马了，让意大利国王气冲冲地来到罗马，搅得教皇不得安宁。至于法兰克国王秃头查理，正觊觎洛塔兰吉这块与他相邻的土地，乐见他这位侄儿身后没有继承人。因此，他反对解除和王后的婚姻；王后不能生育，那是天意！

被逐出教门的威胁，国王叔叔伯伯们的压力，把年轻的国王制服了：洛泰尔于公元 865 年又把特特贝尔热接回来，将瓦尔德拉德交给了教皇特使。"教会通过教皇取得了胜利，"罗贝尔·帕理佐评论道，"于是就到处要求承认自己的权威，国王们要承认，城邦的人也要承认。尼古拉一世在位期间，只用几年的时间就把教皇的权限扩大了，超过他的前任在几个世纪里所做的一切。"①

胜利可能是脆弱的：瓦尔德拉德从教皇特使手里逃走，又回到了洛林；被革职的大主教得到了洛泰尔国王的欢心；受了羞辱的洛泰尔，又和那些被教廷权力搞得惴惴不安的基督教国王重归于好……去罗马的大使络绎不绝，特特贝尔热本人也给教皇写信，要求解除她的婚姻——重新开始的共同生活可能并不顺心。另外，洛泰尔也正在准备再打一场官司，而尼古拉一世于公元867年去世，使教皇的宝座上坐了一位比较好说话的人：阿德里安二世。好像一切又都走上了正轨：新教皇撤销了将瓦尔德拉德逐出教门的命令，同意召开主教会议确定她的地位，允许洛泰尔前往罗马为自己辩护——这是尼古拉一世一直拒绝的。洛泰尔国王"满心欢喜"地上了路，他的事已经胜利在望。

回来的路上，国王和他的大部分随从为什么都非得发烧呢？公元869年，洛泰尔死了，享年30岁，而他的继承人一直还都是私生子。他的两个妻子都进了修道院，在那里了却残生。已经物故的尼古拉一世赢了：在洛泰尔的这件事上，终于还是教会说了算。此后，在所有这类事上，就一直都是教会说了算。

---

① Robert Parisot, *Le royaume de Lorraine sous les carolingiens* (847 – 923), Paris, Picard, 1898, p. 283. Sur le divorce de Lothaire, voir Hincmar, *De diuortio Lotharii regis et Teibergae reginae*, P. L., t. 125, 140, col. 619 – 772; Adolphe Borgnet, *Le divorce du roi Lothaire II et de la reine Teutberge*, extrait de la *Revue nationale de Belgique*, 1842; Robert Parisot, *op. cit*, 1. II, ch. 1 (pp. 78 – 91) et ch. IV - VIII (pp. 143 – 324); Jean Devisse, *Hincmar, archevêque de Reims, 845 – 882*, Genève, Droz, 1975, t. I, pp. 367 – 466; *Dictionnaire de théologie catholique*, 55, t. 9, col. 2118 – 2123; Esmein, 64, t. I, pp. 20 – 22; Daudet, 49, pp. 94 – 122 et 141 – 150.

贞操和一夫一妻制

　　洛泰尔流产的离婚成了婚姻史上一个重要关节，这件事主要是尼古拉一世和欣克玛的性格造成的。兰斯大主教欣克玛有感于这件丑闻和其他类似事件，写下那篇文章，成了加洛林王朝时代婚姻问题的大理论家，并为加强教会在这件基本上是世俗事务中的作用，做出了贡献。耶稣出席在迦拿举行的婚礼，无疑使婚姻变得神圣了；但是，中世纪的传说却告诉我们，那个叫约翰的新郎亲眼看到水变成酒，被深深打动，于是立即取消婚姻，变成了耶稣的得意门生……至于那个叫马德莱娜的新娘，已在绝望之余沦为娼妓。经圣托马斯祝福过的另一对新婚夫妇，则选择了圣洁的分居生活。教会插手世俗婚姻，乏善可陈！

　　事实上，基督教的早期传统和圣保罗对婚姻的看法是一致的，都认为结婚是个无奈之举，是在无法保持贞操或可能陷入通奸（婚外性关系）局面时采取的权宜之计。"结婚总比受欲火煎熬好。"圣保罗的这句名言成了中世纪神学家在婚姻问题上的格言。不过，在价值等级中，将贞操献给上帝，与寡妇守节一样，均属上乘。一旦有了性关系，就有了寻欢作乐的嫌疑，也就有了犯罪的嫌疑。

　　基督教的这个观念，在把结婚视为道德义务的古代社会，是一次革命。欧洲文明的两大混合体，罗马古代文明和希伯来传统，在这一点上是一致的：罗马法对独身者课以重税①，从《旧约》直接传承下来的犹太教法典则认为，男人独身丢脸，夫妻不育不祥。基督教神学家一向要求承认他们的

---

① 在西塞罗的作品（*De legibus*，III，3，7）里，监察官就已经被赋予惩治独身的全权。在奥古斯都治下朱利亚和帕皮亚法（la loi Julia et Papia）规定，不结婚的人（单身、鳏夫、离了婚的）没有继承权。参阅勒菲弗著作，115、99—129 页。

主张是一种进步。古代律令中出现的那种"指令"婚姻（《创世记》中的"交配吧！繁衍吧！"），自从地球上有了足够的人口以来，已经不可行了。既然基督为堕落了的人类赎了罪，人类也有了抵御性欲的能力，独身就应该得到允许，并成为到达福境的一种手段。阿坎的圣托马斯在13世纪发展了这一理论，他用圣保罗的书信与《创世记》中的"指令"抗衡。结婚虽然属于天赋权利，但若更喜欢过静修生活，也不是非得结婚不可①。

不过，贞操优于婚姻，这个观点却并非基督教的发明。基督教的独到之处主要在于把这种到那时为止一直局限于一隅的哲学或宗派倾向，扩大到了整个文明世界。在《创世记》里生了根的对肉欲诱惑的戒备心理，灵魂困于肉体的柏拉图学说，很久以来就在犹太人和"异教徒"身上培育出了禁欲思想，而这种禁欲思想和他们原有的习俗相去甚远。

这种倾向在亚历山大城希腊化了的犹太人中间表现得最为明显，他们为早期的宗教赋予了柏拉图色彩。在这个地方产生的圣经作品（如智慧书）和像亚历山大城的斐洛②一样的犹太哲学家，其观点要比犹太教的教士们激进得多。这种关于性的悲观主义看法认为，淫荡行为和偶像崇拜为邻，而"在性事上放纵，神就不许你变得出类拔萃"③。婚姻神圣，离婚大逆不道，都已经被明确肯定，而守身如玉则成了一种积极的价值取向。由此产生的新价值等级，在与耶稣同时代的亚历山大城的斐洛那里得到了发挥。"令身体产生快感的"的性行为"伤风败俗"，使婚姻蒙羞。如果只是为了传宗接

---

① 阿坎的托马斯：《神学大全》（Thomas d'Aquin, *Somme théologique*），IIIa, q. XLI，第2条。到了18世纪，居约（Guyot）将《神学大全》做了摘要，使这一理论流传了下来，可供参阅（91，第338页）。

② 斐洛（公元前30年—约公元40年）：与耶稣为同时代人，基督教哲学的奠基人。——译者注

③ 科蒂奥（Cottiaux）著作，47、469页。关于基督教之前对单身和贞洁赞扬的源起，科蒂奥进行过研究，集中在395—575页。

代，婚姻就不过是一种"特许"。在斐洛看来，婚姻和精神自由背道而驰，与神秘生活势同水火。他肯定地说，摩西可能从开始布道的时候起，就鄙视性关系。不错，摩西的这些重要看法是 80 岁时才有的，所以，对他以前利用他的婚姻做了些什么，我们也就大可以感到放心了。在斐洛的思想里也出现了虔诚女子和上帝结成"精神婚姻"的想法，这种婚姻所生子女出生在天上，不是出生在人间。在最初的几个世纪里，这种思想在基督徒中间大行其道。从那时起，婚姻就成了在静修生活和放荡的独身生活之间的一条中间道路。

在希腊化程度不高的犹太人中间，对性的戒备心理和启示文学也都促进了这些婚姻观念的演变。从公元前 2 世纪到 2 世纪，犹太文学确实有了发展，不断地预言着世界末日即将来临——认为是出自圣约翰之口的那段经文，只不过是这种启示活动的一个例子。既然如此，为什么还要繁衍后代，让他们来受苦呢？埃利启示录（2，30—31）不是还对多产的女人表示同情，而对那些在天上而不是在人间生儿育女的处女和不孕女子表示祝福吗？伪《旧约》经书里充满了这类颠倒了的诅咒和祝福。婚姻贬值的情况在艾赛尼教派中间也存在。自从 1947 年发现死海古卷以来，已经能够证实，艾赛尼教派的人对基督教思想产生过影响。① 在这个和正规犹太教对立的派别看来，婚姻存在着使人受到神秘有害力量污染的危险，总包含着污垢。不过，既然能够传宗接代，冒险也应该。这些已经准备好立即投入光明天使与黑暗天使之间最后斗争的"尚武修士"，并非虔诚的苦行修士：他们允许他们之中的年轻人结婚，但是，过了 25 岁，完成了生育义务之后，这些年轻人就得守身如玉，严格遵守上帝对战士的要求，戒绝性欲。

---

① 艾赛尼教派是公元前 2 世纪到 1 世纪流行于巴勒斯坦的教派，主张劳动苦修，与世隔绝。大多数学者认为，20 世纪四五十年代在库兰姆附近发现的死海古卷，属于艾赛尼教派。——译者注

从通奸到婚姻和从戒绝性欲到谨守贞操的等级分类，传到了《新约》里，传到了中世纪的宗教史中。乍一看，耶稣本人好像坚决反对结婚："这世界的人，有娶有嫁；唯有算为配得那世界，与从死里复活的人，也不娶也不嫁。"这段话说的可能是彼岸，是这样一种地方：人在那里"像天使"，没有妻子，也没有丈夫，所以不能把这话理解为对尘世婚姻的谴责。但是，一想起将要来到的新世纪的末日情景，很多新入教的人就都想立即开始像天使那样生活了，而婚姻也就应该为自己的存在说出个理由。有一则关于宴会的寓言，说所有应邀赴宴的人都一个接一个地承认自己没有讲话的权利。通过这则寓言，整个中世纪都看到了天堂，看到了那个所有罪人和异教徒都自动退了出去的天堂。而有一位客人解释自己为什么要退席时说的是，他刚结婚——这是不是说，结了婚的人就无权得到至福呢？为了进天国，必须先要净身成为阉人吗？144 000 名上帝选民都是处子之身，不是白纸黑字写在那里的吗？《新约》里这样的段落不少，维护的都是这样的思想：只有处子能够得救。

四福音书没有涉及婚姻问题。对婚姻问题发表了一些想法的圣保罗明确地说"男人以不碰女人为好"，但是，"为了避免不轨行为"，允许嫁娶。"我这样说是出于慈悲，"提到夫妻义务时，他补充说，"而不是下命令。"夸奖完那些像他一样戒绝性欲的处女和鳏夫之后，他又明确指出，如果这些人不能戒绝性欲，就应该再婚："因为，结婚总比受欲火煎熬好。"不过，在进行这样严厉说教的同时，这位使徒也赞扬了婚姻的美好，他说婚姻中男女之间的爱，就是基督和教众之间爱的象征（《以弗所书》5：22—23）。在很多个世纪里，保罗致歌罗西人的信和《以弗所书》[①]，一直是赞成婚姻的人和反对婚姻的人轮番高举的旗帜。

---

① 有学者认为《以弗所书》是保罗的朋友参照致歌罗西的信伪造的。——译者注

赞成绝对贞洁或最好结婚但要禁欲的人，首先成了多数。贞洁越来越象征着重返天国，象征着灵魂飞升，象征着对已经堕落的肉体的弃绝；肉体是有罪的、致命的，使我们成了欲念的奴隶。想广泛实施福音书规定的塔蒂安①的"自律派"，想以"纯洁"武装自己、参加讨恶圣战的犹太僧侣，不愿意和由一个造反的神职人员建立的坏世界永远共存的诺斯替主义者②，相信圣灵时代已经临近、想净化自己的蒙唐主义者，林林总总，都站出来指责婚姻：在最初的几个世纪里，对婚姻说三道四的，正不乏其人。在这些人之外，还可以再加上一些从另一个侧面向婚姻这座堡垒发起攻击的人：在卡波克拉蒂斯③派或诺斯替派的一些人中间，支持同居和性"共同体"的也大有人在。④

　　早期基督徒就是在这两个极端之间创立他们的婚姻理论的，但侧重反对的是绝对贞操的主张。这件事关系重大，因为这会把对性加以限制的观念长久地强加到婚姻之中。教会在风俗纯洁方面受到攻击时，强调的就是圣保罗给歌罗西人信里的悲观看法，而不是《以弗所书》里说的伉俪之爱。婚姻中性关系的合理性，越来越归结到传宗接代上去了。

　　这是一项严格规定，例外情况很少，但是还有。在4世纪初的拉克坦提乌斯⑤看来，婚姻还是治疗纵欲的一剂灵丹妙药，这就使不是为了生育的

---

① 塔蒂安（约120—173），叙利亚人，《福音合参》的编纂者，自律派的创始人。——译者注
② 诺斯替主义，公元1世纪至3世纪，即前基督教时期和基督教早期的一些教派，主张灵肉二元，坚信物质是罪恶的。——译者注
③ 卡波克拉蒂斯是柏拉图派哲学家，2世纪的诺斯替人物。——译者注
④ 关于最初几个世纪的情况，请参阅努南（Noonan）著作，156页，特别是米尼耶（Munier）著作，153页，有一篇长序，搜罗了全部证据。还可以参阅《天主教神学词典》，第9卷，55页，col. 2071—2075（贞洁高于结婚的经典看法），col. 2078—2087（诺斯替主义者和蒙唐主义者……过分严厉的错误），梅特拉尔（Metral）著作，136，第1和第2章，第28—39，50—57页。
⑤ 拉克坦提乌斯（240—320），生于北非，基督教辩护士。——译者注

性关系——比如怀孕期间的性关系——也变成合理的了。4世纪末，圣约翰·克里索斯托姆甚至把这个理由摆到了生育的前面。"结婚有两个理由：一是可以使我们纯洁地生活，二是能让我们做父亲，"他写道。纯洁生活不意味着戒欲，而是一种受婚姻约束的性生活；至于传宗接代，在这位基督徒看来，可以通过精神而非肉体实现。"所以，"这位圣徒下结论说，"结婚的理由其实只有一个：避免犯通奸罪。"①

如果基督教关于婚姻的理论以此为基础向前发展，就可能不会经历一个对性快感产生那么大戒心的阶段；这种戒心一直左右着基督教思想，直到12世纪。而且，就是到了今天，基督教思想在很大程度上仍然带有这种色彩。可是，圣灵这时往另一个方向吹风了。基督教不能显得不如它已经开始挞伐的异端要求严格，也不能显得不如异教徒的道德伦理要求严格，更不能显得不如主张禁欲、只接受婚姻中为传宗接代而发生性关系的斯多葛派要求严格。从2世纪起，严格的性伦理确定了：婚姻只为生儿育女而设，离婚只在个别情况下才能同意，而且意味着离异双方从此完全戒绝性欲；堕胎、避孕、弃婴、同性恋、卖淫、婚前性关系、通奸、抢婚，等等，都要受到严厉谴责……自圣热罗姆起，等级分类体系最终确立：处子、戒绝性欲者、结了婚的人。处子是那些庄严发愿保持贞操的人：自从埃尔维尔主教会议②以来，如果这些发愿保持贞操的人结了婚，就可能被逐出教门，甚至有被处死的危险。第二等级是戒绝性欲的人，其中有教士、鳏夫（尤其是寡妇，她们几乎可以自成一体），或认为子女已经足够而戒绝了性关系的夫妇。

第三等级是已婚夫妇，他们成了需要严格管理的对象。性关系只在担

① Lactance, *Institutions divines*, 6, 23, P. L., t. 6, 140, col. 719; saint Jean Chrysostome, *Sur ces mots de l'Apôtre*, «*Au sujet de la fornication*», P. G., t. 51, 141, col. 213.

② Concile d'Elvire (ca 305), canon 13, dans Mansi, 126, t, 2, col. 8.

心无后时才是情有可原的："不为生儿育女，而是为了别的理由结婚，那就是冒犯自然。"亚历山大的克莱门特就是这样看的。[1] 圣保罗所谓的基督和教众之间的婚姻是一种象征之说，没有引来对夫妻之爱的开明看法，却导致了严格的一夫一妻制的正式确立。只有一个上帝，只有一个教会，男人也就只能有一个老婆。在这一点上，最严格的人，比如尚处于蒙唐主义者阶段的德尔图良，都公开禁止鳏夫再娶："就像我们只有一个上帝一样，我们也只能有一次婚姻……其实，是一先一后娶两个老婆，还是一次娶两个老婆，关系不大。不管是一块儿娶还是分开娶，婚姻的数目反正是相同的。"一夫多妻（视同再婚）不能再拿《圣经》的例子来说事了。一方面，因为先民们生活的时代地球上人少，必须按照上帝的特别命令繁衍人口，但"世界末日的临近使'交配吧！繁衍吧！'的命令失去了效用"；另一方面，因为这等于实施一项被新法令废除了的旧法令："你接受重婚吗？那就请你也接受割礼；你不想行割礼？那你就只能坚持一夫一妻。"[2]

鳏夫再婚可能性的问题，曾经使早期的基督教长时间处于不和状态。即使没人敢完全禁止鳏夫再婚，但在很长时间里却都拒绝为再婚祝福，拒绝为再婚举行隆重婚礼。

婚姻的三个好处

圣奥古斯丁就是在这种情况下于 4 世纪至 5 世纪将婚姻观念确定下来的。这种婚姻观念一直影响着天主教教会的看法。在希坡[3]的这位主教圣奥古斯丁的神学著作里，婚姻成了主要问题，竟使他得了个"基督教婚姻专

---

[1] *Pédagogue*, 2, 10, P. G., t. 8, 141, col. 511.

[2] *De la monogamie*, 194, I, 2；IV, 3；VII, 4；VI, 2.

[3] 希坡，即今阿尔及利亚的波尼。——译者注

家"的雅号。奥古斯丁的独到之处主要在于，靠着他本人从同居和信仰摩尼教所获得的经验，在与各种异端如摩尼教、若维尼安派、伯拉科派[1]进行的斗争中，把四个世纪以来的潮流成功地汇合到了一起。

因为，奥古斯丁在成为教会神甫中最能言善辩、最有权威的人物之前，经历过一个"疯狂的青年时代"。这一点，他在《忏悔录》中写得很详细。奥古斯丁于公元354年生于萨加斯特[2]，16岁那年来到迦太基；作为一个老实巴交的外乡人，首都对他产生了巨大的诱惑。17岁时，他还在念书，就和一个女子同居了，这种关系维持了14年。他那时自称摩尼教信徒，而他对这个派别内情的了解，于他后来对摩尼教所护持的婚姻观点进行揭发大有裨益。他母亲圣徒莫尼克一直在责备他，责备他维持着那样一种罪恶关系，责备他参加摩尼教。公元383年，他对母亲的责备感到了厌烦，于是离开非洲去了罗马，然后又到了米兰；公元387年，圣安布鲁兹在米兰使奥古斯丁皈依了天主教。公元391年，奥古斯丁成了希坡的主教，一直到公元430年去世。奥古斯丁的一生和他写的有关婚姻问题的著作，分为三个阶段：反对摩尼教的斗争（387—400），反对若维尼安派的斗争（400年前后），反对伯拉科派的斗争（412—430）。

摩尼教的信徒们相信善恶二元论：在他们看来，有两个上帝，有两个自然界，永存而对立，从一开始就相互冲突。世界是那个坏自然界创造的，它把神的自然界那一半"吞"掉了，并把因于物质之中的神光抑制住。人在自己的身上保留着一缕神光，要传给后代，但要传到新的像牢房一样的血肉之躯中。所以后代是坏的，因为它迟迟不肯将囚禁在人体内的神光释放。于是，领导这个派别的上帝选民就实行完全彻底的禁欲。但他们知道，

---

① 伯拉科派是英国修道士伯拉科于4世纪创始的教派，不承认原罪。——译者注
② 萨加斯特，即今天阿尔及利亚的苏格艾赫拉斯。——译者注

他们的德行不可能被所有的人效仿。对那些不能放弃性关系的人，他们主要禁止的是繁衍，亦即婚姻，因为婚姻的唯一目的是保证后继有人。他们宣扬同居和避孕，把这个看成害中之小者；而对那些道德高尚之士，则宣扬禁欲。

相反，若维尼安的信徒们起而反对的是从贞洁到婚姻的传统等级体系。在他们看来，不论哪个等级，都同样带有神圣性。今天成了教会正式理论[1]的这些东西，在理论尚未确定的那几个世纪里，带来了很恶劣的后果。在若维尼安的影响下，相当多的修女放弃了许过的愿而结了婚。很明显，她们当初发愿心主要是出于对彼岸的恐惧，而不是对上帝的深爱。在奥古斯丁的著作里，和若维尼安的斗争占的比重不大，那是因为他当时正致力于撰写关于婚姻问题的主要著作《论婚姻的好处》。

英国修道士伯拉科于公元 410 年前后开始在非洲传道，他的理论比较开明、乐观。伯拉科不同意原罪代代相传的说法，相信人能够靠自己的力量和自由意志实现自救，用不着上帝发善心帮忙。他像当时大获成功的多数异端分子一样，宣扬的也主要是戒欲，但他对自然之善深信不疑，认为亚当的罪恶毁坏不了这种自然之善，而他这种信念以人道主义的力量使纯洁风俗之举变得不那么雷厉风行了。他的门人弟子——特别是埃克拉讷的于连——告诉人们，性欲乃是一种本能，因此来源于神。他们也使贞操和纯洁高踞于价值等级的顶峰，但又认为性的结合是婚姻的本质，并非无法摆脱的原罪。

我们知道，在对婚姻过于乐观和过于悲观的看法之间，闪转腾挪的回旋余地很小。必须反对摩尼教的观点，重新评价夫妻的性结合，但又不能给伯拉科派以口实，也不能冒险和若维尼安站到一起去扰乱圣女们的宁静。

---

[1] Voir le nouveau catéchisme de l'Église, 101, §1620.

圣奥古斯丁的立场将在这两种极端之间保持绝对的平衡。人被原罪玷污了，他肯定地说，这是和摩尼教信徒站在一起反对若维尼安派；但是，他又补充说，婚姻是神圣的、美好的，这又是和若维尼安派站在一起反对摩尼教信徒了。天堂的原始婚姻，即犯下原罪之前的亚当和夏娃的婚姻，没有淫欲。如果说我们这两位始祖在伊甸园里有过性关系——奥古斯丁在这个问题上的看法变来变去——也不是源于罪恶的欲望。在当时，这种欲望还不能使人糊涂到丧失意志和理性。初民亚当从来没有背离过静修。反过来，犯了原罪之后，"肉欲本身被败坏了，本来可以顺从有序地宣泄的欲望，变得不顺从了，无序了"①。

既然从今以后要为婚姻正名了，奥古斯丁就把最早对这个问题进行过思考的神甫们的想法，归结为三点好处。他在《论婚姻的好处》一文结尾，将婚姻的好处用下面的三个词来表达：繁衍，忠诚，神圣。直到今天，这三点仍然是基督教在婚姻问题上的基本见解。

婚姻的第一个好处无疑是繁衍后代。把繁衍后代摆在第一位，在当时几乎没有争议。不过，在这个传统说法之外，奥古斯丁又加了一条：忠诚，就是说，"要互相帮助。所谓互相帮助，就是一方有要求时，另一方要帮助满足，以防止发生淫乱"。忠诚这剂治疗非法性关系的灵丹妙药，是从圣保罗那里继承来的，是大家都知道的"夫妻义务"的基础；为了使配偶避免犯通奸罪，夫妻必须互相尽这项义务。"妻子对自己的身体不拥有权力，"奥古斯丁说，"拥有权力的是她丈夫；同样，丈夫对自己的身体也不拥有权力，拥有权力的是他妻子。你们谁也不能剥夺对方的权力，除非两个人说好，一段时间忙于祈祷；然后要一起回来，以免魔鬼撒旦利用淫欲引诱你们。"根据夫妻义务，奥古斯丁同意，不是因为生儿育女也可以发生性关

---

① Cité par Schmitt, 184, p. 101. Sur le mariage paradisiaque, voir Schmitt pp. 85 – 105.

系。这样做也只能算小有过失，可以靠布施一类的行为去洗刷。而且，此项小过失还只是由要求尽夫妻义务的一方承担，尽夫妻义务的一方并无过失可言。

婚姻的第三个好处是"神圣"，但和现代人说的"神圣"不完全一样。这个词是希腊文 mysterion（奥秘，圣体圣事）的翻译，是从圣保罗那里借用过来的。圣保罗形容由基督徒婚姻具体体现的基督和教众之间的婚姻时，用的就是这个词。这里说的还不是通过有限级数内确定的仪式去分享圣宠，而是"不可见的真实之可见迹象"。男人和女人要通过夫妻之爱去体会将基督和教众结合到一起的爱。这样我们也就明白了，面对离婚问题，教会何以一向都那么坚定：婚姻关系体现的是基督和他的信徒之间的关系，破坏这种关系可以视同背教，如同背弃上帝本人一样……在奥古斯丁的思想里，夫妻彼此相爱是婚姻的主要好处；生儿育女只不过是夫妻结合的自然结果，并非相关要素。[①] 接着，侧重点才能放到繁衍和神圣上面，说繁衍和神圣是婚姻的"一等好处"，防范非法性关系只不过是"次等好处"。虽然是次等好处，但是很重要，比如，因此就禁止取消不育的婚姻（不育的婚姻仍能履行夫妻义务），而把婚姻的三个好处都毁了的阳痿，则可以成为取消婚姻的理由。

这三项好处对提高婚姻的地位起过作用。可是，从阿坎的托马斯的时代起，婚姻的地位被性搞得一落千丈，这三项好处充其量也只是变成了婚姻地位的"托词"。在这三个好处之外，"夫妻性行为"是不可原谅的；即使在婚姻之内，完全以寻欢作乐为目的的性事，也变成了大罪，因为那样就是不把婚姻的第一个好处当一回事。[②] 圣奥古斯丁在思想上走得没这么远。

---

① Sur la pensée matrimoniale d'Augustin, voir Schmitt, 184, et Noonan, 156, pp. 155 - 185.
② Thomas d'Aquin, *Somme théologique*, IIIa, q. XLIX, art. 1 à 6.

婚配祝福

在我们研究的所有世俗仪式中，我们都发现，教会在一点一点地施加影响。然而，起初却是教会自己甘愿置身于这些仪式之外的。历任教皇和最初的几次主教会议都一再说，婚姻不是教士的事。教皇不准教士插手婚姻的事前讨论，主教会议禁止教士参加随后举行的宴会，但除了这两件事，教会能够展开活动的余地也就不大了。

早期的基督教理想，其实是保持纯洁和贞操。婚姻虽是一桩小害，似乎也与基督教的要求不太能相容。4世纪末，圣热罗姆还认为教士不宜在婚礼上起积极作用呢："不要让宣扬禁欲的人插手婚礼！使徒的书里写着：'有妻子的人，行事应该好像没有妻子一样。'读这样书的人为什么要去强迫一个姑娘结婚呢？"[1] 圣热罗姆说这话的意思，大概也和与他同时代的圣安布罗斯与圣奥古斯丁一样，认为插手婚姻，就是在两个年轻基督徒和他们的父母——有时是异教徒——之间起中间人的作用。在思想上，这完全是出于谨慎：如果小两口婚后不和，就可能诅咒那个把他们结合到一起的人。在西方，这种戒备心理甚至使主教不敢担任女青年基督徒的监护人，而东方的主教早已经担当起这个角色了。在没有父亲的情况下，孤女的婚姻实际上是找教士来主持的。[2]

在这种情况下，我们也就明白了，婚配祝福何以并非基督徒们的首选。事实上，婚配祝福真正成为必须遵守的制度，在东方是从10世纪初开始，而在西方，那已经是16世纪的事了！3世纪，安提河的伊尼亚斯希望结婚

---

① Épître 52, 16, P. L. , t. 22, 140, col. 539, et référence à Co 7, 29.
② Voir Ritzer, 175, pp. 97 – 104.

要让"主教知道"，但他紧接着又补充说，主教对婚礼不宜干涉，甚至不宜出席。3 世纪初，亚历山大的克莱门特甚至认为，婚姻自身就已经把婚姻圣化了，用不着再像希腊人那样去净化婚姻——他这里影射的是希腊婚礼中的圣水浴。

然而，很少有什么蛛丝马迹能够证明，从最初的几个世纪起，教士们就不拒绝为新婚夫妇祝福。争议最大的文献是 2 世纪末迦太基主教德尔图良写下的。在写给妻子的一封信里，德尔图良赞扬了结婚的欢乐，说经"教会建议、献祭确认、祝福结合、天使宣告、天父批准的婚姻"① 是至福。可是，这种祝福是按部就班地进行的吗？尤其是，是在举行婚礼的那天施与的吗？多数学者认为，德尔图良这里说的是婚姻状况，而不是结婚仪式：共同的生活使基督徒夫妇一同去领圣体，一同去接受祝福，但这并不意味着他们结婚那天举行了特别仪式。另外，对于实行"君士坦丁和平之治"以前遭受迫害的教会来说，在教堂里举行这样的仪式也有困难。如果当时真举行过这样的仪式，我们就很难理解，为什么在圣奥古斯丁时代的北非，这种仪式又消失了。最后，从上下文来看，那封信说的是寡妇再婚，而对于寡妇再婚，所有的教士作家都认为，不可能有祝福。②

因此，被邀请参加婚礼的教士的身份不是仪式主持人，而是贵宾、地

_____

① "Felicitatem eius matrimonii, quod Ecclesia conciliat, et confirmat oblatio, et obsignat benedictio, angeli renuntiant, Pater rato habet." (*Ad uxorem*，II，9，P. L.，第 1 卷，140，col. 1302)。翻译的分歧主要在 conciliat（是"建议"还是"调解"）和 Pater（是新娘的父亲还是上帝）这两个字上面。由于教父们嘱咐不要介入婚姻事务，对于婚姻，他们就很可能是"建议"而不是"调解"；由于这个词渐渐用于上帝，后来又常常拿上帝比喻人世间的父亲（"Nam nec in terries filii sine consensu patrum recte et iure nubunt"），这里指的显然是上帝。

② 请参阅里采尔的说法，175、110—120 页；沃热尔的说法，133，第 1 卷，414—415 页；塞凯拉（Sequeira）的说法，190、33—35 页。其他评论家，如热拉尔·马东（Gérard Mathon，132，1993 年），仍然将这一段视为提前为婚姻祝福的证据。

方的名流、信得过的证人。纳齐扬兹的圣格里哥利（4世纪）就曾因为没能参加他监护的女孩的婚礼而致歉，那次婚礼上来了"很多主教"。如果是为了主持婚礼，一位主教就够了；如果圣格里哥利是被邀请来主持婚礼的，则他的缺席会使婚礼无法举行。实际上，格里哥利只是一位客人，只不过是众多客人中的一位贵客。不过，他接着又说，他人虽没到，但是心到了："我把新婚夫妇的手合到了一起，并把他们两个人的手和上帝的手合到了一起。"① 我们知道，教士有精神权威，被邀请参加婚礼，这种精神权威就会对婚礼起主导作用，并充当媒介，代表神的光临。教士比人世间的父亲强，他代表天父，天父通过教士主持了神圣的结合。可能就是因为这一点，才改为由教士替父亲进行祝福的。有个很有意思的证据，虽然是传说，却向我们证实了这种说法。

出身诺斯替派的圣托马斯，其传记里就描述了这样一个场面：使徒圣托马斯被一位国王请去为女儿主持婚礼，并请他为洞房祝福，求神保佑新婚夫妇多子多福，似乎太直白了点儿；而要求使徒做的也只是这一点，不是做圣事。书里说，一开始，圣托马斯拒绝了，但终于还是在国王的强迫之下，"违心地"做了。国王为此事后悔不迭：做完祝福，基督显圣了，新婚夫妇决定，他们将像兄妹一样共同生活！

在一些文化圈里，首先被证实的祝福确实是对洞房的祝福。在高卢，6世纪的"非洲人"艾蒂安写的《圣阿马特尔生平》里有关于第一次祝福的描写。这次祝福是不折不扣地在洞房里进行的。有些文化圈试图将婚礼引到教堂里举行，是否就是为了避免圣事和性事如此直接地相连呢？因此，我们当作中世纪早期基督教主要仪式进行研究的祝福，从6世纪起就在罗马的教堂里举行了。婚礼弥撒也在同一个时代出现，而且我们还可以认为，

---

① Grégoire de Nazianze, lettre CXCIII à Procopios, dans P. G. , t. 37, 141, col. 316.

婚礼仪式在罗马帝国末期就已经制定出来了。

但是，若说婚姻的宗教仪式已经成为规定，却还缺乏一个基本元素：普及。公元 802 年，查理曼发布敕令：婚姻的有效条件必须经教士审查。敕令里似乎也规定了祝福，却不能变成一种合法的结婚形式：只要教士拒绝将这种祝福施与所有的人，祝福就不能成为一种合法的结婚形式。另一项敕令说得更明白：教士按规定进行完审查以后，"如果新娘是处女"，即举行祝福礼。很明显，教会在这里是以民事身份介入的，而不是为了按照规定系统地给新婚夫妇祝福。①

按照教会的想法，对"坚贞的人"，对纯洁地来到婚姻圣殿的人，它所给予的确实是特殊的恩惠。对有过情人的、有过同居女友的、再婚的鳏寡以及分了手的夫妇，拒绝给予祝福乃理所当然。同样，对那些毁约另娶的，也拒绝给予祝福。这样一来，就有很多人被排除在婚礼祝福之外了。还要指出的一点是，在教会看来，未经教会祝福的婚姻并不因为没有得到祝福而无效，也同样是不可分离的。

为这种拒绝作辩解合乎理论，也与教会一开始就宣扬的"一夫一妻制"一脉相承：和教众结婚的只有一个基督，同样，基督徒之间也只能有一次婚姻。此外的婚姻都不是基督和教众之间神秘婚姻的完美再现。只有对教士，祝福礼才是必须的（因此教士们应该以处子之身来到婚姻圣殿，而且只能结一次婚）。对其他人来说，直到 11 世纪，祝福一直都只是一种特殊的恩惠，不是权利，更不是义务。在东方则相反，从 4 世纪末起，祝福就已经成了一种习惯做法，而从拜占庭皇帝"智者"莱昂（886—912 在位）开始，祝福就是必不可少的了，否则婚姻会变为无效婚姻。这时，祝福也扩展到了再婚，拜占庭皇帝（从结过四次婚的"智者"莱昂开始）在结婚

---

① Voir Beauchet, 18. pp. 30 - 32.

方面起了表率作用。

但是，在西方，一直到加洛林王朝时代，这种可做可不做的祝福都是在两种不同的地方进行的：罗马教会在教堂，高卢在洞房。高卢形式好像很流行，埃米尔·舍农把这种做法与古代犹太人、希腊人、罗马人和日耳曼人的仪式相提并论，很有道理……但是，从墨洛温王朝时代起，在法兰克的土地上就出现了反对的声音，认为这冒犯了他们国家的习俗。例如阿尔勒的圣塞泽尔（公元510年去罗马旅行时，教皇给了他一个主教头衔）此刻就在为把罗马习俗引入高卢而战。"他决定，出于对祝福的敬重，结婚前三天在大教堂为新婚夫妇行祝福礼，"为他作传的土伦的西普里安写道。8世纪，在矮子丕平和他儿子查理曼的推动下，罗马习俗在高卢站住了脚跟，洞房祝福就渐渐地被放弃了。

然而，直到中世纪末，洞房祝福在法国仍然流行。教会对此未加谴责，条件是不能用洞房祝福代替教堂祝福，而且要在"能找到所需教士"的前提下进行此项活动。不过，洞房祝福可做可不做的说法只是理论上的：1468年，若扎斯地区（法兰西岛）的一位新郎就因为没有要求举行洞房祝福而受到责备……必须指出的是，为维持这种原始仪式而找理由时提到了《圣经》上的一个血淋淋的事件：大祭司亚伦为保护以色列的孩子们免遭杀戮天使的伤害，用的办法就是在他们的房门上画了个十字，一个被基督徒们看作十字架雏形的十字，对降临埃及的第十大灾难①，中世纪就是这样解释的。拒绝教士为要出生的孩子祝福，难道不是罪恶吗？我们知道，在房中、床上和新婚夫妇身上做的洞房祝福，直到大革命为止，一直是法国的习俗。一些很有名望的高级神甫做起这件事来也毫不犹豫：布永的枢机主

---

① 圣经故事，摩西和亚伦一道使十大灾难降临埃及，迫使法老同意以色列人离开埃及。——译者注

教为德·布鲁瓦小姐和孔蒂亲王的婚床祝过福，夸斯兰的枢机主教为勃艮第公爵和萨瓦公主的婚床祝过福①……洞房祝福在 19 世纪逐渐消失，1900年之后很快就绝迹了。

因此，到加洛林王朝末期，欧洲的情况好像就一致起来了。按照罗马仪式，祝福在教堂里进行，同时为新婚夫妇盖"双罩纱"。但是，一方面，祝福不是仪式的基本内容，因为合手礼、戴戒指、交契据，还都是由新娘的父亲主持，在教堂之外进行；另一方面，教会又毫不妥协，教士们也在抱怨，说带祝福仪式的婚礼弥撒太少。"贞节地"来到婚姻殿堂的人的确非常少，公元 843 年去世的奥尔良的若纳斯对此感到遗憾。公元 802 年查理曼颁布敕令，从理论上使结婚祝福成了必须做的事。如何使该项敕令被遵照执行？就是从此后的一个问题了。在试图实行第一部教会婚姻法的加洛林王朝时期，这个矛盾是很明显的。比较好说话或善解人意的神甫，也为再婚的人祝福。

公元 997 年，图尔的主教阿尔尚博就为法国国王罗贝尔二世与勃艮第的贝尔特的婚礼做过祝福。男女双方都是结过婚的：贝尔特是寡妇，罗贝尔是和第一个妻子离异的，而且他们还是三等亲！不错，这门亲事后来是被教皇取消了，阿尔尚博主教也被停了职，直到教皇觉得满意了为止，但是这对新婚夫妇的情况并没有让那些应邀出席婚礼的高级神职人员感到有什么不舒服。在宗教婚礼的普及和所要求的严格条件之间，矛盾十分明显。到了罗曼时代，为了绕过这个难关，就必须给出一个新的婚礼定义。比如，被视为圣事的婚礼要赋予祝福以别的说词。像为命名礼或圣职授任礼所做的祝福一样，圣事不能重做，因此，祝福只能给那些"贞节地"结第一次婚的人做，或者给第一次结婚时没有接受过祝福的再婚者做。对这两条，

---

① Pilon, 165, pp. 81 – 82.

古代文献里表现得毫不通融。[1]

多比雅三夜

婚配祝福的发展演变给婚姻习俗造成了奇异的后果。对于直接参与婚礼一事，到那时为止，教会之所以一直显得颇有保留，在很大程度上确实与对性关系的不洁心存疑虑有关，哪怕这种性关系已经通过婚姻得到了认可。自从上帝因下界祈求祝福或领圣体而参与到婚礼中以来，理应对结婚仪式来一番净化，将一切带有性意味的东西剔除。在法国发起的反对在洞房里进行祝福的抗争，已经是朝着这个方向迈进了。最激进的是"多比雅三夜"：在祝福以后的三夜，绝对禁止任何性行为。这基本上是法国教会和西哥特人的传统，法国人和西班牙人都遵守。

如果我们相信文献中所说的，新婚夫妇禁欲的事就是 4 世纪末在圣热罗姆的拉丁文《圣经》（395—405）里出现的：这位圣经译者在关于多比雅的那一章里特别加了一段"很长的译文"，是 70 人翻译的希腊文《圣经》里所没有的。这段如今已经失落的"很长的译文"就包含这段逸事。非常凑巧的是，在同一时期（公元 398 年）于迦太基召开的第四次主教会议也第一次提出了这样的要求："出于对圣事的敬重"，接受了祝福的新婚夫妇要在新婚之夜禁欲。尽管拉丁文版《圣经》里说的是三夜，而主教会议的文件里说的是一夜，但这两件事发生在同一时期，仍然给我们留下了深刻

---

[1] Esmein, 64, t. II, pp. 122 - 125. Sur cette partie et la bénédiction du mariage chrétien primitif, voir Ritzer, 175, pp. 104 - 123, 134 - 137, 163 - 173, 222 - 237, 273 - 281, 297 - 305, 307 - 318, 334 - 340; C. Vogel, dans 133, t. I, pp. 397 - 465. Sur la bénédiction *in thalamo* en particulier, voir Ritzer, 175, pp. 273 - 281; Molin/Mutembe, 142, pp. 255 - 270; Chénon, 41, pp. 75 - 88.

的印象。

必须要说的是，多比雅的婚姻很特别，他的妻子撒拉的前七个丈夫均未圆房即死于新婚之夜：爱上了撒拉的魔鬼把他们一个接一个地杀死了。大天使拉斐尔点化多比雅，对他说："想要结婚的人竟然把上帝忘到了脑后，像骡子和马一样，只想着肉欲。骡子和马没有智慧，魔鬼能够整治它们。但是你不同，你娶妻之后，进到她的屋里，你要禁欲三天，除了和她一起祷告之外，不要做任何其他事情。"多比雅照大天使说的做了。他对年轻的妻子做了解释，说他们欠上帝三夜，"因为我们是圣徒的后代，就不能像不知有上帝的蒙昧民族的人那样结合"。为了驱赶魔鬼，多比雅第一夜烧了鱼肝，那鱼是他和大天使一起捕来的；第二夜，他是和长老们一起过的；第三夜，他接受了长老们的祝福，还接受了他们要让他早生贵子的许诺。①

这段文字的阐释复杂微妙。特别是在圣蒂夫从世界各地——美洲、非洲、亚洲和大洋洲——搜集到了一些相同习俗的资料以后。② 很明显，这里说是一种拜物教信仰，在《圣经》里，是以嫉妒的魔鬼来象征的，而提到上帝，又使这种信仰重新回归一神教传统。关乎各种初始行为的信仰，世界各地都一样：在凶兆下开始的行动不可能带来预期的结果。于是就很自然，为了第一次的性体验，不管是哪里的人，都想占尽好运。可是，这里说的是在结婚之前举行的一种净礼呢？还是想用把第一次性体验推迟的办法，让阻碍夫妻结合的魔鬼失去耐心呢？抑或相反，这里说的乃是将处女的贞操放弃，让给享有特别"初夜权"的神灵呢？种种假设就这样提了出来，均以从世界各地搜集到的各种例证作为依据。"三"这个数字重复出现，说明这是个神圣的禁令。在多比雅的故事里，拜物教的色彩被冲淡了，

---

① 拉丁文《圣经》, Tb 6, 18 - 19；8, 5ss, P. L., 第29卷, 140, col. 31—32 页；现代拉丁文《圣经》依然保留着这一段，在翻译的通行本里阙如。

② Voir P. Saintyves, 182 et Ritzer, 175, pp. 281 - 284.

提出的解释则十分虔诚：婚姻不应该让人忘记上帝，经过三夜的祈祷，性关系在多子多福的祝福中也就找到了充分的理由。

　　起初，对基督徒来说，暂时的禁欲是出于对圣事（某些结婚仪式后还要领圣体）和祝福的敬重。正是出于这种考虑，阿尔勒的塞泽尔才在他为把罗马仪式引入高卢的宣传运动中鼓吹，"出于对祝福的敬重"①，要于结婚之前三天在大教堂里行祝福礼——如果需要的话，这又是一项证据，证明祝福并不能使婚姻得到确认。不过，若能把巴希娜和5世纪法兰克国王希尔代里克的著名新婚之夜说成"多比雅之夜"，一项不可思议的解释同样可以广为传播。在据说是弗雷德盖尔（7世纪）写的一部作品里，我们看到，新王后巴希娜要求丈夫在新婚之夜尊重她的贞操；如果国王能够经受得住这项考验，他就可以获得一种王后能够解释的预见力。② 在民众的信仰里，对预测家庭的未来而言，新婚之夜是个受到特别重视的时刻，而预见力是任何时代都会赋予保持贞操者的一种能力。然而，有迹象表明，这个故事虽然被说成是5世纪的事，却是在7世纪才产生的，当时教士们正企图强迫新婚夫妇在新婚之夜禁欲。

　　不管怎么说，禁欲三夜的习俗在7世纪至9世纪还是传播开了，向多比雅看齐成了很自然的事。③ 因此，1234年圣路易迎娶普罗旺斯的玛格丽特时，"像多比雅一样，在碰新娘之前，他祈祷了三夜，而且教导别人也这

---

① «Statuit etiam regulariter, ut nubentes ob reuerentiam benedictionis ante triduum coniunctionis eorum eis benedictio in basilica daretur. » *Uita*, 1. I, c. V, n° 45, P. L. , t. 67, 140, col. 1022. Interprétation proposée par Ritzer, *loc. cit.*

② Anecdote rapportée par Aimoin, *Historia Francorum*, I, 8 (P. L. , t. 139, 140. col. 643) et par Frédégaire, *Historia Francorum epilomata*, ch. 12 (P. L. , t. 71, 140, col. 581 – 582) . Voir mon *Du flambeau au bûcher*, pp. 38 – 39.

③ 散蒂夫在坎特伯雷的泰奥多尔的忏悔规条（7世纪）里发现了关于三夜之规定；在里采尔看来，三夜的习俗在9世纪利未人的礼仪规定（III, 463）和 Jonas d'Orléans（*De institutione laicorum*, II, 2, P. L. , 第106卷, 140, col. 171）中就有了。

样做，就像王后后来提起此事时所说的那样".① 必须指出的是，这位 20 岁的国王娶的是个 16 岁的少女。

这项规定在多大程度上被遵守了呢？很难说。但我们知道，从 12 世纪起，种种豁免就流行起来了……而且开始了"赎买"。以向某些领主赎买"初夜权"的方式，新郎向主教赎买在新婚之夜"碰"新娘的权利。某些高级教士要价太高，终于使民事当局感到了不安。14 世纪至 16 世纪，最高法院曾连续不断地发布命令和决定，把法国一个地区一个地区地从这种已经变为附加税的暴敛中解放了出来。特兰托主教会议之后，这个禁欲期就不再是必须遵守的了，禁欲变成了一项建议。在罗马的弥撒经本里，这项建议一直保留到 1962 年。

不过，在人的思想里，这一习俗在很长时间之后才消失。19 世纪的民俗学家在法国各地还都能发现多比雅三夜的痕迹。在某些地区，这种习俗在第一次世界大战期间依然存在。有的时候，新婚之夜，新娘要和伴郎或伴娘们一起度过，或者在家里和父母一起度过，或者和姑嫂妯娌们一起度过。禁欲从一天到三天不等，有的时候，一直要延续到结婚之后的那个礼拜天，为的是让新娘能够再一次戴着白色花冠出现在教堂里。有人特意在礼拜六结婚，是不是就为了这个呢？在某些情况下，甚至是由婆婆来确定等待的期限。确定等待期限的理由五花八门，但初期基督徒所说的"对祝福的敬重"却早已被忘到脑后。有些人认为，这样做可以保证日后能够升入天堂；另一些人则认为，这样做是为了使魔鬼无可奈何，是为了把灵魂从炼狱中拯救出来，或者是为了使新婚夫妇多子多福。

---

① «À l'exemple de Tobie, avant qu'il la touchât, il pria pendant trois nuits, et il enseigna à faire de même, comme ladite dame le rappela ensuite. » Geoffroy de Beaulieu, *Vie de Saint Louis*, ch. XVI, cité par Saintyves, 182, p. 288.

因此，在教会开始插手婚庆的时候，原始的仪式中还夹杂着一些我们在前一章中研究过的异教徒遗产。开始构成结婚典礼小仪式的这些基督教礼仪，反映的是品级，是此后在通奸、结婚、戒欲和保持贞操之间形成的传统品级。

第二部分

符合教规的婚姻

中世纪

12 世纪中期诺曼底的婚姻

举行婚礼的那天，新郎新娘都是盛装打扮，但无须为婚礼而专门做衣服。婚礼的第一部分关系到的主要是家庭而不是教堂，在教堂前面的广场上进行。教士关心的只是是否符合教规：他要检查核实夫妇双方是否都同意，亲等上有没有妨碍结婚等问题。但是，把新娘交给新郎的是新娘的父亲，把新婚夫妇的右手结合到一起——这是婚礼的关键——的，也是新娘的父亲。新郎正式答应娶他的新伴侣为妻。

接着宣读婚约，新郎向妻子赠送礼物。已经被教士祝福过的戒指（只有一枚）由新郎给新娘在右手的头三个手指上戴一戴，然后就留在中指上。戴戒指的时候，新娘要俯伏在她这个新老爷和主人面前。

到了这一刻，宗教仪式才真正开始。神甫念着《圣经》里的诗篇（祝福那个虔诚的男人，给他一个生育力旺盛的女人做妻子）走进教堂，参加婚礼的人跟在神甫后面。神甫领唱三位一体弥撒。奉献祭品时，新郎新娘要手里拿着一根大蜡烛跪在祭坛上。这时，有人把"双罩纱"盖在他们身上，在整个祝福过程中，这块大纱巾就一直在他们身上盖着。这是宗教仪式的高潮，然后，在神甫又朗声念起经文时，新郎新娘就回到原来的位子上去。接着，新郎去向神甫求平安吻，再把平安吻传给新娘。两个人一同去领圣体。

晚上，神甫前来为洞房祝福。①

---

① D'après J. B. Molin, dans *Notre Histoire*, 1er mai 1984, pp. 40 – 41.

第四章

封建制度

在加莱和敦刻尔克之间，吉讷的领主和与他为邻的布尔堡打完仗联合，联合破裂了再打仗，永无休止。1194 年，吉讷的博杜安伯爵安排他的儿子阿尔诺和布尔堡的贝亚特丽丝结婚。贝亚特丽丝貌美若海伦，聪明似智慧女神密涅瓦，权势大得像天后朱诺，最重要的是，兄弟死了之后，她成了"布尔堡的唯一合法继承人"……博杜安是个令人肃然起敬的家长，儿孙满堂：十个合法子女，五个叫得上来名字的私生子，其余那些"不计其数"的儿女，连他自己都叫不上来名字的还不算在内！很明显，在他家里，在他国内，他的意志就是法律。

婚得结，父亲的意志得实现。姑娘是他这个当爹的选的，彩礼问题是他谈的：他把阿尔德尔城堡和克尔维德城堡以及属于两座城堡的土地，都作为"亡夫的遗产"给了贝亚特丽丝。一切障碍均已扫除。至于他本人第一次结婚娶的是贝亚特丽丝的姑姑，两家因此而成了禁止通婚的姻亲，那又怎么样？他不在乎。为了结这门更有利可图的亲事，以前给儿子订的婚事必须毁约。那些承认自己是根据吉讷的博杜安的回忆记史的史官，甚至记不得阿尔诺的未婚妻叫厄斯塔什亚还是叫厄斯托什亚了，这就是那个可怜的女孩子留在历史上的仅有痕迹。这个他也不在乎。他的儿子似乎因为毁坏了一个寡妇的磨而面临着被逐出教门的惩罚，这个他还不在乎。尽管惩罚的裁决是兰斯大主教宣布的，吉讷的博杜安还是派人找来一个神甫去证实裁决已经撤销。因为急着要把这门亲事定下来，他甚至要求用钟声把答复传回来，这比信使来得快。

　　阿尔德尔地处吉讷和布尔堡之间，阿尔德尔的神甫朗贝尔送教会的担保书送得晚了，说是因为他对逐出教门的裁决是否撤销了尚存疑虑。博杜安大怒，两眼冒火，大发雷霆，出言威胁，说神甫这是要造反。朗贝尔缺乏圣日耳曼面对卡里贝尔特时那样的勇气，吓得从马背上摔了下来，跌倒在博杜安身边。几个当兵的把他扶上马鞍，朗贝尔已经吓得半死，两腿打颤。士兵们请伯爵息怒，但是白搭。伯爵恨透了朗贝尔：这个人竟敢在他儿子的婚姻问题上设置障碍，晚送教会的担保书长达两个小时！为了重新得到伯爵的宠信，朗贝尔后来为吉讷伯爵写了家史。这个场景他没写，而是被乔治·迪比挖掘出来的。①

　　显然，在弗朗德勒的一个小封建主领地里，领主们的婚姻问题是不容教会说三道四的。禁止通婚的亲等，订了婚不算数，是不是要被逐出教门，夫妇双方是否自愿，都算不了什么，博杜安百无禁忌。因此，看到这样一个老派父亲亲自主持结婚仪式，也就没有什么可大惊小怪的了。关于去教堂的事，他绝口不提。婚礼将在洞房里举行，等到新婚夫妇上了床以后，再逼着神甫到洞房里去行祝福礼！阿尔德尔的朗贝尔带着他也是神甫的三个儿子来了——吉讷伯爵的保护，可能使朗贝尔神甫过上了一种和教会新要求不怎么相符的生活……朗贝尔父子往新婚夫妇身上洒了圣水，用香熏了床，正准备离开的时候，伯爵把他们留了下来。

　　事实上，主持婚礼的是博杜安伯爵本人。他首先向上帝祈祷，向曾经为亚伯拉罕祝福的上帝祈祷，祈求上帝让他儿子阿尔诺多子多孙。接着，

① Lambert d'Ardres, *Historia comitum Ghisnensium*，第 149 章，载斯克里普托尔著作第 24 卷，148、637—638 页。乔治·迪比研究过吉讷的阿尔诺的婚姻，58、29—32 页，57、269—300 页。我有意识地使自己不越出阿尔德尔的朗贝尔的描述，而乔治·迪比对这番描述所作的细致研究补充了描述的不足。

他又参照老祖宗的做法，按法定格式行祝福礼："我亲爱的长子阿尔诺，在我所有儿子中，你是我最疼爱的，如果父亲对儿子的祝福里面有某种神奇的灵感，如果我身上还有老祖宗留下来的某种力量和灵感为你祝福，我将把同样的灵感赋予你，一如从前天父上帝赋予我们的远祖亚伯拉罕，亚伯拉罕赋予他儿子以撒，以撒赋予他儿子雅各及其后代。"说完之后，他把新郎新娘的手合到一起，做儿子的则躬身站在以天父上帝的名义出现的父亲面前，接受神圣的祝福："我为你祝福，你弟弟们的权利不会受到影响；如果我的祝福里面有某种力量，我会把这力量永远留给你。"仪式大概是很可观的。朗贝尔神甫本人待在那里，只是个看客；他后来谈到这次结婚仪式时说，那是吉讷地区的一场空前绝后的婚礼。

这场仓促举行的婚礼有诸多不合规定之处，若在教堂里举行，阿尔诺可能得不到神甫的祝福。但是，在阿尔诺的婚礼中看不到一点蛛丝马迹，让人以为教堂接到过举行婚礼的请求；关于这一点，阿尔德尔的朗贝尔神甫也什么都没说。看起来，教会虽然进行了四个世纪的努力，推广罗马式婚礼，对婚姻进行规范，但对某些领主的领地实际上并没有起到作用。封建婚姻一直是一件家务事，相关的主要是家长，其次才是新婚夫妇。

采邑的转让

在封建制度中，结婚的目的不是为了体现基督与教众的神秘结合，而只是为了"永保……一种生产方式"①。对一个首先要保证采邑转让的社会来说，关于圣事的讨论似乎显得太空泛了点儿。在封建制度的实践中，为了避免土地无限制地分割下去，我们常常可以看到，只为长子举行隆重的

---

① Georges Duby, 58, p. 15.

婚礼，其余诸子，如果还没有进入继承序列，结婚仪式就没有那么隆重，持续的时间也要短些。同居、嫖妓、与女仆的爱情等，其所起的作用，是使尚不能正式宣泄的性不至于泛滥。

乔治·迪比和当代历史学家所研究的中世纪"青年帮"就是这样形成的。这是些独身骑士，成群结伙，寻求战争或性的冒险，搭帮或单独在欧洲闯荡，出现在各种竞技场上，以期引起爵爷或贵妇人的注意。12 世纪艳情小说里出现的就是这些人，都是圆桌骑士朗瑟洛或戈万式的人物，那些失去了保护的女领主常常向他们求救，为了答谢他们的救助，不惜以身相许。这些没有家产的单身汉，其最终目的是到一位更有势力的爵爷或国王身边效力。有了这样一些人，爵爷或国王也就有了一批训练有素的武士。作为效力的报酬，他们等待着继承空出来的采邑，还可以根据情况，连同死者的遗孀或独生女儿一起继承，以确保能够得到遗产。

那个时代的文学作品忠实地反映了这种制度。最著名的例子是《尼姆城的大车》，这是 12 世纪上半叶的一部武功歌，是纪尧姆·德·奥朗日系史诗①的开山之作。纪尧姆就是这样一个没有采邑的骑士，总是围着"虔诚者"路易的王宫转来转去，但书里把路易的王宫描写成了 12 世纪的一座宫殿。纪尧姆由 40 个出身贫寒的青年（家里没有采邑可以继承的"青年帮"）陪着打猎归来时，得知国王刚刚给男爵们分封了采邑，但把他给忘了。他气呼呼地赶往王宫，去争取自己的权利。一开始，路易想许个愿了事，说过不了几天，十二封臣中就有一位要死了，他会把那个封臣的全部土地都给纪尧姆，连同那位封臣的遗孀，"如果您想娶她"。纪尧姆说他没有时间等待了。国王于是建议纪尧姆去继承福孔伯爵，但纪尧姆拒绝了，说他不想去掠夺两个可以继承土地的孩子。国王又建议纪尧姆去继承勃艮

---

① Éditée par J. L. Perrier, Paris, Champion, 1931 (*C. F. M. A.*, n° 66).

第的奥贝里的采邑，连同采邑的女主人——托里的埃尔芒桑一起继承，那可是个"从来不喝酒的好女人"。奥贝里也扔下了一个自己还不会穿衣服的小儿子。同样，纪尧姆还是拒绝了。继承贝朗热伯爵怎么样？"伯爵死了，就娶了他的妻子吧！"这下子，纪尧姆火了：伯爵是为了救国王的命才死的，怎么能这样对待他留下的孤儿寡妇呢？无可奈何之下，路易只能建议纪尧姆把他自己土地的四分之一拿去，这同样是纪尧姆不能接受的。后来，纪尧姆还是自己从撒拉逊人手里弄到了一块采邑。

这段讨价还价的文字很长，占去了开头部分的 760 行诗；在《路易加冕》里，这个主题又得到了进一步发挥。在中世纪的文学作品里，类似的例子很多，可以信手拈来。在那个时代的一部重要叙事诗里，有一个同样性质的故事，竟成了洛林人反叛的导火线。叙事诗里说，阿维尼翁的阿耶早已许给了贝朗热，却被查理曼作为酬劳给了南特伊的加尼耶为妻。贝朗热不能接受这个决定，就把阿耶抢走了。[①]

不要忘记，没有采邑的骑士们在等待，等待着他们为之效力的国王给他们一个带有采邑的女人（孤女或寡妇）作为酬劳；也不要忘记，国王可以毫无顾忌地掠夺没有自卫能力的继承人，把空出来的采邑分封给他所保护的人。还要补充的一点是，采邑主人的未亡人，不管有没有孩子，如果不想看着土地撂荒或被相邻的领主霸占，最好的办法是尽快再婚。因此，我们就在《维耶纳的吉拉尔》里看到，勃艮第的公爵夫人来到王宫，说了这样一番话："我丈夫死了，可是，戴孝有什么用？一些人死了，一些人还活着，这已经是老习惯了，从摩西的时代起就是这样。请您给我找个有势力的丈夫吧！为了保护地产，我有此需要。"国王当即把维耶纳的吉拉尔给

---

① *Aye d'Avignon*, vv. 40 – 129, éd. F. Guessard et P. Meyer, Vieweg, 1861 (Anciens poètes de la France)．pp. 2 – 5.

了她……不过他又立刻收回成命，因为他觉得公爵夫人"高贵而有韵致"，还是留给自己好！在这里，谈不上什么爱情，既谈不上对逝者的爱，也谈不上对要嫁的生者的爱。公爵夫人知道自己要什么，她只想找一个有势力的人做丈夫。

成了孤儿的女孩子们，运气也好不到哪里去。因此，在《爱莫里家的孩子们分家》里，我们就看到了这样的情景：加斯科尼的约恩的女儿——美丽的埃利桑来到巴黎的查理曼皇宫，直截了当地说："我父亲死了两个月了，我请求您赐给我一个丈夫。"另外，南特伊的居伊娶老婆，情况也差不多：美丽的艾格朗迪娜来到皇帝的宫殿，"为的是要一个她所需要的丈夫"。这样一来，国王就成了孤儿寡妇们的天然保护者，但这种保护只限于为她们找个丈夫，找一个能保护她们不受强盗领主们欺负的丈夫。在没了男性"监护人"的情况下，即在没了丈夫、父亲或兄弟的情况下，国王就把这个角色担当了起来。事实上，只要未亡人还有个兄弟，再嫁的事就要由这位兄弟负责。在《洛林的加兰》里，弗朗德勒的博杜安在妹妹埃里桑·德·蓬蒂厄寡居一个月之后就把她又嫁了出去。她接受了人家给她找的那个丈夫，立即举行了婚礼。[1] 这就意味着，国王有权将无依无靠的寡妇再嫁——这是一种真实的权利，是约定俗成的传统，只是在武功歌里显得有些专横。

所以，在叙事诗一类文学作品这面镜子里，反映出来的是一种完全不同的婚姻观念，即国王和领主的特权观念，他们既不考虑新婚夫妇是否自愿，也不拿教规当一回事。出版文学作品要有教士支持，也许就因为这个，文学作品才把这种封建特权说成专横的。教会当时正以"双方同意的原则"

---

[1] *Girars de Viane*, p. 35; *Departement des enfans Aimeri*, B. N., ms F. Fr. 1448, fol. 87 ss.; *Guy de Nanteuil*, vv. 481 ss.; *Garin le Lorrain*, t. I, pp. 157 - 158. Les quatre exemples sont cités par Léon Gautier, 82, pp. 343 - 346.

为理论基础，对封建特权进行批判。文学作品反映出来的形象模棱两可，在多大程度上反映了历史的真实呢？

对采邑的女继承人来说，求得国王同意是一种义务，自古以来，律有明文，从记载都兰和安茹地区习俗的《圣路易习惯法》，到《古老的诺曼底习俗》，其中都有这项规定。教皇虽然是教会"双方同意原则"的捍卫者，在处理本人尘世利益时却也使用这项特权！教皇英诺森三世把加吕拉法官巴里索讷一世（死于 1203 年）的独生女儿逐出教门，就是因为她喜欢朗贝尔托·维斯孔蒂，不喜欢教皇的侄子特拉斯蒙多·德·塞格尼，而教皇希望她嫁给自己的侄子。[①] 不管怎么说，这项古老的特权在法国很多地方的习俗中已经被废除。不过，也还有些地方保留着，一直到中世纪以后。

塞西里·克拉克根据 1180 年前后英国宫廷的一本《寡妇孤儿登记册》，对这项奇特的制度进行了研究。所有无男性保护的妇女都登记在册，由"国王发配"。不是像《尼姆城的大车》里说的那样，掠夺那些可能成为孤儿的孩子。即使孩子们的遗产被保住了，女人也仍然保有属于她自己的财产：她从娘家继承的遗产（如果有的话）、嫁妆以及亡夫的遗产。根据当时法定的用益权，亡夫的遗产由已故丈夫财产的三分之一构成。这是一笔不小的进项，全部归第二任丈夫所有。[②]

根据义务为这些女人再婚充当中间人的英国国王，这时就将登记在册的女人拍卖。和那些为他效过力——比如武功歌里流传下来的初期封建制中那些业绩——的人相比，英国国王确实更喜欢现金；有了现金，打仗的时候就可以招募雇佣兵……而且在无仗可打的时候保存现金比供养人负担

① Dauvillier, 51, pp. 189 – 191.

② Sur cette pratique de la cour anglaise, voir Cecily Clark, «La réalité du mariage aristocratique au XIIᵉ siècle: quelques documents anglais et anglo-normands», dans 36, pp. 17 – 24.

要轻得多！如果由国王指婚的女人想保持自由或按照自己的意愿嫁人，她本人也可以参加拍卖。所以我们就会看到，有父亲为儿子买下个女继承人的，有父亲为女儿找到个阔女婿的，或者，还有寡妇从国王那里赎回嫁女儿权利的。至于孤儿，他们常常很早即被婚配，加之儿童死亡率又高，这就使一些孤儿成了尚未到达结婚年龄的鳏夫和寡妇……所有这一切，当然都是在无视教会法令的情况下发生的。

在英国，由国王来处置未成年封臣的土地和婚姻已经成了一种制度，此即"监护法"，由特别的法律机构"监护法法院"执行。国王把自己为年轻继承人结婚的权力委托给了监护法法院：继承人是绅士的，这项结婚权就拍卖；继承人是爵士的，这项结婚权就赋予其最亲近的年长亲属。该项制度一直执行到1660年封建采邑转让制度被废除为止。然而，国王随后又把对某些敏感婚姻的处置特权保留了下来，可以对这样的婚姻随意处置，或襄助，或强加，或阻止。婚姻状况随着国王的变更而变化：伊丽莎白一朝，因女王本人讨厌婚姻，她周围的人结婚的就少；而詹姆斯一世当朝时，英格兰—苏格兰通婚的就多。①

相反的例子，遵照国王决定结婚的男人就少多了。薄伽丘的《十日谈》里有一则故事，提到法国国王为一个年轻女郎中指婚的事。那年轻女郎中用土法治好了国王胸部的一个瘘管，国王就把她嫁给了德·鲁西隆伯爵。嫁是嫁了，但为了赢得丈夫的爱，这位新伯爵夫人却不得不略施小计，还要冒名顶替丈夫的情妇（丈夫没有发觉），才为他生了几个孩子。这勾起了我们对古人泰伦提乌斯的《婆婆》的回忆，使人想到，这更像文学创作，而不是14世纪社会实际情况的反映。故事的教育意义模棱两可：爱情和美貌不足以克服贵族偏见，只有做父亲的天性才能唤醒伯爵的爱情，唤醒他

---

① Voir aussi, sur ce sujet, Mousnier, 150, pp. 94 – 95.

对被轻视的妻子迟到的爱。当然，故事的结局不错，但这个罗曼蒂克的传说还是显得有些美中不足。[①]

以婚姻为基本结构的社会体系就这样在遗产和采邑的转移中建立起来了。正式的婚姻（唯一可以确保继承人的婚姻）是有限制的，一家只能有一个孩子可以有正式婚姻。但是，有一支由独身者组成的后备队，随时准备应付不能生育或孩子夭折情况的出现：修会和青年帮的作用即在于此。修会和青年帮里有当初发配去的有生育能力的人，可以毫不犹豫地到那里去寻找。当过三年阿拉贡国王（1134—1137 年）的拉米尔修士的情况就非常有戏剧性。他是桑什·拉米尔的第三个儿子，大家都以为他根本没有机会登上国王宝座，因此他命中注定了要进修道院。1094 年，他出生，父亲去世，长兄皮埃尔继位。在位 10 年之后，皮埃尔死了，无后。第二个哥哥阿尔方斯继位，但阿尔方斯统治了 20 年，去世时也没有留下继承人。于是，拉米尔被从修道院里拉了出来，担负起王朝传承的使命。

拉米尔没有到远处去寻找妻子，因为他娶的是和他同母异父的妹妹阿涅丝——他的母亲菲利帕再嫁普瓦蒂埃的纪尧姆七世之后生的孩子。教士国王和阿涅丝生了个女儿，几乎在襁褓里就把她嫁给了 20 岁的巴塞罗那伯爵雷蒙·贝朗热二世……拉米尔完成了任务，于 1137 年重返修道院，1154 年去世。他在修道院里度过了晚年，他更喜欢修道院里的静修生活，而不是宫廷里的世俗生活，这使我们不能对这位国王的虔诚有所怀疑。那么，怎样解释他在几年里积累起来的那些明显违反教规的行为呢？戒欲的心愿被抛到了一边，犯下了一等亲的乱伦罪，让一个不到结婚年龄的姑娘出嫁……加在一起，问题是严重的。可是，王朝的利益在当时似乎高于一切。史书上、文学作品里，继承人由周围的人或下属逼着娶亲的例子比比皆是。

---

① Boccace, *Décaméron*, III, 9.

116

薄伽丘就提到过萨吕佐侯爵戈蒂埃由下属逼着娶亲的事。侯爵被逼无奈，懒得再抵抗下去，就随随便便娶了个农民女子为妻，连结婚预告都懒得去贴。他还事先放出话来，威胁说，一旦生了孩子，尽完义务，就把那女人打发走……不过这是个爱情故事，最后，还是爱情战胜了社会习俗。[①]

这大概就是文学作品的反映功能了，其所反映的婚姻制度在历史上都得到了证实。把国王说成掠夺合法继承人以便"安顿"手下人的暴君，或讲些明显缺乏真实性的喜剧故事（一见钟情，为使讨厌妻子的丈夫和妻子生个继承人而使用的种种计谋……），在以论战为使命的文学作品中起了同样的作用。这是在揭露一种情况，一种此后教会法和民法都反对的情况，教会法和民法又都意识到了罗马法里夫妻双方互相表示同意的原则。包办的婚姻是不幸的，除非我们还相信那个小爱神在婚姻这只罐子被打破以后会来修补。文学作品常常使用归谬法来进行这样的论证。

其实，从 12 世纪起，包办婚姻就开始令教会人士和世俗百姓感到愤怒。有些特许证书——都是个案——指明，某某寡妇不一定非得再嫁，或者不一定非要花钱去赎买选择丈夫的权利。包办婚姻的恶果已经尽人皆知。从英国国王那里买女人，最著名的是贝特拉德·德·蒙福尔的例子：贝特拉德·德·蒙福尔在 18 岁那年被卖给了"好抱怨"的福尔克，那时福尔克 45 岁，已经休过两房妻子。四年之后，贝特拉德和年轻的法国国王菲利普一世私奔，从而引发了法兰西王国和罗马教廷之间的一场严重冲突。

后来，国王们就不再这样直接插手结婚的事了。不过，这项古老的监督权还是在王国的法律中留下了痕迹。在法国，臣民在国外结婚需要国王批准。即使这只是个手续，国王们也看得很重，唯恐失去在这个领域里的

---

① Bocace, *Décaméron*, X, 10.

特权，有机会就要证明给罗马教会法院看。因此，那些在儿女亲事上感到失望的家长，一旦孩子们为摆脱他们的控制而到外国去结婚，就可以求助于国王。①

这项王权的另一些痕迹是：廷臣结婚一直要请求国王允许，而最高贵的家庭也会遇到婚姻计划遭否决的情况。1683年，亨利三世颁布法令，禁止王子、国王身边的重臣、公爵、侯爵、伯爵或各省总督和外国人结婚，除非有国王特许的诏书，否则，将被褫夺封国、贵族名号和采邑。1635年以后，没有国王的恩准，亲王不能结婚：禁止大公主——路易十四的堂妹蒙庞西埃女公爵——下嫁洛赞公爵，是这个禁令的一个著名实例。这项立法源于路易十三和加斯东·德·奥尔良兄弟失和，闹家务。

实际上，一旦王位本身受到威胁，即须采取更为有力的措施。路易十三和奥地利的安娜结婚20年了，可是，直到1634年，王后仍然一无所出——路易十四是1638年才出生的。国王夫妇绝望了，而近支宗室的心情则不同，他们看到了希望，看到王位距离他们这一支越来越近了。这样一来，近支宗室的婚姻将直接关系着法兰西的利益，而国王又恰巧不看好加斯东·德·奥尔良和洛林的玛格丽特的婚事。1634年，国王下令高等法院插手此事。1635年1月4日的一纸判决，宣布加斯东和玛格丽特的婚姻无效。

这项决定令人吃惊！因为弟弟结婚并不需要哥哥同意。所以有人认为，谨慎的做法是让那个觉得在这方面的活动受到约束的法国教会首领来批准此项法令。能够继承王位的亲王结婚，"特别是那些最近支、依据血缘关系推定为继承人的亲王"结婚，不经国王恩准，合法吗？国王是这样提出问

---

① 居约著作，91、349页。居约提到了1612年一位士兵婚姻取消的事，那桩亲事是该士兵在奥斯坦德被俘期间订的，根据他母亲的意见取消了。居约还提到1700年洛林的亨利二世取消婚姻的事，而这桩婚姻是60年前结成的！

题的。对这个问题，罗马教廷会毫不犹豫地给一个肯定的回答：合法。所以，法国教会必须另辟蹊径，找出办法。于是，1635 年 7 月 10 日发表的法国神职人员大会会议纪要声明："依据血缘关系推定的王位继承人结婚，未经国王恩准，是不合法的，无效的，应该取消。"①

这一立场之所以有意思，主要是因为法国教会为自己的立场进行辩护时，提出的是这样的理由："只要国家的习俗合理、古老、业经合法规定认可、教会批准，这样的习俗就可以使婚姻无效，将婚姻取消。"这是把罗马教廷一直不肯给世俗权力的东西——确定结婚障碍条件的权力——给了国王。法国教会自主运动又向前迈了一步，从罗马教廷分到了教权，教廷承认了。加斯东·德·奥尔良最后与哥哥和解，并保住了婚姻。但是，国王左右亲王婚事的权利却因为这件事而得到了强化。

在英国，一项类似的法令到 1772 年也颁布了，对英国宫廷的婚姻丑闻将不无影响。贵族，特别是宫廷贵族，从一开始就难以适应教会有关婚姻问题的法令。公开冲突虽然少见，但世俗权利和教会权利之间，关系一直紧张，有压力。两种婚姻观在这里形成了对立：一种婚姻观认为，婚姻是家族之间的联合；另一种婚姻观认为，婚姻应该是基督对教众之爱的反映。我们知道，贵族对于爱情早有戒心，从中世纪起，他们就想把爱情从婚姻中剔除出去，只把爱情局限在打情骂俏上。

魂牵梦绕的爱情

尽管战争时期死亡率高，站在旁边等着继承的弟弟们，人数还是很多的。如果由修道院把他们管起来，或者让他们在教会里谋个差事，那就不

---

① Publié dans Launoy, 110, p. 47. Voir aussi Guyot, 91, p. 349.

会再有问题。但是，对那些觉得自己不适合过静修生活的，得另想办法，不使他们如脱缰野马似的性欲泛滥，危及贵族家庭的安宁。这一时期流行起来的"彬彬有礼的爱情"，就有这种约束功能。

有关男女关系的一种新观念从12世纪起开始在西方流行，就此问题写的文章已经汗牛充栋。最早研究此问题的是一批研究中世纪文学的专家，揆诸中世纪的文学作品，这似乎是女人对厌恶妇女的教士们的一种报复。12世纪妇女的命运，即使不是妇女在西方社会经历过的最悲惨的，也绝对没有任何值得羡慕之处，也非"彬彬有礼的爱情"所能够改善提高的。或直接，或通过圣母崇拜，这种新倾向充其量也只能使女人的形象有些改善：在某些情况下，女人从危险的诱惑变成了可望而不可及的理想。当代历史学家也都像乔治·迪比一样，建议读者多从社会学的角度来解释这种现象。

和以生儿育女为目的的婚姻并存的，还有一种自由的性形式，为单身骑士所独享，即意中人或情人。因此，在阿瑟王带着一帮随从来到布罗塞里昂德森林中伊万守卫的城堡时，就出来了90个年轻姑娘，自愿愉悦客人：

> 大家纷纷献起了殷勤，
> 因为如花似玉的姑娘多达90个人，
> 一个赛一个美丽、优雅、高贵、脱俗、善良、聪慧，
> 她们雍容大度，都有高贵的出身。
> 骑士们可以左拥右抱，恣意寻欢，
> 和姑娘们说话，看着她们，坐在她们身边：
> 从姑娘们身上，

他们至少得到了这一切，虽然有限。①

　　在艳情小说里，像这样的城堡并不少见，里面有很多姑娘准备接待成群结伙而来的骑士。《佩瑟瓦尔》里的戈万去的就是这样一个地方，他想碰碰运气。那个地方有一些遭魔法禁制被关起来的孤女，她们没有丈夫，仆人不能持载戴甲，也都被关了起来。不过，仍然有短暂的艳遇在等待这位独行浪子，他在一些只由寡妇或姑娘当家的城堡里受到了接待。她们会自动钻进客人的被窝，还哭天抹泪、信誓旦旦地说自己是多么贞洁。这是《佩瑟瓦尔》里描绘的情景。《朗瑟洛》里描绘的是另一种情景，女人打出的是习俗的招牌，说习俗不允许她们留骑士过夜而不同床。碰上戈万那样的风流骑士，她们可以得遂所愿，但若遇到佩瑟瓦尔，情形就会有所不同，佩瑟瓦尔下意识地守身如玉，为的是去寻找圣杯②。遇到朗瑟洛也不行，他正一心一意爱着格尼叶夫尔王后呢！特鲁瓦的克雷蒂安利用这些资料，描绘出一些色情但充满诙谐的恶作剧场景。

　　因为，在"意中人"和"婚姻"之间，还有一条中间道路，那就是爱情。宣扬"彬彬有礼的爱情"的理论家说得斩钉截铁：婚姻里不可能有爱情。按照这种观点创作出来的文学作品不在少数。在骑士眼里，伉俪之爱不啻一种灾难。戈万再次遇到伊万时，伊万已经和洛迪娜结了婚，他想再

---

① Chrétien de Troyes, *Yvain*, éd. Mario Roques, Paris, H. Champion, 1982 (*C. F. M. A.*, n°89) vv. 2444 - 2453：«Les uns et les autres courtisaient, car il y avait bien quatre-vingt-dix jeunes filles semblables [à Lunette, qui accueille Gauvain], car il y en avait plus d'une belle et gente, et noble, et gracieuse, et honnête, et sage, et grande dame, de haut parage, Ainsi, ils pourront prendre un grand plaisir à les enlacer et à les embrasser, à leur parler, à les regarder à s'asseoir à leurs côtés：ils en obtinrent au moins tour cela. »

② 圣杯，即耶稣在最后的晚餐上用的杯子，后又用来盛耶稣自十字架上流下来的血。——译者注

带伊万去冒险，遭到了拒绝，戈万于是大发雷霆：

> 怎么！您结了婚，
>
> 就变成了没有价值的庸人？
>
> 因结婚而变坏，
>
> 会被圣母马利亚责怪！
>
> 不管你是以美丽的女人为友还是娶她为妻，
>
> 都应该因为她而变得更有出息，
>
> 因为，有了爱情，
>
> 不会坏了名声，也不会使价值降低。[①]

　　另外，在艳情文学作品中，夫妻之爱是要有牺牲的。这里说的是埃雷克，即特鲁瓦的克雷蒂安笔下那个被禁锢在婚姻里的主角。朋友们责备他，说他结了婚就不再参加任何比武了；最后，他妻子埃尼德也随声附和，结果她大倒其霉，因为从此以后她就注定了要一声不响地跟随埃雷克到处去冒险。[②]

　　婚姻和爱情之间的对立，不仅仅是文学作品的主题，在相当长的时间

① Chrétien de Troyes, *Yvain*, vv. 2486 - 2494. «Comment! Serez-vous désormais de ceux (ainsi parlait messire Gauvain) qui ont moins de valeur à cause de leur femme? Qu'il soit honni par sainte Marie, celui qui se marie pour devenir pire. Il doit devenir meilleur grâce à une belle dame, celui qui l'a prise pour amie ou pour femme, car il n'est pas juste, à cause de cet amour que son renom et son prix diminuent. »

② Chrétien de Troyes, *Érec et Énide*. Sur la faute d'Énide, voir René perennec, «La 'faute' d'Énide: transgression ou inadéquation entre un projet poétique et des stéréotypes de comportement», dans 36, pp. 153 - 159 et Karl-Heinz Bender, «Beauté, mariage, amour. La genèse du premier roman courtois», *ibid.*, pp. 173 - 183. Ils résument l'essentiel de la bibliographie plus ancienne sur ce sujet.

里，理论家也都在大谈特谈这种对立。通过皮埃尔·隆巴尔的努力，教会法接受了两种体面的结婚理由：生儿育女（犯下原罪之前的结婚目的）和预防通奸（犯了原罪以后出现的新目的）。这恰恰是圣奥古斯丁提到的婚姻的前两个好处。一切都令人非常满意，皮埃尔·隆巴尔与敌人和解，并建立了和平。在这里，隆巴尔对于封建领主世界的需要表现出了同情心。相反，不那么体面的是：获取财富以及"男人或女人的美貌常常促使被爱情搞得激情似火的人结婚以满足欲望"①。不那么体面但勉强还算合乎情理的是，作为一位优秀的法学家，皮埃尔·隆巴尔不得不论证，由恋爱而结合的婚姻有效！他说，婚姻源于自愿，"哪怕自愿是爱情促成的"。他举了个例子：雅各爱拉结，因此他们的婚姻有效！

约翰·克里索斯托姆不是论证过，在"伉俪之情"的发展上，比起性格的和谐，美貌根本就算不了什么吗？圣保罗说过，必须像基督爱教众那样去爱自己的妻子。基督不是娶过一个又老又脏的丑女人（犹太教）为妻，靠自己的爱（基督教）使她变得年轻而美丽了吗？② 这一套老生常谈就这样制造出来了：因外在的美而产生的爱恋，必定是短暂的；伉俪之情应该（在婚后）产生于性格之间的高度和谐……基督教作家谈到爱情时用词模棱两可，令人生疑。

有些论述骑士爱情的著作，如小教堂神甫安德烈写的《论爱情》，虽不太重要，观点倒很明确。《论爱情》是 1186 年至 1190 年间在国王菲利普二世身边酝酿而成的。"在配偶之间，爱情不可能展示其形态，"安德烈解释，

---

① 皮埃尔·隆巴尔：《格言》，1. IV, dist. XXX, 4, P. L. ，第 192 卷，140, col. 918, "de causa finali coniugil"。特兰托主教会议后来又确认了婚姻的这些次要理由（能生个继承人、有钱、貌美、出身显要、性格相似……）：这些理由无可指摘，因为并不违反婚姻的神圣性，但结婚的真正理由还是互助和为上帝生些仆人的愿望（38、328 页）。

② Troisième homélie sur le mariage, P. G. , t. 51, 141, col. 225 - 242, traduite par F. Quéré-Jaulme, 170, pp. 57 - 58.

"因为，情人互相之间什么都可以很慷慨，无偿赠予，无须以需要为理由，而配偶受义务约束，彼此要服从对方的意志，彼此之间什么都不能拒绝。"由于我们不能强迫别人爱我们，所谓"夫妻义务"就是与爱情相违背的。这种说法似是而非，但振振有词，有说服力。此外，爱妻子会导致无节制的肉欲，而对于这种肉欲，不生活在一起的人更难抵挡。看得出来，这是《埃雷克和埃尼德》的艳情主题，也混杂着基督教关于婚姻里有通奸的思想（"爱妻子爱得过分的人，是通奸犯。"圣热罗姆这样说过）。

至于医生，他们把爱情冷冰冰地归入了疾病，开出了令人吃惊的药方。这种说法源于古代文明①，经由阿拉伯人传播开来，于 13 世纪传入西方医学界，正赶上文学作品和教士们力图把爱情和婚姻截然分开的时候。有人想给爱情下个科学定义：爱情是"一种伴有旺盛肉欲和苦恼心情的强烈欲望"。还有人描绘了这种病的症状：伤感，一会儿笑一会儿哭，叹气，脉搏跳动加快，消瘦，面色发黄，眼睛凹陷、干涩，不停地眨眼……对病因也有说法：过剩的体液要通过性交发泄；盯着看美女，结果在心里做了病；主管想象力的功能在估计上出现了错误，过分夸大了所爱对象的优点……更主要的是，开出的药方是从奥维德所著《治疗爱情验方》里抄袭来的：活动，工作，打猎，游玩，旅行。也有人建议喝酒；去巴黎旅行，到那里可以用娱乐麻痹自己；听爱嚼舌头的老女人诽谤自己所爱的女人；过放荡生活（以免忘记了那个又恋上了这个，这段恋情完了又换上另一段）……西班牙的皮埃尔开的药则是些介乎阴谋和中学生恶作剧之间的东西，比如，把情妇的粪便放到她情人的短裤里。皮埃尔保证，那个情人一穿裤子，爱情就会烟消云散。

---

① Sur cette question, voir Danielle Jacquart, «La maladie et le remède d'amour dans quelques écrits médicaux du Moyen Âge». dans 36, pp. 93 – 101.

把"性爱"（eros）和"英雄"（heros）两个字糅合到一起，这种病后来就有了一个很好听的名字——"英雄之爱"。中世纪的医书里都专辟一章来谈这种病；维尔纳夫的阿尔诺甚至写了一本叫《论英雄之爱》的书。在那些尚未定型的弗洛伊德学派医生看来，这种病，对因为得不到希望中的爱情而不能使性冲动得到满足的男人，尤其危险。这类医生的思想里不存在禁止夫妻之爱的问题：伉俪之情有理性，是"温馨的爱"，而远不是完美情人那种灼热的"激情"。他们给"英雄之爱"这种病开的第一味药就是结婚。这真是奇妙的讽刺，结婚是为了治好因爱而生的病！

假定是这样，即使对法学家来说爱情不是可以公开承认的结婚理由，也不能禁止男人爱妻子了，爱情最终会在夫妇长期的共同生活中产生。在几年的时间里，和同一个人在一张床上睡觉，在一张桌子上吃饭，会产生很深的感情，这种感情值得尊重。我们在《家长》里看到的那个吉讷的博杜安，性情急躁，毫不犹豫地就给他的长子订了一门有利可图的亲事。他自己的婚姻也是父亲包办的，娶的是个非凡的女人，生育能力尤其可观：结婚 15 年，给他生了 10 个孩子，都已经长大成人。生孩子一点儿没有妨碍夫妻之间的感情，妻子死了以后，博杜安感到十分绝望，大病一场，医生们都以为他不行了——所有治疗爱情的药好像都没有疗效……不错，否认或忽视婚姻中的爱情，可能显得有教养，但事实常常胜于雄辩，写多少篇文章也无济于事。[1]

在文献中，爱情与"意中人"也完全势同水火；"意中人"是社会的性的中间形态。有的女人有可能独占某个受欢迎的男人，迷恋上这样的女人会让人看不起。在关于法兰西的玛丽的一首叙事诗里，就提到了这样一个由王后安排的风流场面。王后带着 30 个姑娘来找那些在乡间休息的骑

---

[1] M. G. H. Scriptores, 148, t. 24, pp. 593 et 601.

士——"意中人"就是为这些离婚姻还很遥远的青年人专设的。可是，朗瓦尔暗恋着一位仙女，拒绝了王后向他露骨地表示的"脉脉含情"的友谊。于是，大家就责怪他，说他喜斥仆人胜于贵夫人。为了驳斥这种责难，他不得不供出自己的爱情，结果就落入了王后设下的陷阱。在《韦尔吉城堡的女主人》里，有个骑士也碰上了同样的遭遇：为了忠于秘密的爱情，这位骑士在盛宴之上拒绝了勃艮第女公爵。在《格雷朗的叙事诗》和《甘嘎莫尔的叙事诗》里，也都有类似的情况……这是在艳情文学作品里重复出现的主题。如果说，通奸依然受到公开谴责，出于嫉妒而毁坏了一桩爱情的女人也依然受到惩罚，那么，在舞会上或郊游中拒绝和别人共享快乐的男人，不准备像他那个年龄的人一样心猿意马地去风流的男人，也同样会受到责备。

爱情从婚姻和"意中人"中被排除以后，就由一种对女性服从和献身的骑士精神来引导了，而这种骑士精神也就成了爱情唯一正式的宣泄方式。套路不变：一个骑士（独身的）疯狂地爱上了一位地位高得不可企及的贵妇人，于是就去完成一系列壮举，以便有幸得到这位贵夫人的垂青。可供这类骑士模仿的有名的榜样很多：特里斯丹和其封建主子国王马克的妻子绮瑟；朗斯洛和亚瑟王的妻子格尼耶夫尔王后……情人之间不存在性的问题，至少不公然存在性的问题。如果说，12世纪的特里斯丹和朗斯洛在道德网中还有缝隙可钻，能得到所恋对象的一点点宠爱，到了这种骑士爱情在重要论文中被归纳成理论以后，道德之网就拉得更紧密了。

在乔治·迪比看来，这样构想出来的骑士爱情变成了一种教育手段——"寓教于乐"，可以教会人克制恐惧（通奸有受到严厉惩罚的危险），可以教会人控制身体（控制其性本能）。这不仅提高了妇女地位，还能驯服男人，使男人学会更好地效力。贵妇人和为她效力的骑士之间的关系，是仿照封建的附庸关系建立起来的，骑士要尽封臣的义务。这种义务观念要

126

由封建君主的妻子亲自慢慢向年轻人灌输。通过轻松的娱乐活动，一个好战士的基本价值观就自然而然地灌输给了年轻人：忠诚、谦卑、勇敢、忘我、完全彻底地忠于女主人，进而忠于男主人。这种使教会人士大为光火、违反道德的文学作品却保持着注重实效的婚姻道德：通奸行为受惩罚，勇敢精神受褒奖，忠诚得到了承认。[①]

妆奁抑或亡夫的遗产？

这里就要说到那些被安顿在长长的接待室里等待的小儿子们了。安排他们等待，就避免了土地被无限制地分割下去。至于女儿，也必须防止她们肢解家庭遗产。在大多数实行习惯法的国家里，女孩子确实能继承采邑，也能将采邑传给自己的孩子。因此我们就看到，一种新的婚姻制度在封建时代发展起来了：从前由新郎交给岳父聘金，渐渐变成了由父亲给女儿一笔财产，即父亲将女儿应得的那部分遗产作为妆奁折价打总提前交给新娘。给的是动产，通常是现金，这样就把土地原封不动地留给了长子。[②]古时候由丈夫给的那笔使妻子守寡时能够度日的彩礼，则变成了"亡夫的遗产"。

妆奁和亡夫的遗产折射的是两种截然相反的婚姻观念，是女人两种不同形象的佐证。女人是为传宗接代而从她父亲手里买来的宝贵生育者呢，抑或家里不待见、因为不是儿子就被甩掉的孩子（作为她的生活费，甩掉的时候要给娶她的那个男人一笔钱）？女人这种被推到两极的形象，从来没

---

① Voir Georges Duby, «A propos de l'amour que l'on dit courtois», dans 58, pp. 74 – 82；57, ch. XI, «littérature», Monique Santucci, «Amour, mariage et transgressions dans le Chevalier au lion ou Il faut transgresser pour progresser», dans 36, pp. 161 – 171.

② Voir Duby, 58, p. 24.

有这么滑稽地并存过。上个世纪，有人认为是原来的抢婚变得温和了，变成了花钱买女人了，然后，给新娘父亲再转给新娘的钱又变成了妆奁。今天比较谨慎了。如今更倾向于认为，这是两个家庭间在移交对新娘的权力时交换礼物，是一种以交换抵押物担保履行婚姻的互动行为。单方面送礼的制度形成得还要晚些：由新娘的父亲给陪嫁是罗马法的特点；由新郎给钱，则出现在民族大迁移时期的日耳曼法里。中世纪的婚姻观受这两种制度的影响。

于是，这项有时含义不明确的妆奁就变成了婚姻的主要因素。对中世纪影响颇大的罗马帝国晚期法律，实际上把妆奁看成了婚礼的关键。对狄奥多尔的基本法（公元 428 年）来说，妆奁是婚姻合法性的证明，而到了公元 458 年，美佐利安①的一项新法又从狄奥多尔的基本法中得出这样极端的结论：没有妆奁就结婚的男女会招人笑骂，婚姻不被承认，生的孩子被视为非法。美佐利安当政的时间很短，这项法令实行的时间也就不长，并于公元 463 年被废除。但是，美佐利安的这项法令在教会法中留下的印记，存在的时间却要长得多：公元 458 年至 459 年在位的东罗马帝国皇帝利奥一世发布了一道谕旨，把妆奁当成了合法婚姻的标志。在罗马帝国和基督教的双重影响下，日耳曼法也把妆奁列为必须。从 5 世纪末的小德尼起，大多数教会法大全都把利奥一世的谕旨编了进去，12 世纪的格拉西安编的一部大书，也把这道谕旨收了进去。在中世纪的习惯法里，用一句著名的话对这种观念进行了概括："没有妆奁就没有婚姻。"②

---

① 美佐利安（457—461 在位），西罗马帝国皇帝。——译者注

② Formule du roi Ervig, dans l'édition de la loi des Wisigoths révisée en 681, tirée de la novelle de Majorien (M. G. H. Leges Uisigothorum, III 1, 9, 148, p. 111). Sur l'origine de la dot, voir Gaudemet, 80, p. 104, et «Le leges du droit romain en matière matrimoniale», dans 133, pp. 151‑155, ainsi que les articles d'A. Lemaire, 119 et 120.

可是，这句话从罗马法转到日耳曼法，意思却完全不同了：在日耳曼人看来，不是新娘的父亲给陪嫁，而是新郎给彩礼。这就是日耳曼人习惯中的"婚姻财富"，和罗马人的习惯相反；在罗马人那里，是新娘的父亲给妆奁①。从塔西陀公元1世纪描绘的日耳曼人的习俗中，我们了解到，日耳曼人不是从新娘家得到妆奁，而是由新郎送彩礼给新娘家。彩礼可以是牛、备了鞍辔的马、武器……拉丁历史学家认为，这象征着新娘从此以后要参加农业劳动，或许还象征着新娘该有的作战勇气。这些更像是给战士的礼物，还可以留给日后所生儿子娶亲时当彩礼用，却更可能是给未婚妻家里的。

在6世纪颁布的日耳曼法律中，这些礼物折成了钱，并逐渐减少，变成了很小的一个数目，完全是象征性的了。有人以为，给新娘父亲的钱少了，新郎就可以给新娘一大笔钱了。②在罗马法和日耳曼法并存的时代，制度比较复杂，既有带到新郎家的妆奁，也有一笔给新娘的钱，为的是在她成为寡妇时生活有保障。另外还有一笔给新娘家的钱，常常是象征性的，那是为了换取监护权。用词依然模糊，意思也常常变来变去。到习惯法定型时，说到"妆奁"，指的就是新娘带来的财产，而说到"亡夫的遗产"，则指的是丈夫去世以后妻子对丈夫部分财产享有的权利。至于给岳父的那

---

① 这是日耳曼人的习俗呢，抑或受了基督徒宣传的男女平等的影响？在婚姻的象征体系中，由男方出彩礼的事从圣奥古斯丁时代就有了，某些历史学家故意缩小这一习俗中的日耳曼影响。夏尔·勒菲弗反对19世纪提出的受日耳曼影响的说法，他于1900年发表观点，说那是因为法律的基督教化引起民风变得淳朴所致（115、472—474页）。依据男女平等的原则，丈夫以"伉俪之爱"的名义将自己的一部分财产送给妻子，使她一旦守寡后生活也能有保证。不过，在夏尔·勒菲弗写这些文章的时代，已经出现了在法国古老法律中消除日耳曼影响的倾向。晚近的一些作者又回到了日耳曼影响的推论上来，但做得比较有分寸。勒迈尔（119、419及其后数页）谨慎地提到了基督教的影响，并旧事重提，说圣奥古斯丁在文章里讲过，他认为教众就得到过基督的彩礼。

② Voir Zoegger, 209, pp. 55 - 78 et 139 - 150 sur la dot maritale et le prix des noces, et la mise au point de Goody sur les anciennes théories, 87, appendice II, pp. 243 - 264.

笔象征性的钱，则演变成了"13银币礼"。这三笔钱在西方国家经历了不同的发展变化，取决于那个国家是受罗马影响还是受日耳曼影响。

在妻子由丈夫监护的地区，比如实行罗马法的地区，管理妻子财产的是丈夫，丈夫可以动用妻子所带妆奁的收益。不过，没有妻子的同意，丈夫不能转让妻子的财产。反过来，一旦守了寡，妻子则可以把妆奁收回，归自己所有，同时取得亡夫遗产的用益权。她成了"享有亡夫遗产的人"，而这个词最后就用来专指上了年纪的寡妇。从丈夫在结婚时付彩礼，到妻子在丈夫去世以后享有亡夫遗产，过渡得明白自然。说归说，无妆奁从来也没有成为使婚姻无效的障碍。唯有偶尔出现的纪律性处罚，让人重视妆奁这件事。于是就产生了这样一种倾向：把给妆奁的事先答应下来，然后在结婚以后一点一点地交付。

亡夫的遗产就这样产生了。它和守寡的联系比和结婚的联系更紧密，并于12世纪以习惯法的形式正式确定下来了。[①] 亡夫的遗产不再是给妻子的一笔钱，而是妻子对丈夫部分财产的用益权，此权益受法律保护，是妻子守寡以后的生活保障。在某些情况下，领地的一部分土地专门留作此项用途：享受亡夫遗产的寡母死了以后，这块土地仍然作为亡夫的遗产，给儿子娶媳妇用。即使婚约里没有写，习惯上的亡夫遗产也必须给。一般说来，亡夫的遗产占丈夫产业的三分之一。在某些地方的习俗中，寡妇可以在两种类型的亡夫遗产中进行选择。如果两口子的日子富余，而预定的亡夫遗产（事先写在婚约中的）数目又似乎太少，她就可以放弃婚约中规定的数目，转而要求习惯上的亡夫遗产。然而，在晚些时候出现的习俗里，习惯上的亡夫遗产成了贵族特权：没有亡夫的遗产就嫁了人的平民妇女，丈夫死后会变得一无所有。

---

① Voir Lemaire, 118, pp. 569 - 580.

在丈夫死后才享有的这种权利之外，还要加上"13 银币礼"；这是一笔赠与，从日耳曼的买卖婚姻演变而来。实际上，在撒利克法典①里，这是新郎给岳父的一笔钱，数目固定：如果新娘子是处女，给一个苏和一个德尼耶；如果新娘子是寡妇，给三个苏和一个德尼耶。寡妇要的钱多些，可能与已经证实她能生育有关。②在墨洛温王朝时代，根据罗马的继承法，这个数目可能是一个值 40 个德尼耶的金苏或一个值 12 个德尼耶的银苏。可是，到了加洛林王朝时代，苏已经不是货币单位，不再铸造。在加洛林人先祖里普利安法兰克人的制度里，一个苏值 12 个德尼耶，为了付一个苏和一个德尼耶，就必须拿出 13 枚德尼耶银币来。"13 银币礼"就是这么来的。这13 枚银币由新郎在婚礼仪式上交出。③

这项赠与经历了日耳曼彩礼所经历的同样的发展变化，彩礼可能就是从这项赠与中演化而来的：最初，礼物交给新娘的父亲，到了中世纪，就在婚礼上交给新娘了。必须说明的是，这份礼物越来越不值钱，只强化了它的象征意义，所以就演变成了一个没有什么重要意义的仪式。后来甚至还铸造过"娶亲用的德尼耶"，只当作纪念品：存世最古老的"娶亲用的德尼耶"，是 14 世纪铸造的。但在某些婚礼程序上，钱币要交给神甫（神甫自然地取代了父亲），好像新娘是从神甫手里"买"的。这些钱币事后都要分掉，有的分给穷人，有的分给教士，这要根据城市或地区的习俗来定。在亚眠，神甫收 10 枚，新娘收 3 枚；在阿让，13 枚钱币都归神甫。在克莱

---

① 5 世纪征服高卢的撒利克人的法典，颁布于 6 世纪初。法典规定，女儿不得继承土地。——译者注

② 这里遇到的又是这个问题：是买卖婚姻，还是表示认可双方同意而送的礼物？既然妻子不能像奴隶似的再卖出去，就不能说是买来的。日耳曼人的证据出现得较晚，起源于习俗已经礼仪化的时代。不过，若是和美索不达米亚时代的情况相比，人们就会普遍怀疑"买卖婚姻"的深刻意义。

③ Voir Chénon, 41, pp. 51 – 65.

蒙-圣弗卢尔，钱币放在折起来的婚书里，因此也就落到了新娘手上。在巴尔博的桑斯教区，行合手礼时，新娘手里留几枚，行完合手礼之后，新娘就把钱币装进钱袋里。[1]

这 13 枚钱币的含义最终还是失传了。也许，神甫们把"13 银币礼"引入在教堂里举行的婚礼仪式，就是想让人把这 13 枚钱币的来历忘掉，因为它和婚姻要双方同意的理念过于大相径庭。后来又有人用其他解释取代了这个说法。13 世纪的学者从给新娘礼物一事中看出，这是获取新娘同意的一种方法，而新娘同意从来都是婚姻的关键。[2] 在阿登省，人们说这象征着基督和他的 12 个门徒来为婚礼祝福；出于尊重，当时用的是 1 枚银币和 12 枚合金币，事后都要分给穷人。到了重新开始铸造金币的时候，13 枚金币就是一份可观的礼物了。这确实是财富的标志，付的是金币而不是娶亲用的德尼耶：1770 年，玛丽·安托瓦内特从未来的路易十六手里接过来的就是 13 枚金币。1533 年，教皇克莱蒙七世也给了他的侄女凯瑟琳·德·美第奇一笔特殊的婚礼礼金，是一些专为她结婚而用纯金打造的圣牌。

这种习俗到 19 世纪依然存在——在乔治·桑的小说《魔沼》中的婚礼上还可以看到；在某些地区，这种习惯一直延续到 20 世纪。13 枚金币，有时简化为一笔婚礼礼金，可以和妆奁混在一起，由新娘带到夫家：巴尔扎克的小说里，高老头给女儿欧也妮准备的嫁妆就是这样。巴尔扎克明确写道，在贝里，这种婚礼礼金有时可以由 12 枚金币构成，是一大笔进项。

中世纪婚姻中存在的习俗，在钱财方面主要就是这些：由新娘的父亲准备的妆奁，特别是在实行罗马法的地区；丈夫死后，从丈夫财产中划拨出来的亡夫的遗产；举行婚礼时交的 13 枚象征性钱币。罗马习惯或日耳曼习惯中

---

① Voir Molin/Mutembe, 142, pp. 180 – 186.

② Voir Michel Salvat, «Barthélémy l'Anglais et Gilles de Rome, 'conseillers conjugaux' au XIIIᵉ siècle» dans 36, p. 438.

提到的其他安排，最后不是合到了妆奁里，就是合到了亡夫的遗产中。

因此，在早期的日耳曼法中，给新娘的礼物和给新娘父亲的钱是分开的：给父亲的钱是彩礼，标志着两家联姻，在婚礼之前交付；另一项是"贞操费"，和完婚相连，是新婚之夜过后，第二天早晨交给新娘的，这是"清晨的礼物"，我们在《皇族与平民女子的婚姻》中还能看到这种礼物的遗迹。到中世纪，这种礼物将和亡夫的遗产混为一体。直到16世纪，即便已经没有了这种传统，习惯上却依然保留着一句谚语："女人是在睡觉时挣得亡夫的遗产的。"[1] 但是，教会掌管婚礼以后，不能接受这样的性干扰，那会使没有完婚的婚姻——如圣母马利亚和许多圣徒的婚姻——受到玷污，使之失去合法性……于是，一种象征性的完婚形式应运而生，这种形式至今依然是民间婚礼的组成部分：新婚夫妇在行过祝福礼之后（或世俗婚姻中在订婚之后）接吻。最初，这一吻并非什么柔情蜜意之举，而是一个庄严动作，没有这一吻，新娘就得不到亡夫的遗产。这就是当时所说的"由接吻而得到的权利"。

这个被认为取代了过于露骨的"贞操费"的接吻权，也是从罗马法中借鉴来的。在君士坦丁时代，如果未婚夫对未婚妻有所馈赠，他必须当着证人的面吻一下未婚妻。如果这对未婚夫妇在结婚典礼之前有一个人死了，馈赠物的一半要留给生者，另一半给死者的继承人。如果死的是未婚夫，未婚妻就留下一半馈赠物；如果死的是未婚妻，就由她的继承人代替她拿这一半。假如没有接过吻，就会宣告馈赠无效。至于未婚妻送给未婚夫的礼物（非常罕见！），结婚之前未婚夫妇若有一个死了，这项馈赠永远也不

---

[1] Voir les *Institutes* de Loisel, livre I, titre III, ch. V (n° 140), 125, t. I, p. 173. Il s'agit déjà d'un ancien adage; de son temps, le douaire est acquis dès la bénédiction nuptiale.

可能归未婚夫或他的继承人所有。所以，这是对未婚妻的保障。①

可是，在中世纪，由接吻而得到的权利和亡夫的遗产被混在一起了。由接吻而得到的权利指的是妻子在丈夫死后继承的丈夫那部分财产，特别是在南方地区，离罗马语汇和妆奁制度越近的地方越是如此。在利穆赞，"由接吻而得到的权利"，其中的"吻"这个字最终竟意味着"丧事"，因为只在丈夫死了以后才使用。地方习俗为那部分遗产规定了一个数目，通常为妻子所带妆奁的一半。比如，如果妆奁值 1000 利弗尔②，丈夫就要在接过吻之后添上 500 利弗尔。这 1500 利弗尔由丈夫管理，收益也归他。但是，他死了之后，这笔钱就全部归他的未亡人所有了。遗产清理完毕之后如果有欠债，在诸多欠债中，寡妇的妆奁和亡夫的遗产为享有优先权的债权。

很难说中世纪的那个"吻"和我们所说的吻完全就是一回事。今天的婚礼程序中仍然规定有接吻，但意思不明确：在某些文献中，除了丈夫在结婚典礼上要交给妻子的那份定有亡夫的遗产的婚约，好像这只意味着寡妇的权利。这样一来，可能就把和性契约的完成连在一起的妆奁极大地淡化了。然而，在中世纪的婚礼中，接吻一直存在，但和新郎在望弥撒之后从神甫那里接受过来再传给新娘的"平安之吻"截然不同。③

给彩礼在中世纪占多数，不管是以亡夫的遗产的形式给，还是以接吻以后往妆奁中填钱的形式给。它与罗马人的由新娘的父亲给妆奁并存，两者处于竞争状态，尤其是在对罗马法一直表现敏感的地区，而且特别是罗

---

① Décret de Constantin, dans le Code théodosien, 1. III, tit. 5, V, éd. Godefroy, 1736, t. I, p. 307.

② 利弗尔是法郎出现前的货币单位，币值因时代和地区不同而异。——译者注

③ Sur le baiser en cours de messe, l'évolution sémantique de l'*osculum*, le baiser de paix après l'*Agnus Dei*, voir Molin/Mutembe, 142, pp. 187, 198, 219 - 220, Zoegger, 209, pp. 133 - 138. Voir aussi Du Cange s. v. *osculum* et Chénon, 41, ch. II, pp. 15 - 25 (baiser de fiançailles).

马法在 12 世纪的意大利恢复之后。当时,父亲给女儿在夫家生活所需要的钱,数额相当于遗产中的那部分动产,留给男性继承人的采邑要保持完整。家庭财产稳定的时候(土地不动产的情况常常就是如此),女儿的这一部分很容易估算。但在可以突然暴富的市民家庭中,制度于男性继承人有利,其遗产继承份额在父亲死的时候确定。

然而,给出阁女儿的这笔钱可以是个很大的数目,而为君主的女儿置办嫁妆,又正是封臣们要效力的一件事。不过,我们已经发现,有些市民想靠着他们能够给女儿的钱,挤进自成一体的贵族阶级。如果真像写于 13 世纪下半叶的《茹富鲁瓦传奇》所说的,市民们可就倒了霉了。书里的那个年轻贵族茹富鲁瓦,本着骑士之爱的传统,在勾引一个被丈夫小心翼翼地守护着的年轻女子。茹富鲁瓦像所有的骑士一样,挥金如土,没过多久就不得不想办法去弄钱,并为此利用了一个有钱市民对他的轻信。那市民把妆奁丰厚的女儿许给了他,还建议他减少开支。妆奁很快被挥霍一空。一旦可以亮出自己的身份了,茹富鲁瓦就立即毁婚,重拾旧情。只是因为英国国王发了善心,局面才得挽救:被休弃且名誉受损的女人又找到了一个丈夫,国王借此机会把她丈夫被没收了的财产发还给了他。这桩婚姻更像是对那个贵族丈夫的惩罚,而不是对那个被遗弃的市民女子的怜悯。这部传奇小说要表达的主旨,很可能是贵族对于金钱和象征金钱的市民的传统鄙视。[1] 不过,书中主人公的无礼行径也表明了,不再由爱情支撑、完全变成了金钱事务的婚姻,其形象会堕落到什么地步。

不过,金钱婚姻的主题要等到文艺复兴时期才能得到充分发展。那个时候,日耳曼制度在罗马制度面前土崩瓦解,婚姻常常会变成"妆奁竞

---

[1] Roman résumé et commenté par Jean-Charles Payen dans «La crise du mariage à la fin du XIIIᵉ siècle d'après la littérature française du temps», dans 67, pp. 413 – 430.

赛"；莫里哀的《悭吝人》使我们将这种古典制度铭记在心。根据这个制度，父亲应该为女儿准备妆奁，以便给她找一门体面亲事。我们将会看到，这种罗马式的妆奁会给古典婚姻造成什么样的混乱，这样的混乱在一些地方一直延续到 20 世纪。

父亲把我嫁给了……

让我们来听听 15 世纪诺曼底一个年轻姑娘的抱怨吧："父亲把我出嫁，/一大早就离开了家；嫁的是个农民，/不知好歹，/更不知体面是啥。"还有 17 世纪一个姑娘的抱怨："父亲把我嫁给了一个驼背，结婚的第一天，他就对我连打带搡。"17 世纪的诗人斯卡龙懂得自嘲，是个很值得尊敬的作家，以下是他引用的一个姑娘的话："父亲给了我一个丈夫，天哪！那是个什么人啊！个子那么矮！/父亲给了我一个丈夫，天哪！那是个什么人啊！他怎么那么矮！"也不要忘记被证实了是 18 世纪初的一个姑娘的话："父亲也把我嫁了出去，/我听到了纺车的响声。/他把我嫁给了一个老头，/那老头一无所有。/我听到了纺车的响声。/我听到了纺车的响声。"①

在 15 世纪至 17 世纪一些看得出来是出自文人之手的民歌里，"嫁得不好"是最常见的主题。从社会学角度来看，说明这是长久以来一直存在着的一个事实。针对这种情况，罗马法和后来的教会法先后进行了几个世纪的斗争，但一直没有奏效。事实上，在所有的原始文明中，婚姻都一直是男人们的事，不容女人置喙。女人充其量也只是在某些情况下，认为自己嫁得不遂心、受到了虐待时，埋怨父亲几句，发发牢骚，跟古希腊的情形一样。

在这个问题上同样如此，女权是文明进化带来的，是后来才出现的。

---

① Les quatre chansons sont citées dans H. Dauvenson, 52, n° 62 à 65, pp. 372 – 380.

在罗马式的婚姻实践中，从婚姻意味着把女子从父亲手里交到丈夫手里，到女子在婚姻中可以保有自己的权利和财产，是一个转变，这样一种转变也是后来到了帝国时期才实现的。罗马人的那个双方自愿原则，把婚姻置于夫妻双方同意的基础之上，一直受着有至高无上权力的家长的严重抵制。从朱利亚法（公元前17年）起，遇到父亲反对自己的婚姻时，女儿仅仅享有向法律求助的权利。只有在对女子的终身监护权被废除了之后，双方自愿原则的理论才得以实现。教会当时想把这种监护权接过来，但立即遭到了日耳曼法的反对：根据日耳曼法，父权要交给丈夫，变成夫权。

教会可能反对过婚姻中的父权，而且一直明确表示，为使婚姻合法，双方自愿必不可少。可是，在很长时间里，神甫没有实质性地插手婚庆的事。只是到了12世纪教会想独揽婚姻之事时，检查双方是否自愿才成为婚礼上的一项内容。举行婚礼之前，神甫要问男女双方是不是自由结合的。在南方的仪式上，神甫甚至还要问他们是否相爱，但北方的习俗还没有走到这一步！像皮埃尔·隆巴尔那样超前的法学家都非常肯定地说用不着父亲同意，在罗马法的影响下，迟早会使仪式中的一切都从属于男女双方的自愿。在12世纪鲁昂的一本宗教礼仪书中，13世纪的人在这一段里加上了："根据法律，只需要他们本人同意；在一桩婚姻中，如果没有当事人的同意，其余的一切，哪怕已经当众举行了婚礼，都不能算数。"①

面向在俗教徒的文学作品，语言通俗，不管是书面的还是教士们口头传播的，都是有力的武器，有助于使这种婚姻观念在人们的思想中扎根。12世纪的一部武功歌《昂斯托讷的伯夫》，描绘了这样的场景：一个被迫出嫁的姑娘断然不从，在神甫面前，她只要说一个"不"字就够了：

---

① Sur tout cela, voir Molin/Mutembe, 142, pp. 63 – 76.

先问于德梅尔：

"您愿意娶这位眉清目秀的女子为妻吗？"

"愿意，"他回答，"我非常愿意，

我要把整个勃艮第都给她……"

"您呢，年轻的姑娘，我看到您满眼泪花，

您愿意嫁给这个出身高贵的男人吗？"

"先生，"姑娘说，"看在上帝的分上，可怜可怜我吧，

他是个十足的叛徒，无论如何我也不会嫁给他。"①

　　违背女人意愿而把她嫁给一个男人是异教徒撒拉逊人的做法，从《进入斯帕涅》里得出的结论就是这样。骑士罗兰来到东方，正赶上波斯国王想把女儿嫁给邻国那位上了年纪的国王。公主拒绝，但她父亲不敢食言：老国王是个"暴君"，富有而强大，是维厄·德·拉蒙塔涅的堂兄。波斯国王召集属下大贵族开会，却没人敢出头保卫公主。

　　打听完是怎么回事之后，作为一个英勇的骑士和虔诚的基督徒，罗兰挺身而出去解救那个年轻姑娘。"您知道我为什么要管这件事吗？"罗兰问，"是因为您那些大贵族，他们竟如此不堪，没有一个人敢说一句话来保卫您应有的权利。不过，既然命运把我带到了这里，我就要对您说，我准备进行这场战斗。我完全出于自愿，为的是实实在在地证明，违反男人或女人意愿的婚姻是蔑视上帝的戒律。够了，我不再多说什么了。"② 罗兰打败了

① «On appelle d'abord Huidemer: Voulez-vous avoir cette dame au visage clair? — Oui, dit-il, je le désire fortement. Je lui donne toute la Bourgogne en franchise. — Et vous, jeune fille que je vois pleurer, voulez-vous prendre cet homme de noble race? — Sire dit-elle, pitié, pour l'amour de Dieu. Je ne prendrai pas ce traître prouvé» *Beuves d'Hanstone*, B. N. , ms F. Fr. 12548, fol. 130, cité par Gautier, 82, p. 254.

② Cité par Gautier, 82, p. 357, n. 1.

暴君麾下的高手，使 12 世纪的教会法取得了胜利。

在武功歌里，年轻姑娘当着神甫的面说"不"，或是凑巧遇到个救美的英勇骑士，就能够使婚礼不能举行。但这只不过是作者的善良愿望罢了，并非社会现实；在这里，文学作品又一次歪曲了社会现实。有哪个年轻女人胆敢如此反抗家长的权威？又从哪里冒出个罗兰来保护她啊？而且，理应支持女人自由择夫的神甫们，自己就不敢公然鼓动姑娘造反。乔治·迪比反对这种理论性作品，他搜集到的另外一些例证说明，女儿拒绝服从父亲被视为犯罪，是要受到上帝惩罚的。当然，除非是因为姑娘秘密发愿想当修女，在这种情况下，人的意志必须让路。但经常有这种情况，女孩子年纪很小就订婚，至于小姑娘是否愿意，很难了解。于是，在小姑娘不能用语言表达的情况下，只要笑一笑，也就足以可以使婚姻成立了[1]……

由包办婚姻向所谓的自愿婚姻过渡，在结婚仪式上以象征性方式表现。在 12 世纪最初的一些典礼规则中，神甫介入，依然只是为了批准事先已经结成的婚姻。实际上，到那时为止，仪式还一直在家里举行。新娘的父亲把女儿交给女婿，把两个人的右手结合在一起：这就是我们在吉讷伯爵的婚礼上还能看到的情况。向由神甫主持婚礼过渡，应该尊重这种传统。1150 年之前雷恩地区的一本弥撒经本，就要求神甫"根据习俗"让家长在教堂前把女儿交给新郎。把新婚夫妇的手结合到一起的依然是父亲（或最亲的亲属）。神甫让他们进入教堂，是为了给婚姻祝福，而婚礼是在没有神甫参与的情况下完成的。在教堂门前举行婚礼依然属于世俗婚礼；进入教堂这个圣地，只是为了给已经"礼成"的婚姻祝福。当然，为了给婚姻祝福，神甫就需要进行一番检查，看看婚礼是否是按照教会的规定举行的，也检查一下夫妇二人是不是出于自愿。那些象征性的东西——结婚戒指、

---

[1] Duby, 58, pp. 38 - 39.

13 枚钱币、婚约等等，也都是在教堂外面交给新娘的，但神甫可以为这些东西祝福。

就这样，一点一点地，本堂神甫就在由他监督进行的结婚仪式中开始起越来越重要的作用，并最终取代了父亲，代替父亲把新娘交给新郎，借以表示神甫保证新娘的选择是自由的。13 世纪下半叶鲁昂的一本弥撒经本提供了一个中性的说法：父亲把女儿交给女婿，但女婿又立即把新娘交给神甫，而神甫再马上把新娘还给新郎。这种像跳芭蕾舞似的把新娘交来交去的情况，只在一本弥撒经本里有记载，可能被认为太过繁杂。50 年之后，在莫城的教皇与主教仪典（1280 年前后）里，我们发现了法国由神甫把新娘交给新郎的第一个实例，两人的手也由神甫结合，神甫还检查了两个人是否自愿。到了中世纪末期，这就成为最普遍的程序了。

下面是巴黎圣维克多修道院 14 世纪的规定："把新娘交给新郎，应按如下方式进行：神甫拿起两个人的右手，把两只手合到一起，就像发誓的人必须做的那样。接着，神甫要问：'某某兄弟，你愿意娶某某女子为妻吗？'被问的人答：'我愿意。''那好，我现在就把她交给你，不管她是健康还是生病，你都要把她当作你的合法妻子；你要像我主上帝所叮嘱的那样，像圣保罗所证实的那样，像神圣的教会所主张的那样，保证永远做她的忠实伴侣。你同意吗？'被问的人答：'我同意。'然后，神甫再把上面说过的话对新娘说一遍，问新娘是否愿意以某某为夫。"①

这种发展变化，在不同的国家发生在不同的时代。在西哥特人的国家（主要是西班牙），从 11 世纪起，由家长把新娘交给神甫，由神甫行合手礼。在其他国家，由父亲把新娘交给新郎的规矩一直延续到 14 世纪至 15 世

---

① Sur tout cela, voir Molin/Mutembe, 142, pp. 77 - 133. Les rituels cités sont traduits de l'annexe du même livre.

纪（例如意大利半岛的卡普），其至延续到 20 世纪（英国）。在法国，这一过渡是在 13 世纪完成的，在某些教区（埃夫勒和亚眠将这种原始程式一直保持到 16 世纪）还要晚些。这个阶段是所谓的"被动给予"阶段：神甫分别问新郎和新娘，是否愿意接受对方做配偶，而新郎和新娘只是表示同意。到了下一个阶段，新郎和新娘将要真正对话，这就到了所谓的"主动给予"阶段。

这第三种程式，从 12 世纪起就已经有人作为理论提出①，自 14 世纪开始推广，到 17 世纪占了主导地位：新娘不再由父亲交给新郎，也不再由神甫交给新郎，而是新婚夫妇彼此把自己交给对方了。桑斯教区巴尔博的一本宗教仪典（14 世纪末）为我们提供了一个很好的实例。那是一部用拉丁文写的著作里的一段法文："这时，神甫就把两个人的手结合到一起，对新郎说：'某某，跟着我说：我要娶你为妻，一辈子忠实于你，和你共享我的财产，不管你是健康还是生病，我都会始终不渝。'新郎向新娘说完之后，神甫再让新娘把同样的话对新郎说上一遍。"1363 年至 1368 年间出现的阿维尼翁的一本宗教仪典走得更远，因为那些套话要由新婚夫妇自己说，神甫不再参与，合手的事也由新婚夫妇自己做了。这种"互相给予"的方式于 1614 年推广开来：神甫要求新婚夫妇自己把右手合到一起。父亲和神甫都不再插手婚礼，这意味着男女双方都是自由的、自愿的。我们会注意到，在互相表示同意的时候，是男人首先把自己交给女人的：我们离早先那种"把妻子交给新郎的传统"已经很远了。

动作上的这种逐渐演变，释放出了"两手结合"的新含义：不再是神甫，而是上帝把新婚夫妇结合到一起的，在中世纪末期的油画里，新婚夫

---

① 圣维克多的于格：《论圣事》（Hugues de Saint-Victor, *De Sacramentis*），I. II, p. II, 第 5 章，P. L.，第 176 卷，140，col. p. 488。这第三种形式，莫兰/米唐布后来在皮埃尔·隆巴尔、亚历山大三世和索尔兹伯里的理查德（1217）等人的著作里都发现过。

妇的手是裹着主持婚礼仪式那位神甫所佩圣带出现的。原始婚礼中那种"把妻子弄到手了"的含义消失了。日后只在极个别的情况下，才能看到原始婚礼的痕迹。对于拿破仑和玛丽-路易丝1810年的婚礼，普吕东就是这样画的：画中的拿破仑皇帝抓着妻子的手腕。就好像画家想通过男人对女人的这种优势，来肯定通过大革命上升到主导地位的法国民众对欧洲腐朽君主制的优势似的，法国人已经把欧洲君主制搞得后继无人了……这是个个别情况，而且以象征意义自证合理：皇帝的婚姻实际上被比作了神的婚姻，即海格立斯和赫柏①的婚姻。从由父亲把女儿交给女婿的原始做法里保留下来的习俗，是让新娘挽着最亲长辈的胳膊进入教堂。追本溯源，"求婚"（"要求得到姑娘的手"）的说法也来自这里。然而，从12世纪开始，"合手"不再象征着"交人"，而是象征着履行婚约，"就像那些作了许诺而承担义务的人一样"，圣维克多的宗教礼仪书里就是这样写的。

然而，直到16世纪，做父亲的仍然可以不求助于本堂神甫就嫁女出阁，不但不请神甫主持仪式，甚至不请神甫当正式的结亲证人。所以我们就能在薄伽丘的作品里看到下面这样的故事：女儿和一个青年男子睡在一起，被当爹的撞了个正着。那青年人很讨他喜欢，他非但没让人把小伙子处死，反而向老伴借来结婚戒指，立即把女儿嫁给了他！② 当着公证人的面就能举行民事婚礼的习俗，意大利保持得确实比法国长久。

尽管特兰托主教会议作了决定，把双方互表同意当成婚姻唯一基础和圣事内容的双方同意原则的理论还是流传下来了，强制规定婚礼要有神甫在场。实际上，神甫在场只起个权威见证人的作用，不是婚礼的主持人。神甫用来确认婚姻的套话可能在于强调他的作用——"我以圣父、圣子、

---

① 希腊神话里的英雄和青春女神。——译者注
② Boccace, *Décaméron*, V, 4.

圣灵的名义把你们结为夫妇",或者说一些"和每个省的传统宗教礼仪规定相符的类似话语"。但真正的行动是新婚夫妇的行动:神甫不再把新娘交给新郎,而是把他们结合在一起。这个理论就是现代教会的理论:"使婚事得以成立的,是男女双方在几个懂法律的人之间合法地表示的同意,而这种同意是人世间任何力量所不能替代的。"由约翰-保罗二世于 1983 年编订出版的教会法典,白纸黑字,就是这样写的。1994 年发表的《告家庭书》提到,作为"受过洗礼的人",夫妇"在教堂里就是婚姻的圣事执行者"①。

民法也只是在新婚夫妇都是未成年人时才要求征得家长的同意(第 184 条),因为结婚的法定年龄,男的定在 18 岁,女的定在 15 岁,都是在成年之前(第 144 条)。使婚姻得以成立的,仍然是彼此表示的同意,但面对市长或神甫说的那句"我愿意"不是圣事用语,双方同意只要表示出来就够了,可以用文字表示,或者,如果两个人都是哑巴,用动作表示也行。同样需要指出的是,中世纪显现出来的发展变化,神甫的作用倾向于由公务员来取代。从前,人们认为,填写了结婚登记表,婚姻才成立,因为主管户籍的公务员不满足于像神甫那样只当个见证人。后来,人们越来越倾向于认为,彼此表示同意应该比填写结婚登记表来得重要。当然,这种区分纯粹是理论性的:只有在那位主管户籍的公务员没来得及确认互表同意之前就死了的情况下,区分才能成立。不过,这种区分却明显地表达了一种愿望,一种确认双方同意的原则占有优势地位的愿望。从此以后,无论是在市政厅还是在教堂,都不再是嫁闺女娶媳妇,而是儿女们自己结婚了。

---

① Code de Jean-Paul II, 1983, 100, can. 1057, § 1. *Lettre aux familles*, 1994, 102, p. 27.

第五章

教士宝鉴

1193 年 8 月 14 日，法国国王菲利普·奥古斯都在亚眠举行盛大婚礼，迎娶芳龄 17 岁的丹麦公主因吉布尔热（到了法国以后名字法国化了，叫伊桑布尔）。第二天是圣母升天节，国王又为她举行隆重的王后加冕礼。可是，就在仪式进行中间，有人看到国王突然发起抖来，靠向年轻的新娘。"啊，真是无法想象！"里戈尔后来追述道，"据说，就在这一天，魔鬼唆使一帮巫师对国王施了魔法，国王受到了禁制，竟恨起心仪已久的妻子来了。"① 国王心生厌恶，也就不可能完婚，从此就只是想方设法取消这门亲事。

国王怎么了？首先，好像不是国王的性功能出了问题。这个死了妻子的 29 岁男人，在同时代人眼里是个享乐主义者，不是不拿女人当回事的人，而且他的第一次婚姻和第三次婚姻都有生育。因吉布尔热肯定地说，在她和国王共同度过的那个唯一的一夜里，她是受到敬重的，而被施了魔法变成阳痿的问题，是很久以后国王在要求取消这门亲事的时候才提到的。那么，他 15 年之后才承认这一令人感到羞辱的失败，是因为好面子吗？依照常理，王后的生育能力也不应该成为原因，因为结婚才一天。也许，在这对素不相识而且还不讲同一种语言的新婚夫妇之间，爱情是勉强不来的，但他们这种情况在那个时代并没有什么特别之处。对王室的婚姻，除了生

---

① Rigord, *Gesta Philippi Augusti*, éd, H. François Laborde, Paris, Renouard, 1882, t. I, p. 124. Guillaume Le Breton (*Ibid*., p. 195) croit plutôt que les sorcières ont «maléfié» la reine.

几个继承人以外，也都别无所求。

　　好像这是一种无法克服的厌恶，属于不为外人所知的夫妻隐私。当时，各种猜测不胫而走，就像今天研究这个问题的历史学家也都做出种种假设一样。菲利普发现公主不是处女？公主暴露了隐疾？她有口臭？也许，人们期待他对年轻王后采取的行动，使他想起了另一个三年前死于难产的王后？国王的第一次婚姻只留下一个年幼的孩子，他似乎觉得王位的继承还没有得到足够的保证。

　　事情办得很利落。11 月 5 日，在兰斯大主教、而且还是国王的叔叔——尚帕涅的纪尧姆主持下，在贡比涅召开了一个有主教和大贵族参加的会议。发现国王的第一个妻子——艾诺的伊莎贝尔和因吉布尔热之间有亲属关系，属于禁止结婚的亲等，于是宣布国王和因吉布尔热的婚姻无效。事情有点儿怪，这并不能成为其理由。几种属于禁止结婚亲等的亲戚关系，不是存在于两个女人之间，而是存在于国王本人和这位丹麦公主之间，所以人们就搞不明白，这个诉讼后来为什么拖了 20 年之久。[1] 更怪的是：会议决定，给国王一段考虑的时间，好像时间能够使禁止结婚的亲等消失似的！然而，时间也没能使国王的厌恶消失。于是，法国教会在 1195 年宣布这桩婚姻无效。来到法国两年，没人给因吉布尔热上过法文课，她只能通过翻译了解情况。在被关进修道院之前，她竭尽全力喊出来的只有这两句话："法国不好！法国不好！罗马！罗马！"[2]

　　罗马？谁也没想要为这件事去征求教皇的意见。当时地方教会的权力

---

[1] 这些亲等的解释是玛丽-贝尔纳代特·布吕吉埃（Marie-Bernadette Bruguière）在《菲利普·奥古斯都和丹麦的伊桑布尔的婚事：宗教与政治面面观》（*Le mariage de Philippe-Auguste et d'Isambour de Danemark*：*aspects canoniques et politiques*）中做出的，134、135—156 页。雷吉娜·佩尔努（Regine Pernoud, 160、44 页）干脆就不接受确实被曲解了的主教会议决议对亲等的划分。

[2] Mansi, 126, t. 22, col. 668.

很大，教皇只能作为终审进行干预。罗马后来听取了丹麦公主的申诉。教皇塞莱斯廷三世做出决定，不过，只是禁止国王再婚，因为他还有妻子，虽然妻子被关在修道院里。90岁高龄的教皇正想发起一次新的十字军东征，希望得到法国国王的帮助，所以他就不可能板起面孔、公事公办。菲利普·奥古斯都对教皇的禁令置之不理，于1196年6月又迎娶了梅拉尼的阿涅丝。再没有比他更不拿亲等当一回事的了：这第三任妻子竟是他的一位远房堂妹。罗马视而不见，一句话不说。结果好，就一切都好。

不过，罗马从来不会长时间沉默。1198年，一个37岁的雄心勃勃的年轻人坐上了教皇的宝座。此人即英诺森三世，一位神学家和法学家，以坚毅果断闻名，是中世纪一位强有力的教皇。英诺森三世刚一上台就把菲利普·奥古斯都的案子翻了出来。他要求恢复因吉布尔热的王后身份，并派了一名特使去法国处理这件事。这一次开的不再是政教混合的会议：教皇特使、卡普的皮埃尔召集的人里有4位大主教、18位主教、4位修道院院长和几名教士，囊括了法国教会的各级神职人员。教皇特使祭起的武器是停止圣职，他竟真把整个法国教会各级神职人员的圣职停止了……但出于谨慎，这一禁令是在特使离开法国之后才宣布的。从1200年1月13日起，法国的宗教生活整个瘫痪了。不再做圣事，婚丧嫁娶一概停止——甚至国王儿子迎娶卡斯蒂里亚的布朗什的婚礼都不得不到英国去举行。

坚持了八个月之后，国王被迫屈服，答应了罗马提出的各项要求，把堂妹打发走，请回因吉布尔热，承诺要像爱妻子和王后那样爱她，同时还确认了教会的一些特权。知道国王"心狠"的人都感到吃惊。不过吃惊的时间不长，教皇特使一走，因吉布尔热就又进了修道院，阿涅丝也又回来当王后了。同样的把戏玩了多次，教皇震怒，国王屈服，循环反复……一直到1201年7月阿涅丝去世。她这一死，很多事就好办了。和解之后，教皇英诺森三世甚至使阿涅丝给国王生的孩子也都变得合法了。于是刀枪入库，马放南山。王储路易已经 14 岁，过了夭折危险的年龄，而其他王子也都已经准备好，一旦王储消失就出来接班。那么，菲利普为什么还要拒绝把因吉布尔热请回来呢？他已经领教过教皇的厉害，敢于再顶，一定是因为对王后的厌恶之情太深。

根据因吉布尔热和教皇来往信件里的说法，关押王后的条件恶劣，她受不了。看守们羞辱她；她不能接受任何人来访，没有忏悔师，难得被允许去望弥撒；她身体不好，但食物少得可怜，药品也不够；不准她洗澡，她穿的衣服也不是王后该穿的。① 其间，国王又有了几个情妇，其中还有一个给他生了个后来成了努瓦永地方主教的儿子。完全没有必要对因吉布尔热采取这么谨慎的措施，这只能解释为消耗战，目的是让因吉布尔热知难而退，放弃申诉，回到他哥哥丹麦国王那里去。

国王就是在这个时候改变策略、提出第二个理由的：既然以亲属关系为由提出取消婚姻不被接受，为什么不提出中了巫术的事来试试呢？问题就以这样一种漫不经心的方式提给了教皇：国王菲利普被冗长的手续搞厌烦了，他要求让他和因吉布尔热分手，什么理由都行，"因为亲属关系也行，因为施巫术的事也行，用让因吉布尔热进修道院的办法也行，以任何习惯上用来取消婚姻的其他说得过去的方式都行"。1207 年，英诺森三世利用有利的时机表了态，说觉得"取消婚姻的理由这么变化多端"，十分可疑。不过，如果国王想试试另一条路，即宣布他因为中了魔法而变成了阳痿，他得和王后同居三年——国王退缩了，这样的考验把他吓住了。

这件事还要拖上六年，国王会把牌一张一张打出来。1210 年，他甚至向德国图林根的侯爷做了这样的许诺：如果侯爷能够说动教皇，把他和丹

---

① Voir ses longues plaintes dans sa lettre à Innocent III, Ép. 85, P. L., t. 215, 140, col. 86 – 88.

麦公主的婚姻解除，他就娶这位侯爷的女儿为妻。他实在懒于抵抗了，就在 1213 年又把因吉布尔热接了回来。必须指出的是，就是在这一年，法国夙敌英国国王结成了一个广泛的反法联盟，菲利普需要丹麦严守中立。他快 50 岁了，因吉布尔热也已经接近 40 岁，婚姻变成第二位的事了。[①]

这件事之所以产生这么大的反响，是因为中世纪的两个巨人在这件事上长久对峙，历时 20 年，还因为这件事清楚地标明了世俗权力和宗教权力的界限。停止圣职的威胁有效力，但教皇们也承认，国王确实需要保证有合法的继承人。更主要的是，这碰巧是个机会，可以对一个尚不明确的理论问题进行一番思考。两种婚姻观一直并存着：一种是源于罗马的以双方同意为原则的婚姻观，婚姻的基础是男女双方同意；一种是源于日耳曼的以性结合为基础的婚姻观，完婚才能保证婚姻不可摧毁。在这个问题上，教会本身也不一致。以皮埃尔·隆巴尔为首的法国教派倾向于前者；波伦亚人格拉西安的后人意大利教派则仍然倾向于后者，以完婚为主，虽然这一派也强调夫妻双方同意的原则。教会法正在慢慢夯实自己的理论基础，而菲利普·奥古斯都的情况刚好为这种理论提供了第一块基石。教会要鼓励的是什么样的婚姻呢？

英诺森三世的回忆录写于 1208 年，正是菲利普·奥古斯都事件闹得沸沸扬扬的时候。回忆录对这个问题进行了研究：如果像国王建议的那样，因吉布尔热进修道院，国王就可以再婚，条件是，他和因吉布尔热原来的婚姻必须不曾完婚。婚姻的不可分离性取决于是否完婚，这在当时是一种新提法，已经因为两种类型的婚配有了区别而变得可行。一种类型的婚配是肉体的，另一种类型的婚配是灵魂的。在婚姻中，灵魂的结合是上帝的

[①] 菲利普二世和因吉布尔热的婚姻经常被研究者提到。除了已经被引用的文献，还可以参阅雷吉娜·佩尔努的著作，160，戈德梅著作，81。

爱德和造物之间灵魂的结合实现了的象征，这种结合有很多缺陷，原因在我们，因为我们是可怜的罪人。但肉体的结合却是基督和基督徒结合的再现：圣约翰说"道成肉身，而且就居于我们中间"。我们要逐字去理解这话。不能分离的是这种肉体的结合，因为，按照《创世记》的说法，"他们将从两个变成一个肉体"，分开就变成了一种无法忍受的肢解。

神学家和教会法学者关于婚姻圣事的讨论太过空泛，却发现菲利普二世和丹麦的因吉布尔热事件是非常合适的研究对象，可以大大地进行一番发挥。[①]

婚姻圣事

事实上，直到12世纪，婚姻也还没有像洗礼、领圣体或告解一样，被列入天主教的圣事清单之中。当然，我们也并非不知道圣保罗写过的那段话，在那段话里，婚姻是被当作圣事（他用的是希腊文 mysterion）提出来的。我们也还记得圣奥古斯丁说的婚姻有三个好处，其中一个就是圣事。但是，在早期基督徒的词汇里，圣事这个词意义非常宽泛，不限于只用在现代教会承认的七件圣事上。[②]

---

① Voir à ce sujet les développements de Jean Gaudemet, 81.

② 关于圣奥古斯丁时代对"圣事"所下的定义，请参阅施米特著作，184，215—223 页，以及他在注释 1 中所列的参考书。这个词指的是"一种不可见、只能在信仰中把握的真实可见的实体的符号"，多次被使用。"圣事"和"奥秘"指的主要是在《旧约》里的《新约》前兆。不过，"mysterium"这个仿造词却从圣奥古斯丁的时代起就能够把"mystere"这个词的两个意思区别开来，即把这个词的本义"奥秘"（mysterium）和它现代礼仪上的意义"圣事"（sacramentum）区别开来。尽管这里指的还不是现代意义上的圣事，却越来越具有清晰的信仰和拯救灵魂的神秘色彩。教会后来规定的七件圣事里没有使用这个词。提到异教徒的婚礼时，圣奥古斯丁甚至使用了"大逆不道"这个词。中世纪初期，这个词的意义逐渐明确了起来。关于圣事的理论及其演变，请参阅《天主教神学词典》有关词条，特别是"婚姻"这个词条，55，col. 2066—2071、2101—2109 和 2196—2220。

在圣保罗的传说中，婚姻把基督和教众之间结合的隐喻变得更明显了，基督和教众结合成了一体，就像男人和女人。"这是个大秘密，"使徒圣保罗最后写道。他使用的希腊字 mysteries（秘密），后来被翻译成了拉丁文 sacramental（圣事）。如果说，我们在 12 世纪就从这段文字里找到了"婚姻圣事"一词的出处，这个词最初给人的感觉却像"信仰的秘密"。虽然如此，那篇文献却依然非常重要，因为它赋予了夫妻结合以宗教的庄严，而在最初的几个世纪里，这一点在夫妻结合中是很有争议的。婚姻是人从伊甸园里保留下来的唯一好处，是基本价值之一，教会不能让它受到玷污。

可是，我们看到的是，教会远没有把自己关于婚姻的观念确立起来。"毫无疑问，"皮埃尔·图贝尔认为，"在西方各地，结婚仪式当时成了大众文化的堡垒，反抗基督教化的特别据点。"① 因此，在最初的几个世纪里，教会仍然禁止神甫参加婚礼。在这种情况下，为婚姻祝圣，名誉是要受到损害的。不过，在加洛林王朝，教会在婚礼问题上还是通过《夫妻宝鉴》尽了力的。皮埃尔·图贝尔对《夫妻宝鉴》进行过研究：这是一本很实用的伦理书，用的是拟人化手法，对象是要结婚的成年人，书里罗列的都是些简单规则，循序渐进地纳入了基督教对婚姻的看法。②

异教徒攻击圣事。正是在 1184 年颁布的回击异教徒的教谕里，教皇吕西安三世第一次把婚姻纳入传统圣事，与领圣体、告解和洗礼等排到了一起。③ 教皇的这道谕旨肯定在维罗纳主教会议上宣读过，后来被收进了好几

---

① Toubert, dans 36, t. I, p. 275.

② Sur ces *specula coniugatorum*, voir Pierre Toubert, dans 36, t. I, pp. 233 – 282. Sur l'évolution de la notion de sacrement dans le mariage voir aussi Schmitt, 184, pp. 215 ss. ; Naz, 154, s. v. «mariage en droit occidental», col. 750 ss.

③ P. L. , t. 201, 140, col. 1293.

部教会法的结集中，并附有另外一些类似的信仰誓言。1234年颁布的教皇格里哥利九世手谕，把婚姻正式列为天主教的七圣事之一。从此以后，对婚姻圣事这个词的理解就跟现在一样了，作为上帝赐予的特殊恩典的一项标志，使接受婚姻圣事的人得以按神的戒律行事，并能够面对夫妻生活中可能出现的种种困难。

这种想法，从有了新约的时候起就出现了萌芽，但没有这么明确。圣事意味着某些要由神甫完成的仪式，而婚姻基本上是民事活动，不会让人想到宗教圣事。祝福原本有可能变成一种神圣的举措，但罗马天主教会在中世纪又从来没想过要把祝福变成必须做的事。教会所做的，开始时是对新婚夫妇在贞洁方面提出过于严格的要求，接着又坚持双方同意的原则，直到特兰托主教会议，这项原则一直是教会对婚姻提出的唯一条件。神学家想为婚姻圣事正名，就轮番到签约人必读、格言警句、夫妻心境中去寻找做圣事的理由……但这就引出了另外一些形式上的问题：如果圣事是通过话语完成的，那么，聋哑人的婚姻是否合法？13世纪的邓恩·斯科特主张，聋哑人凭婚约结婚，但不接受圣事。有关这方面的争论到了15世纪才平息下来。

此后，这一理论在天主教思想里就再没有发生过变化：圣事的执行人就是新婚夫妇自己，因为婚姻圣事乃出于他们双方自愿。阿坎的托马斯由此得出结论，祝福不是婚礼的形式，而是一种"补充"，为的是使婚礼变得"体面"，因为中世纪不经祝福的婚姻也合法。这样，婚姻就成了唯一一件不是由神甫做的圣事。自特兰托主教会议以来，好像有了人为的区别，因为从那时起，婚礼上神甫已经必不可少，而且看得出来，神甫不再只是见证人，而是做圣事的人了。这件事在当时很重要。实际上，一个严重问题出现的次数越来越多了：混宗婚做不做圣事？混宗婚，即接受过洗礼的人和不信教的人之间的婚姻，是1741年解禁的。考虑到圣事不是由主持婚礼的人做，而是由新婚夫妇自己做，有些人就认为，洗礼的恩泽把圣事也给了夫妻中没有接受过洗礼的一方。另一些人比较严格，只在有了宗教信仰差异宽免许可的情况下才同意为他们做圣事，或者只为接受过洗礼的一方做圣事。但是，为了相同的理由，做出的决定常常是：夫妻双方都不接受婚姻圣事，而将婚姻圣事简化为一纸表明双方同意结婚的婚约。①

定型于 12 世纪的婚姻圣事理论，在历史上经历过严肃的抗辩：16 世纪，新教神学家们对此提出过质疑。新教神学家们在同一些《圣经》文献中找到了婚姻圣事的出处。三个世纪以来一直被天主教会承认、且被认为是耶稣创立的七件圣事，《新约》中提到过两件：洗礼和领圣体。其余的都是后来加上去的，常常是在一个词的后面加上"圣事"两个字，就像"婚姻-圣事"那样，让人觉得意思模糊。1512 年，埃塔普勒的勒菲弗在他出版的圣保罗书信中，第一次把希腊文的 mysterion 翻译为 mysterium（秘密祭神礼），而不是传统的 sacramentum（圣事）。他的这个大胆举动没有受到注意。

1516 年，荷兰文艺复兴时期的人文主义学者伊拉斯谟在其所著《〈新约〉注释》中，开了对婚姻圣事提出谨慎批评的先河。他没有断然否认婚姻圣事，但指出这是个新概念（第一个把圣事列举出来的德尼没有提到婚姻圣事），在《圣经》里面找不到（"sacramentum"这个字在圣保罗的书信里不是"圣事"的意思），这会为圣事的定义带来某些问题（难道一对酒鬼

---

① 自从发现圣保罗的信以来，婚姻圣事的福音书起源说就不再有人支持了。但是，有人在福音书里发现了"留茬砖"，这一理论就在"留茬砖"上建立起来了。耶稣把婚姻放在了这样一个高度，规定了十分苛刻的义务，若无特殊的圣宠，任何人都承受不了这种"人类无法忍受的枷锁"："听到教会告诉我们，说耶稣已经将这样的圣宠附着于婚姻本身，把婚姻变成了一桩圣事，谁都不会感到惊讶。"（55，第 9 卷，2068 页）。关于由现今混宗婚中圣事提出的问题，请参阅塞凯拉（Sequeira）著作。塞凯拉建议不要把受洗者的婚姻和圣事完全等同起来，以便使受过洗礼但不信教的人可以依宗教方式结婚，并接近宗教（190）。

的婚姻也能真正成为基督和教众结合的再现?)①。作为人文主义者，伊拉斯谟胆子大，但不是异端，对于婚姻圣事的审慎批评，点到为止。

路德走得就远了。他在这个问题上思想变化的时间点很明确：1519年发表的《有关婚姻状况的布道》和传统理论一致；到1520年发表《教会的巴比伦暴政》的时候，他就拒不接受关于婚姻圣事的定义了。从那个时候开始，婚姻就成了宗教改革优先考虑的问题——路德如此，茨温格如此，加尔文也如此。加尔文嘲弄说，如果把秘密和圣事搞混，就会把偷窃也变成圣事，因为"偷"这个字被用来打过比方（"安息日像夜里的小偷似的悄悄来到了"），一如圣保罗眼里的婚姻，变成了不可见的真实之可见迹象②！

然而，拒绝把婚姻看作一桩圣事并没有导致婚姻贬值。相反，新教教徒一直拒不承认独身和保持童贞高人一等。他们以先人为榜样，认为娶妻生子更体面，所以建议新教的牧师也结婚。路德走得更远，在某些文章里，他参照先人的做法，甚至提出一夫多妻的主张。有关婚姻圣事的理论，成了天主教和新教之间失和的苹果。

婚姻圣事理论的影响

就这样，从11世纪至13世纪以来，婚姻被列入了作为天主教信仰核心的七件圣事清单里。这一新概念产生的影响是广泛的。首先，既然婚姻圣事成了信仰的奥义，教会就要求取得管理婚姻事务的全权，这是一项连最

---

① Erasme, 63, p. 501.

② Sur le sacrement chez Érasme et dans la pensée protestante, voir P. Bels, 21, pp. 44 - 52; Telle, 193, pp. 257 - 291; Gaudemet, 80, p. 279.

关注家庭权利的罗马法都没敢要求过的权力。如果不是事先进行了长期铺垫准备，这种闻所未闻的垄断做法根本不可能被世俗社会接受。

　　表面看来，当时是法兰克的几位国王主动将婚姻立法权推给教会的。从墨洛温王朝时代起，就确定亲等以作为结婚依据的事常常向主教们咨询。即使他们的意见不总是被采纳，为了使自己的判断显得有根有据，国王们也还是要向他们请教。① 查理曼的父亲矮子丕平就曾于公元 747 年交给教皇卡扎里一张问题清单，提的都是教规方面的问题，以违禁婚姻方面的问题为主。教皇写了一篇分为 27 节的备忘录，对那些问题一一做了回答，从而开启了教皇国和法兰克王国之间紧密合作的时代。不久之后，钦差就在查理曼帝国内到处奔走，通常是二人同行，其中就有一位是教士，一位是非神职人员。在国王们使主教会议的决定具有法律效力的情况下，教会越来越多地干预民事立法，又有什么可大惊小怪的呢？②

　　教会在婚姻问题上显示才干，始于解决乱伦婚姻问题。自从罗马教廷采取新的亲等计算方法以来，乱伦婚姻问题变得特别复杂。从 8 世纪开始，解决乱伦婚姻问题成了教会在婚姻问题上的第一个切入点。不过，宗教法官宣布的开除教籍，仍然只在世俗权力当局以判刑相配合的情况下才能生效。欣克玛宣布，在婚姻问题上，教会说了算，但这话说了等于没说，他能够做的也只不过是挥舞末日裁判的大棒。在高级教士当中，有他那么大胆子的人也不多。10 世纪有无数证据表明，主教们自己也很反感，不愿意涉足留给非神职人员领域里的事。可是，国王们已经开始把有关婚姻法的

---

① Voir les témoignages recueillis par Zoegger, 209, ch. I, section II, pp. 26 - 44. Mais sa thèse entre dans une polémique encore chaude dans les années 1900 entre son maître Lefebvre et A. Esmein (cf. *infra*, p. 326). Les conclusions qu'il en tire sont fort partiales.

② Sur l'origine de la compétence de l'Église en matière matrimoniale entre le VIIIe et Le XIIe siècle, voir les études de Pierre Daudet, 49 (1933) et 50 (1941).

诉讼推给宗教法庭，制定婚姻方面的法规时又总是念念不忘教会法的条文。① 很明显，这个时候教会还在犹豫，尚未确定以后怎么办。一个世纪之后，婚姻被确定为圣事，这才使教会在婚姻领域取得控制权方面迈出了决定性的一步。

11 世纪的格里哥利改革，扩大了教会在婚姻问题上的权限。除了亲族关系的立法以外，教会还要求此后独自行使有关离婚的权利。② 1169 年前后在科隆编订的《教会法大全》（一部"文体十分高雅的神权概论"），在这个问题上直言不讳："由教会法管理的婚姻，出了问题由教会法官处理是顺理成章的事。"③ 11 世纪至 13 世纪的教会法大全和主教会议决议实施了这项原则，强化了主教法庭这个宗教裁判所。教会法中关于婚姻的章节越来越多：让·戈德梅在伊夫·夏尔特尔编的《教会法大全》里找到了 129 条，在 11 世纪一部无名氏编辑的集子里找到了 231 条！这种紧锣密鼓的立法活动一直持续到 1250 年左右，其后才逐渐停下来。在两个世纪的时间里，教会把自己关于婚姻问题的理论建立起来了。

在 1050 年至 1250 年间的立法大潮中，应该考虑的因素很多，例如，异端卡塔尔派的发展壮大。卡塔尔派和他们的前辈摩尼派一样，视婚姻为淫荡。

---

① 公元 822 年，欣克玛提到了诺尔蒂尔德事件。诺尔蒂尔德为"在她和丈夫之间发生的可耻事件"提出了申诉。她丈夫把她送到了正在阿蒂尼宫举行的教区会议上，可是，"主教们却又把她送交非神职人员教徒和结了婚的人去审判"。这种"缓和"的做法令在俗的贵族们高兴（都德著作，49、55—61 页）。关于与宗教无关的立法：宣布王国臣民与被诺曼人占领地区居民结婚为无效婚姻的皮斯特赦令，参照的是圣菜昂和圣格里哥利发表过的文献，他们曾经宣布，条件不般配的人结婚不合法（M. G. H. Cap. Ⅱ, 148、323—324 页，参阅埃斯曼著作，64、卷Ⅰ，第 11 页）。关于直到 10 世纪的民权与教权之间的关系问题，请参阅埃斯曼著作，64，卷Ⅰ，2—26 页。

② 1060 年的图尔主教会议决定，把那些"不经主教裁决"就休了妻的人逐出教门，而不是像过去那样，判休妻的男子重新和妻子结婚（决议第 9 条，芒西著作，126，第 19 卷，col. 928）。都德以为，这是说明教会在离婚问题上有绝对权威的第一个证明（50、41—42 页）。

③ Cité par Gaudemet, 80, p. 141.

于是，像当年圣奥古斯丁不得不建立自己的婚姻理论以批驳摩尼派信徒一样，里尔的阿兰也不得不挺身而出，保卫婚姻，批驳卡塔尔派。1215 年的拉特兰第四次主教会议甚至不得不旧话重提："结了婚的夫妇和那些发愿保持童贞的人完全一样，也会得到永福。"① 在意大利的大学里，特别是在波伦亚大学里，自 12 世纪起，复兴起来的罗马法使那些古老概念发生了重大改变。为反对在日耳曼法中占据支配地位的父权，"罗马法分子"——这是当时的人对他们的称呼——根据罗马法，特别强调夫妇双方的自愿。

重新回到双方同意的原则是一个很美好的想法。双方同意的原则可以保证夫妻和睦，因为夫妻二人是自由地彼此相许的。可是，在正式婚礼上，要摆脱父母的影响是很困难的。因此，由于遭到父母反对，暗中结婚就多了起来。暗中结婚非常容易，什么仪式都可以没有，而婚姻照样有效。根据新理论，教会容许这种流弊存在，但也面临着严重的良心问题。在事后夫妻发生龃龉的情况下，要证明暗中结婚比包办婚姻更稳定是很困难的。暗中结婚有时在偏远教区举行，由一些乐于助人的神甫施以祝福，结果就把神甫牵连到不为社会认可的婚姻中去，使他们负起了连带责任。于是，家长们上法庭告状的事就多如牛毛。家长们觉得儿女不听话了，他们为儿女筹划的婚姻泡汤了。在被当时的人形容为"抢婚"的这类事件中，教会受到谴责，被说成同谋。②

不经父母同意可以结婚，甚至没有神甫在场也可以结婚，这样做合乎新婚姻政策的逻辑，但教会却不能鼓励这种离经叛道的做法。因此，教会采取了一些措施为暗中结婚降温，后来又在特兰托主教会议上宣布禁止暗中结婚。1215 年举行的拉特兰主教会议还为这个问题立了法。会议宣布，

---

① Concile de Latran, IV, 1215, canon 1, Mansi, 126, t. 22, col. 981 – 982.
② Greilsammer en donne plusieurs exemples, 89, pp. 65 – 85.

对暗中结婚的夫妻、婚礼主持人和为暗中结婚仪式穿针引线的人处以重罚，从苦刑直至逐出教门；同时命令要将由教区神甫施以祝福的正式婚姻公布，但并未因此而宣布暗中结婚无效。遇有结婚障碍时，宽恕的条件也受到了限制：比如，遇有违反结婚亲等的婚姻，不能再以无知求得原谅，而原来只要婚姻已经公布是可以求得原谅的。从这个时候开始，违反结婚亲等的夫妻就难逃婚姻被取消的命运，生的孩子也被视为私生子。为了使公告被更多的人知道，主教会议最后确立了由神甫在讲道台上将结婚告示宣读三遍的制度。

但是，这项新的立法并非没有弊端。新法相应地推迟了婚礼，而当时教会正在反对存在于大部分古老习俗之中的分阶段举行的婚礼。于是，为了使两个家庭商量的事情能够在结婚之前以婚约形式确定下来，同时又不会因公布结婚告示需要三个礼拜的时间而有所耽搁，古代罗马有过的那种订婚仪式又变得时髦起来了。

最早对"对未来的承诺"（uerba de futuro）和"对现在的承诺"（uerba de proesenti）[1] 两者做出区别的，是法国神学家。"对未来的"许诺可以反悔，代价是要受教会的惩罚。为了进行惩罚，宗教裁判所必须做出判决，一般都要有能够说得过去的理由，如男女双方都年幼、这门亲事不合适、无法共同生活……但理由也可以似是而非：尼科尔和让·德费毁婚，特鲁瓦的宗教裁判官就是根据证人的证言宣布的，说德费"鼻子和嘴有臭味"，订婚之前姑娘没发现。[2]

当时，"订婚"即可在未婚夫妻家庭之间形成禁止结婚的"婚姻障碍"，而即使订婚取消了，障碍却依然存在。因此，就算订了婚以后没有结婚，未婚夫的兄弟或堂兄弟们也不能再到他未婚妻的亲属中去寻求配偶。最后，

---

[1] Chez Pierre Lombard, *Sentences*, l, IV, dist. XXVII, 3, P. L. , 140, t. 192, col. 910. Sur l'origine des fiançailles, voir Gaudemet, 80, pp. 160 - 169.

[2] 161, p. XXIII n. 4.

未婚夫妇如果发生了性关系，那就成了"被推定的婚姻"，这样的婚姻也是不可分离的。因此，这种理应在结婚公告发布之后才能实现的预先结合，也就算不得是轻率的结合了。这样一来，宗教裁判所很快就被新的棘手案件压得不堪重负。

宗教法庭表态难，难就难在这些许诺没有任何特别的形式，很难在勾引、调戏和庄严承诺之间做出区别。在不同的地区，这种许诺可以以"前婚礼"的形式出现：送一双鞋、分吃一块蛋糕、同饮一杯酒……宗教裁判所里，认为自己已经是未婚妻的女孩子的诉讼多得令人应接不暇。例如，1386年6月29日，急性子阿姆洛来到巴黎宗教裁判所，控告让·蒂费纳勾引她。在多蒙，阿姆洛和蒂费纳一起到梅内维尔的艾蒂安的鞋店里买鞋（艾蒂安是被传唤的证人）。姑娘抱怨鞋太小，而让·蒂费纳的那双，她穿着倒合适。于是，蒂费纳就提议两个人以婚姻的名义换鞋，并把手伸给了她，要求容许他另找时间签订婚约。完全可以把这话当成一句无伤大雅的玩笑，因为鞋并没有换成。可是，不管是真心还是假意，那姑娘说自己已经是蒂费纳的未婚妻了。[①]

在小酒馆里，喝着酒就订了终身的事也不少见。证人也都是喝了酒的，其精神状态往往使他们记不清当时双方许下的是"对未来的承诺"还是"对现在的承诺"。是大学生的玩笑，是订婚，还是暗中结婚……在这中间做出区别就成了宗教法官们的艰巨任务。常常只凭未婚夫的话，就可以宣布婚姻无效。不过，若是未婚妻怀着孕上了法庭，未婚夫想逃脱婚姻就难了，至少孩子的教育费是逃不掉的。这时候，被引诱的姑娘所说的话就足以确定谁是孩子的父亲。正是为了避免这种情况泛滥，订婚最终又变得正式起来，要有神甫在场，而且礼物要格外隆重。从13世纪起，与结婚戒指

① 161, p. 326.

有别的礼品戒指趋于普遍。正式结婚之后，订婚戒指就戴到了左手上。

在与新的圣事理论有关系的三个问题（教会大权独揽、双方同意的原则、订婚）上，否认婚姻具有重大意义的新教教徒后来也和天主教立法发生了冲突。在他们看来，婚姻法属于民事法庭管辖范围，不属于宗教裁判所管辖范围。在这一点上，宗教改革和那些开始形成的国家的政策是一致的；从 16 世纪起，法国教会也提出了类似的主张。最后，在这个领域里，自然法胜过了教会理论，而自然法里的父权，既然为古代各民族所承认，既然是摩西十诫确立的，举行暗中婚礼的人也就不能对它等闲视之了。因此，在新教教徒看来，家长的同意必不可少——在某些部族里，家长的同意起决定作用，家长不出席婚礼，婚姻无效。为了使家长的同意得到保障，动用了所有于广而告之有利的手段，特别是订婚和婚姻公示。①

另外，纯粹出于语言方面的原因，在德国，订婚和结婚很难区别。"Ich will dich nehmen"（"我要娶你"）这句习惯用语，是"对未来的承诺"呢，还是"对现在的承诺"？如果"will"在这里是时态助动词，就是"对未来的承诺"，说的是"未来"（"我将娶你"）；如果这里的"will"是语式助动词，就是"对现在的承诺"，说的是"现在"（"我娶你"）。这个问题已经把神学家们搞得心神不安，为了在"我将娶你"（对未来的许诺）和"我娶你"（对现在的许诺）之间做出区别而煞费苦心。可见刚刚被纳入教会法的订婚，把事情闹到了何等极端的地步。

这种微妙区别是路德揭示出来的，他正在为真正的订婚进行辩护；真正订了婚，是不能解除的，至少也像婚姻一样，解除的理由非常有限。所以新教教徒的订婚就变成了正式承诺，而不是像在天主教会里仍然时有发生的那样，不经家长同意，两个胆大包天的恋人互相许诺，就算订了婚。所

---

① Sur ce sujet, voir Gaudemet, 80, pp. 280–281; Mousmer, 150, pp. 75–77.

以，新教的蒙托邦主教会议宣布：在小酒馆里订的婚无效。小酒馆里订婚的过程是：两个年轻人在小酒馆里"一起吃饭，先用同一只杯子喝酒，再把一块饼从中间分开，一人吃一半"，就算订了婚。尽管交换了戒指，尽管采取了这种圣餐的形式，人们仍然认为这样的许诺"毫无意义，所以无效"。[①]

婚姻的传说

在基督教关于婚姻的理论基石中，有圣保罗所作的那个著名比喻，即对受过洗礼者之间的婚姻和基督与教众之间的婚姻所作的比喻。这个比喻的影响不只是教义方面的，也对日后按照基督教观点更新婚姻的传说做出了贡献。在圣保罗的思想里，这种神秘结合关乎的是一个基督徒的一生，而不仅仅是他举行婚礼的那一段时间。例如，说到洗礼，他用了希腊文loutron这个词，使人想到古代希腊婚礼上新娘的净水浴。于是，注释的人立刻就得出结论，说基督徒从受洗的时候起，就已经通过加入基督教为神秘的婚姻作了准备。这个隐喻当时还只是个雏形。丈夫是妻子的头儿（脑袋），一如基督是教众的首领。因此，妻子应该服从丈夫，一如教众应该服从天主；反过来，天主和丈夫也应该爱教众和妻子。接着而来的是对古代婚礼净水浴的隐喻，因为水被视为起净化作用的《圣经》。

在圣保罗思想里处于萌芽状态的东西，到圣奥古斯丁那里就成熟了，特别是在他对约翰福音所作的注释里，这位希坡的主教把这个比喻做了发挥。上帝与人的肉身的订婚仪式是在圣母腹中举行的，圣母腹是"洞房"，基督在那里变成了教众的头领。但是，为了举行婚礼，教众必须出生，而

[①] 转引自贝尔斯著作，21、128 页。这里所说的饼是一种炸糕，用的是烤面包的面，过油炸……关于中世纪末期由"我想娶你"或"我想娶你为妻"这样的惯用语所引起的一些问题，请参阅赫姆霍尔兹（Helmholz）著作，92、36—40 页。

基督就是在分娩的痛苦中死在十字架上的。因为早在公元 1 世纪就在罗马的克莱蒙那里发现了和基督教一样古老的象征性经文，重读之后，奥古斯丁就用第一个女人生孩子的事对教众的诞生做出了解释。亚当睡着了，为的是芸芸众生的母亲能够从他的肋部（在中世纪传说中是右肋）被拉出来。同样，基督死在了十字架上，为的是新众生的母亲从基督的右肋出来。基督的右肋是被士兵用长矛刺开的。

这个出生也是婚姻，而十字架就是婚床。从伤口流出来的水和血成了两件主要圣事——洗礼和领圣体——并将保证教众的成长发育，而两件圣事分别被视同净水浴和古代婚姻的妆奁。在圣母腹中长出了头的教众，又一点一点地长出了"四肢"，婚礼最后完成时，依然是童贞之身的人类就会蜕去身上的死亡之服，嫁给造物主。可能无须照字面去理解这种形象化的比喻；婚姻和生育的比喻，童贞和分娩的比喻，都在圣保罗的"大秘密"掩盖之下混到了一起。但是，这种神秘的婚姻使中世纪的人着迷，他们要以自己的方式使之实现。

另外一种圣经著作充实了这种传说。这里指的是马太转述的关于几个庄重姑娘和轻佻姑娘的寓言。在新郎于午夜时分来到的时候，五个为灯添了油的端庄谨慎的姑娘在婚礼上受到了接待；而另外五个神经兮兮、在油尽灯枯的油灯前睡着了的姑娘则被拒之门外，没能够进入大厅。按照古代习俗，如果这几个姑娘是傧相，在举行婚礼之夜陪同新娘来到了她新主人的家里，那么，中世纪的人就把她们都看作新郎的妻子，跟为上帝保留在修道院里的那些姑娘一样。戴面纱也很早就被模仿，搬到了婚礼上，以致使人产生遐想：古罗马时代某些习俗里的东西（婚纱、戒指），在洞房里出现之前，是否先经过了隐修院？在天庭的品级上，处女群体就紧跟在殉道者的后面，排在听忏悔的神甫、寡妇或结了婚的人之前。诗人们也没有忘记歌颂这种神圣的婚礼："幸福的婚姻，清白纯洁，没有生育的可怕痛苦，没有令人生畏的婆婆，也没有累人的哺乳……基督在床上和她们睡在一起：这样的睡眠何等幸福，这样的休息多么甜蜜，忠诚的姑娘在天夫的双臂保护之下，丈夫右臂搂着妻子，另一只手臂放在她的头下，她乖乖地睡了，十分听话。"①

　　不过，处女和基督之间的这种神秘婚姻只是第一步，只是把那个人许给了上帝。还有第二步，生灵和他的上帝之间的这第二步，只有信仰狂热才能够体验得到。福利尼奥的安热勒在 13 世纪末接受的启示就是这样。"你寻找的牺牲的完美与补充，就在圣坛上的上帝身上。所以，做好迎接的准备吧！你手指上已经有了他的爱情戒指，你已经成了他的妻子。不过，他今天想和你实现的结合是一种新的结合，这种结合方式任何人都不曾经历过。"② 为了描绘这第三种类型的神秘结合，第三类《圣经》参照物——《雅歌》——立即出现在脑海。自从 12 世纪圣贝尔纳作了注释以来，《雅歌》就使善男信女们有了神秘的冲动。

　　因为，通过诗歌，男人也都变成了"基督的妻子"。有人认为《雅歌》中这段脍炙人口的诗是塞尼的布律诺翻译的："是谁在敲门，打破了这夜的寂静？他在把我呼唤：啊！你啊，最美的女人，我的贤妹，我的爱妻，我的掌上明珠，我的甜心，快快起来开门！"阿贝拉尔为帕拉克莱修道院的修女们写了几首对上帝之爱的赞歌："他升上天父的宫殿，爬上天父的龙椅，高声喊叫未婚妻：亲爱的，快来坐在天父的右侧，和我一起。"③ 未婚妻如果是个男的，当然就是灵魂。

　　12 世纪至 15 世纪的神秘主义者对这个夫妻主题进行了发挥。塞尼的罗

---

① Séquence du XIᵉ siècle, publiée et traduite par Pascale Bourgain, *Poésie lyrique latine du Moyen Âge*, Paris, 10/18, 1989, pp. 61 - 63.

② Angèle de Foligno, *Le livre des visions et instructions*, trad. par Ernest Hello, Paris, Seuil, 1991 (coll. *Points Sagesses*), ch. 41, p. 120.

③ Textes publiés et traduits par Pascale Bourgain, *ibid.*, pp. 81 - 85.

塔里奥在成为教皇英诺森三世之前，于1198年写了一篇题为《论四种婚姻》的论文。在这篇论文里，他依照《圣经》对婚姻进行了四种经院式解读。首先是亚当预言的男人和女人之间的"历史婚姻"，在这种婚姻里，两个人共同寓于一个肉体之中。和"历史婚姻"重叠在一起的是基督和教众之间的"寓意式婚姻"，这是《启示录》里指出过的，即《启示录》中出现的"天主之妻"，他们是"两人寓于一体"。何西阿①预言的"象征性"（精神）婚姻，是"上帝和人类灵魂之间完成的婚姻"，是"两者共一个灵魂"。最后是"神秘婚姻"（这关系到人的灵魂得救），涉及的是圣子和人性；根据《雅歌》里提到的例子，"神秘婚姻"里的夫妻，"两个人是一个人"。后来当了教皇的罗塔里奥展开来谈的主要是最后这种婚姻。这种婚姻礼仪上的所有细节都描写到了：亚伯拉罕的订婚仪式，妻子的妆奁（土地），丈夫的赠与（对牲畜的支配权）；加布里埃尔充当傧相，而圣母的床就是完婚之地。塞尼的罗塔里奥甚至认为，《新约》和《旧约》中多处隐约地提到"上帝的手指"，影射的就是结婚戒指，而《雅歌》里提到的吻（"他用嘴唇吻了我"），他也认为说的就是古代婚礼中为获得亡夫遗产而接的那一吻。这些别出心裁的发挥，主要证实的是：12世纪末，婚姻的身价有了提高。12世纪，婚姻受到过异教徒的攻击，为骑士的爱情所蔑视，而教会则试图使私人的婚姻的仪式有所升华。②

上帝和人的灵魂之间的婚姻，也有一些有灵感的抒情诗人来讴歌。在这同一时期，富伊瓦的于格这一次站在攻击肉体婚姻的传统立场上，针锋相对地提出基督和灵魂之间的婚姻应该是精神婚姻。③ 14世纪，吕斯布罗

---

① 何西阿，公元前8世纪的希伯来先知。——译者注

② *De Quadripartita specie nuptiarum*，P. L.，t. 217，140，col. 921 – 968.

③ *De nuptiis*，court traité publié en supplément aux œuvres de Hugues de Saint-Victor dans P. L.，t. 176，140，col. 1201 – 1218.

克发表了《精神婚姻的光辉》，是写给那个想"像见亲爱的丈夫一样见基督"的男人看的："谨慎的处女"、赞歌里的妻子，从此成了"纯洁的灵魂"，这就使男人得以对男性神祇产生毫不含糊的冲动。这样的婚姻导致"爱的激战""一见钟情"，以及精神上和"赤裸裸的本性中"的"结合"。"上帝的爱抚"使"爱泉溢了出来"："在这里，那个男人被爱情附了体，到了忘我的地步，到了忘记上帝的地步，除了爱，他什么都不能做了。"那个男人的精神和爱情因此而变得更为"富于美德"①。

这是一篇具有前瞻性的论文，性的隐喻在这篇论夫妇之爱的论文里并非没有根据。神秘主义者们对其神的爱，在深层次上说，是肉体的，从女圣徒吕特加尔德到安特卫普的哈德维奇，都是如此；前者以为神就在她身旁，和神在肉体上生活在一起，而后者用粗俗的话语谈论"彼此共同的快感，嘴对着嘴，心贴着心，身体连着身体，灵魂连着灵魂"。确实，对今天的读者来说，把她的快感翻译成"享受"比较得体。②

12 世纪对爱情主题这种不同寻常的发挥，日后对神甫们如何看待在俗教徒之间的婚姻，并非没有影响。我们已经看到，封建社会上层人物和某些教士作家过去一直把婚姻中的爱情视为洪水猛兽。依照人婚模式描写神婚的神秘主义作家，通过大量引用圣经里的话，为夫妻之爱正了名。从婚约中谈论爱情的某些套话引自《旧约》诗篇来看，神秘主义作家对日常生活的影响好像还是实实在在的。③ 尽管有些人嘲讽，有些人不赞成，但夫妻之爱在 12 世纪是确实存在的。当然，这种爱一直都要从属于对神的爱。夫妻之间的爱是四个"热爱的等级"里的第一等，无论是圣维克多的理查德，

---

① Traduction de Maeterlinck, Bruxelles, Les Éperonniers, 1990, pp. 143, 151, 260 – 262, 268.

② Hadewijch d'Anvers, *Lettres spirituelles*, 9.

③ Jean Leclercq, 113, p. 16, cite une formule de charte de donation calquée sur le Ps 44.

富伊瓦的于格，还是塞尼的罗塔里奥，都是这样看的。① 夫妻之爱的升华导致对肉体之爱越来越大的戒备心理，因为肉体之爱不利于使爱逐渐演变为真正的爱，即对上帝的爱。这样，我们就能更好地理解，在 12 世纪和 13 世纪之交，婚姻是双方自愿的定义，何以能够战胜古代日耳曼的完婚定义，逐渐占据主导地位。

我们也明白了，从阿基坦的纪尧姆以骑士和牧羊女为主角的对话体诗歌中散发出来的强烈色欲的艳情，何以会逐渐演变为暧昧的柏拉图式的精神恋爱。马里-奥迪勒·梅特拉尔把 12 世纪末和 13 世纪骑士精神的发展、保持着贞操的已婚圣女们的生活和出现在修道院里的神秘主义婚约联系起来看，进行了一番恰如其分的比较。② 在新一轮神秘主义的推动之下，不过也是在修道院的伦理改革和反对异教徒卡塔尔派的斗争的推动之下，12 世纪末在寻求新的纯洁，又一次通过赞美贞洁寻求新的纯洁。

于是，我们看到，12 世纪至 13 世纪，以《圣亚力克西传》为模式的圣徒传又多了起来，它们对夫妻间保持贞节大加赞美。亚力克西是在结婚当晚从妻子身边逃走的，从此以后，这种逃婚就成了夫妇双方共同献给上帝的贞洁。这样的事古已有之。图尔的格里哥利就讲过一件事：奥弗涅的一个名字叫安朱里厄③的市长和他那位名字叫斯科拉斯蒂克④的妻子于公元 500 年前后结了婚，但两个人结的是没有性交的婚姻。在克莱蒙地区的传说中，这对夫妇是以"两个恋人"的名字出现的，他们遵守着自己许的愿，

---

① Hugues de Fouilloy, *De nuptiis*, P. L., t. 176, 140, col. 1201, 1218; Lothaire de Ségni (Innocent III), *De Quadripartita specie nuptiarum*.

② Métral, 136, pp. 147-149, et *passim* sur les rapports entre virginité et mariage depuis l'aube du christianisme.

③ 意思是"不公正的"。——译者注

④ 意思是"学究"。——译者注

一直到死。两人死后被安置在圣伊利德教堂中相对的两堵墙上的石棺中。第二天，两具棺材并到了一起。① 这无疑是个非常有名的例子，但极为罕见。

这样一来，有教益作用的放弃婚姻的事，在 12 世纪至 13 世纪突然多了起来。神圣罗马帝国皇帝亨利二世和妻子屈内贡德，因此而在 12 世纪被封圣。由于他们没生孩子，而不育又总是被怀疑为受了天谴，于是，一个世纪之后，就又为这两个人的传记出了一部增订本，告诉读者，他们是在结婚的当天晚上就发了贞节愿的。② 另一个叫屈内贡德的人是匈牙利国王的女儿，于 13 世纪嫁给了波兰国王，她也是这样做的。在她的传记里，详细地记载着她和丈夫及神甫们讨论问题的情况，她是既要丈夫，也要贞操。她从国王丈夫那里得到了一年的延缓期，一年之后再完婚。后来她接连把完婚日期延迟了三次，一直延迟到夫妻二人当着华沙大主教的面共同发下愿心。③ 不过，其间国王曾因得不到子嗣而大发雷霆，闹得圣约翰都不得不进行干预。

对那些有了子女的女圣徒来说，否认夫妻之爱的肉体关系就难了。但她们因肉欲而犯下的罪恶可以得到豁免。因此，黑茨费尔德的女圣徒伊达，尽管生养了五个孩子，却终其一生都保持着圣洁的性欲缺失。"性交的时候，"为这位圣徒作传的人告诉我们，"她依然神情专注地把该奉献给上帝的东西奉献给上帝：她控制缓和外在的爱，以便不使任何污点玷污她精神

---

① Grégoire de Tours, *Histoire des Francs*, I, 42; *Gloire des con fesseurs*, 32 (VIe s.) . *Acta Sanctorum*, 25 mai, t. VI, pp. 38 - 39. Gaiffier, 78, pp. 164 - 182, en cite quelques autres dans des vies de saints des IVe - VIe siècles.

② Vie de Henri II, P. L. , t. 140, col. 189, et les discussions col. 49 - 55. L'argument de la chasteté semble avoir été avancé lors de la béatification et développé dans un long ajout postérieur.

③ *Acta Sanctorum*, 24 juillet, t. V. pp. 676 - 679.

上的严肃性。"① 这个主题在圣波利娜的传记里再次被提到，说她母亲怀她的时候丝毫也没有忘记"内在的丈夫"。勃艮第的圣伊达是戈德弗鲁瓦·德·布永和耶路撒冷的博杜安的母亲，根据保罗书信的说法，她是纯洁地"操作"婚姻的，"出于义务'使用'丈夫，就像没有丈夫似的"。② 教会把肉欲妖魔化了，自身也被这种妖魔化的东西附了体，最终竟把精神婚姻和精神分裂症混为一谈。

被今人视为夫妻之爱证据的性，最终竟变成了否定夫妻之爱的东西。关于这一点，韵文故事《受挫的愿望》里有表现：有一对恩爱夫妻，分开了一段相当长的时间。丈夫出门回来之后，为妻的准备了一顿丰盛晚餐，然后就迫不及待地去等，等着久别胜新婚的快乐时刻来临。可是，好了还想更好，反而会把事情搞糟：她准备的饭菜太丰盛了，大盘子小碗地饱餐了一顿之后，做丈夫的竟然没来得及尽夫妇之道就昏昏睡去。妻子会把他叫醒，让他尽自己做丈夫的义务吗？不会，因为那样一来，"他会觉得她淫荡"……万般无奈，她只好强将欲火按下。③ 确实，从圣热罗姆起，就把过度的夫妻之爱视同通奸，而做丈夫的也最终把妻子的性快感当成了淫荡。爱情竟不得不去控制性快感，这样的婚姻是何等悲惨！

在这个问题上，相对来说，中世纪还是比较平和的，因为当时一般人都认为女性的性快感为受孕所必须。然而，到了医学真理即将揭示的 16 世纪，到了风气已开的时代，对于女人来说，夫妻之爱的最佳证明却是要像圣女伊达那样行事！蒙田和布朗托姆这样的作家都觉得，和妻子像和情妇一样行事可耻，就是说，做爱是为了性快感而不是为了生儿育女是可耻的。

---

① *Acta Sanctorum*, 4 septembre, t. II, p. 262.

② *Acta Sanctorum*, 13 avril, t. II, p. 142.

③ Résumé par Philippe Ariès dans «L'amour dans le mariage», 8, p. 144.

布朗托姆认为，让女人知道有阿雷坦①那样的人物，就有可能使她堕落。至于蒙田，他教导说："碰妻子的时候要谨慎、严肃，过于猥亵地刺激她，快感会使她失去理智。"他还是比较激进的，所以又说："至少要让她们学着放荡一点儿。"② 在比较自由的 16 世纪社会里，性快感和夫妻义务之间的矛盾，引出了一些令人感到莫名其妙的结论。

在有教育意义的中世纪文学作品里，正统的夫妻之爱就是这样。把灵魂和上帝结合到一起的神秘爱情模式，只要不受性的牵连，就会受到广泛尊重。我们又遇到了两种婚姻的最初传说，一种是亚当犯下原罪之前的，结婚是为了传宗接代；一种是犯了原罪之后的，婚姻不过是一剂预防非法性关系的药。起码，女圣徒们又找回了伊甸园的婚姻。自 13 世纪起，结了婚而又一心皈依基督的男人也总算有了一个最后的解决办法：参加圣弗朗索瓦的第三会，一个专收对灵修着了迷而又不愿或不能舍弃尘世的在俗教徒的修会。他们保留着妻子……除非像薄伽丘的故事里那个皮修兄弟似的，老婆也让修士偷了去。③ 因为，教士宝鉴也照出了另一幅画面：修士和神甫们难于忍受禁欲和独身生活。

神甫们的独身生活

如果贞节是精神婚姻或神秘婚姻的证明，那么，向献身给上帝的人要求这种证明似乎就是很正常的。教士们的独身生活，尤其是那些已经升任

---

① 阿雷坦（1492—1557），意大利色情作家。——译者注

② Montaigne, III, 5, 144, p. 65. Voir sur ce sujet Flandrin, «La vie sexuelle des gens mariés dans l'ancienne société: de la doctrine de l'Église à la Réalité des comportements», dans 8, pp. 133 - 134.

③ Boccace, *Décaméron*, III, 4.

为祭司的教士的独身生活，是一个有争议的老问题，可以上溯到中世纪早期。像经常遇到的情况一样，《圣经》为争论的双方都提供了论据；至于使徒们的榜样，当时还不十分明朗。比如，圣保罗向科林斯人申明自己的使徒身份时，也和巴拿巴一样，想得到的就是和十二使徒同样的权利，特别是由修会供养的权利。"我们就没有吃喝的权利吗？我们就没有权利像其他使徒一样，身边也带个基督徒女人吗？难道只有我和巴拿巴没有豁免劳役的权利吗？"

　　原始基督教徒都知道，使徒们都是结了婚的，因为他们都带着女人。德尔图良鼓吹的道德伦理比较严格，他不同意这种解释，认为那段文字里所说的女人都是使徒们的女佣。但他承认圣彼得是结了婚的，"原因在于他的继母"。对观福音书①里确实记载着耶稣为圣彼得的继母治好了病的事，不过也不存在认为那是纯洁的精神婚姻的问题，因为，直到13世纪的圣徒传《黄金传说》为止，中世纪的传说一直承认第一位教皇身边有一个年轻女子——圣彼得罗尼耶，但后来又把这个女子说成教皇的女佣或教女。至于使徒圣菲利普，他带着两个女儿一起传道，那两个女儿后来都埋在了他旁边。不过，《黄金传说》补充说，别把六品修士菲利普和使徒圣菲利普搞混，有四个女儿的是六品修士菲利普。② 圣彼得罗尼耶的传说可能是假的——她的名字已经很说明问题了：她是佩特罗尼于斯的后人，不是佩特吕斯的后人。圣保罗要求像别人一样有权带个女人时，他也可能是在不断地提醒，他是个童男之身，而且要永远保持下去。不过，很说明问题的是，

---

① 对观福音是马太、马可、路加三福音书的总称。——译者注

② 1 Co 9, 4–6 et Tertullien, *De monogamia*, VIII, 4, 194, pp. 165 et 167. La belle mère de Pierre apparaît en Mt 8, 14; Mc 1, 30; Lc 4, 38. Sainte Pétronille (ou Pierrette, Perrine, Pernelle) est fêtée le 31 mai; voir la *Légende dorée*, trad. J.-B. M. Roze, éd. Garnier Flammarion, 1967, t. I, p. 386. Saint Philippe est évoqué dans la *Légende dorée*, t. I, pp. 330–331.

使徒们的婚姻，不管真假，却没有让中世纪的人感到别扭。因此，圣安布鲁瓦兹才会在讨论福音书里鼓吹的贞洁时，主张赋予贞洁以象征性含意：不如此，就得从圣徒的行列里清除出去很多人，因为"所有的使徒，除了约翰和保罗，都有妻子"。①

但结婚的使徒也能找到托词：被称作使徒的那几个人完全有可能是在遇到基督之前娶妻生子的。就像那些改宗之前结了婚的人不能休妻一样，使徒们也得保留他们的妻子，但要守身如玉地生活。

说到神甫，圣保罗明白无误地赋予他们结婚的权利。他对主教、修道院负责人这些"教友"的唯一要求是：只娶一个女人。早期基督徒也表现得非常宽容，2世纪末的亚历山大城的圣克莱蒙还承认，男人，不管是教士还是在俗教徒，不管是神甫还是主教，都可以结婚，都可以通过生孩子使自己得救。② 选择独身的教士越来越多，修道院里结了婚的神甫名声已经不好，这也是真的。格拉西安手里保存着的一份冈戈尔主教会议上通过的决议，对那些拒绝参加由已婚教士主持的弥撒的信徒进行了谴责。这也说明，在最初的几个世纪里，压力也可以来自下面。

根据热罗姆搜集到的史料，某些修道院，特别是埃及和罗马的修道院，已经禁止神甫结婚；而4世纪至5世纪举行的一连串的主教会议也都批准了这项新的婚姻政策。公元305年，在埃尔维尔已经有了这样的规定：神职人员、六品修士、神甫和主教，都要节欲，离开妻子，不要再生孩子；不过，这项规定至少也说明，结婚还不是从事圣职的障碍。③ 地方主教会议的决定也要求品级低的教士同样实行戒欲，而后来的几任教皇又把地方主

---

① Ambroise, *in II Co II*, 2, P. L., t. 17, 140, col. 320.

② *Stromates*, III, 12 (P. G., t. 8, 141, col. 1191).

③ Concile d'Elvire, canon 33 (Mansi, t. 2, 126, col. 11).

教会议的这些决定推广到了整个基督教世界。① 但是，东方教会却不像西方教会那样毫不通融。因此，从 7 世纪起，教士的婚姻问题就成了东西方教会之间一只不和的苹果。公元 692 年在特吕洛召开的主教会议，以及所有的正统习俗，都允许已婚教士保留自己的妻子；被要求戒欲的只有主教，而且结了婚的主教也不必因此而离婚。

诚然，教皇和主教会议的决定难于遵守，但在西方，在 10 世纪至 11 世纪风俗放松之前，教士的独身生活似乎还是确立起来了。其后，不能结婚的神甫养起了情妇，而这正是教会要打击的一种婚姻形式。因此，主教会议上的主教和几任教皇都发了雷霆之怒，谴责不守清规的教士。皮埃尔·达米安（1007—1072）的著作，布尔热主教会议（1031 年），鲁昂主教会议（1064 年），利雪的主教会议（1055 年），教皇莱昂九世，格里哥利七世（以"格里哥利改革"名垂青史），乌尔班二世，卡利克斯特二世……都不厌其烦地谈论过这个问题。

当时，教士腐败成了普遍现象，私生子的身份也不再是继承职务和俸禄的障碍。有理由担心，在教士职业中会出现世袭现象，就像世俗社会中采邑的传承已经开始变成世袭的一样。在布列塔尼，教士家庭已经出现这种倾向：伯努瓦二世于 1029 年在坎佩尔逝世，他把主教的宝座留给了儿子，他的儿子日后又把它传给了自己的儿子；在南特，戈蒂埃二世的职位也将由其儿子接替，雷恩的主教蒂博也是如此②……在社会由一些自成一体的团体构成的时代，如果允许教士结婚，就可能繁衍出第二个贵族等级。

---

① Sur l'histoire du célibat ecclésiastique, voir Naz, 154, t. 3, col. 132 - 145; Esmein, 64, t. I, pp. 299 - 334. Sur les positions actuelles de l'Église, voir *Le célibat dans l'enseignenlent des papes*, Solesme, abbaye Saint-Pierre, 1984.

② Exemples cités par Mathon, 132, pp. 168 - 174. Voir aussi les exemples dans l'Angleterre des XIe - XIIe siècles cités par Brooke, 34, pp. 85 - 89.

像希伯来的利未人、波斯米提亚人的袄教僧侣或印度教的婆罗门那样的圣职阶层就有可能形成。杰克·古迪提到过，教职如果世袭，出身寒微的格里哥利七世可能永远也当不上教皇。难道促使格里哥利七世严厉推行教士独身制的原因就在于此吗？[1]

新的风俗习惯只能缓慢确立。传教的人和文学作品不断提到和写到的一些教士，都正式或非正式地过着姘居生活。有一篇韵文故事，讲的就是主教劝一个神甫和姘居女人分开时所遇到的种种困难。在神甫发现主教有情妇以后，主教再去劝他，困难就更大了。[2] 这个故事的寓意是明摆着的：暗地里的一种可耻的关系，或被禁止但并不那么虚伪的姘居，哪个更好？可以感觉得到，这类韵文故事读者——且不说作者——的取向是什么：在这类轻佻的文学作品里，经常出现被本堂神父戴了绿帽子的丈夫，这会使人想到，独身教士对夫妻生活乃是一种威胁。

在文学作品的老生常谈之外，有一个不能不了解的社会现实。教会当局竟然束手无策，无法使不听话的教士就范，特别是在姘居盛行的教区。在巴黎，被主教指控的神甫通过把诉讼程序复杂化的办法使自己脱身，迫使教皇不得不允许莫里斯·叙利主教取消要求使惩罚立即生效的上诉程序。[3] 1131 年在列日召开的教区会议，教皇英诺森莅临，会议不去触动神甫，却埋怨起教徒来：确实知道某神甫和女人姘居或者有妻子，却依然去参加由该神甫主持的弥撒，这样的教徒要受到斥责。这样一来，就把格拉西安在这同一时期搜集到的一项规定翻过来了。至于列日的神甫，他们公开过着姘居生活，到临死的时候才把姘居的女人放弃……"问问那些宣称

---

① Jack Goody, 87, p. 87.

② «De l'esveque qui beneï lo con» dans 143, t. III, p. 178, n° LXXVII.

③ Lettre de Lucius III à Maurice de Sully, 4 janvier 1184, dans P. L. , t. 201, 140, col. 1231 - 1232.

想拥有合法妻子的人，为什么临死的时候又要将女人放弃，而且要来个洗心革面？如果婚姻合法，根本用不着改变生活，也无须放弃妻子；如果婚姻违法，那就是通奸。"① 在改革派的思想和词汇里，在合法婚姻和通奸之间，此后就没有了容纳姘居的余地。

1139 年的拉特兰主教会议又往前迈了一步：会议将神品（天主教七圣事之一，指授职礼或祝圣神甫）定为婚姻障碍，使婚姻无效。对已经授职的已婚教士，除了要进行种种处罚之外，还要宣布他们的婚姻无效，孩子为私生子女。教皇手谕批准了这项决定。毫无疑问，必须使这项决定受到尊重，而 1215 年在拉特兰开的另一次主教会议还将决定对"按照当地风俗习惯"结婚的神甫给予"更严厉的"惩罚，严厉程度要超过惩罚纵欲的神甫，因为他们不仅玷污了圣职，还损害了婚姻的庄严。② 然而，到了中世纪末期，又有权威人士出来为神甫的婚姻辩护。从 13 世纪起，在提倡教士独身生活的理论家正厉兵秣马、准备大干一场的时候，让·德·默恩③的犹豫和保留就已经可以感觉到了：他续写的《玫瑰传奇》里的热尼要把所有不使用自己繁衍"工具"的人一律逐出教门。提到那些因宗教理由而仍然禁欲的人时，他对神学家的信任也是很谨慎的，因为，信仰有可能战胜理智。但很明显，理智说服不了他：如果上帝觉得禁欲那么好，为什么不强迫所有的人都禁欲呢④？

---

① *Antigraphum Petri*, publié par Arnold Fayen dans *Bulletin de la Commission royale d'Histoire de Belgique*, 5e série, t. IX, 1899, pp. 272 - 274.

② 第二次拉特兰主教会议（1139 年），决议第 7 条，芒西著作，126，第 21 卷，col. 527—528。第四次拉特兰主教会议（1215 年），决议第 14 条，芒西著作，126，第 22 卷，col. 1003。在 1123 年的第一次拉特兰主教会议和 1134 年在比萨举行的主教会议上，神品是婚姻障碍的问题已经提了出来。第二次拉特兰主教会议把这一婚姻障碍扩大到了整个基督教世界。多维利耶（Dauvillier）著作，51、162—163 页。

③ 让·德·默恩（1250—1305），法国作家，《玫瑰传奇》第二部分的作者。——译者注

④ Éd. Poirion, Paris, Garnier-Flammarion, 1947, vv. 19505 - 19629, pp. 517 - 520.

神学家和教会法学家都觉得强加在他们身上的负担太过沉重，而他们的这些想法到 16 世纪竟传到了新教教徒那里。这不合常情，让他们显得有罪。也许，是他们在路德和加尔文身上取得的成功使他们的进展戛然而止：神甫是独身还是结婚，已经变成一种宗教选择，超出了纯粹的道德伦理范畴。完全可以这样提出问题：如果没有反宗教改革运动，如果新教缩小成了一个对天主教不构成直接威胁的小异教派别，在中世纪从来不曾真正确立下来的教士独身制是否能够占上风。

从此以后，重提神甫的独身制就不受欢迎了。只是在法国大革命之后，曾一度允许宣誓派教士①结婚，但时间很短。接着，为了使这一理论变得温和灵活，自 20 世纪初就提出来的种种说法都碰了壁，遭到拒绝。

从教士到知识分子

教士为什么不能结婚呢？提出来的理由多种多样，有的毫无意义——比如说，因为在妻子面前不能保持忏悔的秘密。占支配地位的说辞有两大类。第一类纯粹是宗教方面的，即使这类说辞有别于要求某些古代祭司（古罗马的维斯太派……）的"有限贞洁"，但依然属于"禁忌"范畴。这类说辞的依据是马太的一段著名文字，其中说到，基督提到过那些为天国而自宫的人。"看各人的悟性吧！"基督最后说了这么一句。可是，被引导着去领悟的，不正是基督召唤去天堂的那些人吗？召唤他们的时候，基督就要求他们把一切都舍弃，包括妻子儿女。可为什么又要一反古老传统，要求他们在此生就保持贞洁呢？也许是为了在尘世展现天国的情景，天国里"没有嫁娶"。教会实际上就是天上耶路撒冷的缩影。生活在基督教里的

---

① 宣誓派教士指法国大革命时期宣誓遵守《教士的公民组织法》的教士。——译者注

人应该像"天使"一样，因此，在尘世生活着的时候就应该提前生活得像天使一样贞洁。

这种解释老早就有了，因为在圣保罗的著述里就能找到一些蛛丝马迹，只是到了 20 世纪，在教士婚姻问题重新被提起时，又旧话重提，使这种解释有了新的内容。约翰-保罗二世的意思主要是想把独身生活搞成一种"方向"，朝着不嫁不娶的天国"来世状况"发展，而由教士通过"上帝恩赐的选择"在尘世实现。① 这种说法在福音书里不曾被直接阐释过，而是从罗列在一起的一些意思相同的段落里推导出来的。某些人为了天上的王国自宫这件事，意味着"用贞洁这种特殊禀赋进一步完全认可天国的统治吗"②? 在福音书里，结婚和保持童贞之间没有品级上的区别。想通过这条道路到达天国的，必定是教士吗？是所有的教士吗？发贞洁愿的是修士，不是修道院之外的教士。至于在尘世必须实现天国里的贞洁，基督从来没有这样要求过。来世的解释似乎主要是为已经做出的决定进行辩解。

第二种解释也是早就有了的，因为这种解释和古代哲学家（西塞罗、泰奥弗拉斯托斯、埃比克泰德）及早期的基督徒（圣热罗姆、亚历山大的克莱蒙……）提出的反对结婚的理由一脉相承。当时提到的是，教士应该保持一种无拘无束的状态，全心全意地去办理上帝和他自己教区里的事情。"我希望你没有要分心的事，"圣保罗说，"没结婚的人想的是上帝的事，想的是如何取悦于上帝；结了婚的人想的是人世间的事，想的是如何取悦于妻子。结了婚，就不能心无旁骛了。"这种源于斯多葛主义的说法，和其他说法一起被圣热罗姆通过《驳若维尼安》一文传播开来，曾在中世纪大行其道，尤其是 13 世纪下半叶以后。某些教士的反妇女解放，1215 年召开的

---

① Voir les audiences de Jean-Paul II de 1982 dans *Le célibat dans l'enseignement des papes*, Solesmes, abbaye Saint-Pierre, 1984, pp. 22 - 26.

② *Ibid.*, p. 37.

拉特兰主教会议，婚外艳遇模式的僵化，所有这一切都说明，沉寂了八个世纪的说法又卷土重来了。

　　婚外艳遇这种游戏里的爱情成分被夸大，婚姻中的爱情则被小心地清除了。婚外艳遇果真像一些说话刻薄、从此被幽闭在独身生活中的教士所说的那样，给婚姻制度带来了危机吗？可以说是，但这样说的佐证主要是文学作品或论战文章。在 13 世纪末的法国社会里，在婚外艳遇变成一种程式化免费游戏趋势的时代，反对婚姻的谩骂声确实出现了。在 1260 年至 1300 年间教士写的小说和诗歌里，美化爱情的越来越少，而攻击婚姻的却越来越多。中世纪末期论战中的所有问题都是在这个时期积累起来的。提出这些问题，可能是因为受到了一些古老事例的启发。但问题集中出现在法国一地，而且出现在同一代人中间，还是很不寻常的。相反，大讲贵族世界、很少谈及教士苦闷的小说却保留着对爱情婚姻的理想——即使这类小说未能将这种理想描摹出来。①

　　关于阿贝拉尔②书信的论战，在这里具有十分重要的意义。因为，爱洛伊丝的那些信有可能构成圣热罗姆和 13 世纪之间所缺失的那个环节。可是，这些信是爱洛伊丝于 1132 年写的吗？如果是，这就构成了艳遇在法国北方成为风气之前的一个孤证。或者，那只是在 13 世纪重写的一部"书信体小说"，操刀的可能就是让·德·默恩？如果我们今天至少承认，这些信是改写或后人根据原始材料重写的，阿贝拉尔和爱洛伊丝的这段风流韵事，就得以通过一个比较新近的实例，使阿拉贝尔这位已婚哲学家的题材具有

---

① Voir sur ce sujet Jean-Charles Payen, «La crise du mariage à la fin du XIIIe siècle d'après la littérature française du temps», dans 67, pp. 413 – 430 et «La ' mise en roman' du mariage dans la littérature française des XIIe et XIIIe siècles: de l'évolution idéologique à la typologie des genres», dans 198, pp. 219 – 235.

② 阿贝拉尔（1079—1142，又译：阿伯拉），法国经院派神学家和哲学家。——译者注

了现实意义：这个问题自此就和教士的婚姻有了牵连，而教士的婚姻既是尚未定型的"知识分子的"，也是献给上帝的，它把古代婚姻论争中的两个词——神甫和哲学家——结合到一起了。杰出的教授阿贝拉尔引诱了自己的学生爱洛伊丝，向姑娘的叔叔提出弥补的办法，"唯一的条件是婚礼必须秘密举行，以便不使我的名声受损"。姑娘的叔叔接受了，但爱洛伊丝本人反对，因为她不想让自己成为所爱男人的负担。她旁征博引，拿基督徒和异教徒作者写的反对婚姻的文章说事，然后，又把西塞罗搬了出来，说西塞罗休妻之后拒绝再娶，"因为不想再做任何与哲学研究争时间和精力的事"。

那年轻的姑娘历数了所有的麻烦：婴儿啼哭，保姆唱摇篮曲，会使做父亲的无法工作。她以盛赞退隐作结，说隐退最好，可以使那位哲学家远离喧嚣的尘世，一心一意去研究哲学。至于她本人，她更喜欢同居伴侣或欢场女子的头衔，而不要妻子的名分。不过她最后还是下决心进了修道院，以便无拘无束地去做祈祷，而阿贝拉尔也就可以回过头去做他的学问了。[①]

爱情会妨碍哲学家搞研究的说法源远流长。爱洛伊丝是圣热罗姆的忠实读者，她是从圣热罗姆的著作中读到这一点的，而圣热罗姆的这个观点又是从泰奥弗拉斯托斯和西塞罗的著作里借过来的。泰奥弗拉斯托斯关于婚姻的论文只有圣热罗姆见过，但这篇论文却变成了中世纪反妇女解放文

---

① *Correspondance* d'Abélard et d'Héloïse, traduite par Paul Zumthor, 10/18, 1979, pp. 60 - 66, 127, 153. Sur la polémique autour de l'authenticité des lettres, et sur le rôle de cette correspondance dans l'histoire de la conception du mariage, voir Brooke, 34, pp. 93 - 118 et 259 - 264; Piero Zerbi, dans 198, pp. 130 - 161; Jacques Monfrin, «Le problème de l'authenticité de la correspondance d'Abélard et d'Héloïse», dans *Pierre Abélard - Pierre le vénérable*, *les courants philosophiques*, *littéraires et artistiques en Occident au milieu du XIIᵉ siècle*, colloques internationaux du C. H. R. S., abbaye de Cluny, 1927, Paris, 1975, pp. 409 - 424.

学作品中的必读参考书。① 《灾难史》，有人说是圣热罗姆写的，有人说是阿贝拉尔写的，或真或伪，总归是 13 世纪一本广为流传的著作，用同一些事例阐明的相同主题，反复出现在让·德·默恩写的《玫瑰传奇》中，出现在富伊瓦的于格的《论婚姻》或厄斯塔什·德尚的《婚姻宝鉴》中……世俗婚姻保证了传宗接代，但恶化了精神生活，而精神婚姻的成果是作品，世俗婚姻与精神婚姻两者之间的对立很自然地从这部尚未定型的书信体小说中流露出来了。因为爱爱洛伊丝，阿贝拉尔忽略了其他学生，结果搞得声名狼藉，与埃雷克和艳情小说中那些陷入婚姻困境、忘记自己"价值"的主人公相去不远。最终，还是把两类婚姻产生的两类结果对立起来了。厄斯塔什·德尚写于 1381 年至 1396 年之间的《婚姻宝鉴》对这个主题做了充分的阐述。②

各个时代都会产生一些嘲笑婚姻的讽刺诗，但这首长长的讽喻诗没有像以往的讽刺诗那样，只局限于对婚姻进行讽刺。讲故事的人弗兰克-武卢瓦有四个朋友，都撺掇他娶媳妇。几个人轮番对他述说婚姻的传统好处，特别是那项义务——传宗接代。当然提到了圣保罗，提到了《旧约》，提到了造物主创造的那些除了捉对儿交尾无事可干的飞禽走兽，也提到了小说中那些把夫妻状况和盘托出的信教或不信教的女主人公。在这里，妻子被描绘成内务总管，而男人掌管家庭的外部事物。为婚姻做的辩护本来很有说服力，可惜的是，那几位朋友名字不好：一个叫德西尔（愿望），一个叫弗利（疯狂），第三个叫塞尔维蒂德（强制），最后一个叫方泰西（想象）。可以感觉得到，这几个人（几种概念）都在为自己所代表的东西进行辩护。

弗兰克-武卢瓦在犹豫，因为他自己的头脑里还保留着古老的影像，影

---

① Il est publié dans l'*Aduersus Jouinianum*, I, 47, P. L., t. 23, 140, col. 276 – 278.

② Eustache Deschamps, *Le miroir de mariage*, dans les *Œuvres complètes* publiées par Gaston Raynaud, t. 9, Paris, Didot, 1894 (*S. A. T. F.*). Voir sur ce livre l'article de Jeannine Quillet, «Le miroir du mariage d'Eustache Deschamps», dans 36, pp. 457 – 464.

像中显示出来的婚姻是无休止的争吵或者是奴役。他给友人雷佩尔图瓦尔·德·希安斯①写信，跟他要主意。希安斯的回信占了全诗的四分之三，共计约9000行。复信引经据典，对那四个人的主张一一进行了驳斥。他说，《圣经》里是有很多品行端正的妻子，但也有大利拉②和莎乐美③那样的女人。经院辩术为希安斯提供了全套武器，从三段论到排他性选言。娶个美貌女子为妻怎么样？那就有戴绿帽子的危险。娶个丑的呢？那是自己跟自己过不去。婚姻问题这样被大大方方地摆到了桌面上来讨论。

然而，从这封长长的复信中，要抓住的主要是婚姻和科学之间的对立。那个为了更好地投身于学术研究而把妻子休了的西塞罗的例子，直接来自阿贝拉尔的《安慰》：

> 他说了，一个人不能既照顾女人，
> 又献身于科学。④

"Clergie"这个词很能说明问题，它既指科学，也指教士身份。西塞罗不是这个词所指的宗教意义上的"教士"，但是，为了献身于哲学，他选择了在中世纪只有教士才能允许自己过的那种生活。为了替神甫的独身生活进行辩护，古代哲学家的话被曲解了。这本没有写完的书也以同样的方式，在最后几页拐弯抹角地对弗利（疯狂）进行了辛辣的攻击，讥讽当时的社会和政治丑闻。争论已经和婚姻毫无关系：它所反对的是被弗利（疯狂）

---

① 这个人名的意思是：一个有科学头脑的博闻强记的人。——译者注
② 大利拉是圣经故事中英雄参孙所爱的一个女子，后为利士人收买，刺探到参孙力大无穷的奥秘，导致参孙被擒。——译者注
③ 莎乐美，圣经故事里的人物，犹太公主。犹太王希律喜爱她的舞蹈而允其所请，将施洗约翰斩首，并将首级赐给她。——译者注
④ «Et il dit qu'un homme ne pouvait servir à la fois une femme et la science» (vv. 2462 – 2463).

所腐蚀的社会，哲学家想从这样的社会中抽身，别无他法，只能逃离，像教士一样去生活。和世俗婚姻形成对照的，是教士和骑士的精神婚姻。

基督教关于婚姻的传说，就是在这时重新出现的。雷佩尔图瓦尔·德·希安斯（那个有科学头脑博闻强记的人）请弗兰克-武卢瓦饮"悔泉"之水，饮以色列七泉（慧泉、辨泉、励泉、勇泉、智泉、悯泉和畏神泉）之水；饮七泉之水，可以辨别出圣灵的七种天资。弗兰克-武卢瓦应该全身心投入研究的学问，完全是宗教方面的，为此，他就应该选择精神婚姻，而这类婚姻可以保证他的"后代"比世俗婚姻生的继承人留在世间的时间更久。对教士和骑士来说，"孩子"就是他们的业绩，而流传下来的武艺高强的骑士的英雄事迹，或以教士和骑士的名字命名的城市，正不胜枚举。

留下精神"后代"的事，在当时是很认真的。列日的神甫结巴朗贝尔的情况就是如此。1176 年，结巴朗贝尔成了家里唯一的继承人。"我知道，哥哥死了以后，我就不得不生孩子了，"他写道。我们看到过，在相同的情况下，修士拉米埃走出修道院，登上国王宝座，结了婚。对于像朗贝尔这样著名的传道士来说，解决办法简单多了：他播撒的是话语种子，他的"孩子"就是日后他的那些信徒。同样，在阿贝拉尔和爱洛伊丝的通信里，不言自明，作为世俗婚姻对立面的也是精神婚姻，其"后代"也很具体：帕拉克莱修道院。这是一所诞生于"神圣爱情"的修道院，它将"生出后代"，即那些日后围绕在爱洛伊丝身边的修女。用精神生育代替血肉生育的传统也是有悠久历史的：实际上，《新约》就宣布过"话语分娩"，而圣保罗也经常把他在基督教里"孕育"的人称作自己的孩子。①

两种婚姻的对立可以达到骇人听闻的地步。这里仅举意大利福利尼奥

---

① Lambert le Bègue, *Mémoire adressé à Calixte III*, publié par Arnold Fayen dans *Bulletin de la Commission royale d'Histoire de Belgique*, 5ᵉ série, t. IX, 1899, p. 351 ; lettre d'Héloïse à Abélard, traduite par Paul Zumthor, 10/18, 1979, p. 124 ; Paul, 1Co 4, 15 ; Phm 10...

的安热勒（1248—1309）做个例子。这个女人结了婚之后，总是感到有一种神秘的兴奋，莫名所以。"我还跟丈夫在一起的时候，"她写道……"神就把我的母亲带走了，我的母亲是妨碍我到神那里去的一大障碍。我的丈夫和几个儿子也都在很短时间里死掉了。因为，上了路以后，我就向上帝祈祷，祈求上帝让我把他们都摆脱掉。他们死了，对我是个很大的安慰。不是我没有同情心，我是想，上帝赐福让他们死了之后，我的心和意愿就会永远在上帝心中了，上帝的心和意愿也就会永远在我心中了。"[1] 作注释的人不无遗憾地认为，"不同寻常的"情感，使这个福星高照的女人走了一条"不同寻常的道路"。但我们可以这么想，这个神秘主义女人的同情心会很快从为她希望成批死去的亲人而生的激动心情中得到满足。

反对婚姻的论战在 13 世纪下半叶的教士中间达到了第一个高潮。这场反教士婚姻运动进行了两个世纪，终于在 1215 年的拉特兰主教会议上达到了目的。探究这场运动所造成的间接影响，应该是很有意思的。不能放弃妻子或同居伴侣的教士，眼见职业生涯之路被堵死，沦落为贫穷的"游方教士"。在他们看来，婚姻成了他们不幸的原因，从前被视为财富来源的妻子，如今却成了贫穷的象征。行吟诗人吕特伯夫或马泰奥吕斯在这个主题上用的笔墨最多；后者在婚姻中发现的好处只有一项：在升天之前尝遍炼狱之苦，将罪衍炼尽[2]。

探究这种对立在各个时代的发展可能不乏意趣。纯洁的肉体能在精神上多产，变成了宗教思想一个重复出现的主题，贯穿于整个历史，直到今天。伯努瓦十四世就曾于 1746 年向放弃尘世婚姻的人明白地许诺神婚："甚至在预定举行婚礼的日子到来之前，保持着肉体和精神纯洁的人有时也

① Angèle de Foligno, *op. cit.*, neuvième pas, p. 47.
② Idée et exemples dans l'article cité de Jean-Charles Payen, 67, pp. 413 – 430.

能分享到婚姻本身的快乐。他们虽然还处于尘世的生活之中，内心却实实在在地充溢着上帝浩荡的恩典，就好像已经提前和天夫结了婚。"①

我们只想指出，几个世纪之后，这种说法越出了宗教范围。比如，我们可以在叔本华的著作里读到："结了婚的男人肩负着整个生活重担，而独身男子身上的负担只有一半。想献身给缪斯女神的人，应该过独身生活。哲学家需要的是时间。"② 尼采更把这层意思概括为一个著名公式："或者要孩子，或者要书。"这种"克桑蒂普③情结"成了米尔恰·伊利亚德④的一部大作《天堂的婚姻》（1981 年出版）的主题："我觉得，已婚男人的状况对纯粹的创作行为构成障碍。通过婚姻，人获得新的世俗地位，但这种地位会扰乱艺术家的直觉。另外，我想象中的艺术家是永远处于无拘无束中的人，是美学价值的创造者。就是这样，没什么可说的了。艺术家的生活可以变化，而且，生活不断变化有好处。艺术家应该经验丰富，不能被限制，不能停滞。"

对知识分子来说，婚姻是一个陷阱吗？可能是。不管怎么说，对寻求确定性的知识分子来说，婚姻可能是陷阱。因为，在单独的人不能获得的真实性面前，所有的问题都消失了。加缪的《局外人》中的那个"局外人"，面对到监狱里来宽慰他的神甫所表现出来的那份从容，不就应该这样去理解吗？"他好像非常自信，是不是？可是，他的自信毫无价值。"⑤

---

① Voir, dans *Le célibat dans l'enseignement des papes*. Solesmes, abbaye Saint-Pierre, 1984: Benoît XIV, *Ad nuptiale conuiuium*, 29 juin 1746 (cité p. 103); Pie XII, *Sacra uirginitas*, 25 mars 1954 (cité pp. 105 - 111); Paul VI, *Sacerdotalis cœlibatus*, 24 juin 1967 (cité pp. 112 - 115) et *Euangelico testificatio*, 29 juin 1971 (cité p. 102).

② Schopenhauer, *La vie*, *l'amour*, *la mort*, cité par O. Poivre d'Arvor, 168, p. 86.

③ 克桑蒂普是苏格拉底的妻子，以脾气暴躁著称。——译者注

④ 米尔恰·伊利亚德（1907—1986），当代罗马尼亚宗教史学家。——译者注

⑤ Mircea Eliade, *Noces au Paradis*, trad. par Marcel Ferrand, Paris, Gallimard, 1992 (coll. *L'Imaginaire*), p. 91; Camus, *L'Étranger*, éd. Gallimard, 1949, p. 169.

第六章

是解除婚姻，还是分居？

巴黎，1381 年。索古的约翰（原籍康布雷）明媒正娶，和让内特结了婚。婚后，约翰对妻子的爱毫无保留，他后来的表现充分说明了这一点。至于让内特，和精神的手段相比，她是不是更容易向物质的手段屈服呢？索古的约翰是个金银匠，职业体面，收入丰厚，但是很显然，妻子对他的感情，赶不上他对妻子的。"婚后没多久"，她就和一个什么外号叫"野兔"的人勾搭上了。"这个女人存心不良，而且想入非非"，使这件事流传下来的国王赦书里就是这么写的。

做丈夫的发现那个风流浪子"躲在他家的墙角落里"，就把他臭揍了一顿，打得鼻青脸肿。也不知道他是因为宽宏大量，还是因为爱老婆至深，反正他原谅了妻子。不过，出于谨慎，"为了不使她在家乡出丑，也为了让她知错能改"，他把妻子带到巴黎地区他兄弟家里去了。结果是白费劲：狡猾的女人把新地址告诉了情夫，情夫找上门来，把她拐走了。15 天里，那女人音讯全无，而她丈夫却在"找她，并动员母亲和其他朋友都去找她"。两个礼拜之后，发现她确确实实就在……她父亲家里！于是，有人就开始怀疑，赦书里被说成无辜受害者的丈夫，性子是不是急了点儿，他可能就是把妻子关在兄弟家里吓唬吓唬。

不管怎么说，妻子已经把支配自己身体的权利都给了丈夫，丈夫要带她回去，她就应该跟他走。因为，丈夫又一次原谅了她，"为的是让她能够走上正道，从此改邪归正"。不过，他慷慨大方得有些过分：为了从精神上支持妻子，他竟发下愿心，要到孔波斯泰尔的圣雅各教堂去朝圣……而且还真去了。他太天真了……也许还应该受到点谴责：知道妻子轻佻，不守妇道，还长时间地让她一个人在家，即使理由高尚，不是也十分不妥吗？

　　到底说，朝圣所产生的效果和所希望的大相径庭。回来以后，他得知，妻子利用他朝圣的当儿，和蒙彼利埃的收税员——桑斯的皮埃尔"勾搭上了"，另外还勾搭了"几个别的男人"。合法丈夫归来，她依然我行我素，照旧放荡。丈夫再次原谅了她，而我们这位让内特却竟然离家出走，在外面待了整整三个月，"为的是更加放荡"——为的是能够更加自由自在地胡闹。这一次，做丈夫的已经忍无可忍，就把她告上了巴黎的宗教法庭，要求离婚。宗教法庭只同意将两个人的财产分离，遭受欺骗的丈夫还可以继续要求妻子尽夫妻义务。为此，约翰把犯了私通罪的妻子安置在了母亲家（我们理解是娘家）。"出于怜悯，"赦书上如是说。真是奇事一桩：这么淫乱的行为，理应判决分居。没有剥夺夫权的判决，难道是那位依然爱着妻子但又管束不住她的丈夫要求的？让内特不再由他养活，她此后得"吃自己的"了，但依然是约翰的妻子。约翰可能真没什么可遗憾的了。

　　让内特可不这么看。作为一个前瞻型的、"被解放了"的妇女，她要"自己过日子"，于是就不顾母亲的反对，过起了"放荡生活"。她丈夫听说了以后，又一次对她表示了原谅，并打算把她接回家去。"可让内特却回答说，她对丈夫已经毫无兴趣。"没错！她当时正在和马里纳的另一个叫让的修士"打得火热"！"跟他姘居很长时间了"。

　　"很长时间"的意思是：从复活节到圣诞节。可是，一个礼拜天，依然爱着妻子而且嫉妒心越来越强的约翰，来到圣尼古拉-德尚教堂望弥撒，竟和让内特撞了个正着——她来教堂"没想干坏事，也没有邪念，只是来望弥撒"。约翰尾随着她，一直跟到她的新家。这时，约翰怒从心头起，上去

184

就捅了让内特一刀，然后跑到教堂藏了起来。让内特很勇敢，死前非要当众忏悔，而且宽恕了杀害她的丈夫，"说丈夫杀她有正当理由，是自己实实在在对不起他"。被扣了绿帽子的丈夫雪了耻，然后逃之夭夭，以逃避法律的严惩，最终却被国王赦免。①

离婚的衰退期

不般配婚姻的不幸结局，或曰离婚悲剧，此后就不可能有了吗？基督教是第一个站出来说婚姻是不可分离的。在很多情况下，特别是和犹太社会相比，对于从来不曾有过提出离婚的主动权的妇女说来，这无疑是个进步。在大多数原始文明中，婚姻似乎都只是在丈夫休妻的时候才能够结束。摩西为妇女带来的唯一改善，是规定丈夫必须为被休的妻子开具"离婚证明"，以便确定被休女人的身份（民法 24，1—4）。相反，在基督看来，原来的婚姻法里根本就没有休妻这一条。天堂里的上帝所要的那种婚姻是不能分离的，因为男人和女人已成为一体（《旧约·创世记》2：24）。所以，上帝结合到一起的东西不能分开。摩西允许休妻，是因为上帝的选民"心狠"。于是，针对摩西的宽容，新法对原来的法律进行了修改。

可是，在基督教渗入罗马社会以后，形势就不同了。在罗马帝国的统治下，罗马法确实大大改善了妇女状况，女人不再由父亲或丈夫"支配"，已经可以享有财产分离权。女人可以签合同，由本人支配自己的财产，女人也可以休夫。当然，离婚常常还都是由丈夫提出来的。但是，罗马的双

---

① Lettre publiée dans le registre das causes civiles de l'Officialité de Paris, 161, pp. XXIV-XXV, n. 4.

方同意原则理论意味着的首先是夫妻和睦。结婚只能以双方同意为基础，有一方想重获自由，婚姻就会自动消失。无须履行任何法律手续，婚姻完全是一桩家事。法官充其量也只是在妆奁方面有了异议，或者，自公元293年起，在决定儿子——女儿似乎不算数——归谁的问题上，进行干预……再婚不仅可能，而且受到鼓励；而离了婚的男人则被视同鳏夫或单身汉，奥古斯都时代对这类人采取过一些歧视性措施。①

大家明白，这项灵活制度不会在朝夕之间就被基督徒不能通融的拒绝所取代。基督徒皇帝们对离了婚的男人一直都很宽容。公元331年，君士坦丁下令，因为严重错误，可以离婚；5世纪，奥诺利于斯又下令，因为一般过错，也可以离婚。如果妻子犯了严重错误，丈夫留下她的妆奁，可以再娶；若妻子犯的只是一般过失，丈夫则应该把妻子的妆奁还给她，两年之后才可以再娶；假如妻子没犯错误，丈夫无缘无故就把妻子打发了，他就不能再娶。

女人受到的待遇有点不公：在丈夫犯了严重过失的情况下，妻子可以提出离婚，能保住妆奁，但五年之后方可再嫁；如果丈夫犯的是一般过失，妻子提出离婚，就会失去妆奁，也不能再嫁；如果女方无缘无故地提出离婚，则要被判监禁。东罗马帝国采取的措施也差不多，但在一点一点地变得灵活。面对很容易离散的婚姻，查士丁尼②能做的，充其量也只是把罗列严重过失的单子缩短一些，但实际上，只要双方同意，离婚没有什么困难。例如，"公元569年的一纸离婚证书提到，一对一心一意想过安静生活、长相厮守的夫妻，却因为'魔鬼'捣乱而不得不离婚"③。于是，"魔鬼挑拨"这个公式，差不多就变成了判决双方自愿离婚的一个典型条款。

---

① Gaudemet, 80, pp. 40 - 42.
② 查士丁尼一世（527—565在位），东罗马帝国皇帝。——译者注
③ Gaudemet, 80, pp. 84 - 85; sur cette période, voir les pp. 70 - 85.

在这一时期成文的日耳曼法深受罗马法的影响，因此，为日耳曼王国（西哥特人和勃艮第人的王国）里的罗马臣民制定的法律就作出这样的规定：双方可以自愿离婚，也可以因为对方犯了严重过失而离婚；可以是男方犯了过失，也可以是因为女方犯了过失。为日耳曼民众制定的法律，对女方稍微严厉了些。当时，离婚是用象征性动作来表示的：在法兰克人那里，是妻子把家里的钥匙扔掉；在丹麦人那里，则是撕掉一件衬衣。离婚属于夫妻之间的私事，民事当局只是备个案而已。

为我们保留下来的文书，有证明离婚的，也有官方给当事人的批准离婚的正式文件。下面是在法兰克掌玺大臣公署里使用的一份文件："既然某某人和他的妻子某某之间已经没有了依照神圣法律所说的爱，不断争吵，两不相容，并为此互相指责，于今又来到这里，来到某伯爵和其他有身份的人面前，而且各自表示了解除婚姻的愿望，事情也就只能按照他们想的这样办了。"① 如此这般，离婚的事就在伯爵面前当堂宣布了。不过，这只是夫妻分手，而不是双方彼此同意的离婚；这仅仅是一份笔录，记录的是以和解的方式两相情愿的分手，理由充足，可能也符合法律要求。马尔屈尔夫的教会法规汇编向我们指出的就是这个，表达形式和这个也十分相似。"为了某种理由，为了某些经过核实的原因，"马尔屈尔夫开宗明义地写道，"夫妻之间的离婚状态就成立了。"② 用于双方之间交换信件的格式也随即出现："为了这个理由，他们让人起草并记录下这些相互交换、内容相同的信件。"每个人从这里得到的是再婚的自由，或是进入修道院的自由。任何一

① De Rozières, *Recueil général des formules usitées dans l'empire des Francs*, Ire partie, éd. Durand, p. 141, formule 113, citée par Zoegger, 209, p. 52, n. 1. Sur le divorce dans les coutumes germaniques, voir aussi Gaudemet, 80, p. 106.

② *Certis rebus et probatis causis inter maritum et uxorem repudiandi locus patet*. Formulaire de Marculfe, n° XXX, dans Baluze, 13, t. II, col. 423.

方事后都不得反悔，反悔者要受处罚（罚 1 利弗尔黄金）。所以，和教会当局的各种决定相反，再婚是被允许的。

面对民事当局的普遍宽容，一直未能将婚姻事务控制在手的教权只能表示一些虔诚的愿望，用末日审判进行威胁，或者在教会法里规定一些惩罚办法。最初的几次主教会议，头几个世纪里的神甫——特别是东罗马帝国的神甫，在圣奥古斯丁之后，大都缺乏一种行之有效的不妥协精神。圣埃皮法纳允许因为通奸、淫荡或"其他罪恶"而离异的人再婚；奥里热讷允许以比通奸更为严重的过失为由而离婚，他列举了杀婴和投毒。[1] 至于教会的立法，此时依然变化不定。某些主教会议做出决定，禁止女人再婚；另一些主教会议又强迫人戒欲，或将离了婚的人逐出教门，而又不明确惩罚的期限；还有几次主教会议允许因经主教确认过的严重过失而离婚和再婚。[2] 神学家的努力，主要在于确定基督所宣布的禁令的界限。当时被开发利用、至今在教会法中还有影响的两个指导方针，一个是"马太的插话"，一个是"圣保罗的特许"。

根据马太的说法，"马太插话"[3] 是插在福音书里基督讲禁止离婚处的两个段落，一段在希腊原文本[4]"除了因为奸淫"之后，一段在圣热罗姆翻译的拉丁文本"除了因为非法性关系"之后[5]。这些在别的福音书的相同段

---

[1] Saint Épiphane, *Aduersus haereses*, 59, 4 (P. G. , t. 41, 141, col. 1023 – 1026); Origène, *In matt.* , 14 (P. G. , t. 13, 141, col. 1250 – 1274).

[2] Concile d'Agde, 506, canon 25, dans Mansi, 126, t. 8, col. 329.

[3] Les trois mots de Matthieu ont inspiré des milliers de pages de commentaires. Voir le *Dictionnaire de théologie catholique*, 55, art. «Adultère (l') et le lien du mariage d'après l'Écriture sainte» (t. I, col. 468 ss.) et art. «Divorce», t. IV, col. 1460; voir Crouzel, 48, pp. 29 – 34; Bonsirven, 29, pp. 442 – 464; Marucci, 131, pp. 333 – 406; Gaudemet, 79, pp. 230 – 289.

[4] Παρεκτὸς λόγου πορνείας (parektos logou pornéias) en Mt 5, 32; μη επιπονεια (mê épi pornéiâ) en Mt 19, 9.

[5] *Excepta formicationis causa* en Mt 5, 32; *nisi fornicationem* en Mt 19, 9.

落里没有出现的词是什么意思呢？大家都认为，"非法性关系"和"奸淫"是两个意思模糊的词。为了明确这两个词的意思，必须把在其他段落里也出现过的这两个词拿来进行一番比较。看法就在这里出现了分歧。希腊语学者和希伯来语学者继续使用前后矛盾的引文互相攻击，或主张把基督这几句意义不明的话合并到完美的正统天主教教义里，或者相反，拿这些话来为弱化婚姻的不可分离性进行辩护。几个字的"插话"引出来的诠释著作，汗牛充栋。

想三言两语把这些诠释作一番归纳，可能是徒劳的，但对这个问题的复杂性作个简单介绍则很有必要。50年来，就这一理论提出了一项令人满意的解释，且此项解释业已被收入天主教翻译的《圣经》之中。这项解释导致的结论是：对照圣保罗那段话里的"奸淫"① 一词，婚姻具有不可分离性，"除非结合是不合法的"。这样说来，引用的这段经句没有把事情归结为女人所犯的错误，而是归结到"夫妇状况"上来了，这就在实践中使基督的话语服从于教会的决定，把基督的话变成了"预期理由"②：如果结合是不合法的，分居就是自然而然的事。这里说的是取消婚姻，不是离婚，基督不想将理由形之于口，教会法会慢慢罗列出来。如此这般，引用的这段经句的实质内容被完全抽掉，而教会当局就可以放开手脚，自由地去界定什么是不合法的结合了。

但是，这项解释的译文却远未取得一致同意。实际上，还有其他文本

---

① 这个译法是邦西尔旺于1948年提出来的，见参考文献29；到了1971年，克鲁泽尔依然坚持用这个译法，48，29—34页。他们把这个和乱伦有关的词与卖淫做了个对照。但必须指出，乱伦（"你们中间有一个人娶了他父亲的妻子"）只不过是圣保罗指责科林斯人不轨行为中的一种特殊情况。因此，这个词在圣经词汇中似乎就没有什么特别的意思。参阅马吕西的评论，131，355—357、399—406页。

② 亦称"窃取论点"，指证明中以本身尚待证明的判断作为论据的逻辑错误。——译者注

可参照比较，特别是基督在前一段文字里引用的《申命记》①，不仅把"非法性关系"扩大到通奸，还扩大到了所有的不端行为，甚至扩大到了冒犯人的话语或违反圣诫。总之，必须注意上下文，看看那些话是在什么背景下说的：在某些情况下，罗马法也和犹太教传统一样，惩治通奸的妻子不单单是丈夫的权利，更是丈夫的义务，如果丈夫知情不举，他的财产可能就会被没收，本人也可能被流放甚至被处死。基督（或马太）如果想使自己的启示被普遍接受，就不能把这方面的情况不当一回事。②

　　文字学上的争论远没有结束，注释家们讨论完名词之后，又对介词发生了兴趣，不断地丰富着分析的内容，在微细之处大作文章。撇开问题的实质不谈，我们可以作这样的设想：基督（或马太）在婚姻不可分离这个问题上的态度可能比较灵活，也许更接近犹太法或罗马法。对我们来说尤为重要的是，中世纪的西方一直相信这些插话是真的，也相信对于通奸的限制。③ 对那些身居要津的教士来说，剩下的问题就是对神的启示中这些明显的矛盾如何进行解释了。

　　在很长时间里，因为有这样一段话，通奸确实一直都成了离婚的正当理由。《牧师》的作者埃尔马和头几个世纪里的很多其他作家，似乎都把这段话当成了必须遵守的条文，而圣奥古斯丁却只是接受了这个说法，但未

---

① 见《马太福音》5：31 和 19：7，基督提到《申命记》24：1，其中说的是，摩西强制起草给女人的休弃证明书。这里，希伯来文"露骨的话语"和希腊文"在话语的卖淫之外"相对应。《申命记》中对希伯来这个说法的解释和翻译，从公元 70 年后犹太人进行犹太教和犹太文化活动的时期起就成了问题：主要是把这个说法描绘成"某种不得体的东西""一种瑕疵""某种缺点""一种可耻行径"……乔纳森的阿米拉语译本《圣经》（8 世纪?）认为那是"违背戒律"。

② Voir l'explication avancée par Marucci, 131, pp. 383 - 395.

③ 这是今天几乎一致接受的唯一解释。从邦西尔旺开始，学者们就都认为，如果所指的是通奸，马太会使用那个更惯用的词。

强迫别人遵守①。既然丈夫和妻子已经"结成一体",也就可以这样来理解:在与人通奸的妻子的肉体变成有罪的同时,丈夫的肉体也变成有罪的了。某些神学家,如被圣奥古斯丁击败了的波朗蒂于斯,认为女人通奸和守寡相应,因为罪行是"灵魂的死亡"。

第二种情况,婚姻的不可分离性在这里受到了《新约》保罗"特许"的伤害,这种情况范围更有限:圣保罗确实允许过一个基督徒离开其异教徒配偶,并和另一个基督徒结婚。一般来说,这种现象只会在一种情况下出现,即夫妻中有一方在婚后接受了洗礼,而另一方不许接受洗礼的一方过宗教生活。在中世纪已经完全基督化了的西方社会里,这样的问题很少会碰到,除非要娶一个改宗的女俘,一个你可以心安理得地把她和她的异教徒丈夫分开的改宗女俘。在混宗婚并不稀奇的现代社会里,"保罗特许"引起了新的反响。②

然而,教会法规中的这两个例外却有着非常重要的象征意义:这是两个缺陷,是断言婚姻不可分离时存在着的两个缺陷,而断言婚姻不可分离,只在毫无缺陷的情况下才有意义。因此,神学家想补偏救弊,就将通奸视同灵魂的死亡,将偶像崇拜视同精神通奸,或者在一个介词的准确意义上吹毛求疵,企图用这样的办法来自圆其说。在这两种情况下,配偶中无瑕疵的一方都被视同鳏夫(或寡妇),可以再婚。

但是,渐渐地,基督教的伦理学家开始拒绝接受这种解释,认为它过于宽容——性的放纵最终会使离婚增多。从圣奥古斯丁起,但主要还是在教廷的决定中,开始拒绝因非法性关系而提出分居,同时宣扬婚姻的绝对

---

① Voir Gaudemet, 80, p. 71; Crouzel, 48, pp. 47 ss.

② 参阅《天主教神学词典》,55,"圣保罗特许"条,"婚姻"条,第9卷,col. 2060—2061。提出分手的通常是夫妻中的不信教的一方。但是,教会终于还是认为,由于不信教的人威胁着信教一方的信仰,不信教者在精神上就和信教的一方分开了。

不可分离性。与神学家的日益严厉相对的，是宗教评议会——由在俗教徒和神职人员共同组成——的宽容。有的地方，在丈夫长期不在（被俘或失踪）的情况下，允许离婚和再婚；有的地方，在考虑传染了麻风病或担任了教职的丈夫怎么办；还有的地方，允许丈夫向有意谋害亲夫或丈夫遭流放时拒绝相随的妻子提出离婚。[①] 这些例外永远不可能得到教皇的批准，而且，就算这些例外已经载入某些早期的教会法大全，在教会里也从来没有起过作用。某几位教皇，比如亚历山大三世，不以禁止得了麻风病的配偶离婚为满足，还要强迫他们尽夫妻义务。[②] 那个时候可没人敢拿神圣的婚姻关系开玩笑。

在民事法官遵照民法办事的时候，神学家虽然严厉，影响却有限。然而，在加洛林王朝时代，教会在夫妻权利方面的权威却逐渐增加，离婚变得越来越困难了。一些著名事件，如我们前面提到过的洛泰尔事件，使教士在这方面的职权得到了认可。在动荡不安的时代里，教会的权威可能还是相对的。"在 10 世纪末的编年史中，"皮埃尔·都德指出，"我们可以搜集到很多资料，证明一些非神职人员教徒，至少是那些大人物，按照自己的意愿，随随便便地就毁了婚，造成了一些大大小小的丑闻，没有人为这类事去请示教会当局，教会当局好像也没有提出过抗议。"[③] 路易五世和罗贝尔二世这两位法国国王，分别于公元 981 年和 989 年离了婚，都没有受到一句正式的谴责。到了 11 世纪格里哥利进行改革的时候，教会的理论权威才真正树立起来。

---

① Conciles de Compiègne (757) et de Verberie (753), dans Migne, *Dictionnaire des conciles*, t. I, col. 618 - 620 et t. II, col. 1243 - 1246. Voir aussi Zoegger, 209, pp. 57 - 78.

② Alexandre III, lettre recueiIlie par Raymond de Peñafort dans les décrétales de Grégoire IX, 1. IV, tit. VIII, ch. I, dans Friedberg, 77, t. II, col. 690.

③ Daudet, 50, pp. 21 - 22.

因此，到了 11 世纪末，就只有宗教裁判所，即教会法庭，能够宣布男女之间的分离，对允许分离的情况也做了严格界定，范围十分有限。婚姻的不可分离性是整个婚姻史中的一场革命，但严格遵守婚姻的不可分离性却也造成了一些新的严重问题。如果不想使谋杀变成离婚的最便捷方法，就必须寻找其他出路。欣克玛在 10 世纪就说过，那些厌倦了妻子的丈夫，干脆就把妻子带到屠宰场去，叫屠夫把她们大卸八块；或者，如果他们自己不想动手，就叫厨子像杀猪似的把她们杀死。为了杀妻，只消说她们犯了通奸罪即可，无须什么证据，而杀人犯也不会受到惩罚。所以，一旦感觉到丈夫不爱自己了，被吓得魂飞魄散的妻子就会主动要求进修道院，而丈夫也就可以娶那个可能已经在他家里住了很长时间的情妇为妻。[1]

因此，地方纪律颇为松弛的情况一直存在到 12 世纪。如果配偶进了修道院，即使已经完婚，甚至有了孩子，也允许离婚并接着再婚。1165 年，塔拉戈纳的大主教就这样宣布了巴塞罗那地方行政长官蒙特卡塔诺的莱蒙和他的妻子贝阿特里丝离婚。双方达成协议，贝阿特里丝可以住在那个他们过去每年都会待六个月的城堡里，"直到她找到丈夫再嫁"。[2] 留给地方教会的自由，可以使其在对这一理论进行解释时有更大的灵活性。要想严格执法，一方就必须像因吉布尔热那样，有勇气到罗马去打一场旷日持久的官司。

在地方教会的宽容和过分不妥协造成的种种危险之间，罗马教会的路是狭窄的。如果罗马教会想确定夫妻关系的绝对不可分离性，它就必须在离婚和谋杀之外，为婚姻另寻一道门。

---

[1] Hincmar, *De diuortio . . .* , dans P. L. , t. 125, 140, col. 657 - 658.

[2] Baluze, 13, t. II, col. 1558. Sur le divorce dans les disciplines locales jusqu'au XIIe siècle, voir Dauvillier, 51, pp. 282 - 284. Dans la doctrine classique, la dissolution par entrée en religion n'est possible que si le mariage n'a pas été consommé, et avec l'accord des deux époux.

取消婚姻、离婚和分居

因此，取消婚姻的理论恰恰在婚姻的神圣性——亦即其不可分离性——得到确认的时候明确起来就不是偶然的了。既然婚姻所建立的联系不能断，那就当从来没有过婚姻这档子事好了。用取消婚姻替代离婚，这当然不是有意识的，至少在神学家和教会法学家的思想里是如此。在俗教徒行事，往往不注意方式：我们看到，菲利普·奥古斯都因为迟迟不能离婚而大为光火，于是就要求以不论什么理由去解除这桩婚姻……

在教会法的词汇里，分居、离婚和取消婚姻这几个词之间的区别，到13世纪才能清楚地感觉得到，虽然理论赖以建立的所有元素都早已存在。[①]离婚是夫妻关系终止，所以理由出现在结婚之后；离婚的人允许再婚，但一般不会得到教会当局的同意。分居，不管是人分居还是实行财产分有制，婚姻关系都继续存在，不允许再婚。在中世纪，遇到夫妻之间严重不和时，分居相当容易获准。取消婚姻是用事实证明婚姻关系不存在，所以理由存在于结婚之前，而举行婚礼的时候尚未发现。婚姻取消之后，可以缔结新的婚姻，因为第一个婚姻只是个表象。不合法的婚姻，存在着使婚姻受到玷污的结婚障碍的婚姻，一律在取消之列。[②] 这三种情况中，只有第一种情况，即离婚，把夫妻关系当成了问题，所以此后离婚就被禁止了。离婚这个词在中世纪的文书里出现的时候，它实际上是分居或取消婚姻的同义词。

分居由宗教法庭即宗教裁判所宣布。最常见的是财产分有制，夫妻义务还必须履行。财产分有制一般在夫妻之间产生了严重不和（家庭暴力，

---

① Sur la séparation au Moyen Âge, voir Esmein, 64, t. II, pp. 48 – 118; Dauvillier, 51, pp. 279 – 367; Helmholz, 92, pp. 100 – 111.

② Sur ces différents mots qui ont un sens précis en droit canonique, voir annexe I.

挥霍财产……）的情况下宣布。巴黎主教宗教裁判所的案卷里，这类记载很多，朱尔·珀蒂把其中三年的民事案件发表了。1368 年，西蒙·朱利安和他的妻子让内特就是因为"两个人不和，彼此怨恨"而实行财产分有制的。不过，在走到这一步之前，可以规劝丈夫不要虐待妻子，不能超出正当的夫妻限度，就像劝洛朗·桑普松时说的，桑普松的妻子基耶梅特多次抱怨说丈夫经常打她①。在实行财产分有制的情况下，夫妻双方各自生活，两个人必须尽夫妻义务的时间和地点由法庭指定，比如，每周三次，在妻子娘家……由于夫妻关系未断，双方谁都不能再婚，所以必须防止他们堕入"非法的性关系"。丈夫得发誓，在性事暂停期间不打老婆。②

人分居的情况非常少见，一般都只因为通奸才能获准。看得出来，拒绝麻风病人妻子的分居要求完全合乎逻辑。他们不就是因为要有福同享、有难同当才结婚的吗？冒着被传染麻风病的危险，妻子也得恪尽妇道，满足丈夫的要求。因此，1386 年 5 月 7 日，巴黎的宗教裁判所宣布："责成麻风病人西蒙·谢弗里耶的妻子让内特服从丈夫，在一个安全的地方为丈夫尽妻子的义务，否则就把她逐出教门。"③ 这样的夫妇，充其量只能实行财产分有制。

另外，即使发生了通奸，人的分居也不是总能获准（或被要求）：我们已经看到，索古那位可怜的金银匠约翰，情况就是如此，他没有能力使妻子尊重他作为丈夫的权利。宗教裁判所当然可以宽赦错误，以罚款了事，但前提条件是，受了欺骗的丈夫得愿意重新开始共同生活。如果他不想被罚永远戒绝性欲，表示和解还是有好处的。否则，最聪明的做法是只要求实行财产分有制，并安排一个日子尽夫妻义务。既不能离婚，分居又有很

---

① Petit, 161, col. 337 et 114 – 115.

② *Ibid*., col. 310 et 313.

③ *Ibid*., col. 302 – 303.

多问题，人就明白了，取消婚姻好像可以成为最理想的解决办法，因为只有取消婚姻允许再婚。

婚姻障碍与取消婚姻

取消一桩婚姻，就是用事实证明这桩婚姻从来不曾存在过。在这种情况下，双方都可以另行结婚，而又不违反婚姻不可分离的理论。为此，必须证明存在着缔结婚姻时不曾发现的结婚"障碍"。对结婚条件显得越来越吹毛求疵的神学家，其严厉此刻却反转过来于他们不利了：就算这两种理论在他们头脑里是独立的，在实践中，结婚障碍却也变成了取消婚姻的由头。

清单上列出来的使婚姻无效的障碍（能使婚姻取消），在不同历史时期发生过变化，有的时候在不同的教区也有所不同。使结婚无效的障碍，不管是绝对障碍（年龄不合适，进修道院的心愿，品级，不同宗教……）还是相对障碍（血缘关系、领养关系或教父教母关系，姻亲关系，通奸……），都能导致婚姻被取消，而禁止性的障碍（和某个毁了婚约的人结婚，在禁止结婚的日子如封斋节里结婚，没有贴结婚预告就结了婚……）带来的后果只是纪律性的惩罚，在最坏的情况下，也只是重新举行一次婚礼而已。[①]

12 条到 15 条通常提到的使婚姻无效的障碍中，有两条可以很容易地被提出来，使婚姻取消。第一条是在禁婚亲等上结亲。如果由于教区或民事登记部门缺乏记录而使家谱难以建立，标准之严格就可能导致多起婚姻被取消，尤其是对平民百姓，其谱系树分枝事实上比贵族模糊得多。然而，

---

① Sur les empêchements, voir Esmein, 64, t. I, pp. 227 - 448; Gaudemet, 80, pp. 195 - 221; Dauvillier, 51, pp. 143 - 200; Helmholz, 92, pp. 74 - 100.

我们已经看到，在某些情况下，教会感到担心，害怕这种解决问题的办法是以曲折的方式把离婚重新引入。

第二条理由被大肆渲染过，值得展开来谈谈。到 9 世纪为止，在一条一条补充进来的婚姻不可分离性的种种例外情况中，有一种情况，从欣克玛制定的新法起，到 12 世纪的教会法大全为止，都考虑到了，即丈夫婚前的性无能。确实，要取消一桩婚姻，必须有严肃的理由，只要圣奥古斯丁确定的婚姻的三个好处至少还有一个存在，处理的时候就要慎之又慎！如此说来，妨碍传宗接代的不育并不妨碍尽夫妻义务。因此，尽管那些把传宗接代看得比什么都重的人一再抗议，不育也从来没能成为取消婚姻的理由。

相反，性无能既妨碍传宗接代，也妨碍尽夫妻义务。至于婚姻的第三个好处"圣事"：性无能者的婚姻是否能将圣事实现，这一点并不能肯定。婚姻的大"秘密"确实和基督与教众的婚姻类似，可是，基督与教众的婚姻是要求身体融合的，因为，根据《创世记》的说法，"他们的身体由两个变成了一个"。这个说法很微妙，我们可能一直在想，圣母的婚姻是否实现了这件"圣事"呢？实现了，神学家回答说，因为圣母保持童贞并非因为圣约瑟性无能，而是他们夫妇自愿戒欲的结果。不过，圣母的婚姻有效，这是几个世纪讨论的结果，而且，像约翰·克里索斯托姆那样的人，最后也没有完全接受这个定论①。正因为如此，接受性无能成为使婚姻无效的障

---

① 在约翰·克里索斯托姆看来，约瑟还不能真正算是马利亚的丈夫，因为两个人还没有"结合"。基督在十字架上把母亲托付给约翰，而不是托付给约瑟，就是个证明。关于这一点，还可以参阅亨利·克鲁泽尔：《"为了结成一体"：〈创世记〉，2，24，教会圣师著作研究解释，婚姻法》（Henri Crouzel，"Pour former une seule chair"：l'interprétation patristique de Gn 2，24，"la loi du mariage"），见《达维利耶文集》（*Mélanges Dauvillier*）223—235 页。欣克玛时代，在圣母这种情况下，只要双方同意，就足以使婚姻有效。艾蒂安的事引起了欣克玛对这个问题的思考。在艾蒂安这件事里，禁欲是因为丈夫拒绝履行夫妻义务。因此，造成婚姻无效的是缺乏双方同意。

碍就晚了些。

关于这个问题的思考，在 8 世纪埃格贝尔的忏悔条规里和韦尔布里主教会议上，已经初露端倪，两者都已经允许妻子离开性无能的丈夫。[①] 不过，为此事立法，却还要等待兰斯的欣克玛（9 世纪）出现。国王洛泰尔在离婚的时候确实提到了和王后无法完婚的问题，而他和原来的同居伴侣瓦尔德拉德之间却不曾发生过任何问题，瓦尔德拉德还为他生了个孩子呢！因为这个男人被看成是个能够满足随便什么样妻子的人，人们就只能认为，摧毁这个男人性能力的是魔法。欣克玛提到，他的信徒中也有类似情况，于是他就想，是不是那个被抛弃的情妇施了魔法呢？由于缺乏心理学方面的解释以及在生理学上的无知，关于男人的性无能，中魔法之说在 9 世纪也就成了最方便不过的解释了。

欣克玛只不过是往不平静的池塘里又扔了一块石头。实际上，一直到 12 世纪，因性无能而离婚只在一些地方性教会里被接受；在罗马，依然是让夫妇"像兄妹一样地生活下去"[②]。当婚姻的经典理论于 12 世纪草创之际，性无能在使婚姻无效的障碍中有了地位。可是，这样一项取消婚姻的理由，和新的婚姻定义、从此成了基督徒婚姻试金石的双方同意原则，能够相容吗？在从罗马法里继承过来的这个全新婚姻观念还很脆弱的时候，向那些抱着日耳曼概念不放、仍然认为完婚才能算结婚的人提供武器攻击自己，是不是有点儿危险？

因此，有关性无能问题的理论，在 12 世纪的法学界就造成了两个派别之间的严重分歧，一个是意大利派（格拉西安和他那些波伦亚门徒），一个是法兰西派（皮埃尔·隆巴尔）。格拉西安把"开始"了的婚姻（双方已经

---

① Egbert, *Pénitentiel*, I, 20, dans P. L., t. 89, 140, col. 406; Concile de Verberie, 753, can. 17.

② Dauvillier, 51, pp. 175 – 182.

互相表示同意）和"完成"了的婚姻（已经完婚）区别开来，在某些条件下，他允许将"开始"了的婚姻取消。这就等于说，使婚姻圆满完成的依然是完婚，而性无能只是一种特殊情况，妨碍了完婚。这样一来，双方同意的原则就变成相对的了。但从社会的角度来说，这又带来了另一些更为严重的后果。例如，在双方已经互相表示同意和新婚之夜之间这段时间里，如果新郎和别的女人发生了性关系，这个女人就会有优先权，而已经"开始"了的婚姻就有可能无法完成。这只是论战中提出的假设吗？不是：很早就为儿女成亲——有时甚至是在摇篮里——的习惯，使夫妻在真正认可他们的婚姻之前不得不等很多年。到了青春期，如果他们拒绝这项包办婚姻，要凭自己的心意去选择伴侣，只要发生性关系，即足以使订下的亲事作废。

法兰西派做出反应，针对的就是夫妻关系的这种脆弱性。在皮埃尔·隆巴尔之后，我们看到，这一派把"未来的许诺"（订婚）和"现在的许诺"（互相表示同意）对立起来了；"未来的许诺"在某些条件下可以取消，但要以受重罚为代价，"现在的许诺"则不能再反悔。这一次，对"现在的许诺"即互表同意的双方，在年龄上做出了最低限制（女孩子起码 12 岁，男孩子起码 14 岁）。但是，在未达到结婚年龄而提前做出许诺的情况下，取消的就是订婚，而不是婚姻。这一派未能解决暗中结婚的问题。暗中结婚很容易结成，可以通过"现在的许诺"结成，也可以通过完婚结成。如此这般，法兰西派就使婚姻变得完全不可摧毁了。如果年轻人通过"现在的许诺"结合到了一起，就再也没有任何东西能够把他们分开，哪怕他们尚未完婚，哪怕因为发生性关系之后又另外缔结了一门亲事。遇到这种情况，格拉西安要取消的可能是第一桩婚姻，而皮埃尔·隆巴尔要取消的则可能是第二桩婚姻。婚姻的不可分离性因此得到了加强。

剩下要解决的问题就是性无能了。对波伦亚学派来说，性无能不是个问题：完婚既然已经把神圣的婚姻关系建立起来了，因丈夫性无能而取消婚姻，不能使这种神圣关系受到质疑。但是，如果婚姻圣事是用互相表示同意的方式实现的，一旦证实性无能，婚姻是否就成了问题呢？必须为因不能完婚而取消婚姻另找说辞：遇到这种情况，一般认为当事人缺乏合法性。两派对立公开之后，在教皇格里哥利九世在位（1227—1241）期间，皮埃尔·隆巴尔的主张得到了罗马教会的批准。确实，法兰西派的理论比较灵活：在使婚姻纯粹出于双方自愿的定义得以成立的同时，又守住了性无能出口的大门。[①]

因此，到了 12 世纪末，关于性无能问题的理论即趋于成熟。为了把事情做得圆满，性无能问题不再局限于男子的性无能，而是涵盖了妨碍性事的一切生理障碍：男子性欲缺失（妨碍勃起）和女子"性冷感"（生殖器官狭窄或畸形）。路易十二和法兰西的让娜分手时，提出的理由就是"女子性无能"，虽然王后让娜矢口否认，虽然有很多证据证明他们确实完婚了。

要因性无能而取消婚姻，性无能当然必须是婚前的——不如此，到了一定年龄，很多女人都要摆脱丈夫……问题于 12 世纪末在提交给教皇亚历山大十三世的一桩案件里提了出来，接着又由佩纳福尔的莱蒙收进了格里哥利九世的教皇手谕中。一个 13 岁时结婚的姑娘遭到了极其野蛮的摧残，不能再发生性关系了。能把她休了吗？于是，教皇就在天然的生理缺陷和婚后造成的残疾之间做出了区别，前者的婚姻可以取消，而后者的问题处理起来就比较棘手了。同样，如果一个男人婚后在不便启齿的地方受了伤，也不会批准他取消婚姻。著名的例子是阿贝拉尔的情况，他娶了爱洛伊丝

---

① Sur les deux écoles française et italienne, voir Esmein, 64, t. I, pp. 119 – 136; Dauvillier, 51, Ire partie, pp. 5 – 142.

并对她尽了做丈夫的义务之后，肢体残缺了，但他婚姻的合法性并不因此而受到影响。

然而，因性无能而取消婚姻并不能解决所有问题。如果说，夫妇中的一方——提出诉讼的一方——还有再婚的自由，被宣布不能行人道的一方此后可就只能单眠独宿了。你会说，这合乎逻辑。但是，这样的逻辑可以走得更远。例如，被认为性无能的丈夫若是又结了婚，而且证明已经治好了，他就会被指控撒了谎，他的第二次婚姻就会被取消。这时，他的前妻就可以指控他通奸，若法官认为其中确实有诈，第一次婚姻就可能被恢复。1426 年，针对因男方性无能而分手的让内特和加尼耶夫妇就采取过这样的行动。双方又都结了婚，而且还都有了孩子。结果是两个人的第二次婚姻都被取消，第一次婚姻又被特鲁瓦的宗教裁判官恢复了，因为加尼耶并非性无能，宣布他和让内特的婚姻取消是做错了。[1] 教会的逻辑脱离现实，而男子的雄风则被认为是普世的：和一个女人能行，就应该和所有的女人都能行。

理论遇到的这类"偶发事件"发人深省。另外，某些国王，比如洛泰尔或菲利普·奥古斯都，为了摆脱不讨人喜欢的妻子，本人提出，说自己是性无能。对他们来说，问题并不是要就此独身……尤其因为他们不是对所有的女人都性无能，有证据能够证明这一点，他们只对自己的妻子一个女人性无能！

因此，必须对性无能做出更细致的区别。性无能可以是暂时的（如因为年龄太小），或者，如果医生没给人留下一点治愈的希望，就是永久的。永久性无能又可以分为绝对的和相对的。如果在任何情况下都不能好合，性无能就是绝对的；如果是由配偶的"特点"（不是生理缺陷）引起的，性

---

① Flandrin, 74, p. 85.

无能就是相对的。比如，对丈夫的性器官来说阴道过于狭小的女人，可以再找一个生殖器小些的男人结婚。同样，过于弱小、连妻子的处女之身都破不了的男人……可以去娶个寡妇。13 世纪以奥斯蒂安的名字闻名于世的奥斯蒂亚的枢机主教亨利·德·苏兹，曾在其所著《婚姻大全》里对这类特殊情况做过详细的描述。在这些看来很费了一番心思才做出的细微区别中，有一项特别被看重：由"神秘原因"造成的偶发性的性无能。"神秘"这个词几乎总包含着魔法的意思。① 事实上，如果不能完婚是因为有人对新婚夫妇施了魔法，一旦两个人摆脱了魔法的控制，就不会再有什么东西能够阻止他们重获性交能力。这种理论出现在巫术盛行的时代，难道是巧合？巫婆神汉的法力令人忧惧，而要想取消婚姻，魔法却又成了唯一可求助之术……如果使用得有节制，魔法理论就是中世纪教会法中应对废止婚姻的最巧妙答案。

但是，这种节制只持续了一段时间，到了 16 世纪，对打结巫术的恐惧突然爆发，各种巫术案子闹得沸沸扬扬。1579 年至 1585 年间，接二连三的主教会议和教士大会似乎都折射出一种真正的"精神病氛围"。② 主教们要求本堂神甫去安抚各自堂区的教民，为的是避免采取迷信的习惯做法试图驱魔，那样做会玷污婚礼。确实，这一时期在婚礼上打结的巫婆神汉得意忘形、肆无忌惮。他们选准时间，在本堂神甫说"我把你们结为夫妇"这句仪式套语时，"巫师"会掏出一根细绳，或是一根带子，就是把齐膝短裤

---

① 天生的性无能和因事故造成的、相对的、一时的或永久的……性无能之间的区别，在拙著《禁止出生》（*Naissance interdite*）里有解释，81—89 页。因事故造成的性无能来自外因；如果性无能不是来自明显的外因（受伤、器官损坏），那是很隐蔽的；不能消除的性无能是永久性的；只对合法妻子表现出的性无能，出自个人原因。只有这最后一种情况，婚姻才可以取消，双方也才可以再婚。

② Voir Pierre Darmon, *Le Tribunal de l'impuissance*, *virilité et défaillances conjugales dans l'Ancienne France*, Paris, Seuil, 1979, p. 45.

系到紧身短上衣上、脱衣服的时候必须解开的那种带子。只须把新婚夫妇的姓名念上三遍就够了：念第一遍的时候打个结，念第二遍的时候把结勒紧，念第三遍的时候把结系死，于是，倒霉的新娘就永远别想完婚了。也可以在绳子上打结时画十字，并念咒语。巫师的技艺越来越高明，最后竟打起了非常复杂的结，绳子用狼筋、猫皮和疯狗皮制成，染成三种颜色，结可以打三次到九次。他们一边念念有词，说一些骗人的鬼话。①

这一切都非常简单，博丹在其所著《恶魔幻想》中信誓旦旦地说连孩子都能办到。② 韦内特还添枝加叶地说，这个办法非常有效，空口一说，就能把人吓唬住：他告诉一个箍桶匠，说他被打了结（假的），就让那个可怜的家伙觉得自己不行了，"一想到巫术，他的想象就被限制住了"。箍桶匠试了一个月，屡试屡败，后来还是本堂神甫出面，为他解除了想象出来的魔法。③ 好心的蒙田给了朋友一枚普普通通的圣牌，就治好了那位朋友的病。为这枚圣牌，他搞了一套很复杂的仪式。"这一番装腔作势起了主要作用，"蒙田评论道。他有所不知，这样一番装腔作势起到了多大的安慰作用。④

为战胜魔法，新郎手里也掌握着全套迷信武器。在神甫说那句套话的时候，他得让戒指掉到地上，或者，在婚礼完了之后，从教堂的锁眼里往外撒尿，往洞房的门把手上抹狼油或黑狗油，把公鸡睾丸挂到床上，或者把破开的蚕豆扔到屋里。甚至还有人提前一天入洞房，那样一来，巫师的伎俩就会完全失效。⑤ 大家都明白，教会对此一直不鼓励，但到 17 世纪依

① Voir quelques recettes dans Venette, 200, p. 489, et dans Paré, 1, 25, ch. 33, Œuvres, éd. 1585, p. 1065.
② Darmon, op. cit., p. 41, note 2.
③ Venette, 200, pp. 482-484.
④ Montaigne, Essais, I, 21, 144, p. 146.
⑤ Darmon, op. cit., p. 45 et ss.

然有人这样做。

如果说经验使教会在对待魔法的问题上变得更谨慎了，关于不能完婚的理论却依然和原来一样。根据约翰-保罗二世于1983年颁布的圣典："先天的、永久的性无能，凡导致不能交媾的，不论问题出在男方还是女方，也不管是绝对的还是相对的，皆因其本身性质而使婚姻作废。"[①]

拿出证据来

因性无能而取消婚姻时，有一个问题很具体，即要提供证据，证明存在着使婚姻无效的障碍。在这项理论处于草创时期的12世纪，裁判时还接受一些合情合理不失体面的证据：夫妻二人的誓言，七个"听说"过男方性无能的邻居的证词，性质不十分明确的神意裁判……遇有明显的畸形时，进行体格检查就足以解决问题；就女人而言，从11世纪起就有了这方面的例证。但是，构造完整的生殖器官功能欠佳，医生却检查不出来。

这种情况至少一直延续到16世纪。因为，到了文艺复兴时期，人体方面的禁忌少了，自由度高了。"对丈夫无性行为能力的验证"就是在这个时期推广开来的。中世纪的医学已经提出过一种办法，即主张让被指控为性无能的丈夫公开与妻子好合。对于这种事，居伊·德·肖利亚克于1363年有过如下的描写："第一步，由执业医生检查生殖器官的构造和状况。接着登场的是一个老于此道、年长而有威望的已婚妇女，让夫妇两个当着她的面一起躺上几天。其间，这位年长而有威望的已婚妇女还要给他们提供一些胡椒等有刺激性的食物，使他们兴奋，给他们抹热油，在以葡萄藤为燃料的火旁边摩擦他们的身体，叫夫妇两个闲聊，互相爱抚，亲吻。然后，

---

① Code de Jean-Paul II, 100, canon 1084, §1.

这位年长而有威望的已婚妇女要把所见到的一切都报告给医生。医生充分了解情况以后，就能够在法庭上做出真实的证言。不过，医生也不敢把话说得太满，因为在这类事情上也不止一次地出现过错误：这是一项十分正当的事业，但也存在着把上帝结合到一起的两个人分开的极大危险。"①

14 世纪就有了这类验证，但到了 16 世纪才在法国推广开来，范围之广，出人意料。难道法国人比其他基督教国家的人更拿羞耻心不当一回事？当然不是，虽然对丈夫无性行为能力进行验证一直是法国的一个特点，这类案件也比其他案子更能激起人们的兴趣。早期的婚姻案件中，克莱内克案件非常有名，两个世纪之后，竟然被收进了培尔历史词典。夏尔·德·克莱内克是布列塔尼的一位绅士，于 1568 年 6 月 20 日和 12 岁的卡特琳·德·帕尔特奈·德·苏比兹结了婚。两年之后，小姑娘长大了，抱怨说她一直只是个名义上的妻子。新娘的母亲在上层有关系，能和纳瓦尔的王后让娜·德·阿尔布雷说得上话，也能和日后以"老色鬼"闻名的小国王亨利说得上话，因此就把女儿的抱怨在上层社会传播开了。克莱内克的性无能变成了国家大事，各个新教国家的宫廷都卷了进来。克莱内克于是躲到了自己的领地上。尽管不十分情愿，那位受冷落的妻子也跟着到了乡下。接着，母女之间有了书信来往，某些有损名誉的段落大概是用柠檬汁写的，要经火烤才能看得出来，内容之荒诞令人难以置信。做丈夫的终于忍无可忍，于 1571 年把岳母告上了法庭。案子是怎样了结的，我们不得而知。但是，不久之后，那小姑娘不得不接受一次体格检查（"苏比兹小姐本性暴露"，编年史学家只作了这样一个简短注释）；夏尔·德·克莱内克则根据妻子的要求，被召到布卢瓦去接受无性行为能力的验证。克莱内克遭遇的是一次惨痛的失败，但没来得及充分领略其中的种种苦楚，就在 1572 年 8

---

① Guy de Chauliac, *La Grande Chirurgie* (1363), éd. E. Nicaise, Paris, Alcan, 1890, p. 546.

月 23 日的圣巴托洛缪惨案中被杀死了。

从这件事情上我们可以看到，婚姻案件引起的是一种近乎病态的好奇。策划屠杀新教徒事件的王太后凯瑟琳·德·美第奇竟然"下令寻找那位被怀疑性无能绅士的尸体，找到之后，王太后看了看尸体的私处，竟当着众多宫廷贵妇的面哈哈大笑起来"。① 讲述这桩轶事的培尔，是不是把王太后这种与其尊严及大屠杀的恐怖都不怎么协调的表情歪曲了呢？不管怎么说，所有的证据都说明，性无能案件被当成了无拘无束地开玩笑和说粗话的机会，那些还不知风雅为何物的贵妇人也都乐此不疲。

到了 16 世纪末期，这类案件的数量达到了顶峰。西克斯特·坎于 1587年 6 月 22 日颁布的教皇手谕，替天行道，打击"阉人"的婚姻。阉人"少了两个睾丸"，但依然能够射出"像精液一样的体液"。教皇揭露说，女人们在寻找这样的男人，为的是"尽情纵欲"，享受婚姻的乐趣而又没有怀孕的危险。但是，教会法不会任这种情况泛滥，而教皇应该把阉人视同性无能者，下令解除他们的婚姻。这样就有了把这类常见诉讼案件扩大的危险：只在妻子上告的情况下才会导致取消婚姻的性无能，如今却变成了公共障碍，成了所有案件之外应该被告发的案子。诉讼案件的增加是不是因为这个呢？抑或因为人们喜欢丑闻？塞巴斯蒂安·鲁利亚尔倾向于第二个原因，即人们喜欢丑闻，他曾转述 17 世纪初闹得沸沸扬扬的一个案子的几个片段。"那个世纪的腐败使这样的诉讼案件频频发生。情况和 12 世纪不同了，那时的法国已婚妇女有羞耻心，顾脸面，这类案件不多，如今却多了起来，几乎每天都有。"②

---

① L'affaire Quellenec est racontée d'après un mémoire du temps par Darmon, *op. cit.*, pp. 105 – 108.

② Charles Coquelin, *Bullarium romanum*, Roma, H. Mainardus, 1747, t. IV, p. IV, p. 319, N° XC. Sébastien Roulliard, *Capitulaire* … p. 2, cité par Darmon, *op. cit.*, pp. 94 – 95.

虽然男人也可以像女人那样提出要求，对性能力进行验证，但还是妻子把丈夫拉上法庭的居多。在这种情况下，人们就会想，尽管年长有威望的已婚妇女在给做丈夫的往身上涂抹热油，妻子想要的还是使丈夫失败。在众人嘲笑声中被带到一间屋子（常常是洗澡堂子）里行事的男人，不可能达到最佳状态，难以尽好做丈夫的义务。确实像人们常说的那样，当一回笑料死不了，但除了成为笑柄之外，一旦失败，他这个做丈夫的还要面临诸多威胁：妻子要离他而去，他得把嫁妆还给妻子，还要受到余生打光棍的判决。面对这一切，血气方刚的小伙子也会凉下来，也会不行的！

检验性能力的事风行了一个世纪。1677 年 2 月 18 日，检察官弗朗索瓦·德·拉穆瓦尼翁发表了一通演讲，高谈阔论，极尽揶揄之能事，把这件事批驳得体无完肤，刹住了这股歪风："滥用这种办法……亵渎了良好的民风，亵渎了教会，也亵渎了上天。"于是，开始寻找一种不太损伤廉耻心，至少是不太损伤女人廉耻心的方法。能够证明"勃起"，"有弹性能伸缩"或"能自然活动"①，法庭就应该认为可以了。医学活动因此变得更简单，但并没有变得更体面。

"性无能法庭"——这是皮埃尔·达尔蒙给这类法庭起的雅号——还有几天好日子可过。被弄到法庭上任人嘲笑的不再是夫妇双方，只是倒霉的丈夫了。倒霉丈夫得向一群吹毛求疵的医生证实自己的性能力，需要的时候，还得射精给他们看，因为勃起还不足以表示有性能力。可想而知，面对这种让人丢脸的办法，面对这种只为他们留下一只开业医生博学但是雄性的手，以激发其已经衰弱的想象力的办法，那些被指控为性无能的人是

---

① Sur le congrès, voir Darmon, *op. cit.*, et mon *Histoire de la pudeur*, Paris, Orban, 1986, pp. 100 – 104.

不会有什么激情的。"为了不做这样的检验以说明问题"，有一个人逃到丹麦待了九年。教会在理论上玩弄概念，左右为难，一方面，《圣经》上律有明文禁止这样做；另一方面，不这样做又唯恐取消的是有效婚姻。最后，教会竟然要求提供不借助手淫的"射精证明"。不过，没有哪个宗教裁判官愿意出来解释要用什么适当办法。

因为性无能而取消婚姻，在大革命时期的法国变成了过时的做法，因为1792年的法律允许离婚；不完婚，不就是脾气秉性不合吗？总可以这样来解释革命立法为什么在前几个世纪法学家至为热衷的问题上不着一字吧！王朝复辟以后，关于离婚的法律被废止，因为性无能而离婚的做法又转弯抹角地回到了法兰西的法律中来：依据纯粹的皮埃尔·隆巴尔派教义，认为不能完婚把错误引到了使双方同意原则失效的那个人身上。一般人的看法是，如果未婚妻事先知道这种特殊情况，她就不可能表示同意，会拒绝这样的婚姻。危险的推理是：在女方不育的情况下，为什么不能把问题提出，使婚姻取消呢？不过，这倒证实了，在道德约束很严格的时代，生育问题是很次要的。实际上，19世纪因性无能而打官司的非常非常少，这样也就用不着去思考如何提供证据的问题了。

在法律重新允许离婚、但只允许因重大问题而离婚时，不能完婚即被视同"侮辱"，可以导致离婚，过错完全算丈夫一方的。不过，这种情况也可以判取消婚姻，这也证明了，性无能这类案子令法官们感到难堪。1975年，法律重新允许双方协议离婚，这个问题也就一劳永逸地解决了。

至于教会，它没有理由改变自己的原则。1917年颁布的教会法法典，仍然规定有取消婚姻的条款；面对比17世纪严谨许多的医学，神学家作茧自缚，不久就陷入提供棘手证据的牢笼。解决这个难题的是1983年约翰-保罗二世颁布的法典……是用把这个难题绕开的办法解决的。法典确实规定，如果同居了，就被认为已经完婚，除非有"相反的证明"。证明还要有，只是换了个方向。不过，使这项理论一筹莫展的仍然是"证明"这个问题。"专家们"倒也可以根据另一项教会法接受咨询……不过，我们还是小心为上，不去确切地解释他们的工作①。

---

① Code de Jean-Paul II, 100, Canon 1061, §2; canon 1680.

第三部分

婚姻制度的瓦解

文艺复兴

1550 年前后梅斯的一桩婚姻

　　特兰托主教会议前夕，结婚已经变成了一种纯粹的宗教仪式。从前由父亲主持的仪式，从那时起与弥撒合并在一起举行，改由神甫主持。神甫唱着圣诗在教堂前迎接未婚夫妻，接着做个简短的祷告。剩下的仪式全部在教堂里面举行。未婚妻要跪到圣坛前面，吻过圣坛之后才能回到她的位子上去。神甫唱圣灵祈愿弥撒。

　　行完奉献祭品礼之后，未婚夫妇走向圣坛，男的在右边，女的在左边。神甫把两个人的手在面包和酒的上方结合在一起，未婚夫宣布如下的誓言："我要娶面前这位漂亮女子为妻，并凭着我的身体、圣饼和圣酒起誓，绝不见异思迁，一定和她白头偕老，保证她一生衣食无忧……"

　　女方用不着说这么多话。神甫问她："我的朋友，您听到这位先生说的话了吗？您是否同意？是否也想说同样的话？"这时，她只要回答一句："是的，我同意。"就可以了。此时神甫即可用拉丁语宣布他们已经结为夫妻："我以圣父、圣子和圣灵的名义，将你们结为夫妇。阿门。"

　　弥撒继续。领过圣体之后，新婚夫妇要重新走向圣坛。圣坛上的戒指（永远是一枚）已经祝过圣，洒了圣水。新郎把戒指给新娘戴到左手无名指上："我以圣父、圣子和圣灵的名义，凭着这枚戒指娶你为妻，我的财产属于你，我的身体是我送给你的礼物。阿门。"接着，新婚夫妇唱颂圣歌，做一次祝福，就是上帝为亚伯拉罕、以撒和雅各做过的那种古老的祝福，然后是又一次祈祷和四次祝福……晚上，神甫还要去为婚床祝福。①

---

① Ordo de Metz, 1534, publié dans Ritzer, 175, pp. 316 - 318.

第七章

教会分裂与离婚

阿拉贡的凯瑟琳、安妮·博林、珍·西摩、克里维斯的安妮、凯瑟琳·霍华德和凯瑟琳·帕尔，这是亨利八世的六个王后，排列起来就像蓝胡子①的七个老婆。不是有人说，故事里的蓝胡子指的就是那个带有吉勒·德·雷②血统的英国国王吗？对这位国王做出公正的评价不太容易。如果他不撕毁婚约，也像他那个时代的所有大人物一样行事，他就不会变成基督教历史上第一个离婚的要人，也不会成为英国圣公会分裂的罪魁祸首。

离婚？他没动过这样的念头，虽然他妻子比他年龄大，虽然他娶这个妻子只是为了满足父亲的最后愿望，但在他第一次结婚之后的24年里，离婚的事他连想都没想过。他结过六次婚，但只离了两次婚，两个妻子自然死亡，还有两个是……处死的。要更换王后，有更迅捷简便的办法。

和罗马教廷断绝关系？怎么会呢！不仅不存在这样的问题，这位虔诚的国王还不断地获得称号，正式地提醒罗马教廷他的合法性，那情形就像他的邻居法国国王被称作"笃信王"，西班牙国王被称作"标准天主教教徒"一样。他精通《圣经》，1521年还发表过批驳路德文章的著作，当年就被教皇莱昂十世称为"信仰卫士"。这真是历史的嘲弄，对天主教七圣事的确认竟然使他成了婚姻卫士，而他那些当了英国圣公会首领的后人也都一

---

① 蓝胡子是法国诗人夏尔·佩罗笔下的童话人物，先后杀死六个妻子，而他自己被第七个妻子的兄弟所杀。——译者注

② 吉勒·德·雷，法国元帅，当过圣女贞德的侍卫。——译者注

直带着罗马教廷加封的头衔。英国的钱币上一直把国王（或王后）当作"忠诚卫士"铸在上面。

那么，1534年突然翻脸又是为了哪桩呢？慢慢转向之后，也因为难于维持国际上的平衡，作为一个在玫瑰战争血海中立国的王朝的第二任国王，都铎必须确保王祚永存。可是，查理五世的姑姑、阿拉贡的凯瑟琳给他生的五个孩子里，活下来的只有一个女儿，即后来的玛丽·都铎。国王梦寐以求地想要个男性继承人，当第一次婚姻未能给他生下男性继承人的时候，教会通常都能找到一个妥善的解决办法。因此，1527年，也就是凯瑟琳42岁的时候，国王就动了心思，想要一个生育能力强的王后，而不是再找个情妇。也许，这位虔诚的信徒对自己婚姻的有效性真产生了怀疑。五个孩子里四个夭折，这太像受了诅咒。《圣经》里有一条就是这样说的：娶兄弟的妻子为妻，是个污点；他暴露了兄弟的隐私，这样的夫妻不可能有后。

事情恰巧就是这样。阿拉贡的凯瑟琳和亨利八世结婚之前，曾于1501年嫁给他的长兄威尔士亲王亚瑟。当时，西班牙国王的女儿凯瑟琳16岁，威尔士亲王14岁，正要继承英国王位。这桩婚姻巩固了年轻的都铎王朝和西班牙的联盟，在那个时代，这是很自然的事情。可是，尚未完婚，威尔士亲王就在1502年薨逝。不存在把公主打发回西班牙的问题：立即把她许给了第二继承人，即将年满12岁的约克公爵小亨利。这门亲事属于姻亲关系中禁婚的第一个亲等，必须得到教皇特许。1504年得到特许，1505年小亨利到达法定结婚年龄时，批准这桩婚姻的一切手续均已准备就绪。

一波才平一波又起，到了结婚年龄，也就到了懂事的年龄：我们这位已经14岁、脾气暴躁的约克公爵，不想要这个"20岁的老女人"！结果是又等了四年，这门亲事才算结成。1509年4月22日，临终的亨利七世最后一次提出巩固英西联盟的要求。亨利八世于6月24日继承王位，在这之前，他于6月11日迎娶了阿拉贡的凯瑟琳为妻。这是出于对死者遗愿的尊重呢，抑或继承王位的条件？没人知道。尽管我们有理由怀疑他们夫妻之间的爱情，却不能不称赞他们婚姻的长久和儿女满堂。很明显，这位国王的表现堪称好儿子、好丈夫、好教徒。

1527年的情况就是这样，可就在这一年，国王极力要取消他的这桩婚姻。他爱上了20岁的博林，想娶她为后，而不是像以前的几个女人那样，只是作为情妇。为此，他必须再次请求教皇特许，因为安妮·博林的姐姐玛丽·博林曾经做过他的妃子，他们之间就产生了姻亲中禁婚的第一亲等。教皇于1528年发布了特许令。从事情的逻辑上说，教皇不可能有拒绝国王取消第一桩婚事的要求的想法，因为他发布特许令就等于提前批准了第二次婚姻！奇怪的是，事情为什么又拖了那么久呢？

那是因为，教皇被阿拉贡的凯瑟琳的侄子查理五世囚禁起来了。教皇克莱蒙七世站在法国一边反对西班牙，查理五世把罗马洗劫一空，教皇不得不于1527年在强大的皇帝查理五世面前低头。把查理五世姑姑的婚姻取消，时机不对！同样，顶撞新的"信仰卫士"，时机也不对。国王亨利八世和皇帝查理五世，教皇都不能得罪，他既要让国王觉得再婚有望，还要让皇帝觉得婚姻是不可分离的。教皇提出了进行调查的要求，因为他知道，调查需要很长时间。麻烦的是，亨利八世是个急性子，他自己也向欧洲一些大学的神学家去咨询，而他提出问题的方式又出奇地笨拙。为了取消他的婚姻，必须使1504年颁发的教皇特许失效。但无论从内容还是形式上，亨利八世都无法说1504年的特许令错了。剩下的只有一个办法，即坚持认为，《圣经》里的禁令属于神权而非教权。换言之，只有上帝才能够解禁，教皇发布特许，只能被看作越权。

对教皇来说，这是很难接受的，因为这不仅要推翻一位前任教皇的决定，还要在他本人威望摇摇欲坠的时候接受对自己权力的限制。另外，在各个大学里的咨询也未能使问题得到澄清：英国和法国的大学都支持英国国王，哈布斯堡帝国的所有大学都支持查理五世，至于意大利的大学，也都赞成将这桩婚姻取消。意大利的这些大学，费用是英国支付的，所以教廷有理由怀疑他们受了贿。

事情变得于英国国王越来越不利，于是他再次加快了进程。1532年，国王任命赞成把这桩婚姻作废的托马斯·克兰默为坎特伯雷大主教。不久之后（1533年1月15日），甚至在宣布和阿拉贡的凯瑟琳分手之前，他就和安妮·博林秘密结了婚。克兰默于5月23日将国王的第一次婚姻取消，6月1日，通过为安妮·博林举行王后加冕礼，批准了第二次婚姻。如此急促行事的理由十分明显：等待已久的继承人就要出生了。9月7日得知，生的又是个女儿，即后来的伊丽莎白一世。罗马不能坐视不管，结果是，亨利八世被逐出教门。只能铤而走险了：1534年，英国国会确认英国教会独立。这项"国王至上法"，既标志着英国圣公会的诞生，也标志着和罗马教廷的最终破裂。

从这个时候起，国王更换妻子就像机器的齿轮一样转动得更快了。安妮·博林比国王小16岁，终因"品行不端"上了断头台（1536年5月19日），没给国王留下一直盼望的男性继承人。5月29日，珍·西摩登上了王后宝座，但死于难产，不过总算为王朝生了一个未来的国王——爱德华六世（1537年10月12日）。王朝已经后继有人，可以建议国王结一门政治婚姻了：为了使分离出来的圣公会和新教的德意志接近，让国王娶了克里维斯的安妮为妻，但国王对他这个"荷兰母马"似的强壮女人不感兴趣。既然已经开了先例，他就在结婚六个月（1540年1月至7月）之后又离了婚。很快又娶来凯瑟琳·霍华德，她以同样的理由遭遇了和安妮·博林同样的命运，于1542年2月13日上了断头台。这时，国王好像觉得凯瑟琳·帕尔就是他的梦中情人，乃于1543年7月12日迎娶了她。对帕尔来说，这是她的第三次婚姻，而在1547年国王薨逝之后，她也没有守寡。14年的时间——他第一次婚姻持续时间的一半——里，国王娶了五个妻子。①

离婚回潮

亨利八世的"离婚"事件，从几个方面来说都很有意思。首先，这件事表明双方同意原则的局限性，而双方同意的原则是教会的正式理论，是从罗马法继承过来的，并且受到了一致尊重。一个 14 岁的少年（勇敢地）拒绝了家里包办的婚事，却没能敌过家长的临终愿望。但在设法使国王这桩婚姻失效时，却没有任何人提到双方同意原则缺失的事，而这一缺失是明明白白地摆在那里的，在现代教会法学家看来，仅此一端就可以使这桩婚姻无效。其实，双方同意原则的优先地位尚未成为习俗，至少在上流社会里是这样。"尽管这件事十分重要，当时竟念不及此，这本身就是双方同意原则的优先地位尚未成为习俗的最好证明！"②

不过，这桩离婚事件之所以出名，主要还是因为它导致了英国和罗马教廷的决裂。然而，这种胆量实际上没维持多久。英国即使成立了圣公会，而且和新教国家走得很近，对待那些新观念也还是比较谨慎的。国王自奉颇丰的离婚，法庭判给百姓的却很少；16 世纪，离婚已被接受，但在英国并没有完全站住脚跟。法国爆发了大革命，离婚在欧洲大陆上实行开来以后，英国人也争先恐后地对法国的堕落表示了愤慨。

16 世纪关于离婚问题的讨论，有两个相互补充的方面。一方面是人文

---

① La littérature sur les mariages de Henry VIII et le schisme anglican est abondante. Parmi les ouvrages récents, on pourra consulter Guy Bedouelle et Patrick Le Gal (dir.), Le «divorce» du roi Henry VIII, Études et documents, 20, essentiellement consacré aux consultations universitaires; H. A. Kelly, The matrimonial trials of Henry VIII, Standfdord, 1976; Brooke, 34, pp. 162 - 169...

② Patrick Le Gal, 20, p. 46.

主义者，他们在古老的法律和道德规范中，发现了一个被遗忘了几个世纪的婚姻观；另一方面是新教的神学家，他们拒不接受关于婚姻的教会法，只承认《圣经》上的规定。人文主义者受过罗马法熏陶，有时表现得比新教神学家大胆，新教神学家过于受《圣经》的限制。

对不可分离的婚姻，第一代人文主义者还不太敢公开提出批评。在谴责路德从而使形势恶化之前，能对马太"插话"进行评论的，只有一个伊斯拉谟[①]。伊斯拉谟说通奸损害了婚姻的性质，有了奸情，那女人就不再是妻子了。论及圣保罗的时候，他也敢于提这样的问题：妻子不能生育，是否还有圣事可言？或者，在丈夫喝得酩酊大醉时，给出的又是个什么样的基督和教众之间的婚姻形象？这个时候，不仅可以解除婚姻，而且，为了尊重神秘婚姻的庄严，几乎应该把解除这样的婚姻当成一项义务。在这位生活在鹿特丹的哲学家看来，不可分离性不属于神权，而是一点一点地被塞进某某主教（他虽然没敢指名道姓，但指的就是圣奥古斯丁）所作的注释里的：主教也是像我们一样的凡人，他也像我们一样会犯错误。

说到圣保罗，伊斯拉谟总结性地说："我以为，对于这段文字，他给我们做出的解释，比我们所做的解释更加世俗。"如果夫妻之间的"友爱"使婚姻圣事得以实现，一旦这种"友爱"不存在了，圣事也就没有了存在的理由。在这里，基督教外衣下面隐藏着的是罗马法。伊斯拉谟说了很多于离婚有利的话，有些话十分大胆，因为他要求得到摒弃使徒们某些箴言的权利，还说教皇也有搞错了的可能。另外，如果我们接受与基督神秘婚姻的这种比较，就得承认，基督为此先得把犹太教"休"了才成。理由十分明显，而且可能成为被新教教徒接受的一个离婚原因：犹太教曾参与合谋，

---

① 伊斯拉谟（1466—1536），文艺复兴时期的荷兰人文主义学者。——译者注

杀死了自己的神夫。①

　　然而，路德受到谴责以后，大家都谨慎起来了，伊斯拉谟本人在其1526 年出版的《基督教的婚姻制度》里，也表现得像蛇一样机警。某些人甚至说他转了向。确实，必须有索隐者的敏锐，才能从字里行间看出他思想的一贯脉络。事实上，这位人文学者不再声称他只谈论完满的婚姻，言下之意是让人明白，还存在着大量离完满十分遥远的婚姻，只是他无权谈论而已。他以谨慎的措辞和委婉的口吻，总算还是把门打开了一道缝："在某种意义上，可以说，在两个分了手的人之间，从来就不曾有过真正的婚姻。有人说，能够中止的婚姻从来就不是真诚的婚姻，如果这话说得对，我们就更有理由说，能够中止的婚姻从来就不是真正的婚姻。"接着他又急忙宣布，说不可分离的婚姻……最理想。② 在他关于婚姻的讨论中，只有克桑蒂普，即被温柔的厄拉莉③说服了的苏格拉底那位脾气暴躁的妻子，敢让那些禁止过离婚的人当众出丑。

　　至于拉伯雷，他搜罗到《巨人传》第三卷里对婚姻的攻击，不比好争论而又鄙视妇女的古典主义作家走得更远。拉伯雷笔下没有离婚问题，因为卡冈都亚是个没有老婆可哭的鳏夫，而庞大固埃④注定了要打一辈子光棍。只是到了 16 世纪下半叶，在新教对这个问题发表了意见之后，像蒙田、让·博丹或皮埃尔·沙朗那样的思想家，才表现得大胆起来，但同时仍然多少保留着一些中世纪反对妇女解放的观点。

　　蒙田嘲笑婚姻"是个只有自由入口的市场"。通过对罗马社会和他那个时代的社会进行比较，蒙田认为离婚是婚姻的一项保证。"过去，我们总想

---

① Tous ces arguments sont développés dans les *Annotationes*, 63, pp. 421 – 506.

② Sur Érasme et le divorce, voir Telle, 193, pp. 205 – 231; Bels, 21, pp. 28 – 41. et 74 – 83.

③ 厄拉莉是 3 世纪与 4 世纪之交的圣女，12 岁即殉教。——译者注

④ 卡冈都亚（又译"高康大"）与庞大固埃都是拉伯雷小说《巨人传》中的人物。——译者注

把婚姻的结系得紧紧的，紧到用什么办法都解不开的程度，可是，意志和爱心的结越松，约束的结就越紧。相反，使罗马人的婚姻得以体面而稳定地长久维持下来的，正是离婚的自由，想离就可以离。因为有可能失去妻子，男人对妻子就更加珍惜。"到了 18 世纪，蒙田的这个说法被捍卫离婚主张的人重新拾了起来。

让·博丹在其所著《论共和国》里提到："若能把休妻的法律恢复，才说得上夫权。"[1] 他之所以认为婚姻的不可分离性"有害"，并不是为了使没嫁到好丈夫的妻子得到解脱，而是为了保证丈夫享有家长的全部权利。他主张的是单方面的休妻，女人不能控告丈夫；对于丈夫，妻子只能服从和尊重。他所要求的，充其量也只是避免休妻的权利被滥用，原因没搞清楚的，不准休妻……对他来说，休妻主要的还是"驾驭桀骜不驯女人的一种方法；如果没有正当理由就把妻子休了，那些难伺候的丈夫也不容易找到妻子。"在他看来，准予休妻是神的法令，因为该项法令载于《旧约》之中，尽管它在欧洲已经失效，但在非洲和亚洲依然存在。夫妻之间会产生敌意，这证明休妻是对的："正如阿尔泰米多尔所说的那样，因为没有比婚姻之爱更为炽烈的爱情，所以，一旦恨在婚姻中生了根，就成了婚姻中的主要东西。"

皮埃尔·沙朗在其发表于 1601 年的《论智慧》一书中，以法学家的身份谈到了离婚和一夫多妻制。他以对伊斯兰教道德观念和基督教道德观念进行比较做掩饰，向当时的基督教进了些逆耳忠言。他抱怨说，在伊斯兰教徒"生出三四万名战士"的时候，基督教"却把一些不育的人捆绑在一起，有的是一方不育，有的是双方都不育；把她们嫁给别人，都生了很多孩子，但婚姻的多子女建立在女人的生产能力上最好"[2]。为了提高出生率

---

[1] Jean Bodin, *De la République* (1575), Paris, Jacques du Puys, 1579, livre I, ch. 3.
[2] Charron, *De la Sagesse*, 40, l. I, ch. 46, p. 259.

而离婚，这样的说法，不管我们今天觉得多么令人惊奇，当时竟成了哲学家最常用的论据。所以，我们别去想妇女的权利，因为皮埃尔·沙朗实际上是一个狂热的夫权主义者，和穆斯林的制度（只为有限的原因批准离婚）相比，他更喜欢希伯来人的制度（可以无缘无故地休妻）。他觉得，"为了驾驭那些桀骜不驯的女人"，休妻的办法最好，在这一点上，他和让·博丹是英雄所见略同。至于离婚，因为不得不摆明原因，"把很多应该瞒着的东西都抖搂出来，会使双方丢脸，妨碍再娶再嫁"①。沙朗比博丹想得更远，他还想增加夫权，包括那些"令人恼火的"夫权。这位人文主义者从古代文明中又发掘出对付女人的更为严厉的手段。

在为离婚进行辩护的时候，新教教徒不敢像人文主义者走得那么远。这是因为，一方面，他们首先要以《新约》为依归；另一方面，他们在很多国家里必须依靠国王的支持，不能想怎么说就怎么说。他们立的法是为了实施的，所以法律一定要严谨。因此，在关于离婚的争论中，新教教徒就不敢越出我们上面提到过的马太"插话"和圣保罗"特许"的范围。马太"插话"允许在发生奸情的情况下离婚，离婚以后可以再婚；后来取得一致的，只有这一点。在其他问题上，每位改革者、每个法庭、每个派别，说法都有差别。路德十分巧妙地把"圣保罗特许"延伸到离弃：如果没有了物质上的共同体，就更不会有精神上的共同体，而允许夫妇中天主教徒一方和异教徒一方离异并与天主教徒再婚的"圣保罗特许"，可以说明离婚是正确的。路德在将拒绝履行夫妻义务和离弃等同看待时，好像走得更远些。如果不断的争吵已经导致暂时的分居，而夫妻中又有一方不想再在一起生活，不就成了离弃吗？皮埃尔·贝尔斯把这种情况归结为这样一句话：

---

① *Ibid.*, p. 260.

"最终出现的结果就是双方同意的不叫离婚的离婚。"① 最后，路德只满足于批准因通奸和离弃（或长期不露面）而提出的离婚，而放弃了批准因婚后性无能和拒绝履行夫妻义务而提出的离婚，这和他最初写的文章中的观点一致。

日内瓦的加尔文派接受的两个离婚理由与此相同。但其他人，如布切尔②，就宽容多了，他们提出了很多种离婚理由，甚至把性格不合也当作一种而提出，说在"没有其他办法而两个人又秉性不合"时也可以离婚。布切尔是在罗马法和《圣经》熏陶下成长起来的，他重新拾起了那句古老格言："志同道合，结为夫妻；离心离德，分道扬镳。"不过，他过于大胆，曲高和寡，追随者不多。③

维滕贝格大学教授梅尔基奥尔·克林只接受四种离婚理由：通奸，不忠诚（缺乏宗教信仰），性无能（如果是婚前性无能，可以取消婚姻，但婚后性无能不能取消婚姻），对配偶使用阴谋诡计（企图谋杀）。在这几种情况下，"依据现代神学家的意见"，配偶中无辜的一方可以再婚。立场温和，因为有局限：前两个理由出自《新约》，第三个理由是对因性无能而形成的结婚障碍的引申，最后一个理由是因为生命受到了威胁。离弃的问题没有被涉及。④

巴西勒·莫内终于在 1561 年发表的《论婚姻》里提到了六种离婚理由：通奸、恶意离弃、性无能、背教、虐待、妻子婚前行为不端。莫内可能是新教里最宽容的神学家了。16 世纪的新教理论无法统一，每个法庭都有自己的规定，每个作者都有自己的说法。大家都接受的离婚理由只有通

---

① Bels, 21, p. 83.

② 布切尔（1461—1551），德国神学家，宗教改革的鼓吹者。——译者注

③ Voir Gaudemet, 80, pp. 284 - 285；Bels, 21, p. 83.

④ Melchior Kling, *Tractatus causarum matrimonialium*, Francfort. C. Egenolph, 1592, fol. 89 - 104.

奸这一项。其次，在多数情况下被接受的是"恶意离弃"，但对恶意离弃的理解又各不相同。有时，褫夺公权，丧失政治权利，严重的虐待……也可以导致离婚。跟在日内瓦派后面亦步亦趋的法兰西，只接受因为前两项理由提出的离婚，而在司法实践中，新教的法律原则日后长期遵循的就是这样一条狭窄的道路。不过，在关于离婚的讨论于 18 世纪再度掀起时，越来越遭新教法庭反对的那些说法却依然颇有影响。①

新观点

在文艺复兴时期（人文主义者和新教教徒）与 18 世纪（哲学家和开明人士）有过反改革运动；在天主教国家，反改革运动把这些危险的命题冻结了起来，使之处于谨慎的状态。某些决疑论者试图为一些离婚案件进行辩护，都立即遭到了谴责。② 但是，在新教国家，关于这个问题的思考却并未因此而停滞不前，还在后来法国 16 世纪的人文主义者和 18 世纪的哲学家之间起了个过渡作用。

18 世纪的哲学家经常提及天赋权利，把我们引向出现在德国的一个新学派，一个围绕着塞缪尔·普芬道夫（1632—1694）形成的派别。普芬道夫生于莱比锡，是海德堡大学首创天赋权利教授职位的人。他的主要教育活动是 1672 年讲授《论人和公民在自然法上的义务》。他的弟子巴贝拉克将这篇论文译成了法文，使这篇论文在国际上获得了巨大成功。结婚权是

---

① Voir Mousnier, 150, pp. 75 – 77; Bels, 21, pp. 237 – 251.

② 例如，桑谢神父：《论婚姻》（le père Sanchez, *De matrimonio*），I. II, disp. XIII, 183、129—132 页。如果妻子不育（因为结婚从本质上来说为的就是使人类得以延续）或得了无法治愈的病症（因为丈夫不再能够行使夫权，婚姻不再能够起防止性泛滥的作用），桑谢神父好像就同意离婚。但是，他承认，为此，不可分离性应该属于天赋权利，而不是属于神权。这一点，他是要特别指出的。

天赋权利的核心；借助阿尔弗雷德·迪富尔最近发表的一篇文章，我们得以更深刻地了解普芬道夫学派在这个棘手问题上的观点①。

从天赋权利的角度看，婚姻是契约，不是圣事——这种激进看法后来成了伏尔泰《哲学词典》（"婚姻"条）里的主要观点，而且还成了法国于1791年颁布的第一部宪法的观点。在法国的第一部宪法里，允许因通奸和恶意离弃而提出离婚，把离婚视同中止合同。一些人，如普芬道夫及其门人托马西乌斯（1655—1728），把这种"合同论"推到了极致，连离婚都要出于双方同意。另一些被称作"制度主义者"的人则比较谨慎，把离婚局限于新教国家传统上采纳的理由之内：通奸、恶意离弃、拒绝履行夫妻义务、不育、虐待……在哈雷大学数学和自然哲学教授克里斯蒂安·沃尔夫的作品里，我们看到出现了以天赋权利之名提出的忧虑，一种在关于离婚的辩论中越来越占有重要地位的忧虑——孩子的命运；对沃尔夫来说，只要有孩子，他就反对离婚。

到了18世纪，关于离婚问题的讨论又在法国掀起。② 如果说路易十四统治下的法国不容许进行宗教论战，启蒙时期可就大胆多了。丰特内勒③认为，不许离婚是一项"野蛮而残酷的法律"④。在他之后，那个世纪里的大部分伟人，都依据鲜为人知的大量证据对这个问题表了态。德国天赋权利学派的影响是显而易见的。此时"善良的野蛮人的神话"⑤ 已经广为传播，

---

① Alfred Dufour, *Le mariage dans l'école allemande de droit naturel moderne au XVIIIᵉ siècle*, Paris, Librairie générale de droit et de jurisprudence, 1971.

② Sur les premiers plaidoyers du XVIIIᵉ siècle en faveur du divorce, voir Ronsin, 176, pp. 39 - 51.

③ 丰特内勒（1657—1757），法国作家。——译者注

④ Invoqué par Helvétius, *De l'homme, de ses facultés intellectuelles, et de son éducation*, Londres, Société typographique, 1773, t. II, p. 271.

⑤ 卢梭《论人类不平等的起源》中的一段论述。——译者注

促使人们到未开化民族中去探究这种从一开始就被保护下来的权利是如何表述的。因此，狄德罗提到了奥塔伊提居民的"天然风俗"，用以证明不仅离婚是正当的，连同居和试婚都是正当的。他的《对布干维尔之行的补充》写于1772年，但到1796年才发表。甚至在像伏尔泰那样一些受"善良的野蛮人的神话"影响不大的人的著作里，纯粹的契约婚姻观点也带有德国法学家影响的色彩。

第一个典型说法我们已经见识过，即两个世纪以前沙朗提出的说法：离婚可以提高出生率，因为离了婚就可以让不育妻子的丈夫去找一个生育能力强的女人为妻。孟德斯鸠在《波斯人信札》里也表达了相同的意思，书中提到，根据一位旅行者的说法，禁止离了婚的人再婚已经导致"基督教国家人口下降"。塞沃尔在其1768年出版的《人口研究报告》中也曾为这种说法辩护。一些人，如萨克森元帅，甚至提出建议搞"定期婚姻"，以五年为期，到期更新合同。第一届期满时，如果没有生育，婚姻自动取消，哪怕夫妻恩爱有加。无关宏旨的小说中的波斯人，可以嘲笑那些一辈子做夫妻的人（"结婚三年"之后，就是"冷冰冰的30年"）。《论法的精神》作者本人却不能不谨慎行事：孟德斯鸠当时站在天赋权利一派这边，声称只要双方至少有一方同意，离婚就是"顺乎自然的"。不过，"若是双方都不同意，离婚就是残酷的"①。可见，在孟德斯鸠看来，离婚通常应该是好离好散，但也还是可以强加给当事人的。如果他公然提及古代罗马时期的父亲可以要求女儿离婚，基督徒读者很自然地就会想到因为有使婚姻无效的障碍而取消的婚姻。

提高出生率的说法似是而非，到了那个世纪末，在关于离婚的争吵进

---

① Montesquieu, *Lettres persanes*, lettre 116; *Esprit des lois*, XXVI, 3. Le chapitre vise le divorce imposé par le père de la mariée dans l'ancien droit romain. Michel Prévost, *Le divorce pendant la Révolution*, 1908, dans 192, p. 93.

入关键阶段时，就没有多少人再提了。大家庭的继承人担心无后，可能依然像中世纪的人一样为接续香火的事而惴惴不安，但在婚姻已经越来越被看作感情结合的 18 世纪，没有生育能力的夫妇却不再争先恐后地跑到宗教裁判所去离婚了。1789 年，一个叫兰盖的法国律师还认为，离婚"有益于保持淳朴的民风，也是人口最可靠的支撑"①。大革命以后很快就出版的《关于离婚的报告》和兰盖的看法针锋相对，声称离婚于人口增长有害，但又认为"世界上人少些更好，居民可以生活得更幸福"②。我们可以清楚地看出，他们研究问题的方法是根本对立的。

但是，从这个世纪的中叶开始，另外一些典型说法也被提了出来。伏尔泰就在《哲学词典》（"通奸"条目）里发表了一位匿名法官的回忆。那位法官在 1764 年抱怨说，妻子犯了通奸罪，他却受了惩罚。因为，他虽有权离婚，但离婚之后却无权再娶。伏尔泰在"离婚"条目里再次提到了这件事，用了很长篇幅，此事引出了他一番更有普遍意义、也更为尖刻的评论。"离婚和结婚差不多是前后脚的事。不过，我相信，结婚还要早些，会早上几个礼拜。就是说，婚后两个礼拜才会和老婆吵架，婚后一个月才会动手打老婆，要在一起住上六个礼拜才会和老婆分开。"除了其本身从 16 世纪人文主义者那里继承而来、古已有之的鄙视女人的激烈言辞之外，离婚被纳入了"自然法"，那是"善良的野蛮人"当时非常时髦的法律。

相反，伏尔泰认为，不可分离的婚姻和代替离婚的"取消婚姻"把社会生活复杂化了，毫无益处。一些"难于理解的话语"（认为圣事是"不可见事物之可见迹象"的理论）阻止和妻子分开了的男人再婚。如果他想再婚，就必须"在神的面前公然撒谎，以便利用从一个外国神甫（教皇）那

---

① Linguet, 124, p. 28.

② *Mémoire sur le divorce*, dans 192, p. 42.

里获得一项不叫离婚的离婚特许"①。法国当时正处在鼎盛时期，这样的抨击难免有高卢主义②色彩。

于是，夫妻不和（依照传统，主要考虑的是妻子喜欢争吵）的说法，开始超过出生率的说法，成了主要论据。狄德罗和爱尔维修遵循的就是这个方向，但两人之间的区别却造成了这两个百科全书派哲学家的严重对立。接近无神论的哲学家爱尔维修于1771年逝世，没来得及看到他的著作《论人》出版（1772年），也无从知道狄德罗的批评。说实话，对爱尔维修那个相当奇怪的体系，批评是正确的。爱尔维修确实把婚姻的不可分离性看成了一种下意识的记忆，是基本上为农夫的西方人对原始状态的记忆。在农夫眼里，婚姻可能就是一种经济上的联合，为的就是改良要耕种的土地。由共同愿望结合到一起的一男一女，"无怨无悔地承受着这种结合的不可分离性"。对从事其他职业的人，如神甫、法官、哲学家、商人、士兵，情形就不是这样。婚姻使这些人背离了自己的职责，所以，禁止神甫结婚是有道理的。可是，其他人会怎么样呢？"女人会腐蚀战士的斗志，销蚀战士身上的爱国主义精神，在女人身边待得时间长了，战士会变得娇气、懒惰、胆小。"因此，我们这位哲学家就主张和女子作短暂的自由结合："夫妻结合时间的长短，要和他们之间爱情和志趣维持的时间一致。"③ 所以，没有什么于职业有害的不可分离性。至于孩子，就由国家来抚养吧！总之，变是人性，如果有始无终，乐趣也会变得乏味。

爱尔维修是在关于这段文字的一个长长的注释里将这些想法加以发挥

---

① Voltaire, *Prix de la justice et de l'humanité* (1777), dans *Œuvres*, Paris, Garnier, 1880, t. 30, p. 564. Les citations du *Dictionnaire philosophique* sont aux tomes 17, p. 68 («adultère») et 18, p. 411 («divorce»).

② 法国天主教会于1682年宣布的限制罗马教皇权力的原则。——译者注

③ Helvétius, *De l'homme*, *op. cit.*, t. II, pp. 270 – 273.

的。"若是变的愿望果真像所说的那样符合人性，那就可以建议将这种变的可能性当作美德，也就可以试着用同样的方法使战士变得更勇敢，法官更公正，工匠更灵巧，文人更勤奋。"把离婚当成激发每个人热情的一种奖赏？这种想法至少有点别出心裁。据我所知，这个想法虽然从来未被采纳，却使狄德罗跳了起来，对他这位"百科全书"的可敬同道逐点地进行了批驳。"难道说，娶了个坏女人，傻瓜不是和天才一样感到不幸？难道说，享乐所引起的厌倦不是对所有的人都一样？难道说，婚姻不是毫无例外地都面临着性格不合的危险，从而使男女双方饱受其苦？"[1]

就这样，在法国第一部关于离婚的法律颁布 20 年之前，秉性不合，对共同生活的厌倦，就已经被看作离婚的可行理由了，虽然还不算充分。当然，这还只是理论上的分析，离实际生活还很遥远。不过，这种想法从此就传播开来了。婚姻的基础也确实发生了动摇。也许我们可以在一定程度上抱怨 16 世纪以来父权的加强：在某些阶层，不管怎么说，强迫婚姻越来越多，而人们不断追求的那些与社会地位低下的人结成的婚姻，一有可能，就都取消了。在一个喜欢幻想、开始相信爱情的时代，这些做法造成了怨恨，而那些因利益而结合在一起的夫妻，只是表面光鲜罢了。

一些人所描绘的不可分离的婚姻，其情景之悲惨，令人触目惊心。兰盖抱怨说，分居只有在有了人身危险的时候才能宣布。他提到的好像是我们今天所说的精神虐待。丈夫不打妻子，"他干得非常巧妙，不让妻子受皮肉之苦，而是伤她的心，让她感受撕心裂肺的痛苦"。由于丈夫不受惩罚，在极个别的情况下，妻子提出分居，但被法庭驳回，"丈夫就会像老虎似的，咆哮着扑向这只差一点就从他身边逃走的猎物，而为了表明自己的胜利，

---

[1] Diderot, dans *Œuvres*, Paris, Garnier, 1875, t. II, p. 441.

他会慢慢地把妻子折腾得骨断筋折，然后再把她一口吞掉"①。

不管怎么说，我们看到的是，在 18 世纪，妻子和丈夫分居的要求在增加。康布雷宗教裁判所里的情形就是这样，76％的诉讼是女人提出来的，提出分居的理由主要是身体受虐待，其次是丈夫与人通奸和挥霍无度。排在最后面的请求和丈夫分居的理由，才是不信教和与丈夫前妻留下的子女不和。宗教裁判所对这个问题了解得非常清楚，所以 80％的要求都得到了批准，至少分居三年，更多的是终生仳离。② 当然，同时禁止再婚。

伏尔泰认为，关于结婚、取消婚姻和离婚的立法，是"奥吉亚斯的牛棚，必须由海格立斯来清扫"③。一条大河真要来冲洗旧制度的牛棚了。不可分离的婚姻就属于将要被冲洗的东西之列。"这种关系，不管从哪个角度去看，都是暴君和女奴的关系"④，一部匿名革命回忆录作了这样的概括。不是所有的专制暴政都统统在打倒之列吗？"不可分离的誓言是对人类自由的戕害，而现代制度是、并且应该是自由的制度"⑤，一篇题为《遇人不淑女子的苦衷》的讽刺性短文这样写道。1789 年至 1790 年，这个题目开始萌动。谈论离婚问题的书和小册子出版了 20 多种。一些新的于离婚有利的理由被提了出来。妇女和儿童的权利破天荒第一次受到了保护。《儿童之友》对从教育角度提出的那个阻止离婚的陈旧说法作了这样的回应：父母总是吵架的孩子，比父母离了婚的孩子更加不幸。"良好的教育，要求负责该项教育者之间有完美的默契；如果两个人的工作互相抵消，一切也就都完了。"⑥ 会有人回答

---

① Linguet, 124, pp. 37 - 40.

② Mousnier, 150, pp. 185 - 186.

③ 希腊神话中，国王奥吉亚斯养了 3000 头牛，牛棚 30 年没有打扫过，上帝派大力士海格立斯去清扫，海格立斯引了一条河进来。此处比喻需要改革。——译者注

④ *Mémoire sur le divorce*, dans 192, p. 40.

⑤ *Ibid.*, p. 64.

⑥ Dans 192, p. 6.

说，教会法规定得好好的，夫妻可以分居呀！可是，夫妻分居带来的是"更为有罪的混乱"——作者考虑的显然是夫妻分居以后难于严格地保持贞操，会给儿童带来"邪恶的教育"。这个说法相当新潮，引起了很大反响。

在被描绘成一场无休止的战争的婚姻从高高的宝座——担负神职的单身汉把婚姻抬到了那上面——上下来的时候，离婚终于粉墨登场了。"在许可离婚的国度，"一本小册子的作者想入非非地说道，"夫妇总是像情人似的生活在一起，他们害怕失去对方，因此就相互照顾，彼此关心，你讨好我，我讨好你。"[①] 自由是爱情之母——这个题目稍后还会由主张同居的人再次提到。原则上取得了一致，剩下的就是怎么办了。

在共和国之前的君主立宪制社会里，重建离婚制度有两条道路可走：扩大宗教婚姻，或者使婚姻世俗化。1789 年，西蒙-尼科拉-亨利·兰盖，18 世纪一位最著名也最有争议的律师，通过出版《〈圣经〉、多位教父和几次主教会议认为离婚合法》，选择了第一条道路。他继承了人文主义者和新教教徒的衣钵，想要指出的是《圣经》没有禁止离婚。他的论断非常巧妙：在特兰托主教会议上，没有宣布不准离婚。会议指责了那些把罗马天主教教会理论理解错了的人，但没有公开谴责另搞一套的希腊人。结论是：离婚不是神权中的一个条款，而教会若是想把它变成神权中的一条，可以就这一点进行修改。[②] 因此，他所要求的是，罗马教廷修正自己的立场，而不

---

① *Mémoire sur le divorce*, 192, p. 41.

② 兰盖著作，124、5—6 页。事实上，主教会议决议第 7 条谴责了"那些认为教会宣传婚姻关系不能因为配偶通奸就破裂是教会搞错了的人"。这样一种虽然含混却还算过得去的表达方式，是和威尼斯的代表们妥协的结果。威尼斯人不愿意让那些奉希腊礼仪但承认教皇权威的侨民在主教会议上受谴责。谴责没有附加逐出教门的惩罚，因而不属于教规。但是，洛林的大主教下令加上了一条：不可分离是符合《圣经》的，这就在实际上立了一条教规。这个矛盾被 17 世纪和 18 世纪主张可以因为通奸而离婚的人利用了。关于这一点，请参阅埃斯曼著作，64，卷 II，336—342 页；戈德梅著作，80、290 页。

是制定可能和天主教信仰发生冲突的民法。为促使罗马教廷重新审视自己的立场，他搜集了《圣经》中的一些段落（不多，但广为人知），说的都是婚姻不可分离的例外情况，还搜集了一些教父（主要是希腊教父）的证言，也提到了几次允许离婚、至少是容忍离婚的主教会议。

兰盖未能把人说服，就在那一年，安特雷格伯爵写了一本题为《离婚论》的小册子，对他做出了回答。伯爵出言谨慎，没有否定面上的运动，但谴责了婚姻危机中的强迫婚姻，也批驳了兰盖那些以《圣经》为标榜的说法。让天主教会改变立场，即使是做温和的改变，也是很难想象的。因此，必须走第二条道路，使婚姻世俗化，走各国天主教会脱离教皇控制、独立自主的道路。早在 1787 年，君主制的法国就已经为新教教徒和那些不能到教堂举行婚礼的人制定了一套举行世俗婚礼的办法，如今只要将这套办法推广开来就行了。1791 年 9 月 3 日通过的宪法把这一点写进了第二编第七条。

离婚主张的胜利

和 19 世纪的历史学家所接受并加以宣扬的思想相反，重新建立了离婚制度的法国大革命不敌视婚姻。恰恰相反，大革命视婚姻为家庭的基础、"爱国主义的学校"，把婚姻当成了道德的保障、新制度的基石。在立法议会议员的思想里，离婚所触动的应该只是那些父母包办的"坏婚姻"；而那些为离婚进行辩护的演说家甚至认为，赋予已婚夫妇的这项新自由将无须申请。没过多久，他们就明白自己想错了。自从婚姻被确定为等同民事契约的那一天起，就有大批已婚夫妇争先恐后来到身份登记处，说他们是由教会批准结的婚，他们的婚姻尚未得到法律认可。新法规有缺陷，尚不受理离婚，也回答不了这些由教会批准结婚的人所提的问题。在等待期间，只好心照不宣地以宪法的名义接受离婚的申请，到了共和二年花月四日（1794 年 4 月 23 日），这些离婚的申请才终于得到确认。

正是在此期间，国民公会对离婚问题发表了意见。1792 年 8 月 30 日，国民公会议员奥贝尔·迪拜把这个自制宪会议以来一直悬而未决的问题提了出来：如果婚姻是民事契约，就可以像所有民事契约一样被废除。迪拜可能核实过一些消息灵通人士提出的申请，所以他认为，立法批准离婚之后，离婚的人也会十分稀少。我们还记得，这是蒙田的观点。蒙田认为，能够离婚会强化夫妻关系；而兰盖于 1789 年又为蒙田的这个观点进行了辩护，同时预言，离婚法一旦通过，"大批对自己婚姻状况不满的夫妇，就会起而争先恐后地运用这一来之不易的自由"①。他自己也想象不到，他的这些话多么有预见性！

离婚法案很快就被起草出来了。9 月 19 日，国王河泊森林管理员马蒂兰·塞迪耶试图对离婚法案进行限制，提出了一项因重大理由离婚的法案，即在夫妇二人不离婚就没有希望找到幸福的时候才可以离婚。可见，即使在一个温和的支持者身上，离婚观念也有了进步：失败的概念取代了犯错误的概念。再无须控告配偶犯有令人毛骨悚然的罪行了，没有幸福感就已经是很充足的理由，就可以到别处去寻找幸福了。尽管塞迪耶提出的方案比较笼统，实施起来可能过于宽泛，但在主张离婚应该是完全自由的、无条件的人眼里，仍然认为太严。对离婚理由进行限制的这一最后图谋还是失败了。第二天，9 月 20 日，在宣布成立共和国、以国民公会取代立法议会的前夜，离婚法表决通过。

---

① Linguet, 124, p. 34. Son argument ne manque pourtant pas de finesse psychologique：«Les esprits humains en général sont des malades sur qui la facilité de se procurer le remède produit plus d'effet qut son application. Il suffit de savoir où on pourra le prendre pour n'en jamais sentir le besoin» (p. 33).

离婚法界定的范围特别宽。它规定，离婚出于双方自愿，无须什么理由，开具离婚证书的户籍官员也不能干涉。如果只是一方想离婚，"只要说脾气秉性不合"，也可以批准，但有一个条件：事先必须经过双方家长集体调解。用意值得赞赏，因为力求避免的就是迫使提出离婚的一方去揭发配偶的错误或缺陷——通奸或性无能——，但是，这种被认为可以把损害限制在最小范围的家长会不怎么有效。最后确定，一方要求离婚的可以接受，但要以有严重错误或缺陷为理由：精神失常、被判了徒刑或加辱刑、杀了人、实施虐待、严重辱骂配偶、伤风败俗、遗弃配偶两年、五年不回家又没有音讯……从承认结合失败可以离婚，到根据一定的原因可以休弃，再到一方有严重错误可以离婚，新离婚法为古典婚姻的囚徒们敞开的离婚大门，宽到了无法想象的程度。

立法的努力并没有到此为止。婚姻问题，特别是离婚问题，一直是法国大革命的一个热点。从 1792 年起，到 1804 年民法颁布为止，其间有 15 项法律补充了进来，多数是为了便于离婚的：或缩短办事期限，或增加离婚理由。因此，连没有爱国心和移民，也就都成了离婚的理由，为此，还提到了从前允许基督徒和不信教的人离婚的"圣保罗特许"。

这项立法的主要缺点是没有要求检查为离婚而提出的各种资料，特别是单方面离婚所提出来的各种资料。很快就出现了一些荒唐事，使努力工作、值得称赞的议会议员的威信受到损害。退役少将、公民埃马努埃莱-热尔维·塞尔维耶就发现，共和八年雪月十七日（1800 年 1 月 7 日）宣布他离婚了，根据是由圣热尔维（埃罗）六位可敬公民所写、证明他"几年前"就已经和妻子分居的一纸文书。问题是，就在他们写这张文书的时候，塞尔维耶夫妇已经在圣热尔维居住三个半月了——这是离婚书上平静地提到的！除非设想七户人家集体搬迁了，否则就要问，那几位可敬的公民怎么

235

会说得那么肯定。①

虽然一些革命法律被滥用，虽然督政府强调道德至上，而 1801 年罗马教皇和法国政府就宗教事务达成和解协议之后敢于发表意见反对离婚的人仍然很多，离婚还是被 1804 年的民法典接受了，法典里和离婚有关的条款不少于 77 条。有三种离婚理由已经成了传统：通奸；放荡，虐待，严重侮辱；被判了加辱刑。双方同意的离婚须经过一系列手续，复杂而漫长，变得几乎行不通了。秉性不合这一条，因在大革命时期造成很多丑闻，被取消了。

复辟以后，在十分激烈的论战氛围中，保皇党和天主教于 1816 年 5 月 8 日废除了离婚法。② 一些市长或管理户籍的官员拒绝批准新法律颁布之前宣布的离婚，或拒绝批准大革命前的离婚者再婚，企图用这样的办法赋予法律以不曾规定的追溯效力。上诉法院和高等法院认定，这些市长或户籍管理员的做法没有道理，同时做出了一些于离婚并非不利的司法解释。婚姻不可分离的回潮，伴随着种种可以料想得到的不公正和失望，是否使家庭犯罪重新上升了呢？不管怎么说，朗瑞奈伯爵③就是这样看的。朗瑞奈伯爵于七月王朝时期在贵族院力主恢复离婚法。因为，据他说，在 1816 年至 1830 年间，谋杀案件增加了几倍。④ 朗瑞奈伯爵提供的数字很难验证，也很难解释。

---

① Cité dans Michel Prévost, *Le divorce pendant la Révolution*, 1908, publié dans 192, p. 107. Voir également, sur cette période, Gaudemet, 80, pp. 389 - 394, et Ronsin, 176, pp. 149 - 175.

② Sur le divorce au XIXe siècle, voir Ronsin, 177. Sur le Code civil et les réactions jusqu'à l'abolition de 1816, voir Ronsin, 176, pp. 177 - 255. Ces deux livres forment un panorama complet du divorce aux XVIIIe et XIXe siècles.

③ 朗瑞奈伯爵（1753—1827），法国政治家。——译者注

④ Ronsin, 177, p. 49.

不管怎么说，到了 19 世纪，这个问题就摆到各种政治派别的桌面上了。自 1830 年革命以来，天主教已经不再是法国国教。因此，已经再也没有什么东西能够禁止公民力量、王党力量、共和党或帝制派力量投票通过一项允许离婚的法律了。可是，所提出的离婚法草案，于 1831、1832、1833、1834、1848、1876、1878 各年度……连连遭到失败。最好的情况也是众议院通过了，又被贵族院否决。不过，众多的法律草案一直使人对这个问题的胜利抱有希望。在整整一个世纪里，围绕着这件事，出书、请愿、游行、出小册子，一直没断。《妇女之声》是一份由已经法院判决分居、仍在要求离婚的妇女办的报纸，在选举的时候，公布了向读者推荐的候选人名单。然而，离婚不是政治事务。从这时起被称为右派的行列里，有一些"离婚迷"，而左派社会主义者怕威望受影响，不敢全面投入这场论战。如果说，圣西门派主张离婚，傅立叶派主张取消婚姻，那么，社会主义者则常常站在主张维持传统家庭者一边。但是，沿着社会主义者行进的轨迹，兴起了为妇女权利和离婚而斗争的妇女运动。彻底投入战斗的只有共和派人物，他们把离婚写进了自己的纲领。①

第三共和国又将论战掀起，作家也都披挂上阵。小仲马的《离婚问题》于 1878 年引起轩然大波，而这位作家只不过是"婚姻不可分离"这艘老船遇到的文学冰山之一角。1874 年至 1880 年间，确实出现了不少涉及这个问题的戏剧，它们所取得的成功和造成的冲击一如今天的电影。② 一些大作家，比如 1878 年被选为法兰西学院院士的维克托里安·萨尔杜，让离了婚的人登台演了两出戏③。这是因为 1877 年至 1880 年间共和派在台上，改变

---

① Sur la gauche et le divorce au XIXe siècle, voir Ronsin, 177, pp. 86 – 109.

② Voir Ronsin, 177, pp. 187 – 188.

③ 两部戏剧分别为《达尼埃尔·罗沙》（1880）和《咱们离婚吧!》（1880）。——译者注

了对这个问题的想法。阿尔弗雷德·纳凯①——此人在离婚问题上所起的作用和朱尔·费里②在教育问题上所起的作用一样——提了一个又一个的离婚法草案。他提出的第三个草案变成了1884年7月27日通过的法律。

在巴黎公社之后的紧张气氛里，共和派的离婚法显得比帝国时期的民法典还要谨慎。排在因秉性不合而离婚后面的是双方同意的离婚，成了被献到平息事态的祭坛上的牺牲品。作为大革命的遗产，剩下的只是由拿破仑保留下来的三项重大离婚理由：通奸，在这个方面有令人欣喜的革新，那就是通奸的概念扩大了，像女人犯的通奸错误一样，男人犯的通奸错误也被包括在内；加辱刑，但只限于判了徒刑的加辱刑；虐待和严重侮辱，此后变成了女人得以离婚的最常用理由。只限于这三项理由的离婚所带来的最严重后果，可能就是承认了一种观念：把离婚看成对错误的惩罚，而不是契约的失败，这成了一种很难从思想上摆脱掉的观念。

在一个逐渐分为两个势同水火阵线的法国，根本没有可能通过一个更为大胆的方案，这其实是可想而知的。因为，对这部已经谨慎有余的离婚法，反应就已经很强烈：讨论的时候，通过的时候，上下两院的争论都相当激烈。就在这次争论中，人们发现，在众议员——昂热的主教弗雷佩尔大人的讲话里，出现了反犹太主义的苗头；十年之后，反犹太主义思想弥漫到了整个法国。弗雷佩尔直截了当地谴责这项草案，说这是一项"几个没有头脑的女人"和"一些拿习俗和法律当儿戏的小说家"所要的法案，说他们在这场"反对法国和反对天主教的运动"里，仰仗了"一小撮犹太

---

① 他的名字没有像费里那样流传下来，尽管他应拉鲁斯出版社之约，修改作者简介时写得脍炙人口："只要世上还有分离了的不幸夫妇因他而获得了新生，他的名字就会永远流传，就是说，他将万古流芳。起草罗马法的那些伟大罗马法学家的名字，至今还写在课本里。纳凯的名字将来也会如此。一个人一生中有了这样的记录，就可以不去追求权力。"（转引自龙桑著作，177，266页）

② 朱尔·费里（1832—1893），法国政治家，在法国初等教育上的贡献甚巨。——译者注

人"的支持。而左派和右派一样尖刻，声称这是一个昂贵的离婚法案，因为法案规定了离婚要付赡养费，其结果就是，对工人来说，离婚高不可攀①。

说到严重侮辱，在 19 世纪末这个装得一本正经的资产阶级共和国里，情况千奇百怪，有时甚至出人意料。1894 年就发生了这样一件事，一个女人因为丈夫性无能而要求离婚，丈夫拒绝，拒绝得干干脆脆，妻子的廉耻和丈夫的尊严使他不得不这样做。可是，过分的热心却把他害了：被传讯时，他竟指望法庭对他从轻发落，以为用公开他使妻子破身的办法来证明自己的诚实，可能对他大有裨益。然而，正是根据他提供的证词，被驳回之后又上诉的妻子才得到了离婚的判决……理由就是"严重侮辱"。判决理由中提到，丈夫"在使用一些替代的方法去完成夫妻义务时，对妻子犯下了严重罪行；其使用的方法不道德、可耻、违反自然，那种淫荡的抚摸和接触是任何正派女人都无法忍受的"。从总的情况来看，"非常重要的一点是，女人在委身于她们所选择的丈夫、法律给她们提供的保护人时，都知道，她们不会有遇到荒淫好色的教唆犯的危险。"做丈夫的都知道，"用对待妓女的态度对待妻子"是"能够伤害她们的最严厉的侮辱"②。从圣热罗姆的时代起，人的想法没有多大变化：像激情满怀的情人一样行事的丈夫依然被视为奸夫。某些爱抚动作充其量只能在妓女身上被容忍，对结了婚的女人是不行的。女人也许争取到了离婚的权利，但并没有得到享受性爱的权利。

因为，很明显，离婚法对女人比对男人更有利。1884 年以前，分居几乎无例外地都是根据女方的要求（占 90%左右）做出的裁决，原因又几乎

---

① Voir Ronsin, 177, pp. 268 – 269 et 280.

② Le jugement est publié en appendice dans Ronsin, 177, pp. 311 – 312.

都是虐待和严重侮辱（占 80％以上）。离婚法通过以后，提出离婚的仍然多数是妇女（大约占 60％），而且总还是那些理由。然而，这些妇女之中，很多人却只想分居（1886 年大约有 50％，后来只想分居的人越来越少，到 1889 年少到 25％）。相反，已经不再喜欢妻子的丈夫，要求的却几乎都是离婚。①

20 世纪有很多关于离婚的立法，多数都是为了放宽 1884 年离婚法的种种限制。第二次世界大战以后，风气渐开，1884 年通过的离婚法显得越来越不能适应形势。因双方相互严重侮辱而离婚，实际上等于恢复了已经被取消的协议离婚；双方约好通信互骂，使情况变得加倍荒唐。至于因通奸而离婚，又使侦探事务所的生意变得兴隆起来，竟到了不得不由法律对提供证据和侵犯私生活的界限进行裁决的地步。

1975 年 7 月 11 日通过的法律做了相应的调整。② 其中提到了三种离婚情况：协议离婚；因共同生活中断（至少六年）而离婚；因"多次严重违反婚姻义务，致使共同生活无法维持"而离婚。这最后一项又包括以下几种情况：因通奸而离婚（通奸已经不算犯罪，但构成允许离婚的民事过错），因侮辱和虐待而离婚，因"根据刑法法典第七条规定"被判了刑而离婚。

采取协议离婚时用不着说明原因，但要"向法官提交一份解决离婚各项问题的协议草案"。若法官认为有一方吃了亏，或孩子问题解决得不够完善，可以拒绝批准。提协议离婚的要求，至少要在结婚六个月之后；未获批准，再次提出离婚要求，须在被拒绝的三个月之后；协议离婚，事先均

---

① Statistiques plus détaillées dans Ronsin, 177, pp. 317 ss.

② Loi N° 75 – 617 du 11 juillet 1975 (J. O. 12 juillet, p. 7171), qui remplace le titre 6ᵉ du livre Iᵉʳ du Code civil. Sur cette loi et ses conséquences, voir Jacqueline Rubellin-Devichi, dans 128, t. I, pp. 85 – 119.

须经过调解。如果只有一方提出离婚，而另一方接受，则必须摆出一系列证明共同生活无法忍受的事实。依然可以要求分居，分居后夫妻关系继续保持，但同居的义务被解除了。

协议离婚，在概念上是承认把离婚看作夫妻生活的失败，但财产纠纷（赡养费）以及越来越想把孩子留给自己的愿望，却又仍然和"犯有严重错误"的概念有牵连。尽管法律宽容了，离婚仍然是一种不幸经历。

在同一时期的欧洲各国，关于离婚的立法都有进步。① 新教传统国家的立法（德国，1976 年；荷兰，1971 年），更倾向于离婚是婚姻失败这个概念：只有"长期失和"（荷兰）或"夫妻关系无可挽回地破裂了"（德国），才被认为是离婚的有效原因，通常还必须经过一段时间的分居才能离婚。天主教传统国家的立法则依然保持着离婚是惩罚的观念，不认为离婚是婚姻失败的证明。一些国家很久以来就是这样，比如比利时还保留了 1804 年的拿破仑法典，或瑞士在 1907 年的宪法中写上了可以因"夫妻关系受到极深的伤害，共同生活已经变得无法忍受"而离婚，此外还列出了一系列的错误，都可以成为使夫妇一方提出离婚的理由。在这次的新浪潮里，英国是第一个于 1969 年为离婚立法的国家。好几个国家紧随其后，都把通过离弃的方式实行协议离婚引进了国内。在英国，当夫妻关系因为发生了某些严重问题而"无可挽回地破裂了"的时候，特别是夫妻二人共同决定分居了两年，或一方提出要求而分居了五年的，准予离婚。意大利（1907 年）和西班牙（1981 年）也都以同样的尺度，判断夫妻之间是否没有了"精神和物质上的共同性"。只有爱尔兰是个例外，1986 年 6 月 26 日的全民公投否决了离婚，依然忠实地遵守着天主教关于婚姻不可分离的命令。

因为，离婚一直为天主教所拒绝。约翰-保罗二世于 1983 年颁布的教

---

① Sur le droit européen comparé, voir Gaudemet, 80, pp. 445 – 450.

会法法典正式禁止离婚（教会法第1141条），而1992年出版的《教理问答》实际上又把离婚在道义上说成"对自然法的严重触犯"，是"对以圣事婚姻为象征的救赎联盟的侮辱"。

约翰-保罗二世于1994年发表的《致家庭的公开信》，又提到了罗马教廷于1983年公布的《家庭权利宪章》。通过向"父母负责任的生育权和对孩子的教育权"提出合法要求，罗马教廷终于把禁止避孕和离婚当作"权利"而不再当作"义务"了。这是个壮举，只有把孩子的教育看作"真正的传教布道"才可能做出；真正的传教布道能够使人"通过无私奉献"实现自我。因此，夫妇应该"忠于他们和上帝建立的盟约"，"哪怕路途变得险峻或者出现了一些狭窄而陡峭、看似无法通过的路段"。由于有了这种"爱能承受一切"的典型基督教观念，《致家庭的公开信》就赋予了夫妇一种永远不会失去时效的权利去对付不幸。

但是，除了罗马教廷的严格禁令之外，不批准离婚的教会对离婚这种现象却不能视而不见，所以新的教理问答便对不久之前还极力否认的事实打开了几扇门："如果世俗的离婚是保障某些合法权利、照顾孩子和保护家产的唯一方式，离婚就可以容忍，不构成道德伦理上的错误。""对于根据民法离了婚的无辜受害一方"① 也应作如是观。至于再婚，在任何情况下都被视为通奸。招致教会惩罚的是通奸，不是离婚。惩罚包括：逐出教门，不能当教父，死了不能以宗教方式举行葬礼……虽然门开得可能有点战战兢兢，但至少证明教会在观念上有了明显进步，这使信徒们有了希望，希望有朝一日可以看到教规变得不那么严厉。

---

① 102, pp. 69 et 51－54；101，§ 2383 et 2386.

第八章

主教会议的反应

    1556 年，法国正在准备举行一场盛大的婚礼：法国的迪亚娜，即亨利二世那个取得了合法地位的女儿，将下嫁给弗朗索瓦·德·蒙莫朗西。蒙莫朗西的父亲是王室总管，名满朝野，是个权倾一时的大人物。虽然法国的迪亚娜"母亲是谁无法确定"（有人说是皮埃蒙特的一个贵妇，有人说是普瓦蒂埃的迪亚娜），能够娶她为妻，仍不失为一桩十分体面的事。法国的迪亚娜当初嫁给了教皇保罗三世的孙子奥拉斯·法尔内塞，于 18 岁上就守了寡。消息灵通人士中间传播的小道消息说，现任教皇保罗四世原本有个想法，想让自己的侄子来"接手"法国的迪亚娜。像蒙莫朗西这样的人，大可因为结下这门亲事而自豪，这可以使他打入国王的小圈子。

    可是，就在婚礼前夕，事情发生了戏剧性变化：新郎透露，他已经和王后凯瑟琳·德·美第奇的女官——阿吕安的让娜·德·皮耶纳小姐秘密地结了婚。这门亲事本身好像没有任何不光彩的地方，只是妨碍了他另攀高枝。但是别慌，这桩婚事显然不怎么严肃。芳龄不到 20 岁的让娜本人，记不清她结婚 5 年还是 6 年了，连是在巴黎还是在圣日耳曼结的婚都记不得了。那是青少年（一个 14 岁，一个 20 岁）之间一段牧歌式的爱情，后来蒙莫朗西到西班牙去打仗，这段牧歌式的爱情也就理所当然地终结了。

    蒙莫朗西当了俘虏，一去五年未归。远隔万水千山使他的爱情变得更强烈了吗？不管怎么说，他回来之后又向那个等着他回来的人重新作了表白。而且，他还以"现在的许诺"的方式说"我娶你为妻"，这就是确认那桩秘密结下的婚事，不能分离了。王室总管想取消这门不怎么荣耀的婚事，要求调查。一反习惯上的做法，两个非神职人员参加了调查。1556 年 10 月 5 日，让娜·德·皮耶纳受到询问。她可能没有证据，而且也没有完婚，但她了解自己的权利，尤其了解教会法赋予她的权利。她非常坦率地回答，说她"只知道自己的婚姻是秘密的、受保护的；她本以为，虽然父母都在，自行结婚也是可以的，因为婚姻是上帝的，仪式是教堂的"。怎么回答？尤其是，新郎承认给过"现在的许诺"，不过他也提到自己年轻，欠考虑——"如果让他现在来做这件事，他是会好好考虑考虑的。"他更感到遗憾的是年轻时的爱情，还是现在这桩失之交臂的美好姻缘呢？

只要能够把让娜关进巴黎的圣女修道院，并请教皇将这门婚事取消就行。因为没有完婚，这应该不成问题，而在这种情况下，"重大原因"也容易找：六个月之前，教皇曾经为一桩类似的事件颁发过特许令。可是，这一次教皇保罗四世却支支吾吾。一些嘴上无德的人就说，如果保罗四世仍然想把法国的迪亚娜留给自己的侄子，维持弗朗索瓦·德·蒙莫朗西此前的那桩婚事，那么事情就妥了。

为了加紧调查，王室总管和国王干了不少蠢事，一件接着一件。他们让这对年轻夫妇交换信件，在信里把各自说过的话收回，好像他们自己就能够把上帝连接起来的东西拆开似的。王室总管的儿子在写给妻子的信里没有表现出多大的勇气，他写道："我已经认识到无意之间犯下了错误，并且因为冒犯了上帝、国王和国王总管夫妇大人而感到后悔，我想放弃咱们两个人之间说过的那些关于结婚的话和种种许诺。"信拿给了被幽禁着的让娜，她泪水涟涟地评价道，"他的心眼比女人还小，"说他"更愿意当个富人而不想当个好人"。一再坚持之下，终于使让娜松口，同意取消那桩婚姻。

看似出于偶然，1556 年 2 月（公历 1557 年，因为按照当时的历法，新的一年从 4 月开始），亨利二世颁布了一项关于暗中结婚的敕令，就像为这件事"量身订制的"一般：敕令涉及的是不满 30 岁的男性（蒙莫朗西 26 岁）和不满 25 岁的女性（让娜 19 岁），而且规定，该项敕令对于未完婚的婚姻（他们两个人的婚姻正属于这种情况）有追溯效力。该项敕令可能只规定了民事方面的惩罚，比如剥夺继承权，而没有对实质问题表态。但这是国王第一次插手婚姻领域的事务，到那时为止，这个领域一直是教会的禁脔。教皇保罗四世因受到这样的摆布而非常恼火。一位枢机主教明白无误地指出的正是这一点，他带话给国王和王室总管，说"他们傲慢地介入此事，会给他们带来损害"。如果是个无名之辈，又不显得那么坚持，事情到此可能也就算了。

但他的弱点就在这里。为了做出决定，教皇召集罗马教廷圣部开会，宣布赞成取消那次婚姻，但教皇又想，在眼下这种情况下，他是否应该表现得比他那些前任更严厉些，甚至要比他自己在其他场合表现得更严厉些。他这么考虑问题，想听到什么样的回答也就清楚了。

亨利二世勃然大怒。他逢人就说，德国和英国为了比这个更小的事就不承认罗马教廷的权力了。陷入因年幼无知而犯下的这桩错误中的弗朗索瓦·德·蒙莫朗西，干脆把自己的话全部推翻，并信誓旦旦地说他从来就不曾对让娜许下过什么诺言。他解释，他从前那样说，是因为有人告诉他，那样可以更容易得到王室总管的同意。对他的说法，大家都装出一副很满意的样子，于是，蒙莫朗西就于 1557 年 5 月 4 日正式和法国的迪亚娜结了婚。说到底，教皇已经是快 80 岁的人了，而教会是支持法国国王的。所有的教会法学者和几乎所有的神学家都表了态，赞成取消原来那门亲事。

果然，保罗四世于 1559 年去世后，他的继任人就立即宣布了赦免，并确认了蒙莫朗西的婚事。是因为心胸狭隘、非要把法国的迪亚娜留在意大利的势力范围内的打算导致罗马教廷在这件事情上一拖再拖呢？还是顽固老人的倔强脾气使耐心建立起来的宗教婚姻大厦出现了第一道裂痕？不久之后，法国教会自主论即从这道裂缝乘虚而入。亨利·莫雷尔解释说，婚姻遭到新教和圣公会否定以后，教皇可能觉得自己已经成了婚姻圣事的最后一位保护者。也许，他想树立一个鲜明的样板，以便在理论上确立一个教会法尚不曾接触过的论点，即未曾完婚的婚姻可以免除。娶了法国的迪亚娜，蒙莫朗西只有庆幸的份儿：多亏了她，自己才得到了国王的恩宠，后来竟当上了法国元帅。至于让娜·德·皮耶纳，不久之后就嫁给了一个叫阿吕耶的小贵族。按照布朗托姆的说法，她的出嫁"主要是出于意气和任性，不是出于理智"。她可能对爱情婚姻感到厌倦了。[1]

暗中结婚

让娜·德·皮耶纳和弗朗索瓦·德·蒙莫朗西秘密结婚造成的轰动，构成了婚姻史上一个重要的转折点。一方面，因为此事促使或加快了亨利二世一道重要敕令的出台，那是国王在婚姻问题上采取的第一个行动，因而也是朝着婚姻世俗化迈出的第一步；另一方面，因为这件事在特兰托主教会议上提了出来，法国代表在会上力争使父亲的同意成为婚姻有效的一个条件。法国代表的意见没有被接受，但是可以肯定，法国发生的这件事对 1563 年颁布的反对暗中结婚的教皇谕旨产生过影响。为了更好地了解当时教会所发生的转变，必须回过头来看一看中世纪法规中的双方同意原则。

为了把订婚的事变得简便易行，减少非法婚姻的数量，教会法已经把婚姻搞成了一种只以夫妇双方同意为基础的契约。教会法没有条文规定双

---

① Sur cette affaire, voir Henri Morel, «Le mariage clandestin de Jeanne de Piennes et de François de Montmorency», dans 134, pp. 555 – 576, et le dictionnaire de Bayle, t. III, s. v. «Piennes».

方互表同意采取什么形式，要说有，也就是互道许诺（"现在的许诺"或"未来的许诺"）。尽管完婚重要，被当作对践约的确认，婚约的重要性仍然是第一重要的；如果丈夫在新婚之夜前死了，女人仍然可以被看作寡妇。因此，只要宣布已经结婚，即可将闹得沸沸扬扬的男女关系变成正式的夫妻关系。这种制度有很大的优点，但也存在着严重的弊端：首先，在某些情况下，没有得到父亲的同意会在家里造成麻烦，而教会不愿意引起这样的麻烦；其次，受到引诱的女孩子到宗教裁判所去投诉的越来越多，而缺乏证据又会使法官们感到束手无策。因此，双方同意的契约，很长时间以来甚至在教会内部都一直遭到反对。教会内部有人主张实行神圣契约，即在教堂里当着神甫、家人和证人的面，订立神圣的婚约。以双方同意为原则的制度于 1170 年前后在西方建立起来的时候，教皇亚历山大三世的头脑里已经在酝酿这样的解决办法。不过，建立庄严婚礼制度的想法在这位教皇的头脑里存在的时间不长。[1] 中世纪还没准备好跨出这一步，反对暗中结婚，得另想办法。

我们看到，1215 年第四次拉特兰主教会议，通过要求神甫到场并公布结婚预告的办法，已经表明了教会的意向[2]，但尚未走到把暗中结婚变成使婚姻无效的障碍这一步。主教会议规定的主要是一些惩罚措施，在大多数情况下，这些惩罚措施无疑也都是威慑性的，不足以杜绝暗中结婚。在不同地区，教规方面的惩罚可以从数目不等的罚款一直到逐出教门。除此之外，还要剥夺暗中结婚夫妇的某些权利，那是一些给予在神面前结合的夫妇的权利。比如，遇到因禁止结婚亲等而取消婚姻时，暗中结婚出生的子女不能取得合法地位。

---

① Voir sur ce point Dauvillier, 80, pp. 23 – 28.

② Canon 51 (Mansi, 126, t. 22, col. 1038). Sur le mariage clandestin au Moyen Âge, voir Esmein, 64, t. I, pp. 205 – 209; Dauvillier, 51, pp. 102 – 121.

16 世纪，有好几种因素促使就此问题重新展开论战。论战很快就在著名的文学作品里引起了反响。在中世纪最后的两个百年里，婚姻遭遇了一次深刻危机，可能与西欧百年战争和鼠疫大流行期间所经历的经济和社会萧条有关。王国的监督放松了，这种监督主要是让人遵守婚姻法，禁止通奸；缺乏管束的军队横行乡里。性放纵（卖淫、强奸、通奸、私生子……）和受谴责的结合（同居、暗中结婚、与教士厮混、一夫多妻……）十分普遍。文艺复兴时期对肉欲的重新评价，对这种现象起了推波助澜的作用。比起家庭之间的老式婚姻，年轻人喜欢更为松散、更为自由、更加纵欲的婚姻。爱情变得时髦了，但不总是和婚姻相连，富家子弟不娶为他们选定的富有的女继承人，反而去秘密地和某个更讨人喜欢的宫中女官甚至女仆结婚。

比如，罗密欧与朱丽叶的传说，就是围绕着 15 世纪起就已经流行的故事，在这个时期逐渐形成的。一对出生在仇家的青年男女堕入爱河，却成了比他们的爱情更为强烈的仇恨的牺牲品。开头部分的主题好像是从奥维德的《变形记》里抄来的，和中世纪家喻户晓的比若莫斯与蒂斯贝的故事十分相似。不过，到了罗马人要把两个逃跑的年轻人处死的那一段，基督徒就会想象，秘密结婚可能更合乎情理。不错，没有得到父母同意的婚姻令人愤慨，但也必须看到，这桩婚事使凯普莱特和蒙太古两个仇家和解了。这一点，自皮埃尔·隆巴尔的时代起，就已经被看作婚姻的一个正当理由，无论如何要比因为爱情而结婚更为正当。到了莎士比亚笔下，对比就特别明显了：劳伦斯神父责备罗密欧用情不专，也不看好他似乎并不相信的这段爱情，但庆幸有了这样一种能够化解凯普莱特和蒙太古两家世仇的关系（第二幕第三场）。在这桩秘密婚姻里，神父的地位很说明问题，突出了那个世纪初叶和末叶之间婚姻的发展变化。

路易吉·达·波尔托和班德洛是最早用我们知道的名字讲述这个故事的人，时间在 16 世纪 30 年代，也就是说，在特兰托主教会议之前。劳伦斯神父仅仅是这桩秘密婚姻的证人。两个情人来到劳伦斯神父的修道院，因为朱丽叶受着严密监视，只能靠施展计谋才结得成婚。在那个时代，大家闺秀能够真正一个人单独待的地方就是听忏悔的小屋，于是，她在乳媪的陪伴下去了那里，而劳伦斯神父也带着罗密欧走了进去。小屋的栏杆被挪开了，为的是让罗密欧能够把结婚戒指给朱丽叶戴上，并给朱丽叶一个婚吻。达·波尔托说，罗密欧当着神父的面说着"现在的许诺"娶了朱丽叶为妻。① 所以，劳伦斯神父的角色所起的作用不是把这对年轻人结为夫妇，而是为他们见面提供方便，让他们来到一个使年轻姑娘不会被母亲追踪到的地方。

诗里的这个场面不乏风趣，但在舞台上很难表现。在英文文本里，神父的作用已经相当重要：在亚瑟·布鲁克的《罗梅乌斯与朱丽叶》和佩因特的《罗迈欧与朱丽叶塔》里，神父发表了一通关于夫妻权利与义务的简短演说，还说了教会在结婚仪式上用的那句套话②。到了莎士比亚笔下，忏悔的借口被保留下来了，但婚礼不再是在听忏悔的小屋里举行：罗密欧与朱丽叶来到劳伦斯神父的静室，神父请两个年轻人跟着他走，去成亲。我们可以理解为，仪式可能要到一个更为神圣的地方举行，可能是在教堂里的圣坛前。

也许必须谴责对古代家长制家庭的人道主义和赞美，古代家长制力量在 16 世纪进行的对同意理论的攻击中，严重地阻碍了罗马自愿原则的实施。伊拉斯谟又是第一个站出来，抨击天主教婚姻的这种演变。圣保罗致科林斯人的信已经成了这位哲学家推翻婚姻的圣事特性和不可解除特性的哲学基础。在对这些信件进行评论时，伊拉斯谟写下了几句抨击秘密婚

---

① Les deux nouvelles sont publiées dans *Giulietta e Romeo*, Pisa, Frat. Nistri, 1831, pp. 26 (Luigi da Porto) et 89 (Bandello).

② Publiés dans la *Shakespeare's library* éd. J. Payne Collier, London, Th. Rodd, s. d., vol. II, pp. 27 (Brooke) et 100 (Paynter).

姻……和恋爱结婚的话。"在基督徒中间,"他揭示道,"结婚非常容易,一经结成,就不能再以任何借口解除。通过说媒拉纤的,就偷偷地把一些懵懵懂懂、满脸惊恐的孩子撮合到一起,让他们成了亲,而在这样一种可耻状态下结成的婚事,却成了不可解除的。更让人觉得新鲜的是,这样的婚姻还变成了圣事。"① 他要求的是一种更为"实在的"自愿,可以因为听从了朋友的建议而表示自愿,但不能用恐吓或威胁去强迫人自愿。解除可耻的婚姻,并不是把上帝结合起来的人分开,而是把因年幼无知、酒后乱性、惊恐和糊涂而结合起来的人分开,一言以蔽之,是把魔鬼在那些"拉皮条的教士"帮助下结合起来的人分开。这些话,与其说是为"家长同意"进行辩护,不如说是为离婚进行辩护,这在 16 世纪产生了巨大反响。

在《巨人传》第三卷(1546 年)里,拉伯雷用了整整一章的篇幅来痛斥那些背着父母秘密结婚的年轻人。像在别的许多地方一样,在这一章里,他依然把聪明的庞大固埃放在了轻浮的巴汝奇的对立面。庞大固埃感到欲火中烧,像小说开头部分的巴汝奇被欲念缠身一样,也想结婚了。可是,他不去求神降示,也不去征求朋友们的意见,而是听凭父亲卡冈都亚为自己择偶。接着就不再提庞大固埃的婚事,而是由卡冈都亚出来对暗中结婚大加挞伐。这位巨人反对那些研究婚姻法的"像鼹鼠一样生活在阴暗之处的神甫"。在卡冈都亚看来,秘密结婚的孩子,他们的父亲"可以而且应该把他们打死,将尸首扔给野兽"②。

如同在很多别的问题上一样,关于这一点,人文主义者和基督教新教徒也是同一个论调。新教徒同时还要求举行真正的宗教婚礼,在这样的婚礼上,牧师不再像天主教的神甫那样只是见证人,而要成为使夫妇结合的

---

① Érasme, 63, p. 499.
② Rabelais, *Tiers Livre*, ch. 48.

婚礼主持人：这样，偷偷结婚的事就可以避免了。他们参照的是《旧约》。根据《旧约》，家长们可以按照自己的意愿为孩子们成亲。亚伯拉罕派仆人到族人聚居的地方去为儿子以撒找媳妇，后来以撒又让儿子雅各到他舅舅拉班家去找媳妇。以扫则相反，他自己找了两个不讨公婆喜欢的赫族女子为妻。以扫的孪生弟弟雅各可能用了计谋，骗取了父亲的祝福[1]；但是，作哥哥的以扫不顺从，顺从的弟弟雅各因而得了嘉奖，却是实实在在的。在新教里，父亲的同意从此就变成了必不可少的。在加尔文信徒中间，父母可以要求取消未经他们同意的婚姻，即使已经完婚，即使婚姻是经过牧师祝福的，也仍然可以要求取消。路德派则不然，如果已经完婚，婚姻就不能再取消。[2]

罗马法往往和新教教义一致，特别是在法国南方，16世纪那里的习俗明显受古希腊罗马文化影响。图卢兹的法学教授、日后成了图卢兹著名律师的让·德·科拉，很早就支持取消暗中结婚。他在1549年出版、用拉丁文写的《民法杂记》里就已经在宣扬暗中结婚无效论。他当时还不能肯定自己已经属于新教教派，但起码他对新教的新思想有好感，最终他还是成了这种思想的殉道者。科拉广征博引，提到了他那个世纪唯一的先驱伊拉斯谟，提到了罗马的法学家和皇帝，也提到了《旧约》和教皇英诺森三世。他对秘密结婚的年轻人提出了批评，说他们"轻浮，好虚荣，愚蠢，不谨慎，受某种秘密情感驱使"，说他们秘密结婚之后就被迫生活在永无休止的纠纷之中。在他看来，暗中结婚更像同居，不像合法婚姻，有种种理由说明应予取消。[3]

---

[1] 此处指骗取哥哥以扫的长子继承权。——译者注

[2] Gaudemet, 80, p. 281; Bels, 21, pp. 163 - 173.

[3] Jean de Coras, 46, ch. I, 17, « Probatum et diuino, et humano iure, in contrahendo matrimonio parentum consensum necessarium», pp. 51 - 53.

1556 年的敕令颁布之后，科拉欣喜若狂，他重整旗鼓，进行宣传，不过这一次用的是法文，因为他意识到了，这个问题和更多的人有关，人数远远超过了他的拉丁文读者……他的《论富贵人家子弟违背父母意愿、未经父母同意秘密无礼结合的婚姻》于 1557 年出版，都是些"简短的演说和答问"，把上面提到过的那本书里以国王"为幌子"所作的说理和抨击都摆了出来。"冒冒失失、轻率地"结了婚的孩子应该"被从男人的名录里剔除出去"，他们的结合不能以婚姻名之，充其量也只能使人想到动物的结合。"哪个没头脑、无理性、什么都不懂的人，能够判定两个冒冒失失、不识大体、满脑子不切实际的想法、贪淫好色、情调下流、满口都是拉皮条人的话、违反上帝和自然法则且对父母不敬不孝的年轻人，可以成为夫妇呢？"

他所针对的确实是恋爱结婚，这一点和当时的所有文章都是一样的。① 科拉的结论清楚明白："我要说的事情是十分肯定、不会变化、确凿无疑的：不顾家长意愿，没有家长同意，未经家长许可，孩子们自己缔结的婚姻，从神权、自然和人类法则的角度来看，一律无效。"② 只有下列情况属于例外：父亲默许，不在法律上追究儿子的；已经完婚的（完婚使任何婚姻都有效）；父亲不在家三年以上，无法征求其同意的；父亲优柔寡断，女

---

① 艾蒂安·帕基耶谈到过"无节制的性欲，由常常使我们失去理智的粗俗露骨说法引起的无节制性欲"，谈到过"过分的情欲"［洛诺夫（Launov）著作，110，第 23—24 页］；谈到过史学家图，谈到过"最热烈的爱情"（出处同上，27 页）；格罗佩（Gropper）谈到过"性病的起因"；亨利二世的敕令谈到过"不得体的、无节制的性欲"……这是爱情的不同方面，从性欲到伉俪之情（"affctio"这个词是神学家习用的），到神秘的爱（说到对上帝的爱或对情妇——不是对妻子——的爱时，用得最多的是"amor"这个词），再到病态的爱（"激情"这个词在很大程度上还带有拉丁文"pati"——"受苦"——的意思）……

② Jean de Coras, *Des mariages clandestinement ... contractés*, Toulouse, Pierre du Puis, 1557, pp. 8 - 9, 47, 86. Sur les mariages clandestins au XVIe siècle, voir M. A. Screech, *The Rabelaisian Marriage*, E. Arnold, Londres, 1958, pp. 44 - 54; Jean Plattard, «L'invective de Gargantua contre les mariages contractés 'sans le sceu et adveu' des parents», dans *Revue du XVIe siècle*, t. XIV, 1927, pp. 381 - 388; Bels, 21, pp. 163 - 173.

儿 25 岁尚未嫁出，从而使自己失去对女儿的各种权利的！25 岁是亨利二世发布的上谕里规定的年龄，可能和年满 25 岁的未婚女子庆祝圣凯瑟琳节一事有关。如果说今天庆祝圣凯瑟琳节的年满 25 岁的女子给人的印象是还没有找到对象，那么，当初姑娘们庆祝这一节日时所意味的可能就是：由于父亲一直拖延，拒绝她们出嫁，到了这个年龄她们就可以开始自己找丈夫了。至于帽子——早年是面纱——从来都是已婚妇女和"不戴帽子的"年轻姑娘之间的区别。男女有别，30 岁的单身汉庆祝的是圣尼古拉节。年龄上的差别似乎也是从亨利二世的上谕里抄袭来的。

不过，我们也不能让后来出现的罗曼蒂克传说牵着鼻子走。孩子服从家长的意志，当时标志的是智慧，而不是专横。我们今天想到暗中结婚时，头脑里出现的往往是罗密欧与朱丽叶，是格雷特纳·格林小村子里的铁匠，是联合起来的父亲对可怜情人的专制。两个世纪的浪漫主义教会了我们把爱情和婚姻混为一谈。但是，在 16 世纪，即使并非二律背反，爱情和婚姻也依然是两件截然不同的事。关于这一点，蒙田最为旗帜鲜明，他毫无保留地赞成由家长包办婚姻，"站在爱情俗套的对立面"。他认为，建立在爱情和爱的欲念基础之上的婚姻，比其他婚姻失败得更快。"婚姻必须有更为牢固的基础"：好的婚姻拒绝"附加爱的条件"，更倾向于以友谊为条件。女人更愿意当丈夫的妻子而不是情妇。另外，如果丈夫还有情妇，若遇有不幸，他会希望那不幸发生在情妇而不是妻子身上。[1] 罗密欧与朱丽叶的浪漫情爱是个别的，是文学上的，没有人会想去过那样的日子。说得再具体点，爱情是为了引诱像弗朗索瓦·德·蒙莫朗西那样的大家子弟而设的陷阱，为的是迫使他们接受胆子大的女官；面对这样的女官，几年之后，他们好像就不那么倾心了。家长反对这种不能保证给自己孩子带来幸福的婚

---

① Montaigne, *Essais*, III, 5, 144, pp. 64 – 66.

姻，可以理解。

另外，暗中结婚不仅仅是恋爱结婚，而双方同意的原则也可能只是个骗人的把戏。尚贝里宫的档案里为我们保存下来一桩极为轰动的案子。1545 年 6 月 29 日，让·帕斯拉和乔治·帕斯拉两兄弟，其中有一个是神甫，绑架了姐姐戴妮丝的两个女儿。戴妮丝寡居，是佩尔内特（13 岁）和艾蒂安内特（11 岁）的监护人。弟兄两个和副本堂神甫吕巴同串通一气，把两个小姑娘分别许给了一个 30 岁的公证人和一个 16 岁的少年。公证人起草了婚书，那位副本堂神甫搞到了结婚预告豁免。第三天，在教堂里，副本堂神甫在主日讲道时公布了婚事，然后就关起门来把两个小姑娘秘密地嫁了出去。做母亲的理所当然地告了官，两兄弟被法院判了罚款，一个罚 20 利弗尔，另一个罚 100 利弗尔。两位新郎没有受到追究……但婚姻后来被判为无效。① 这样的例子并不是个别的：1308 年就已经有一个寡妇向伦敦法院提出过控告，说她儿子遭绑架，并被强迫结婚，她要求进行调停②！所以，在当时人的思想里，都觉得反对暗中结婚的法令是一个进步，既能避免给孩子造成过度的损失，也可以避免给家长造成过度的损失。

制止暗中结婚

当时，人文主义和宗教改革是对天主教教权和世俗权力的两大压力集团。制止暗中结婚要靠天主教和世俗权力采取措施，暗中结婚此后就成了这两者的对头。天主教有自己的考虑，并不像它表面上所表示的那样对这个问题不感兴趣。不过，天主教教会行动谨慎，而且迟缓得要命。像往常

① Jean Plattard, «Les méfaits des 'pastophores taulpetiers'», dans *Revue du XVIe siècle*, t. II, 1914, pp. 144 - 145.

② 178, t. I, p. 278a.

一样，这一次仍然是因为重新发现了古代文献，才又引起了论战。确切地说，这次发现的古代文献是 1530 年公布的主教会议文件汇编。有人在汇编里发现了教皇埃瓦里斯特（1 世纪末）的一封信，这封信明确无误地谴责了暗中结婚；12 世纪，格拉西安曾经把那封信的内容部分地收入他所颁布的教谕集。信是伪造的，不幸的是，16 世纪的人把它当成了真的。可是，在被格拉西安忽略的、后人于 1530 年发现的那部分里，那封托名埃瓦里斯特的信在暗中结婚问题上参照的是使徒口传教义！这么一来，问题就解决了，因为使徒的权威是不容置疑的。

可惜，这份文件把篇幅用在追溯天主教的等级制度上了。1536 年在科隆召开的省级主教会议上，有人提到过这份文件。代理主教让·格罗佩只能表示一个"虔诚的愿望"，希望看到主教会议就这个问题作出裁决。格罗佩本人于 1545 年发表了《基督教习俗指南》，在那封伪造的埃瓦里斯特信的基础上，论述了暗中结婚的无效，而暗中结婚"与其说是为了上帝不如说是因为爱情"而结成的。根据他的说法，如果夫妇的结合没有"宗教意义"，就不能称之为圣事。看得出来，他的说法和新教的说法相去不远，其参考意义更容易为天主教所接受。1547 年在波伦亚召开的特兰托主教会议预备会议，讨论了暗中结婚问题，准备工作就是根据科隆主教会议和格罗佩的结论进行的。法国人文主义者让蒂安·埃尔韦参加了这次会议，并于 1555 年就此事向与会主教提供了一篇研究报告。①

可是，保罗四世当选教皇，使主教会议的工作中止了一段时间，直到

---

① *Gentiani Heruetti Aurelii Oratio ad concilium*, *qua suadetur*, *ne matrimonia quae contrahuntur a filiis familias sine consensu eorum in quorum sunt potestate*, *habeantur deinceps pro legitimis*, Parisiis, apud Martinium Iuuenem, 1556. Sur le préconcile de Bologne, voir André Duval, 60, pp. 229 - 305; Gaudemet, 80, p. 287, et le *Dictionnaire de théologie catholique*, 55, t. 9, col. 2233 ss.

1562 年才又接着进行。新教皇喜欢个人说了算，不大看重教务会议的决定。这期间，发生了蒙莫朗西事件，世俗权力立了法。为情势所迫，匆忙之中，立法只能参考手头的文件，而那些文件并不是天主教的。亨利二世的敕令，无论在表述上，还是在所提的理由中，都让人觉得有人文主义和基督教新教色彩：用的是伊拉斯谟和让·德·科拉的词句，而不是圣埃瓦里斯特的词句，也不是格罗佩的词句。因此，在教会内部存在着类似运动的情况下，教皇对亨利二世这份看上去大量借鉴宗教改革派思想的敕令大发雷霆就可以理解了。可能就因为这个在很大程度上由于天主教反应迟钝造成的误会，使罗马教廷和法兰西王国之间的裂痕加深了。

　　1556 年 2 月（实际上是 1557 年 2 月）的敕令，对于那些因不经父母同意就结婚而生的抱怨看得很重——"在王国之内，每天都有富家子弟违反父母意愿，不经父母同意就结婚，随随便便，不讲规矩，全凭肉欲驱使"，但只能采取一些民事措施，而不能像让·德·科拉希望的那样，宣布暗中结婚无效。敕令开宗明义，允许父亲剥夺秘密结婚儿子的继承权——一项到那时为止父亲还不曾享有过的权利：给女儿的嫁妆，给儿子的遗产，都是不能不给的。敕令接着取消了秘密结婚夫妻根据婚约或地方习俗本该享有的各种优惠和好处——特别是寡妇享有的亡夫遗产。敕令同时要求惩治那些为虎作伥的同谋，也就是将双方同意记录在案的神甫和充当结婚证人的朋友。敕令实施于不满 30 岁的男子和不满 25 岁的女子，对已经结成而尚未完婚的婚姻有追溯力。当时的人说这份具有追溯效力的敕令"野心勃勃"，要涉及弗朗索瓦·德·蒙莫朗西的案子，并没有说错。① 至于高等法

---

① "因此，这道敕令虽然正确合理，却被大多数人说成野心勃勃。"雅克·奥古斯特·德·图说道［*Historiarum li.* XIX，见洛努瓦（Launoy）著作，110，28 页］。艾蒂安·帕基耶暗示，"此事的始作俑者是法国一些身居高位的人"（出处同上，14 页）。

院，它要求取消敕令的追溯力，但结果只是把敕令的登记推迟了一个月。①尽管这通敕令多次强调暗中结婚"违反了法令和上帝的戒律"，其效力却纯粹是民事方面的。强调违反戒律是向教皇作的姿态，是谨慎地向教皇打招呼。②

可是，法国的某些法学家在这一点上却似乎到了就要和罗马决裂的地步，觉得有法国教会的同意就够了。教皇的权力并没有受到普遍尊重，大家对英国圣公会的例子都还记忆犹新。公布亨利二世敕令的时候，巴黎高等法院次席检察官艾蒂安·帕基耶感到遗憾，因为在暗中结婚合法性的问题上，敕令没有不拿罗马教廷的权力当回事。他想"把这一步跨出去，发布一项经法国教会一致同意而形成的命令，宣布孩子们只凭'现在的许诺'、未经父母同意和准许就结成的婚姻，一律无效"③。根据他的说法，"主教会议的一道命令"就足以把法国从光棍汉炮制的法律中解放出来；光棍汉根本不懂什么是婚姻，也不懂什么是父爱——"这种粗鄙的观点，是几个修道士通过修改旧有注释的办法向我们灌输的。"④ 这可就不再是什么打招呼，而是朝着罗马教廷"炮蹶子"了。

1563 年特兰托主教会议召开第二十四次会议讨论婚姻问题时，招呼打得就更恳切了。奥尔良人让蒂安·埃尔韦利用这个机会重新提出请求，请求书中提到了那封伪造的埃瓦里斯特的信。7 月 24 日，法国国王派到主教会议上的两位使臣阿尔诺·迪·费里埃和迪福尔·德·皮布拉克提出请求，希望由神甫使婚姻合法化。神甫们不高兴了：他们同意采取措施反对暗中

---

① 1556 年 2 月 4 日，高等法院要求明确"这道敕令只管将来，不管过去"。26 日，敕令发回高等法院，对高等法院提出的一些地方做了修改，但依旧保留了敕令的追溯效力。上谕于 3 月 1 日记录在案。文件载在洛努瓦著作中，110，12 页。

② Édit contre les mariages clandestins, février 1556, dans Isambert, 97, t. 13, pp. 469 – 471.

③ Étienne Pasquier, lettre III, dans Launoy, 110, p. 15.

④ *Ibid.*, pp. 18 et 21.

结婚，但是，在他们看来，最根本的是依然可以当着公证人的面结婚，就像当时在意大利流行的做法一样。他们说，有三个证人到场就行。洛林的枢机主教把这个难点解决了：三个证人里是不是要有个神甫？建议以这样的方式提出，就是可以接受的了：新婚夫妇依然是圣事执行者，神甫只起权威见证人的作用。至于父亲的同意，不能成为使婚姻有效的条件：那是新教信徒的立场，把父亲同意列为婚姻有效的条件，好像就是对他们让步了。"通过圣事革新为异教徒提供某种足以使民众震惊的说法，合适吗？"罗萨诺的主教问道。威尼斯的主教说得更直截了当："是异教徒在谴责暗中结婚。"因此，旨在强制性地规定一个最低年龄（女孩 16 岁或 18 岁，男孩 18 岁或 20 岁，比亨利二世敕令里规定的年龄低得多！）的建议，统统被否决。①

实际上，特兰托主教会议主要是规定教条，实施惩戒还是次要的。就是说，主教会议的主要任务是确定天主教的教条，以便回击新教的进攻，也可以对暗中结婚一类情况采取断然措施，但要有个条件：面对基督教新教徒，不能丧失立场。第二十四次特兰托主教会议于 1563 年整整开了一年，11 月 11 日才结束，发表了 12 条教会法，和分成 10 章的"关于婚姻改革的决定"。教会法是法律教条，表达的是信仰的真理，违反教会法可能会被逐出教门。主教会议决定具有惩戒性，因此必须遵守，否则将受到严厉处罚；但是，一般说来，违反主教会议决定并非异教徒行为。

事实上，那 12 条教会法用几句话就把人文主义者和基督教新教徒关于婚姻问题长时间的讨论结果都给否定了。教会法确定了以下各点，违反者将被逐出教门：婚姻是圣事（第一条）；一夫一妻制（第二条）；确定哪些是婚姻障碍，那是教会的权力（第三条和第四条）；婚姻的不可解除性（第

---

① Sur les discussions du concile de Trente, voir le *Dictionnaire de théologie catholique*, 55, t. 9, pp. 2233 - 2242; Launoy, 110, t. II, pp. 54 - 56; Gaudemet, 80, pp. 285 - 295.

五到第七条）；可以分居（第八条）；禁止教士结婚（第九条）；贞洁和独身优于结婚（第十条）；结婚典礼历（第十一条）；在婚姻问题上只有宗教法官有裁判权（第十二条）。看得出来，教会在中世纪已经取得的、后来被宗教改革派推翻了的主要东西，都在这里了。

"关于婚姻改革的决定"的第一个词是"然而"，所以后来常常用"然而决定"来指称该文件。文件在第一章就把庄严婚姻的形式确定下来。让我们感兴趣的就是这个段落，其后的一些段落确定的是对那些经过研究的问题（血亲关系、姻亲关系、抢婚、未婚同居……）的立法。首先，"然而决定"规定，凡坚持认为未经父母允许而结婚为非法的，一律逐出教门。为了和新教教徒坚持的立场划清界限，这次的主教会议在这一点上没有接受法国教会的意见。在主教会议的与会者看来，新婚夫妇同意的本身是圣事的应有之义，不存在使其从属于父母许可的问题。

不过，教会还是公开了反对暗中结婚的立场，即使没有在原则上禁止，但在实际上还是制止的。根据"关于婚姻改革的决定"，没有教区本堂神甫——或由本堂神甫指定的神甫——和"两三个证人"（我们还记得那项把本堂神甫变成第三证人的建议）出席婚礼，婚姻无效。为两个不属于自己教区的青年男女主持婚礼的神甫，将受到停职处分。证明两个人已经结婚的婚姻登记，第一次成了必办的事。新婚夫妇终于听从劝告，去进行忏悔和领圣体了，就是说，终于在神圣的弥撒中结婚了。

唯一、但也是巨大的使婚姻无效的障碍就是教区本堂神甫的存在。教区本堂神甫认识新婚夫妇和他们的家长，他不会接受会使家庭蒙羞的暗中结婚。反过来，如果某些家长因为吝啬或其他原因而拒绝为儿子娶亲（法学家提到过这种情况），他们却没有任何办法阻止本堂神甫接手办这件事，并将婚姻登记在册。在这种情况下，本堂神甫所冒的风险只是受民事处罚。① 这一切都写进了教理问答，以便将主教会议的决定推广普及。能够做到的，充其量也只是规劝那些"富家子弟"不要背着父母结婚，尤其不要违反父母的意志结婚。②

这样提出的"关于婚姻改革的决定"，似乎很尊重婚姻圣事的传统观念；在传统观念中，婚姻圣事的执行者是新婚夫妇，神甫只是见证。然而，多数与会者都希望，在婚姻的神圣定义上走得再远些。婚礼上，神甫得到新婚夫妇回答"愿意"之后说的那句"我把你们结为夫妇"的套话，就始于"关于婚姻改革的决定"。这是一句在 15 世纪诺曼人婚礼上出现的套话，但一直没有传播开来，在德意志和法兰西南部，更是鲜为人知。卡斯泰拉尼于 1523 年发表的《祭司书篇》把这句话传播开了。在意大利没有正式的罗马宗教礼仪书时，广泛使用《祭司书篇》，这句话也就为参加婚礼者尽人皆知。可是，问题来了：用这句套话，是神甫使他们结了婚呢，抑或依然是新婚夫妇自己使自己结了婚？为了保持婚姻的自愿性质，这句套话就不能是强加的，而是建议性的，和当地习俗中的其他套语一样。所以，就加了小心，没把这句套话变成结婚圣事的内容。③

虽然加了小心，1563 年 11 月庄严公布"关于婚姻改革的决定"时，仍有超过四分之一的与会者（192 位神甫中有 55 人）表示反对。这是主教会议历史上绝无仅有的事例。大部分反对者是意大利人（那里当着公证人的面结婚的情况依然很普遍），其中有三个教皇特使，两个大主教。在他们看来，婚姻圣事的结构被推翻了，在理论上已经和新教沆瀣一气；他们感到愤怒，因为在没有了本堂神甫的地区不可能再有天主教婚礼了，就像新教

① Les actes du concile de Trente sont publiés dans Mansi, 126, t. 33, col. 149 – 152.
② *Catéchisme du concile de Trente*, 38, pp. 336 – 337.
③ Duval, 60, pp. 314 – 325.

教区里一样。这就足以表明，对圣事似乎构成了威胁的一切都被感觉到了。

为了监督"关于婚姻改革的决定"的实施，教皇庇护四世于1564年成立了教廷主教会议部。从教皇西克斯特五世开始，该部得到了对"关于婚姻改革的决定"的解释权。教会在婚姻问题上行使了很久的解释权就这样建立起来了。不过，主教会议决定被民事当局接受的情况还不明显。特别是法国的几位国王，从来不公布主教会议的决定，像从查理曼起的历代先王对待一般的主教会议一样。法官的处境变得尴尬，因为特兰托公布的决定是教会法，不是民法。

无疑，关于婚姻的最重要的决定，基本上都包含在法国国王的一系列命令和敕令中了。但是，必须把教会和王国这两种法制体系的衔接掌握好，而法官们关于这个问题的考虑，要以法国国王关于婚姻问题的法国教会自主论为出发点。但是，除了一些不得不保持理论正统的正式文件，教会显得更重视家长的利益。1584年出版的让·贝内迪克蒂的《犯罪概论》就把孩子未经父母许可的结婚看成一桩大罪。如果父母选择的配偶"符合家庭利益"，比如，所选择的婚姻可以带来一门好亲戚，可以把一个人从异端中拉出来，或者可以"缓和两家的宿怨与争吵"，那么，拒绝父母的选择也是大罪。之所以是大罪，是因为这些罪违反了"对神三德"① 之一的"爱"，"爱"主张个人利益服从共同利益②！

爱情的诡计

我们已经看到，法国国王们都认为公布特兰托主教会议的决定对自己

---

① "对神三德"指的是"信""望""爱"。——译者注
② Flandrin，74，p. 40.

不利，而不公布会议决定只是表明法国国王独立自主的一种方式，而不是真正实行了独立自主：法国国王历来被称为"笃信王"，他不能就这样明目张胆地和罗马决裂。因此，各类决定还是把特兰托主教会议采取的大部分措施一点点地在法国强行推行开了。和婚姻有关的，主要是亨利三世于1579 年 5 月颁布的布卢瓦条例①。该条例颁布之后，不发布三次结婚预告，结婚时没有神甫和四个证人（特兰托主教会议决定规定的是两三个证人）在场，就不可能"有效地结婚"。但国王并不以批准主教会议的各项决议为满足：尽管蒙莫朗西事件已经过去很久，反对暗中结婚正进行得如火如荼，国王依然相信找到了一条防止暗中结婚的蹊径。

诚然，国王不能直接责怪新婚夫妇，但他能够整治神甫，因为从此以后有效婚姻就离不开神甫了。因此，如果神甫未经孩子父母的特别许可，或者受别人的指使，就让"富家子弟"结了婚或者"使他们成了别人的人"，神甫就会被指控为"抢婚罪的庇护者"。有没有胆大包天的神甫敢无视禁令以身试法呢？既然不能取消婚姻，那就以最彻底的方式使不顺从的姑娘重新获得自由：把那个并非她想要的丈夫处以死刑。艾蒂安·帕基耶早就为这样的解决办法作过辩护，"以便在结束他生命的同时，也将他的婚姻结束"②。

合法手段是把和一个未成年人的暗中结婚看作收买，再把收买等同于诱拐，而诱拐是重罪，是可以判死刑的。至此，这三种不法行为就被细致地区分清楚了。"凡未经父母、监护人或未成年人财产保管人同意的婚姻，均视为诱拐。"条令就是这样规定的，即使那个所谓被收买的人（不论男女方）表示了同意，即使动了恻隐之心的家长终于在婚后答应了这桩婚事，

---

① Publiée dans Isambert, 97, t. 14, pp. 391 - 392, art. 40 - 44.
② Pasquier, dans Launoy, 110, pp. 16 - 17.

都无济于事。走到这种极端地步的情况极少，但对某些"诱拐者"还是公然宣判了死刑，这些人的不幸只在于他们比所爱的女人贫穷。[1] 一般的做法是将婚姻取消，再公开赔个罪，事情也就了了。国王一个秘书的情况就是如此。1602 年，国王的这位秘书娶了非良家妇女，结果被判处光着头跪在地上向父亲请罪。[2] 把前夫中最穷的那个判流刑，多数情况下就足以防止重犯。

如果这种解决办法为大家所接受，可能就无须走得这么远了。诱拐定义的这种延伸确实起到了教会法的作用，因为教会就是用取消婚姻的办法打击诱拐婚姻的。很多做家长的都觉得这样解决就可以了。但是，宗教法庭却不那么好骗，不肯将暗中结婚和粗俗下流的贿买婚姻与拐卖婚姻同等看待而予以取消。不通过绞刑架而将婚姻取消的办法只剩下最后一个了：做父亲的可以提起上诉，说宗教法官"滥用职权"，抓住高等法院这个民事法庭解决问题，因为这桩婚事和王国的法律发生了冲突。面对脑袋搬家的威胁，有罪的丈夫会求之不得地接受民法判决，同意取消他的婚姻：1591 年至 1640 年间，巴黎高等法院做出了 19 起判决，就这样把那些暗中结婚取消了。

人的思想不会被法令改变。在特兰托主教会议之后的一百年里，仍然有很多对男女认为，当着公证人或性格随和的本堂神甫的面声明自己同意，就算结婚了。[3] 国王的敕令提到了这种情况，打算纠正。这样的话，1639 年（然后是 1697 年！）就必须重申 1579 年所采取的那些措施。制定这一新规章的机会是一桩著名的暗中结婚：19 岁的法国王室马厩总管桑克·马尔斯和 27 岁的交际花马里永·德洛姆秘密结了婚。不幸的是，这两个人都被

---

① Jacques Ghestin en rapporte deux, en 1580 et en 1758, 84, p. 209.

② Ghestin, 84, p. 209.

③ Voir Beauchet, 18, pp. 54 – 55.

别人爱着：爱桑克·马尔斯的是国王，爱德洛姆的是黎塞留。由于桑克·马尔斯的母亲德·埃菲亚夫人一再申诉，这桩婚事终于被取消了。反对暗中结婚的法令乃于 1639 年 11 月 26 日颁布。

如果拿这次宣布有关结婚手续的原因和 1697 年 3 月提到的宣布有关结婚手续的原因进行比较，就会发现，这次宣布的原因有说服力。路易十三想以此"起到阻遏作用，使诱拐的罪恶将来不再成为搞唯利是图婚姻的手段和阶梯"；50 年之后，路易十四承认，前面的几道敕令"未能打消缔结这种性质婚姻的强烈愿望"①。人过了两代，萦绕心头的想法变了：开始更怕情种，而不再是野心家了……另外，不管是贪图利益还是出于爱情，"富家子弟"的婚姻在很长时间里依然和结婚的目的相抵牾。

针对必须当着教区本堂神甫的面结婚的规定，事实上也有对付的办法：既然本堂神甫只是圣事的权威"见证人"，并不是圣事的"执行者"，那就可以强迫他来听结婚的人说"我愿意"，必要时可以违背他的意愿。于是就产生了"戈尔米纳式婚礼"，即抓个神甫来参加的婚礼，这是 17 世纪要结婚的年轻人使用的一招。尼韦内省总督、法国行政法院审查官吉尔贝·戈尔米纳（1585—1665）就这么干过。他带着几个做证人的壮汉和公证人，来到本堂神甫家，破门而入，站在惊得发愣的本堂神甫面前，声称自己想娶带来的女友为妻。有本堂神甫在场，结婚的条件够了，公证人遂将婚事记录在案。有了榜样，这种"戈尔米纳式婚礼"在投石党运动时期就出现过多起，而高等法院拒绝将这些婚姻取消。所以，本堂神甫的差事从来没有像那个时候那么忙过，神甫们有时会被一帮身强力壮的小伙子在睡梦中架走，匆匆忙忙地去参加一对恋人的婚礼，接着，那些人就消失得无影无踪。

---

① Isambert, 97, t. 16, p. 521 et t. 20, p. 287.

必须采取措施了。从 1674 年起，法院连续作出判决，取消了几桩本堂神甫可能被迫出席婚礼的婚姻；1697 年颁布的敕令规定，必须在本教区住满半年（如果是从另一个主教管区来的，必须住满一年），才能够请本教区的本堂神甫出席婚礼；要使婚姻有效，必须请本堂神甫为婚姻祝福的要求也是这个时候提出的，这一点比特兰托主教会议的想法走得还远。更有甚者，1696 年 4 月 8 日的一起判决还强行规定，若新婚夫妇不住在同一教区，必须有两个本堂神甫出席婚礼：这是强人所难，对不在本教区住的一方来说，根本就不可能希望自己教区的本堂神甫发善心前来参加婚礼①。

如果我们穿过海峡来到信奉英国国教圣公会而不实施特兰托主教会议决定的英格兰，就会发现，情况更为严重：直到 18 世纪，暗中结婚在那里依然盛行。据说，只要到了弗利特，没有父母的同意也可以毫无困难地结婚。18 世纪的一些牧师以主持婚礼为业，像基思那样的牧师，一年里竟然为 6000 人举行过婚礼。另外，因为婚姻登记费用过高（高到相当于一个工人三个月的工资），最穷的人干脆就不登记了。面对这种种流弊，1753 年颁布的婚姻法规定，结婚必须发布预告，必须领结婚证，必须有父母同意的证明，必须当着牧师的面举行婚礼。② 这项法令出台太晚，在很长时间里给人留下了这样的印象：英格兰比欧洲大陆的恋爱自由大得多。美洲殖民者因为是在婚姻法颁布之前走的（"五月花"号于 1620 年到达马萨诸塞），所以美国把经双方同意的婚姻作为习惯法保留了下来，并在 19 世纪和 20 世纪变成了恋爱自由的象征。

在这项婚姻法引发的著名事件中，也必须提到"铁匠格雷特纳·格林的传说"；铁匠格林在他那个铁砧子上打造的是一种特殊的链子。必须指出

---

① Voir Mousnier, 150, pp. 116 - 118 et Ghestin, 84, pp. 88 - 90; sur le « mariage à la Gaulmine», voir Ghestin, 84, pp. 84 - 87; Détrez, 53, pp. 167 ss.

② Voir Mousnier, 150, pp. 82 et 101.

的是，在苏格兰语里叫格雷瑟奈的那个小村子，位于英格兰和苏格兰边界。苏格兰属于基督教长老会派，实行的一直是古老的教会法婚姻制，因此，一纸双方同意的婚约就够了，并不要求神甫到场。英格兰这边，法律承认在国外缔结的婚姻，只要依照所在国家法律举行了婚礼就行。因此，没有什么东西能够阻止受了挫折的有情人到苏格兰去举行婚礼……只不过，对于秘密结婚的人，苏格兰法律可是要判处监禁的！这样一来，边界村庄的优越性就显示出来了，可以使人在举行婚礼之后立即离开这个地方，既绕过了英格兰的法律，又逃脱了苏格兰法律的追究。做这种结婚买卖的人很多，铁匠格雷特纳·格林只不过是其中最有名的一位罢了。

这个想法不像是出自一个铁匠。结婚仪式更多是当着法官或公证人的面举行，虽然任何一个证人都能完成这项使命。格雷特纳·格林大行其道的时代介乎 1753 年英格兰颁布婚姻法和 1848 年颁布英格兰法之间，英格兰法对秘密结婚的人是要判处流刑的：从苏格兰度完蜜月回来，新婚夫妇会被请去接着"度蜜月"，没有期限，但那就是在另一片天空之下了。由于各国仍在源源不断地送来一批批未能如愿以偿的年轻恋人，苏格兰也采取措施了，1857 年提出要求：在镇上住满三个礼拜才能在那里结婚。

在法国，大革命期间乃至整个 19 世纪，惩治暗中结婚一直是一个热门话题。世俗婚姻（这个问题我们将在后面专题论述）很自然地接手宗教婚姻做起了这件事。结婚之前必须发布预告，必须经过户籍主管官员认可，这就使暗中结婚成为了不可能；至于父母的许可，在到达结婚年龄之前，一直都是必须的，且结婚年龄也越来越低。自 1907 年 6 月 21 日始，到了民事成年年龄（当时是 21 岁，从 1974 年 7 月 5 日起，降到 18 岁），不经父母同意也能结婚了。但是，根据民法典第 173 条的规定，可以对他们的婚姻提出异议。自 1927 年起，不经父母同意就结婚的人，必须以法律条文为根据，严肃认真地阐明理由。①

教会依然维持着特兰托主教会议的立法，约翰-保罗二世于 1983 年颁布的法典里又重申了这项法令。根据教会法第 1108 条，当着教区主教、本堂神甫、神甫或教士代表和两个证人的面缔结的婚姻为有效婚姻。在紧急情况下（冒着死亡危险）或只为了"谨慎从事"（教会法规定，此种状态只以一个月为限），婚姻也可以当着一位在俗教徒代表（教会法第 1112 条）和两个证人的面缔结，即使没有任何人参加婚礼，只要有证人在场，婚姻一样有效。不管是哪种情况，圣事的执行者都是新婚夫妇。

习俗在演进，民法或教会法小心翼翼地采取的预防暗中结婚的措施，都渐渐变得毫无意义了。但是，历史地看，暗中结婚是起过很大作用的，因为特兰托主教会议的一项重大决定即因此而做出，打破教会垄断婚姻的最初几项国王法令也是因此而颁布的。

---

① Sur la législation récente, voir Marie-Claire Rondeau-Rivier, «Les dimensions de la famille», dans 128, t. I, p. 39.

第四部分

不可避免的矛盾

17 世纪至 18 世纪

17 世纪末巴黎的一次盛大婚礼

公爵、法国贵族院议员先生结婚的事，已经得到父母和国王的许可。他让人给未婚妻送去了贵重礼物，并在宫中当着众人的面和她缔结了婚约。国王本人在婚约上签了字，那天在凡尔赛宫走廊里进进出出的王公和公主们也都在婚约上签了名。签名的证人数以十计。

举行结婚典礼那天，新娘的父亲在巴黎自己的公馆里举行了一个盛大宴会。乐队的笛子和双簧管不停地吹奏着，使人得以耐着性子一直等到午夜：夜里 12 点是传统规定的举行婚典的时刻。用不着去教堂，神甫到府邸的小教堂里来主持弥撒。行完祝福礼之后，新郎新娘被引导到母亲屋里，行就寝礼。新郎的母亲给儿媳妇一件睡衣；新娘的父亲稍后也会给他的姑爷一件睡衣。神甫会来为婚床祝福：最好是从双方中一家请来的主教，那个时代，像他们那样的家庭在修会里都有亲戚。然后，这一夜就是新婚夫妇的良宵了。

第二天早晨，轮到父亲的房间给新婚夫妇使用了，他们要在那里接受两家人的祝贺，接受巴黎城里有头有脸的人的祝贺。新娘着盛装，但要在床上受贺，好像她真在那张床上过了一夜似的。接着，一行人去凡尔赛宫，以便把新公爵夫人介绍给国王。这是一位在国王面前享有"坐凳特权"的公爵夫人：从今以后，国王陛下用膳的时候，她就有权坐在凳子上了；当天晚上，她就行使了这个权利。这一夜，她的一位女友把自己在凡尔赛宫里的房间借给了她。第二天早晨，像头一天在巴黎城里一样，这对年轻夫妇接待宫里的人来访。第三天将用来回访。然后就可以回巴黎了，还要在丈夫的公馆里大摆宴席，招待参加婚礼的所有宾客。①

---

① D'après le mariage de Saint-Simon, tel qu'il est relaté dans le *Mercure Galant* d'avril 1695, pp. 229 – 247.

第九章

结亲和攀高枝

"我女儿将成为侯爵夫人，谁不高兴也没用；你们要是惹我生气，我就让她当公爵夫人！"1707 年 4 月 2 日，安托万·克罗扎头脑里回响着的大概就是《醉心于贵族的小市民》①里的这句台词。事实上，在他位于旺多姆广场的府邸里，那一年里最重大、最轰动的婚礼中的一场正在举行。

一方是布永家，第二等级中的一个大户。父亲，图尔的戈德弗鲁瓦·莫里斯，是"沉默寡言的纪尧姆"和历代吉耶纳公爵的后代，是伟大的蒂雷纳子爵的侄子，时任王室侍从长、色当侯、德·布永和德·阿尔布雷公爵；母亲，玛丽-安娜·曼奇尼，是马扎然②的侄女之一。要娶亲的是他们的小儿子，埃夫勒伯爵亨利·路易，一个前途不可限量的 25 岁青年。

另一方是克罗扎家，第三等级中的一个大户。安托万·克罗扎在布列塔尼买了一处封地之后，成了德·沙泰尔侯爵，他是一个手段高明的金融资本家。克罗扎原是波尔多财政区的会计官，后来成了战时临时财务官、教会主计官，一直做到圣灵骑士团的主计官。他在银行业和海上贸易中发了财，成了圣西门眼里一个"从事各种职业的巴黎阔佬"。他的财产估计有2700 万利弗尔。这意味着什么呢？比较一下就明白了：1715 年路易十四晏驾时，国库里还剩下几十万利弗尔；对 1716 年国库进账所作的估计，也就

---

① 《醉心于贵族的小市民》是莫里哀写的喜剧，是法国剧院最喜欢上演的剧目之一。——译者注
② 马扎然（1602—1661），意大利红衣主教，路易十三和路易十四两朝的宰相。——译者注

是大约 1000 万利弗尔。当时法国的赤字高达 20 亿利弗尔，其中 7700 万利弗尔是 1715 年 1 年欠下的。克罗扎富可敌国。

不过，马蒂厄·马莱认为，"克罗扎的财产不都干净"，因为，他在金融资本中赚的钱和在海上贸易中赚的钱一样多。在法国那样一个以天主教为国教的国家，把钱借给别人吃利息确为教会法所禁止，也为民法所不容。所以说，资本的收入是不合法的，而金融资本家是被人瞧不起的。海上贸易的收入是唯一的例外，因为做海上贸易有危险，这种冒险犯难在一定程度上净化了资本，使赚到的钱变得干净了。因此，很多金融资本家（特别是我们在舞台上和文学作品里看到的那些金融资本家）同时也是船主，让人搞不清他们是怎么发的财。由于国家经常需要他们帮忙，一般情况下也就都与他们相安无事，只是到了特别需要钱的时候才会向王国里的某些大金融资本家课以重税。为了让那些被怀疑赚的钱来路不合法的金融资本家把钱"吐出来"，1716 年专门成立了一个法庭，课税总额达到了 2.2 亿利弗尔。克罗扎被重重地敲了一笔，数额高达 600 多万利弗尔，不过他没有全交。这件事对于我们这个故事的发展并非无足轻重。1707 年，他的女儿玛丽-安娜刚刚 12 岁：必须等过了生日才能举行婚礼。①

这样两个被几个世纪的贵族偏见隔开的家庭，命运是怎样交集到一起的呢？贵族家庭负担沉重，女儿的陪嫁，儿子的安置，样样需要钱。这种情况也就说明，大户贵族人家何以会有那么多金钱上的问题。官职得去买，甚至在传统上本来就是留给大户贵族人家的官职，也得去买，这使大

---

① Voir le journal de Dangeau, éd. Feuillet de Conches, Paris, Didot, 1857, t. 11, pp. 286（16 janvier）et 334（3 avril）. On parle du mariage depuis le 16 janvier, quoiqu'elle soit née en mars. Les noces se feront le 2 avril. Guy Chaussinand-Nogaret, dans *Les financiers de Languedoc au XVIIIᵉ siècle*, donne sept ans à Marie-Anne Crozat lors de son mariage, sans indiquer de sources.

户贵族人家不得不花大钱，以保证子弟有一个和他们的门第相当的前程。德·埃夫勒伯爵无疑是前程远大的青年。作为一个喜欢招蜂引蝶的人，尽管"他其貌不扬，资质在中人以下"（这是圣西门的评论），却和"那些长相和言谈举止都讨女人喜欢"的青年人是一伙的。他深得国王已经合法化了的儿子图卢兹伯爵的宠幸，却连"一个新的微不足道的小步兵团长的头衔"都没能买到手。依仗图卢兹伯爵这个靠山，埃夫勒伯爵可以要求得到骑兵上校的职位，从他的叔祖蒂雷纳的时代起，这个职位就一直是他们家的。这个职位此刻在他叔叔德·奥弗涅手里，可以卖给他，要价 60 万利弗尔：他的叔叔也遇到了钱的问题，所以也就顾不得什么亲情不亲情了。野心勃勃的埃夫勒东拼西凑，靠赠与和从亲戚朋友那里借，总算把钱凑够了。

剩下的问题是朋友们的钱怎么还，以及如何维持和他那个新职位相称的生活水准。于是，"他下定决心，要在结一门门第不合的亲事上打主意"，就向克罗扎家献起了殷勤。在这件事上，他大概是听了表兄旺多姆公爵的劝告：公爵本人的财政情况刚刚在克罗扎的帮助下有了起色。对克罗扎这位金融资本家来说，区区几十万利弗尔只是小事一桩。他没有还价，许下了两百万利弗尔的陪嫁，就把年轻人最后一点顾虑也打消了。

接着出现的一场戏十分可笑，作为布永家的亲戚，圣西门本人在其中扮演了一个很重要的角色。亲事不仅是两个人的结合，也是两个家庭的结合，而按照习俗，两家要相互走动。于是乎，布永这一家子的人就得没完没了地接待克罗扎一家的热情来访，而这些人都是他们在凡尔赛宫前厅里从来没有碰见过的。于是，年轻未婚夫的母亲、马扎然心高气傲的侄女就要求圣西门对未来儿媳家"众多而粗俗的亲眷"做一次礼节性回访。回忆录作者圣西门严肃认真地去完成这项任务，手里拿着克罗扎家的名单，在巴黎大街上跑来跑去。他总算找到了新娘的外祖母。跟茹尔丹夫人①一样，这位外祖母也不赞成门不当户不对的婚姻，她对来访的爵爷圣西门说了一大通彬彬有礼但用意不善的话，圣西门深谙其意，颇为欣赏。她解释说，她对那些比自己地位高得多的人能够表达的最高敬意就是来而不往，免得让他们讨厌。她真就这么做了。

可惜的是，那些茹尔丹夫人还常常很有道理。回想一下茹尔丹夫人那一段独白吧："跟比你大的人物结亲，常常就是埋下了麻烦的种子。我可不想让女婿抱怨我女儿有一帮子穷亲戚，也不想让她的孩子因为有我这样的外祖母而觉得难为情……我想要的女婿，一句话，他得因为我女儿而感激我，而我也能够对他说：坐下吧，姑爷，跟我一块儿吃饭。"（第三幕第十二场）可我们这位克罗扎-茹尔丹夫人却要因为自己的野心而感到后悔：女儿的婚姻成了"她有生之年一件追悔莫及和十分痛苦的事"。

婆婆已经在儿媳妇身上发现她最为欣赏的品质，干脆就只把儿媳妇叫"我的小金条"。至于德·埃夫勒伯爵，他对结婚没几天的伯爵夫人很快就彻底厌倦了，开始在打猎和"好人家"出身的情妇之间打发日子。当时，陪嫁归丈夫，丈夫可以管理，并保有"用益权"，但不能花费。伯爵搞了几次投机，很走运，使陪嫁获了利。埃夫勒用投机赚来的钱把陪嫁的大部分补齐了，接着就要求分居。也不知是历史的巧合，还是不正大光明地利用了时机，那笔当年用金路易②送来的陪嫁，是在摄政时期纸币占统治地位那一小段时间里用纸币补齐的。还有一部分甚至用的是摄政王给的赠与，而那笔赠与又是来自法庭从他那位倒霉的岳父身上征来的600万利弗尔！

玛丽-安娜于是回了娘家，"年轻姑娘身轻似燕，重新回到做女儿时的闺房，倍感幸福"，马蒂厄·马莱总结道。早婚，特别是不幸的婚姻，使玛

---

① 《醉心于贵族的小市民》的剧中人。——译者注
② 金路易是法王路易十三治下铸造的金币，重6.75克。——译者注

丽-安娜受了伤害。她进了修道院，于 1729 年 7 月 11 日 34 岁时去世，没有丈夫，也没有儿女。分居的事被宗教法庭撤销，一直没有正式宣布，到 1735 年马蒂厄·马莱写下这段文字时，官司还在打着呢！

然而，安托万·克罗扎并没有因此从醉心于贵族的梦里醒悟过来。后来，他又为儿子娶了罗昂血统的古菲耶小姐，花的钱跟"买"姑爷一样多。这次的婚姻是幸运的，社会地位的提升十分显著，因为婚后生的女儿日后嫁给了舒瓦瑟尔，而此人后来当上了部长。克罗扎的第二个女儿嫁给了一个叫拉图尔·德·奥弗涅的；另外几个儿子，一个娶了阿姆洛·德·古尔奈，一个娶了蒙莫朗西-拉瓦尔。不管圣西门是怎么想的，大贵族和大资本家联姻，结果并非总是不幸的婚姻①。

联姻竞赛

玛丽-安娜·克罗扎和埃夫勒伯爵亨利·路易之间的婚姻，可能就是一桩门不当户不对的婚姻，因为圣西门觉得如此。不过，说这桩婚姻门不当户不对，是根据戏里的茹尔丹夫人和圣西门一类人的老标准说的。可是，1695 年第一次按"人头"向国王所有臣民征收人口税的时候，批准了一种新的社会等级划分法，这种划分法在路易十四亲政初年就已经露出端倪②。

---

① Éléments empruntés aux mémoires de Saint-Simon, éd. La Pléiade, 1983 et ss. , t. I, p. 615; t. II, pp. 311 – 312, 359, 891 – 892; t. III, pp. 218 – 219; t. V, p. 646 et aux mémoires de Mathieu Marais, éd. Lescure, Paris, Didot, 1864, t. II, p. 345, 6 septembre 1722. Voir aussi Ernest Bertin, 24, pp. 584 ss. Sur Antoine Crozat, voir Guy Chaussinand-Nogaret, *Les financiers du Languedoc au XVIIIᵉ siècle*, Paris, SEVPEN, Bordas, 1972, pp. 23 – 30; Daniel Dessert, *Argent, pouvoir et société au Grand Siècle*, Paris, Fayard, 1984.

② Voir François Bluche, Jean-François Solnon, *La véritable hiérarchie sociale de l'ancienne France, le tarif de la première capitation* (1695), Genève, Droz, 1983.

破天荒第一次，在新的划分法里，法国人是按照阶级而不是按照等级划分了，每个人都根据自己的排序亮相，不管你属于贵族还是第三等级。教士不缴纳人头税，不在此列。全国居民被分成 569 个序列，合成 24 个阶级，上起王太子，下至"在军舰和帆桨大木船上服务以及在武装民船和商船上服务的外国水手"。有意思的是，这种划分法打破了原来三个等级中后两个等级之间的传统界限，得以使部长、中央行政要员和某些担负高级行政职务的人进入第一个阶级，和亲王们平起平坐，而那些当大头兵的小贵族就只能在第 22 个阶级中与马夫和羊倌为伍了。

这种社会等级在礼仪上可能毫无意义，座位排序和门当户对的观念并未因此而消除。"这是一切不门当户对婚姻的下场，"马蒂厄·马莱在谈到克罗扎的那桩婚事时依然认为，生来的不平等是难以逾越的。但是，1695 年的人头税就像一面忠实反映社会生活的镜子，照出了权力的两面：出身和财富。这是一个先兆。因此，像克罗扎那样的财政区会计官（第三个阶级第八等）和色当侯（第二个阶级第一等）之间的距离就不是那么太遥远了。虽然教会主计官未被纳入人头税征收之列，却有这样的可能，即花钱买到这个差事，安托万·克罗扎就差不多和女儿婆家地位相当了。

与门不当户不对的婚姻相比，还有另一种类型的婚姻，也必须说说。

结婚的理由可能很多，说也说不完。个人之间的结合（心相属，魂相与，性情相投，也就是人们称之为恩爱夫妻的婚姻）是理想婚姻，但在小说之外，这种婚姻只在双方利益不受损的时候才能够存在。此外就是其他类型的婚姻了，家庭与家庭之间或国家与国家之间的婚姻皆属此类。在任何情况下，婚姻似乎都是为了确认一种联合或使这种联合具体化，而不是创造这种联合。有所图的婚姻（土地，财富，头衔，年轻貌美……）至少是心照不宣地被谴责的，哪怕双方似乎都在婚姻中得到了自己想要的东西。不过，这种有所图的婚姻只有当财富（主要是土地）、权势和贵族头衔在一

278

个相对封闭的圈子里循环时，才有可能实现。在这种情况下，出现"门不当户不对婚姻"的危险微乎其微。当财富和权势越来越少地掌握在血统高贵者手里的时候，一切就都变了。在一个世纪里，这种变化非常明显。

17 世纪初就是这样，当时封建制度依然坚如磐石。大人物之间结亲，使他们的联盟更加巩固；和地位低下的人结亲的危险，只在不听话的少爷头脑发热或不知羞耻的女仆要花招的时候才会出现。1605 年，长时间以来一直向宰相叙利①大献殷勤的亨利·德·罗昂，被封为公爵，进了贵族院。于是，他娶了这位保护人的女儿为妻，顺理成章地巩固了他和叙利的关系。姑娘太小，走不到祭坛上去，得有人抱才行，而参加婚礼的人并不以此为怪。执行圣事的神甫也只是调侃了一句："您把这孩子抱上来是要给她施洗礼吗？"② 而对这桩在我们今天看来是丑闻的婚事，连神甫也没有提出异议，因为两个家庭在门第和财富上旗鼓相当，这门婚事也就四平八稳。结盟比结婚重要，是和一个家庭结婚，而不是和一个人结婚。圣西门求娶博维里耶公爵的一个女儿，他不管姑娘人怎么样，想的也只是如何保住自己的地位。我们还发现过这样许结娃娃亲的：夫家事先许诺，未婚夫若在完婚之前死了，将用另一个儿子替补③！文化水平相差悬殊（这种情况在莫里哀的戏剧里特别明显，从《女学究》到《醉心于贵族的小市民》④ 里都有），不比年龄相差悬殊更让人觉得不安，只要老老实实守本分就行。

贵族之家，通过结亲捐弃前嫌的作法依然流行。在莫里哀的喜剧《埃斯卡尔巴尼亚斯伯爵夫人》里，因为双方家长不和，两个年轻人不得不把自己的爱情隐瞒起来。在这出喜剧接近尾声时，一张言简意赅的便条成就

---

① 叙利公爵（1559—1641），亨利四世的大臣。——译者注

② Tallemant des Réaux, *Historiettes*, éd. Paulin, Paris, 1865, t. III, p. 77.

③ 178, t. VI, p. 217b (1482).

④ Voir sur ce point Venesoen, 199.

了他们的幸福："在您要采取某种对策的情况下，我赶紧捎话给您。您父母和朱莉父母之间的争端解决了，而和解的条件就是您和朱莉结婚。晚安！"孩子的婚姻使双方父母和解了。用不着征求孩子的意见，派人给儿子捎个话就行了，让他试着把另一段情——他故意装出来的对德·埃斯卡尔巴尼亚斯伯爵夫人的爱——了结掉。由于这是一出戏，双方父亲的选择遂了两个年轻人的心愿。不过十分明显，这不是主要的。

也可以只为了一张凳子——特别是为了设在王后前厅里的那张凳子——而结婚。确实，只有"享受坐凳特权的公爵夫人"有权在王后面前坐下。莫特小姐决心嫁给终日花天酒地、挥金如土的驼背公爵德·旺塔杜尔，可能就是出于这种考虑。我们都知道，塞维涅夫人[1]看到没给"新出炉的"公爵夫人凳子坐时，说过这样的话："唉！给她一张凳子吧，为了这张凳子，她付出的代价太大了！"[2]

然而，市民阶级的上升和小贵族在金钱上遇到的困难，正在威胁着旧制度。企图买个头衔的人和那些想"恢复声望"的人之间结亲，既为贵族的伦理道德所反对，也为市民阶级所谴责。只有大户人家躲得过这种劫难，那个黎塞留（死于 1642 年）在遗嘱里还能写上这样的话："严禁子孙和那些并非真正的贵族家庭联姻，要让他们别太受约束，以便他们能够更注重出身和德行，而少考虑舒适和钱财。"[3] 爱情，这个问题根本就不存在。但他的担心却是个先兆：难道他感觉到了时代在变？

可是，给孩子们成家立业，花费越来越大了。路易十四在投石党运动中吃了亏，变得越来越依靠市民阶级，于是就扩大了捐官的官职范围。这项卖掉公职中低级职位的制度，竟成了 17 世纪"门不当户不对"婚姻增多

---

① 塞维涅夫人（1626—1696），法国书信作家，代表作《书简集》。——译者注

② Mme de Sévigné, lettre du 1ᵉʳ avril 1671 (éd. Le Pléiade, 1972, t. I, p. 205).

③ *Testament de monsieur le cardinal duc de Richelieu*, 1636, p. 13.

的重要原因。经过长期酝酿，于 16 世纪已经有所发展的卖官鬻爵的制度，在 1604 年发布了便于世袭官职转让的"官职税"敕令以后，就蓬蓬勃勃地发展起来了。40 年间，官职的售价增加了 4 倍，有时甚至增加了 12 倍，而作为贵族财产主要来源的土地收入却未能跟上。从亨利四世到路易十四，国王们一直在增加出售官职的数目，在某些年份，竟使市场达到了饱和。低级行政官职或荣誉性职位卖给个人，这些人就靠着官职带来的收入慢慢把捐官花的钱赚回来。

这会使人想到，起步的花销很大，而陪嫁常常被用来购买官职。有的婚约中会特意注明，陪嫁只在丈夫获得官职时才会付给他，以便他能够像投资一样把陪嫁的钱投到这个官职里去。[1] 菲勒蒂埃在《市民小说》（1666年）里讽刺画式地描绘了这种追逐官职的情况，他列了一张"官职价目表"。用 2000～6000 利弗尔的陪嫁，姑娘只能使丈夫得到"宫廷商人、小职员、治安警察或诉讼代理人"一类的职务。有 6000～12000 利弗尔，姑娘就可以嫁给一个丝绸商或裁判所的检察官。但是，如果想嫁给一个庭长、一个真正的侯爵、一个总监、一个公爵和贵族院议员，她就得拿出 30 万～60 万利弗尔现金。[2]

宫廷生活的日趋奢侈刺激了朝臣，使他们也过起常常入不敷出的奢华生活来。于是，即使最殷实的人家，根基也开始动摇。与此同时，购买受过封的土地或官职，市民就可以得到写在姓名前面的贵族标记"德"，使

---

[1] 参阅勒列夫尔（Lelievre）著作里举的例子，118，59—60 页。某女嫁给了高等法院的律师，要求用陪嫁偿付律师职位的欠款。某公向他担任国王寝官普通掌门官的女婿许诺，一旦他谋到更好的职位，就付给他 7 万利弗尔的陪嫁。当时，职位的价格相差悬殊，可以从 10 或 15 利弗尔（外省小城市的税务人员）到 200 万利弗尔（战争临时税务大臣）。因此，有多少钱就可以捐多大的官。关于买卖官职、"官职税"和 17 世纪初官职价格的上涨，可参阅罗兰·穆尼耶著作，149，主要是 356—369 页。

[2] Cité par Dulong，59，p. 32.

几个世纪以来存在于两大世俗等级之间的鸿沟趋于缩小。大贵族在尽其所能地挣扎着克服新出现的困难。怎样做才能既保持住自己的地位，又使子女有个好前程呢？老法子依然最有效。

这样一来，孩子们的命运就有了明显区别，有的娶妻生子，有的献身给上帝。为了不使祖产无限地分割下去，一些家庭过分地利用了把孩子送去教会的办法，以解决孩子多的问题。这样做当然令那些布道的人感到愤怒，他们拿克洛德·若利说事，认为这样做是"把家里的废物和母亲讨厌的孩子扔给上帝"①。例如，生了四子五女的第一代德·拉罗什富科公爵就决定，让长子以外的八个子女都去侍奉上帝。只有长子——就是《箴言录》的作者——可以娶妻生子，继承财产和爵位。他把几个女儿都嫁给了上帝这同一个"神夫"，其中的一个拒绝了，因而也就没有了陪嫁，但她终于为自己找了个善解人意的夫婿，夫唱妇随，丈夫也因为结了这样一门亲事而感到骄傲。至于他那几个儿子，一个成了主教，一个成了马耳他骑士团骑士，另一个成了修道院院长——但这位院长非常迷恋贵族情趣，比如打猎，所以，提到他的时候只称他为"狩猎院长"。

那个幸免于难的长子弗朗索瓦·德·拉罗什富科也不见得怎么明智，生了五男三女才肯收兵。结果是故事重演，一个儿子娶妻生子，七个孩子被逼着去侍奉上帝，只有一个女儿在"最后时刻"侥幸逃脱了修道院的樊笼……偷偷嫁给了她的仆人。同样的故事一代一代地上演着，为了保持田产不动，使修道院变得比贵族城堡更人丁兴旺。②

上面这个例子几乎像漫画一样夸张，但并非绝无仅有。拉布吕耶尔③提

---

① Claude Joly, curé de Saint-Nicolas-des-Champs puis évêque d'Agen, Sermon LV, «Sur les devoirs des personnes mariées», 139, t. 32, 1853, col. 749.

② Voir Bertin, 24, pp. 143 – 147.

③ 拉布吕耶尔（1645—1696），法国哲学家和道德家，《品格论》的作者。——译者注

到的那个破了产的赌徒需要把长女嫁出去自救时，就是这样说的："小女儿正要表示心愿，除了父亲的赌博以外，她没有别的心愿。"① 一生布道的布尔达卢不停地宣讲的一个题目就是"父亲在孩子心愿选择上的义务"。"因为，说到底，"布尔达卢高声说道，"在家里，父亲不是分配心愿给孩子的人……女儿被召唤去担任神职还是去结婚，不取决于父亲；父亲要是这么做了，决定了女儿的命运，就是对属于上帝神权领域的一种侵犯……为这个女儿成家立业可能太费钱，无须别的原因，仅凭这一点就足以把她送进修道院。"② 这位好心肠的神甫建议，要么给女孩子寻一门普普通通的亲事，要么把她舍给神，大家都知道，上帝能够养活小鸟，也能够养活没有陪嫁的小姑娘。

如果做母亲的是一位常听布尔达卢布道的"笃信徒"，她该怎么做呢？那她就必须像德·诺瓦埃夫人一样顽强而虔诚。德·诺瓦埃夫人只让一个女儿误入隐修院——那个一般家庭都是毫无遗憾地把自己的"小不点儿"扔进去的地方。可是，这得有多大的毅力啊！她不得不一边安排女儿成家，一边还在生孩子——她一共生了 21 个孩子，活了 13 个，其中 9 个是女儿……1867 年，大女儿结了一门好亲事，嫁给了吉什伯爵。两个人都 15岁，也都出身高贵。德·诺瓦埃夫人给女儿的陪嫁是 40 万法郎。二女儿情况有点特殊：姑娘"奇丑无比，人见人嫌"，要把她嫁出去，得破费几十万法郎，还要为小两口提供七年的饮食费用，给忠诚的新郎官一笔高达 5 万利弗尔的补贴。新郎是科特金侯爵，为了挽回点面子，他还放出话来，说本以为娶的是三小姐呢！多仁慈的恭维！

然而，那位三小姐还没成年就早早嫁给了比她大四分之一个世纪的

① La Bruyère, *Caractères*, «De quelques usages», éd. de Dresde, 1769, t. II, p. 252.
② Bourdaloue, *Dominicales*, sermon I, 32, col. 377 et 379.

德·埃斯特雷伯爵，陪嫁的钱是朋友借的。这就得以凑齐 15 万法郎，把四小姐嫁给德·拉瓦利埃侯爵了。可是，五小姐就没有陪嫁了。这没什么了不起的！家里收养的一个表兄娶了她，许给这位表兄的是女孩父亲在军中的团职和宫廷里的优待；结婚几个月之后，这位表兄没来得及得到这些许诺，就在斯皮尔战役（1703 年 10 月 15 日）中为国捐躯了。给六小姐的陪嫁相当诱人，和大小姐的一样！必须指出的是，她嫁的是蒙特斯庞夫人①和本朝国王（路易十四）的孙子德·贡德兰先生。事实上，陪嫁从来就没给：失宠的蒙特斯庞夫人在他们结婚之后给德·诺瓦埃夫人写了个条子，暗中把陪嫁给免了。蒙特斯庞夫人希望的是，通过和一个有影响的家庭联姻，使德·贡德兰先生重新得到国王祖父的恩宠。七小姐出嫁，是用布列塔尼副长官职务袭职人指定权交换来的，诺瓦埃家的人有理由为从国王手里得到这个职位而沾沾自喜。八小姐皈依天主之后，九小姐于 1716 年嫁给了卢瓦的孙子。卢瓦家相当殷实，不在乎陪嫁少……而以岳父家的高威望为满足。在这一群女儿之外，德·诺瓦埃夫人甚至还嫁出去一个收养的女儿。②瞧瞧！

这可能是个特例。这个女人知道如何运用自己的威望来弥补陪嫁的不足，而不去走那条容易走的路，把女儿往隐修院一送了之。有多少人能够像她那样做呢？为了传宗接代，也因为没有足够的避孕手段，而且避孕还是被禁止的，所以生的孩子多了，终于成了体面人家的苦恼。因为，儿子的前程也不容易安排，除非找到殷实的女继承人为妻，靠陪嫁去买个官职。布尔达卢也把孩子列为婚姻的不幸："发现自己身上背着人口众多的家庭，而又缺乏必要的手段好好安置；拥有一群干什么都能胜任的孩子，却不能

---

① 蒙特斯庞夫人（1640—1707），路易十四的情妇。——译者注
② Voir Bertin, 24, pp. 225 - 261.

助他们一臂之力；不得不让孩子们无所作为，只能让他们在默默无闻中悲惨度日，埋没了他们的出身、姓氏和个人才能——还有比这个更令人感到沮丧和失望的吗?"① 年轻人的失业危机并非自今天始，虽然叫法有别，成因不同。

开始时，贵族都在他们自己封闭的小圈子里转。可是，在他们那个圈子里不可能找到陪嫁丰厚的姑娘以解决子弟的安排问题。从前，把女儿卖给她们的丈夫时，女儿是家里的摇钱树，如今却成了赔钱货。"我们这个时代，"在路易十四治下传道的耶稣会修士艾蒂安·贝尔塔尔抱怨，"有几个女儿的人可就惨了，他至少会因为有女儿而感到为难，不知道怎样才能把她们嫁出去，好像她们贬值了，不如过去值钱了。但事上刚好相反：基督徒女孩子和犹太教或异教徒女孩子比起来，有着不可比拟的优点。可是，她们的价值似乎已经降低，因为人变得比过去更加吝啬了。"② 于是，有人就让自己的女儿成为老姑娘，不给她们找丈夫，哪怕看着她们像椰枣似的变得干瘪。让·里夏尔神父（1638—1719）出语惊人，把姑娘比作椰枣："成熟之前摘下来，她们（椰枣）能够解渴，人吃起来津津有味；可是，等熟透了，谁吃了都会说话口齿不清，走路东倒西歪，就像喝醉酒了似的。兄弟们，根据经验，你们想象一下，情景是否如此?"③ 事实上，为了摆脱自己的女儿，那些贵族老爷什么都肯干，社会生活因而受到了损害。像钓鱼似的找丈夫成了一项全国性的体育运动，在塞维涅夫人笔下，此情此景显得十分鲜明，她提到德·内维尔先生时说的就是这个人"非常难钓"（1670 年 12 月 10 日的信）。

---

① Bourdaloue, *Dominicales*, sermon II, 32, col. 405.

② Étienne Bertal, Discours XIII, «du mariage», dans 139, t. 38 (1854), col. 408.

③ Père Jean Richard, *Dictionnaire moral*, art. «Mariage», 2e discours. 139, t. 19 (1845), col. 865.

可爱至极的塞维涅侯爵夫人，把米尔普瓦侯爵的不幸遭遇描绘得淋漓尽致，生动地揭示了路易十四治下的贵族在婚姻问题上的苦恼。像德·诺瓦埃夫人一样，德·拉费尔泰公爵夫人在嫁女方面也表现得十分顽强。她"相中"了米尔普瓦侯爵，就要竭力把他占下（像占一个想要坐的座位似的……），暗中把他留给了自己的女儿。可是，两个人的年龄相差悬殊。所以，等女儿刚到教会法规定的结婚年龄 12 岁时，公爵夫人就先下手为强，提议和米尔普瓦侯爵家联姻，侯爵当时 29 岁。侯爵家的答复含糊其辞，"就那么一说"，德·拉费尔泰公爵夫人就满心欢喜地跑到国王面前，把自己的计划和盘托出，并且说"这样可以使一切变得简单"。路易十四指出姑娘年龄太小，但是没用。"陛下，姑娘确实年龄太小，但是等不及啦，因为我看上了米尔普瓦先生，想把女儿嫁给他，要是再等十年，陛下看出了他的才能，委以重任，他就不会要我们了。"

坦率得有点不顾廉耻，这在很大程度上可能是由于这位书信体文章作者转述这些话时修辞刻薄所致……但算计得清楚明白：一个前程远大的青年男子是对未来的一个赌注，是低价时买入的股票，可以希望他很快就升值。得到了国王的许可，到小姑娘父母家来的人就多了，"成群结队，衣着光鲜"。公爵夫人空许下"5 万埃居"①，就得到了米尔普瓦侯爵。至于米尔普瓦侯爵本人，"他从来就没见过自己的未婚妻，也根本不知道这一切到底是怎么回事"。急急忙忙把一切都办妥，急促的程度令世人瞠目结舌。"我觉得米尔普瓦先生结婚好像是变魔术，"塞维涅夫人说，她感到十分惊讶，甚至连表示气愤都没来得及。

没过多久，一切就都变味儿了：新郎的母亲拒不参加婚礼，因为嫁资未付。至于新娘的母亲，见谁跟谁说，"她想找个女婿，也找到了一个女

---

① 埃居是法国古代钱币名，种类繁多，币值不一，有的值五个法郎。——译者注

婿……絮絮叨叨，用这样的口吻说个没完没了"。这桩婚姻变得"一天比一天可笑"：德·拉费尔泰夫人非但没有按照应该做的那样，把新婚夫妇的住处安顿好，自己还想住到新婚夫妇家里，最终还是米尔普瓦夫人收留了他们。两个月之后，"小娃娃在那间黑屋子里闷得要死"。说黑，主要是因为这桩婚事"变得暗淡"，因为一个 12 岁的、刚到结婚年龄的淘气小姑娘，在动荡不安的四个星期里成了个妇人[1]。

上述几个例子表明，17 世纪的贵族婚姻走进了死胡同。对强迫女子进隐修院的普遍谴责、买官职的费用以及陪嫁的提高，压得多子女家庭喘不过气来。这时，结亲对象就很自然地转向了金融资本家和行政官员，哪怕得"下定决心和地位低的人结亲"……

这个时期的一位史学家认为，在旧制度下的最后两个世纪里，婚姻常常是"策略的产物，旨在提高家庭的声望或财产"。因此，门不当户不对的婚姻就成了这个社会的"最独特的形态之一"[2]。17 世纪的传教士常常揭露这种做法，说这种做法证明早已存在的金钱婚姻，无论在范围还是在无耻程度上，这时都已达到了前所未有的地步。"这哪里是人和人结婚，分明是钱袋和钱袋结婚嘛！"布雷神甫（1652—1732）得出的就是这样的结论。[3]这样的婚姻"唯金钱是问，金钱传达了一切神意，为了金钱，父母牺牲了孩子的幸福"，乌德里神甫（1630—1729）已经用《金牛犊[4]一直站着》[5]的调子唱起歌来。至于 1774 年去世的耶稣会修士迪费神甫则提醒说，热扎

---

① Mme de Sévigné, *Correspondance*, éd. Gallimard (La Pléiade) 1972 - 1978, t. III, pp. 447, 469, 472, 478, 491, 499, 523… (27 décembre 1688 - 2 mars 1689), p. 469.

② Ghestin, 84, pp. 75 - 76.

③ Bourrée, Homélie III, pour le second dimanche après l'Épiphanie, 139, t. 40（1854）, col. 138.

④ 金牛犊是财富的象征，是希伯来人崇拜的偶像。——译者注

⑤ Vincent Houdry, Sermon LXXI, «Sur le mariage», 139, t. 36（1854）, col. 1120.

贝尔富有、高贵，是国王的女儿，但“这是一个很霸道的女人，阿沙布迷恋她的地位和权势，娶了她，代价太大了”①。金钱不能带来幸福，这是人们在教堂里反反复复说的话。茹尔丹夫人满脑子智慧，但醉心于贵族的小市民对她的话充耳不闻。

其实，结一门门第相当亲事的愿望，贵族和富裕市民都有。跟社会地位低下的人结亲是一种难以摆脱的担心，困扰着整个社会。1705 年至 1753 年间，在莫城教区，四十五个获得近亲结婚特许的姑娘中，有十个明确表示必须嫁给一个和自己地位相当的男人，不到自己家族之外去找丈夫。在这十个人里，五个是农夫的女儿，一个是渔夫的女儿②。

和社会地位低下的人联姻烦扰心头

“这是您自找的，这是您自找的，乔治·当丹，这是您自找的。”这是一句台词，此后就被用来谴责那些该对自身不幸负责的人，说他们是自作自受。说出这句台词的，是莫里哀笔下一个娶了贵族女儿为妻的暴发户农民。“啊！贵族小姐，那可不是凡人！对发了家的农民来说，我这门亲事就是一个深刻教训，谁要是想像我那样，为了提高自己的社会地位而去和贵族家庭联姻，就从我身上吸取教训吧！”在一个社会平衡极其脆弱的时代，门不当户不对婚姻带来的不便，双方都能够感受得到。

《乔治·当丹》里的乔治·当丹，是一个和《醉心于贵族的小市民》里的茹尔丹夫人旗鼓相当的人物；茹尔丹夫人的愿望是，找个她能够无拘无束地请来和自己一起坐在餐桌前的女婿。“贵族们请我们这样的人到他们家

① Dufay, Sermon XXXVII, «Sur le mariage», 139, t. 45（1854）, col. 334.
② Flandrin, 74, p. 38.

里去的时候，那副做派我领教过。"当丹解释说，"贵族和我们联姻，主要的不是和我们的人联姻，他们嫁的只是我们的财产。像我这样的人，不管多有钱，也应该讨个善良纯朴的村姑当老婆，而不该娶个压我一头的女人。姓了我的姓，她觉得委曲，总以为我即使倾家荡产，也买不来做她丈夫的资格。"（第一幕第一场）在现实生活中，这位农民老兄觉得没有"行动自由"，被妻子戴了绿帽子，都不能用棍棒打她一顿出气。地位平等不能保证性别平等。

莫里哀和他那个时代一般人的想法一样，认为地位平等应该使夫妇感到幸福。毫无疑问，年轻人都多情，作者赞成双方同意的原则，反对屈从于父权，而由恋爱而结合的婚姻都会有一个幸福的结局。但这是因为他笔下的女孩子都"理智"。《没病找病》里那个没病找病的人，他的天使般的女儿不是透露过，她"脑子里有点什么想法"吗？"夫人，如果我有什么想法，那想法也一定是理智和贞洁能容许我有的。"她确实想和她所爱的男人结成"基于利害关系的理智婚姻"，而拿一个她不爱的男人当丈夫，她觉得那是发疯（第二幕第六场）。相反，那个想把女儿嫁给医生的父亲却是被"激情搞昏了头"（第三幕第三场）。美满婚姻不是由激情决定的，而是理智！

可是，幸福果真取决于这种地位上的平等吗？你可以这样认为，但还是先听听那对似乎已经把夫妻幸福耗尽了的老年夫妇是如何回答莫里哀笔下那些充满激情的年轻恋人提出的问题的。在莫里哀的喜剧里，市民娶的是市民，仆人娶的是使女；茹尔丹先生的父母是商人，他妻子的父母也是商人。但这并不妨碍他们之间互相诋毁。如果婚姻应该是幸福的，莫里哀笔下的婚姻状况却是例外，好像他是从这样一个原则出发的："夫妻不和是喜剧天地的必要条件。"① 莫里哀喜剧里的老夫老妻总是说不到一块儿，那

---

① Venesoen, 199, p. 7.

是因为，在表面上的财产平等背后，存在着一道严重的文化上的鸿沟。就茹尔丹夫妇来说，妻子倾向于小市民，丈夫醉心于宫廷，他们在一起有什么可说的呢？《女学究》里的情况也是如此，一身小市民习气的丈夫和谈吐高雅的妻子，两人之间又有什么可说的？

虽然表面上如此，莫里哀用这种方式在舞台上反反复复表现的，却不是一般夫妻的失败，而是不般配夫妻的失败，他们之间没有共同的价值观。"嫁得不好"的女人中，没有劝自己女儿抱独身主义的。相反，在每出戏的结尾，莫里哀都会提出幸福婚姻所需要的条件：双方的财产和性格似乎都是相当的。观众如果愿意，可以自己去下结论，就像故事里说的："夫妻恩爱，多子多福。"夫妻恩爱不能成为一个好的喜剧主题。门不当户不对的婚姻有两种，都可以在夫妻之间引发危机：一种是从社会角度来看门不当户不对（乔治·当丹的婚姻），另一种是从文化角度来看门不当户不对（茹尔丹的婚姻）。这两种门不当户不对的婚姻，都是由盲目的激情（主要是由自尊心和野心）造成的，理性的婚姻都是很般配的。

因此，不应该受反对父权、主张恋爱结婚这种要求的欺骗。平等才是爱情最好的保证。另外，莫里哀只是把他那个时代的想法搬上了舞台；那些想法的载体是传道者所做的布道，即 17 世纪法国人所谓的伟大时代的"大众传媒"。樊尚·乌德里赞成夫妻关系中的完全平等："结亲的两个人之间必须般配，习惯和爱好必须非常和谐，而且要像人们常说的那样，必须是为彼此而生的。这一点，谁会看不出来呢？"这位耶稣会会士解释说，就是为了这一点，上帝才按照亚当的样子造出夏娃来的。[①] 于连·洛里奥（1633—1715）说得更清楚："婚姻中的双方，出身相差悬殊是不适宜的。因为，出身好财产多的一方，常常会看不起比较差的一方。因此，不仅是

---

① Vincent Houdry, Sermon LXXI, «Sur le mariage», 139, t. 36 (1854), col. 1119.

神甫们，连异教徒也都相信，为了使婚姻幸福，必须门第相当。"①

在洛里奥之后，属于下一代的达尼埃尔神甫说："必须尽力寻找出身相当、地位相似的人结婚，以使婚姻般配。贵族老爷娶了出身低贱的女人为妻，迟早会瞧不起妻子的；老爷死了以后，她自己的孩子们也会厌恶她。"② 为了使婚姻"牢固"，达尼埃尔的同时代人安德烈-纪尧姆·热里（1727—1786）宣传的也是这种理论："在这个问题上，我能够为您提供的最为明智的建议是，尽可能地和与您地位、状况和财产相当的人结亲。夫妻之间的平等是保证夫妻和睦最有效的方法，而您在婚姻中能够享受到的最大好处就是和睦。"③ 通过传道士之口，整个社会都在反对门不当户不对的婚姻。"造物主让你出生在什么样的阶层，你就得在那个阶层里待下去，"他意味深长地总结道。金钱婚姻和恋爱结婚一样，一个叫夏比，一个叫西拉，都是暗礁，传道士们一直在不知疲倦地提请人们注意，不要撞到伉俪之情的暗礁上。社会上危险多多，尤其在权力的平衡因财产变化而不断受到威胁的时候。

因此，不能让狡猾的仆人或不知廉耻的使女把好人家的子女引诱坏了，不能让他们打着爱情的幌子去破坏统治阶级内部的有序继承。才女们可能会为了爱情婚姻而奋斗，但是，不管莫里哀笔下的女才子多么可笑，一旦知道心上人只是个仆人，也会毫不犹豫地和他一刀两断。感情是怎么回事，理性太理解了！国王有几道敕令，就是为了对付这种引诱而颁布的；法庭办的一些案子，针对的也是这种门不当户不对的婚姻。和社会地位低下的

---

① Julien Loriot, Sermon LXX, «Des devoirs des personnes qui se marient», 139, t. 31 (1853), col. 995.

② Daniel, «Conférences sur les sacrements», XLVII, «Du mariage», 139, t. 48 (1854), col. 1500.

③ André-Guillaume de Géry, Prônes, VIII, «Sur le mariage», 139, t. 63 (1854), col. 876.

人联姻在思想上引起的烦扰，17世纪的人感受最深。当时有那么一些人野心勃勃，想用勾引人的办法打入因出身而被排除在外的社会阶层。后来，轮到大户人家也开始使用这种手段时，说法才一点一点改变。

门不当户不对的婚姻被视为洪水猛兽，反击的第一种手段是法律惩治。巴黎高等法院以此为由办的那些案子非常说明问题。有不少案子牵涉的是和仆人之间的爱情婚姻，有小麦巨商之子和父母的女仆秘密结婚的，有"暴发户"（有领地但不是生来的贵族）的女儿和男仆秘密结婚的；还有一桩婚事，36岁的音乐教师娶了自己18岁的女学生，那女学生是桑利法庭当选庭长的女儿……不过，也有相差悬殊的阶级之间的婚姻，有一个并非贵族出身的"老爷"娶了水手（分属于第二阶级和第九阶级）的女儿①。法院最终把这些婚姻都废除了，有的是根据教会法（因为结婚时教区本堂神甫没有到场，或者由法庭将禁止结婚的障碍说成使婚姻无效的障碍，或者因为不曾三榜公布结婚预告），有的是根据诱拐理论。

严格说来，诱奸指的是未成年人被成年人引诱而发生的罪恶关系。但法院随随便便就把这个观念扩大了。例如，1688年7月10日，巴黎高等法院根据男方家长的要求，取消了19岁的皮埃尔·德·拉库蒂尔和17岁的玛格丽特·皮内的婚姻，理由是19岁的拉库蒂尔受了……女方家长的"引诱"。更有甚者，说行政官署执达吏的女儿不能要求嫁给法院书记员的儿子。1704年4月12日的一桩案子，甚至把财产方面的差异推断为引诱。阻止人们接近上流社会的办法，已经不再具有说服力了。

根据那句"未成年时开始的引诱"，后来又把引诱的观念扩大了。如果两个人的关系是在未成年时开始的，到了成年以后，没有家长的允许，事

---

① Sur les mésalliances, voir Ghestin, 84; Mousnier, 150, pp. 106 – 120; Collomp, 43, pp. 120 – 127.

实上就不能结婚。因此，皮埃尔·德·拉库蒂尔和玛格丽特·皮内成年以后重新提出他们的婚约时，又于 1703 年 8 月 1 日再次被取消![1] 制度已经锁定，爱情即便能够经受住时间的考验，但在婚姻中也已经没有立足之地。

至于取消这些婚姻的深层次理由，我们不能有所误解：完全是为了家庭利益，为了保住遗产。所以，迪潘·德·拉热里尼埃尔小姐和她的仆人塔万私奔，虽然他们在洛林顺利地结了婚（需要指出的是，迪潘小姐当时 33 岁，而她的丈夫已经 43 岁），但 33 年之后，在他们的孩子们要求继承迪潘家的产业时，迪潘家意识到他们的婚姻不正当，就要求巴黎高等法院于 1759 年 5 月 31 日将这门婚事取消了。差强人意的是，法庭总算明确指出，这是特例[2]。

防胜于治。为避免出现教会一向承认其有效性的暗中结婚，让少不更事的孩子在还没来得及知道爱情为何物时就结婚的，仍然还有，但比过去少了。越到社会上层，结婚的平均年龄越低。不过，防止暗中结婚的最好办法依然是鼓励发布结婚预告，把结婚计划和结婚日期都详细列出，让人一目了然。伟大的时代对付门不当户不对婚姻的第二个手段，是对有迹象要结婚的家庭和婚姻，进行坚持不懈的全面监督。

当时的宫廷是个不大的世界，宫廷里的人彼此了解。回忆录、日记和通信把婚事中的陪嫁和细致安排都告诉了我们，描写得很准确，同时也用辛辣的语言对不般配和失衡的婚姻进行了抨击。塞维涅夫人那封最著名的书信就是无情地揭露一桩婚事的。那确实是一桩悲惨婚姻，一方是一位年老珠黄的多情公主，一方是一个颇有机心的骗子：骗子洛赞和大郡主蒙庞西埃女公爵的婚姻，真是"迄今为止最令人惊奇、最令人吃惊、最令人赞

---

① Ghestin, 84, pp. 199 - 201.

② Ghestin, 84, pp. 201 - 202.

叹、最神奇、最豪华、最令人惊愕、最令人难忘、最奇特、最不同寻常、最难以置信、最无法预料、最大、最小、最罕见、最普通、最张扬、最秘密的事，也是最辉煌、最令人艳羡的事……"不过，同样的词汇，也可以用来形容同时代一个多情女子的幸福，她置社会法令于不顾，实现了自己的幸福。

宫中正在策划的阴谋，正在酝酿的爱情，里面的人是无人不知、无人不晓。《文雅信使》[①] 上平常总登载些结婚预告，也披露陪嫁和谱系方面的一些细节，以便使每个人都能对婚姻双方是否般配作出评价。有时报上就只有一句简单却充满暗示的评论："因此，对一桩如此般配的婚姻所带来的相互之间和令一般人都能感到的满意，你无须有任何疑虑。" 1695 年 3 月的《文雅信使》上就只有这么一句话。可是，过了一个月，在回忆录作者圣西门公爵迎娶德·洛尔热小姐的时候，《文雅信使》却用了差不多 20 个版面来庆祝：

　　像德·圣西门公爵先生和德·洛尔热小姐于本月初缔结的那样一桩既荣耀又般配的婚姻是十分罕见的，就好像有意要结成一门完美无瑕的婚姻似的，因为在这桩婚姻里，年龄、德行、品格和财产，样样般配。新娘的父亲是身任法国元帅、王家骑士团骑士、洛林和巴鲁瓦总督、国王陛下侍卫队队长、王家军队将军的德·洛尔热公爵，无论是凭他的公正廉洁，还是凭他的头衔或出身，他都是一个值得称道的人物。洛尔热小姐是他的长女，一个在隐修院培养出来、在德高望重且善于施教的老祖母身边长大的

---

① 《文雅信使》于 1672 年创刊于里昂，风格多样、内容较杂，1724 年更名为《法兰西信使》。——译者注

女子所能够知道的事，她都知道……支撑她婚姻的还有她结婚时带来的 40000 利弗尔陪嫁，这笔钱只不过是她财产的一部分。德·圣西门先生才 20 岁，他是公爵、法国贵族院议员、布莱总督、桑利总督，拥有几处很大的领地……两个家族在这一点上难分轩轾，别的方面也是如此；圣西门先生家的远祖可以追溯到 10 世纪王室的后代韦尔芒杜瓦，是其四个支系中的一支，圣西门夫人家的远祖则是富瓦家族，其自身及姻亲都十分显赫，而她的三个兄弟也都身居高位，备受尊敬，为家族大大增光。①

看到这样的报道，对那些如同现代"狗仔队"一样既是记者又是"包打听"的人，您还是赶紧把自己门不当户不对的婚姻严严实实地隐瞒起来吧！

联盟——这正是圣西门本人在自己的婚姻中首先看到的东西。他在《回忆录》里谈到自己的婚姻时，开宗明义，用了很长篇幅来描写德·洛尔热元帅，吹嘘他的才能、品行，说他在宫中如何受器重，出身又是多么高贵，而且还大肆宣扬元帅的姻亲关系……他直白地承认，正是这种种好处"让我非常想结下这门亲事，我相信，这门亲事会给我带来我所缺少的一切，支持我，使我发迹，使我称心如意地生活在一个可爱的家庭里，生活在那么多显赫的亲朋中间"。在这之后他才写到自己可爱的妻子，着墨不多，仅仅用了四五行文字。然而，他们这对夫妻是当时最幸福的一对，在宫里常常被当作典范提起，过了近半个世纪伉俪情深的生活之后，妻子死了，这位回忆录作者因此而感到无限悲伤，一蹶不振。理性和爱情可以造就恩爱夫妻，但有一个条件：在那个时代的人看来，就是要让理性占上风，

---

① *Mercure de France*, avril 1695, pp. 229 – 247.

爱情永远在婚姻的后面。

假如你不得不以和社会地位低下的人结亲为代价来"重振家声"，那就不要把这件事看得太重，要不然就用一句俏皮话搪塞过去——比起德·格里尼昂夫人为儿子娶媳妇时说的话，布永公爵夫人所说的那句俏皮话"我的小金条"，差不多就算是温和的了。德·格里尼昂夫人为儿子娶的是包税人的女儿，她说的话是："肥沃的土地也须时不时地施些厩肥①。"② 在一个透明度高、且对违反婚姻规则的事态度严厉的社会里，一句刻薄的笑话可以为自己挽回点儿面子。

对臣子婚姻有监督权的国王本人也很注意财产方面的相称。尚福尔讲过这样一件事：总监德·安沃先生曾经向国王提出要求，请国王允许他结婚。但是，在他说出未婚妻的名字以后，国王只回答了一句："您在财产方面配不上她。"那可怜的人于是提到了自己的职务，说职务可以弥补他财产的不足，这时他听到国王说的是："啊！职务嘛，那是可以失去的，但妻子得留下。"对明白人，就无须多说什么了③……

看来，这个传统社会觉得自己已经到了某种臻于完善的境地，达到了一种脆弱的平衡，必须不惜任何代价地加以维护。开始为婚姻下这样的定义了：婚姻是合同，是经过深思熟虑以后签订的契约，能保证世俗社会的正常运转，保证财产维持原有的状况。一个基本上是静态的社会，对于一切可能使它动起来的东西都有一种天然的恐惧。爱情本身这种强烈的情欲，最终被说成一种病，必须服从理智。

寻求平衡的情况在婚约中表现得很突出。婚约在这个时期采取了一种特有的形式：男女双方各自拿出自己的部分财产，数量相同，只把这部分

---

① 法文中，包税人是 fermier，厩肥是 fumier。——译者注
② Cité par Lebrun, 112, p. 23.
③ Chamfort, 39, t. II, p. 85.

财产作为夫妻共有财产。为此必须修改从前的法律，修改人的法律地位，尤其是妇女的法律地位，无论根据原有的习惯法还是成文法，妇女在法律上的地位都是受损害的。婚约要由公证人来办。这两个世纪里，在社会各阶级婚约的制定上，公证人的重要性与日俱增。

婚约

婚约"可能是人与人之间签订的各种契约中最重要的一项，因为它是民事生活的基础，给家庭带来安宁，为国家带来好处"。C. J. 德·费里埃的观点即是如此，他写的《公证人的完美才干》于 1771 年出版。[1] 这样的看法说明，在 18 世纪的人眼里，婚约是何等重要。婚姻"宪章"可能非常古老，远在罗马帝国时期的罗马法里就有了。然而，一直到古典主义时代，婚约依然很稀少，而且常常仅限于载明陪嫁或亡夫遗产的数额。解决婚姻习俗的问题，靠的常常是法律，有时是成文法，有时是习惯法。到了特兰托主教会议之后，随着法国教会独立自主的演进，婚约才又变得重要起来。事实上，民法学家正是根据"婚约"和"圣事"两者之间的区别，来为国王对婚姻问题的干涉进行辩护的。诚然，根据新的定义，一切婚姻本身都是契约，而自从布卢瓦敕令发布（1579 年）以来，公证人已经不能再根据"现在的许诺"接受许婚，但进教堂之前先要起草一份婚约的习惯却也在各个阶层中逐渐养成了。

18 世纪，婚姻习俗已经有了一定的自由度。公证人可以修改或补充习惯法，当然要在法律的强制性规定和合理的习俗范围之内。因此，将不能再指定夫妻共同体以女人为首，那是不适当的，也是无法接受的。17 世纪、

---

[1] Cité par Lelièvre, 118, p. 13.

18 世纪婚约的增加说明法律已经不能适应新出现的社会形势。在 1769 年到 1804 年间——这是让·勒列夫尔为研究巴黎沙特莱裁判所公证人经手婚约的实际情况而选定的时段——绝大多数婚约都是在平民之间签订的，涉及贵族家庭的只有 2.7％：贵族的主要财产是土地，思想上依然以习惯法为满足，他们可能觉得不需要在公证人面前签订婚约来明确什么。不过，宫里所有的人都看婚约，也签婚约，但他们习惯于把公证人叫到宫里去，这样就使统计数字出现了误差。

平民之中，从"巴黎市民"到"短工"，各种职业的人都有。根据让·勒列夫尔的说法，那时所签的婚约比他发表著作的 1959 年还普遍。于是，在权利和财产状况之间就出现了很多不一致的地方：实际上，几乎所有的婚约都违反了习惯法中有关共有财产的条款，特别是将动产从共有财产中剔除出去，而动产是市民财富固有的特点。民法典修改之后，19 世纪里婚约潮即开始回落；到了 1860 年，只有 40％的婚姻签了婚约，而且多数还是在乡下。签婚约的，乡下比城里和巴黎多得多。[①] 分析一下提供给年轻丈夫的种种机会，就能够明白，古典主义时代何以如此迷恋婚约。

1804 年公布民法典之前，法国人一直可以依据三种大法结婚："成文法"，指的是在南方实施的罗马法；习惯法，指的主要是巴黎的习惯法，即于 16 世纪（1510 年和 1580 年）定型的习惯法；诺曼底习惯法，这是法国北方的习惯法，是一种最具独立性的习惯法。成文法于陪嫁制度有利；大部分习惯法都规定，家具和购置物属于共有财产；于妇女不利的诺曼底习惯法则禁止设立共有财产。原则上，大家都受出生地的法律约束，但也受居住地的法律约束。特别是在巴黎，来自各省的人都在那里结婚，引出了

---

① 参阅卡代（Cadet, 37，33 页）和勒格朗（117，26 页）提出的数字：在巴黎地区（塞纳省），80％的婚姻没有签订结婚契约，城市 61％，乡村 56％，平均 59％～61％。

不少问题。在巴黎，既可以根据男方出生地的习惯法结婚，也可以根据女方出生地的习惯法结婚。但是，如果某些不动产在诺曼底，就不能将其列入共有财产。诺曼底治下的居民去巴黎结婚，按照共有财产制度签了婚约，以为这样就避开了诺曼底的习惯法，但是，婚约最后还是被诺曼底高等法院取消了……

因此，起草婚约时，公证人的作用就很重要了。民法改革之前，他们为法国法律的统一做出了贡献。他们建议你选择这种或那种法律，并对法律上的某些点做出明确说明。一个伊苏瓦尔男人和一个巴黎女人于1775年1月2日签订的婚约就明确指出，根据巴黎习惯法赋予女方的保证，"和伊苏瓦尔市实施的罗马法习惯有抵触"①。公证人起的作用主要在于保证财产的稳定性，特别是女方的财产；古老的习惯通常都没有很好地保护妇女。

在1773年6月于巴黎根据桑利习惯法签订的一份婚约中就出现了这样奇怪的条款：如果夫妇两个在诺曼底安家，他们就不能在那里购置任何财产，死后若无子女，财产则由他们的父亲继承。两家的父母确实给了他们不少钱（一家12000利弗尔，另一家6000利弗尔），在新婚夫妇英年早逝的情况下，他们希望有把握将这些钱收回。婚约中甚至明确指出，"在目前情况下，这一条至关重要，没有这一条就不付给陪嫁和彩礼"。夫妇如果在诺曼底添置财产，这些财产将从共有财产中剔除，归丈夫所有。婚约中所说的禁止购置财产就是这样来的。

于是，公证人就要做一些安排，设法使财产留在原来的家里，这样就常常需要把共有财产限定在一个固定的数额上。在男女双方财产相差悬殊的情况下，甚至可以在共有财产中设置一些条件。1793年3月30日签订的

---

① Lelièvre, 118, p. 30. La matière des paragraphes suivants est empruntée au même livre, sauf indication contraire.

一份婚约，双方财产相差悬殊，男方至少比女方富有 20 倍，设置共有财产时就加了条件，明确规定："在女方先去世的情况下，男方将不被视为和妻子有过共有财产。"对，娶的是妻子，不是妻子的家庭。

为避免家庭遗产落入夫妻共有财产之中，通常是将家庭遗产从共有财产中剔除，有的还要加上一条"变卖妆奁所得款项的再使用"：出售夫妇各自所有的财产时（如继承来的不动产），所得价款不应算作夫妇共有财产，而应归在财产所有人名下。为了避免已经成为共有的财产从一个家庭流入另一个家庭，有些婚约还明文规定，将夫妻中特别贫穷一方的继承人从继承顺序中排除。为了使家庭在嫁娶之后能够保住自己的财产，采取的预防措施越来越多了。

至于共有财产，同样也出现了双方数量要相等的倾向。在多数情况下，只为共有财产确定一个初始数目，夫妻各出资一半。共有财产的数额通常都有限制：一般相当于双方各自财产的三分之一或四分之一，但这个比例也可以改变，从十分之一到百分之百都行。接着，夫妻双方各自财产的收益也归入共有财产了，但继承来的或受赠的动产和不动产，差不多总是被排除在共有财产之外。大革命时期，倾向越来越有利于财产分开：离婚再度得到允许之后，就要保存各自的财产了。

婚约风行一时，反映出来的仍然是对社会稳定的担心，这和我们在婚姻的讨论中发现的担心是一样的。尽管市侩的算计和不那么浪漫的预防措施对恋爱结婚起了限制作用，但是家庭的这种平衡却于妇女有利，使妇女的财产得到了比较好的保护，至少使妇女在纸面上可以一度以为自己和丈夫是平等的。

婚约的大众化，还孕育出了一种奇特而滑稽的文学样式，其形式是匿名的"讽刺新闻"。有人认为，其中有些是在警察的指使下传播开来的，目的在于教育民众。从 17 世纪初（最早的出现在 1627 年）到 19 世纪末，这些东西辗转传抄，到了 18 世纪下半叶已经蔚为大观。《科拉·格朗让和吉耶梅特·旺特吕的婚约》《格朗让和旺特吕的豪华婚宴》（续）、《吉耶梅特·旺特吕祖父的曾祖父、已故托潘·旺特吕死后在他家里发现的财产清单》（续二），一切还都是老套子：主持 18 岁和 13 岁未成年子女婚礼的，是父母。父母赠与新婚夫妇的东西非常离奇，带有明显的性象征色彩。给小伙子的，是在蒙鲁日的遗产的四分之三，和一架套着一头牛和一头驴的犁；给姑娘的，是一片刚刚被割掉四又二分之一牧草的牧场，不是坐落在莫特，而是一边邻着博迪斯泉，一边邻着那条通向梅德尔洞的发着恶臭的街道。

在这样的大众文学作品里，一些淫秽的讽喻所在多有：在里面又可以发现套着两只狗的犁，或者邻近勒克罗图瓦的田地——你看了还不能心生邪念，心生邪念会遭报应！不过，讽刺嘲弄的主要还是年轻夫妻的贫穷，以及他们那种把什么东西都要用文字列出来的行为方式，小到调羹和随身行装里的袜子。牙科专家格朗·托马斯的婚约就是这样，他把三套器械和"房间里当挂毯用的 43 篇论文"都一一列出。因此就有了《东西不多的让和几乎什么也没有的雅克利娜之间的婚约》，它还有好几个书名（《好脾气的让和没心没肺的雅克利娜……》），于 1800 年前后广为流传。还有人往里面加了些讽刺女人的内容（列举了无数缺点；书中的未婚妻声明：自己和这些缺点都不沾边）或讽刺一般婚姻的内容。这类异想天开的婚约常常是"在生活中最幸福的日子过去了以后，违心地"签订的。东西不多的让和好脾气的让一样，继承的都是"一张不大不小的用'辛酸'木做的床，上面放着一个用'刻薄'做的长枕头，围着用'悲伤'做的床帐，还有用'担心'做的床上用品，用'坏脾气'做的漂亮床罩"。

至于公证人，像皮埃尔·斯克吕皮尔和让·弗里波尔特一类白手起家、在克莱蒙-费朗执业、为让和雅克利娜们办理结婚手续的公证人，在贪婪方面，不大可能比"奴役的"村镇里、"欺骗的"法庭上和"戏弄人的"城市中的亚历山大·勒格拉和博尼法斯·让邦一类的公证人更甚。在"野兔"卡纳瓦尔和"尴尬人"彼得罗尼耶出世之前，这类公证人曾经为几代人办理过结婚手续……以出洋相的方式列举旧衣服和磕坏了的餐具，讽刺的也是对丰厚陪嫁的幻想：陪嫁是许下了，但永远不会兑现。让-吉尔·德戈比亚尔开玩笑地说，他得到的陪嫁是"六件衬衣，除了必须买来做袖子的布，六件衬衣既没有前身也没有后身"；"囊中羞涩"小姐保证可以得到的亡夫遗产是"50 阿尔邦①土地"，但这土地要到"荷兰的大雾里"去找，或者是到位于勒克罗图瓦和索姆河畔圣瓦莱里之间的沙地上去找"一只兔子跑一圈划出来的地方"。抱怨没有拿到应得的款项？出示的婚约是由"什么也看不见的证人和没到场的人"签的，或者干脆是由"80 个看到并阅读了全部文件的盲人"签的，而且大多数都是"17××"年"在认不出来的大街、门牌号模糊的'寻寻觅觅'先生家里"登记的。

作为婚约在民众中间获得成功的证据，这类讽刺性文章所证明的主要是让人守法之难。这类作品毫不留情地指出了两性的差异：作为共有财产，女人得到的常常是"破得需要织补的衣服"；她带来的东西，死后要归丈夫所有，但她若是成了寡妇，就只有一笔终身年金……19 世纪，按照亚历山大学派观点起草的婚约使情况变得和缓了些，但主张的还是原来那一套。"乐天派"伊波利特于 1870 年 5 月 8 日娶了正在跟着老师 E. 克莱克-茹瓦约念书的奥尔唐斯·博纳格拉斯为妻，伊波利特一贫如洗，他拿得出手的只有从前那些情妇给他的烟斗，还有一些女明星的时髦照片，而得到的却是一个 18 岁的黄花大姑娘和一份可观的陪嫁。

不过，婚约这种形式也能用来进行政治讽刺。宰相马扎然坚信枢机主教雷斯参与了《高等法院和巴黎城的婚约》的写作。该书出版于 1649 年 1

---

① 阿尔邦，旧时土地面积单位，相当于 20 公亩~50 公亩。——译者注

月 8 日，当时高等法院的投石党运动正处于高潮。在国王带着宫里的人逃往圣日耳曼昂莱三天以后，高等法院就兴高采烈地"迎娶"了巴黎城，成了巴黎唯一的主人。高等法院签的婚约主要是一份纲领，上面列着要采取的一系列措施，赫然在目的是判处马扎然死刑。至于《贵族"小姐"和第三等级"先生"的婚约》也不能算是清白无辜的，因为那婚约是 1789 年在萨拉签的①。

婚姻的危险

这种由婚约具体化了的联姻竞赛，最终改变了婚姻本身的面貌，也改变了社会的平衡。被作家和讽刺画家们捕捉到的新出现的行为方式会带来一些令人惊奇、有时甚至是很危险的后果。

婚姻被搞成了一种没有爱情的结合，搞成了财富的平衡，在多情善感的年轻姑娘们眼里就失去了魅力。于是，女才子们做出了反应，虽然有些过分，但她们是以爱情的名义，反对婚姻由父母包办。在莫里哀的《可笑的女才子》里，马德隆和卡多丝起而反对的，并不是婚姻的原则。但是，她们拒绝父亲和叔叔生硬地把年轻男人介绍给她们，"命令"她们"当作我想给你找的丈夫"来接受，不管那两个年轻人多么有魅力。当然，在莫里

① La Bibliothèque Nationale a conservé les *Contrat de mariage entre Carnaval et Mademoiselle Lelièvre*, *l'Embarras des richesses*, *Contrat de mariage entre Louis Lelièvre et Pétronille l'Embarras*, *Contrat de mariage entre Jean-Gille Dégobillard et Pétronille l'Embarras*, *Contrat de mariage entre Colas Grandjan et Guillemette Ventru*, *Contrat de mariage entre Jean-Qui-a-peu et Jacqueline-Qui-n'a-Guère*, *Contrat de mariage du Grand Thomas*, *avec Marie Vicontent*, *passé à Vaugirard en* 1729, *Contrat de mariage entre Jean Belle-Humeur et Jacqueline Franc-Coeur*, *contrat de mariage du Parlement avec la ville de Paris*, *Contrat de mariage de demoiselle Noblesse avec M. Tiers-État*, *Contrat de mariage entre Monsieur Hippolyte Lajoie et Mademoiselle Hortense Bonnegrâce…*

哀眼里，因而也是在我们眼里，显得荒唐的是两个女孩子。可是，戈尔吉比的那种蛮横态度，今天的人接受得了吗？难道我们不赞成马德隆说的这几句义愤填膺的话："他们多彬彬有礼啊！怎么，一上来就得先结婚？"话虽然说得刻薄了点，但我们觉得两个年轻姑娘的要求天经地义：她们要求的只是男人向她们献些殷勤，在签订婚约之前，留出点时间，让爱情萌生。

"应该这样行事，这是规矩，风度翩翩的人不能置这些规矩于不顾。但是，直截了当地结婚，签婚约的时候才开始献殷勤，等于看小说从结尾处开始。父亲，没有比这种做法更商业气的了，一想到这种景象我就恶心。"①马德隆头脑里的爱情可能是很罗曼蒂克的，幻想中的爱情把她变成了一个未定型的包法利夫人。也有这种可能，她梦想中的"爱情国"会让我们和莫里哀一样发笑。不过，透过讽刺必须看到的，是这两个俏女子拒绝让人把自己当"商品"对待，不容许人家凭一纸婚约把自己交给一个素昧平生的男人。

莫里哀的这出喜剧，是市民嘲笑贵族沙龙里的女才子（或者更准确地说，嘲笑的是外省附庸风雅的小布尔乔亚的贵族做派），与此相对的，是菲利普·普瓦松 1735 年出版的《汇票婚姻》，书里的女酒鬼对市民习俗极尽嘲笑之能事。意大利作曲家罗西尼从中受到启发，写出了他的第一部歌剧《婚约》（1810 年）。故事说的是：在加拿大的商人克雷翁特给他的法国客户写信，要求为他挑个老婆发送过来，所选女子各方面的品质都要符合他明确提出的要求；他保证，发送过来的女子只须出示他寄出的汇票，他就娶她为妻。这封信可能就是征婚启事的老祖宗，值得转引如下：

　　　　再者，我需要一个女人，但在此地找不到好"品牌"的，所

---

① Molière, *Les Précieuses ridicules*, sc. IV.

以，请您别忘了，随下一班船给我发一个姑娘过来，品格和长相要符合我后面提出的要求。我对陪嫁没什么兴趣。剩下的，家庭要体面，年龄在 20 到 25 岁之间，长相可人，脾气温柔，品德高尚，无不良习惯，身体要强壮得能够经得住气候变化，适应得了婚姻状况。万一发过来的第一个不行，就不必再发第二个了，所以要尽力避免这种情况发生，因为路途遥远，运输有危险。人到了之后，如果符合上述条件，出示这张您在背面签了字的汇票，只要没有错误，不发生意外，我就一定会"照单接收"，并在六个月之内娶她为妻。现谨将汇票签好呈上……①

如此行事是造孽，克雷翁特先生要受到惩罚：就在载着他未婚妻的那条船到港时，他堕入爱河，喜欢上了另一个姑娘。没过多久，又一个姑娘出现，手里拿着他两年前寄出去的另一张汇票：他以为姑娘在海难中死了，所以才又托他的法国客户再给他找一个。因为这是一出戏，所以到最后，一切又都得到了妥善安排：他爱上的姑娘原来就是他许以婚姻的那个，不过她是乘前一条船来的，下了船以后，隐姓埋名，为的是让未婚夫在结婚之前追求她。至于那个手持两年前寄出的汇票的姑娘，则发现克雷翁特先生的一位挚友是一个很好的恋爱对象。令人懊恼的爱情使两个年轻人分别进行了一次加拿大冒险。两对有情人终成眷属，皆大欢喜，一场灾难侥幸得以避免。在这里，婚约被推到了极致，成了一个陷阱，险些将一个体面商人的幸福和信誉都葬送掉。

因此，伦理学家既反对过度的理智，也反对过度的爱情。在《关于婚姻状况的布道》中，布尔达卢抱怨说，婚姻"在我们中间已经变成了一桩

---

① Poisson, 166, pp. 5 - 6.

唯利是图的交易，嫁娶凭的不是有理智的爱，不是敬重，也不看人品，而是凭收入和遗产，看有没有金银财宝"。结果夫妻之间再也萌生不出爱情，圣事也无法实现。"每天结下的那么多对夫妻中，互相爱慕的有多少？"因此，"如今世上离婚和分居变得如此平常"也就没什么值得大惊小怪的了；"这么多人离婚或分居，尤其是发生在基督徒中的，我们可以视之为这个时代的耻辱"。话的意思不一样，但同为抱怨，则与现代传道者一致！另外还有一种危险，即通奸的多了："有的人到外面去寻求补偿，移情别恋，闹得一塌糊涂！"出现这种情况，完全是因为对金钱的渴望与追逐，"因为，几乎所有婚姻的症结都在这里，是金钱缔造了婚姻，随之而来的就是普遍的放纵，跟在没有爱情的婚姻之后的，是没有婚姻的罪恶爱情"①。

　　文学作品见证的也是旧制度下最后两个世纪里的这种婚姻危机。即使是一些很和睦、不打算合法分居的夫妇，也不生活在一起。每人有自己的成套房间，甚至是府邸。那些最难相处的丈夫，为了随心所欲地过日子，常常把妻子打发到外省的"庄园"或修道院里去。狄德罗在情色小说《八卦珠宝》里描写了书中主人公看到一对夫妻打情骂俏时的惊讶：尽管他们结婚已经过了长长的一个礼拜，居然还在打情骂俏！"他们结婚已经一个多礼拜了，可是依然出双入对，在歌剧院里待在同一个包厢里，在小林荫道上或布洛涅森林里坐在同一辆四轮马车中，还一起去看望亲友，而按照习俗，他们是用不着相亲相爱，甚至用不着彼此见面的。"② 结婚一个礼拜之后依然彼此相爱？呸！真是小市民。充其量，为了保全面子，也只不过是担当起抚养妻子所生孩子的责任罢了。尚福尔告诉我们，正是为了这一点，

---

① Bourdaloue, 32, pp. 397 - 404.

② Diderot, *Les Bijoux indiscrets*, ch. VI, dans *Œuvres complètes*, Paris, Garnier, 1875, t. IV, p. 152. La scène est située dans un royaume oriental imaginaire, mais les lieux (Opéra, petit cours, bois de Boulogne) dénoncent la caricature parisienne.

德·罗克蒙先生才每个月在妻子房间里睡一宿，"免得妻子怀孕时有人说三道四"①。

金钱婚姻和诡计多端的算计，正是马里沃在《虚情假意的贴身丫鬟》里描写的情景。一个青年，为了娶一个比未婚妻更有钱的姑娘，想毁掉婚约。但他要为此付一万埃居的违约补偿金，还必须心怀忐忑地向他所垂涎的女子公开自己的婚约。事情反转，小伙子傻眼了，鸡飞蛋打，两桩婚事全吹，使他追悔莫及。狡猾的小伙子最终受到了惩罚，而这里所说的婚姻只不过是一桩用婚约担保的金钱的结合。

在对婚姻和婚约的这种新的关注中，也许必须看到，18 世纪文学里的爱情分析为什么具有重要意义。路易十四时代，爱还只是一种单纯的感情，服从理智。典型的爱是罗狄克和施曼娜②之间的那种。"施曼娜的眼睛"已经成了一个新词，意思是"情人眼"，能够把所爱的人美化。但是，这又不是那种任何力量都降服不了的疯狂激情。罗狄克担心，不为父亲报仇，会失去施曼娜的爱："因为我高尚而爱我的人，会因为我卑鄙而恨我。"施曼娜也必须为父亲报仇，才能配得上罗狄克："你只是尽了一个男子汉应尽的义务；但在你这样做的时候，也让我明白了自己的义务所在。"③ 这里所要求的依然是夫妻之间的对等。夫妻之间的性格，像财产一样，也应该不相上下。

莫里哀笔下的爱情也是靠性格和财产相同来保证的：市民与市民之间通婚，贵族与贵族之间通婚，这一点毫无疑问，但仅仅如此还不够。心高气傲、不可一世的埃利德公主，在她的情人里，没有一个是她看得上眼的，却不能自已地爱上了唯一一个瞧不起她的男人。不错，那男人是个亲王。

---

① Chamfort, 39, t. II, p. 8.

② 罗狄克和施曼娜是高乃依悲剧《熙德》里的男女主角。——译者注

③ Corneille, *Le Cid*, a. III, sc. 4.

至于其余的爱情，上了年纪的人对年轻姑娘的爱，医生对商人女儿的爱，哲学家对小布尔乔亚的爱，等等，都只能是疯狂的、缺乏理智的爱，因为性格合不到一起。这种爱情，莫里哀是不写的，但它是拉辛悲剧的主要内容。所有社会地位和文化水平相差甚远的爱情，都是一种强烈的情欲，都很危险，一旦失去控制，就会造成悲剧。

另一方面，18世纪的人又似乎对爱情的可靠性丧失了信心。马里沃的《一报还一报》就是最好的例子。两个农民之间或两个贵族之间只是门当户对的婚姻，抵挡不住真正的爱情，而真正的爱情根本不拿社会地位是否相当当一回事。莫里哀的观众懵了，他们依然等着看一切回归本位，等着看每个人都和自己地位相当的人结婚。等的东西没来，通过"双重的不忠"，重新组合而成的两对出现了：观众以为第一对情人之间有真诚的爱，其实那只不过是骗人的习惯而已。另一种类型的混淆成了博马舍《费加罗的婚礼》的焦点。一把年纪的马塞利娜在发现自己是费加罗的母亲之前，曾经想嫁给费加罗。"我的心被他吸引，只是原因搞混了；呼唤我的是血缘。"她最后说道（第三幕第十八场）。爱变得不明确了。爱可以和母爱或童年的友谊相混淆，不再只是把社会地位和性格相同的人结合到一起了。因此，必须把祖宗传下来的老生常谈丢到脑后，以其他的东西为依据去重新进行分析。

要求为纯洁少女包办婚姻的另一个结果：那些被看作毫无阅历、除了强加给她们的男人之外从来不认识别的男人的天真女孩，最终甚至会听到"结婚"这个字就感到恶心。莫里哀笔下可笑的女才子卡多丝"觉得婚姻是一桩令人反感的事。想到要睡在一个赤身裸体的男人身边，让人怎么受得了？""结婚"这个词本身都让一本正经的人听了觉得刺耳——悲剧里从来不用这个法文词，而是用希腊文代替。久而久之，在大户人家里就没人敢说出这个词了。

只要女孩子们还都通情达理，这也就算不了什么。"这挺有意思的，真的，"《没病找病》里的那个没病找病的人笑着说道，"对姑娘们来说，没有什么比婚姻这个词更可笑的了。"不过，在那些过于腼腆的人那里，反感还是很强烈的：曼特侬夫人①让圣西尔学校的女孩子们背诵七件圣事的时候，就无法让她们说出"婚姻"这个词。《女学究》里的才子修女阿尔芒德听到另一个修女说出这个被禁止的字眼时，大声说道："啊！呸！我要对您说。/您想象不出听见这个词时脑海里会出现什么样的景象，/这个词令人恶心，/您知道它会产生什么样伤害人的奇怪景象吗？/知道它会使人想到什么样肮脏的画面吗？"。② 可以是个才女，同时也可以有生动……而准确的想象力。

　　不要认为这些喜剧场面太夸张。当时的法庭也讲述了类似的事情：伊苏丹的一个青年男子要求和妻子分手，就是因为妻子连碰都不让他碰：轻轻抚摸一下，听到"丈夫"或"结婚"这样的字眼，妻子都会全身扭曲打颤，"眼珠乱转，一脸恐惧"③。雷奥的塔拉芒也说过，有一个一本正经的女人，是不自知的卡多丝和马德隆那类女才子的追随者，她绞尽脑汁，想推迟上婚床的时间。她的丈夫不得不趁使女们给她脱衣服的时候藏进被窝，但那女人在被窝里发现丈夫时依然大喊大叫起来，只是在母亲大发雷霆之后，她才尽了妇道。虽然开头不太高兴，可婚后不到三个礼拜新娘子就有了身孕。④ 德·拉盖特夫人也同样表现了令人惊异的单纯，她还是不顾父亲反对自己选择的丈夫呢！她在回忆录里承认："我要是知道得在一个男人身

---

①　曼特侬夫人（1635—1719），路易十四的情妇、第二任妻子。——译者注

②　Molière, *Les Précieuses ridicules*, sc. IV; *Le Malade imaginaire*, A. I, sc. 5; Mme de Maintenon, *Lettres et entretiens sur l'éducation des jeunes filles*, éd. Th. Lavallée, Paris, Charpentier, 1861, t. II, pp. 94 - 95; Molière, *Les Femmes savantes*, A. I, sc. 1.

③　Darmon, *Le Tribunal de l'impuissance*, Paris, Seuil, 1979, p. 97.

④　Tallemant des Réaux, *Historiettes*, éd. P. Paris, t. V, p. 370.

边睡觉，说什么我也不会结婚。从这一点就可以看出，我头脑有多么简单。"①

这种过分的腼腆最后甚至影响到了布道的讲坛：第戎圣母院院长路易·卡勒莱（1698—1780）进行关于婚姻的传统布道时，讲话都有点犹豫。"依据造物主的教导来看，"卡勒莱不好意思地说，"婚姻本身虽然纯洁体面，但为了对教会和廉耻心表示尊重，最好还是不在信徒大会上谈论这件事。然而，人的退化和愚昧又会在这样一件后果严重的事情上造成大量流弊，让教会觉得不得不去开导它的孩子，以便补偏救弊，避免造成损害。"②看了这么鼓舞人的开头，一些人就等着看这位可尊敬的院长笔下写出的性讲义了，但读了那份规规矩矩的布道文以后，都非常失望。

正是在这种可以使精神分析医生发大财的气氛中，关于婚姻贞洁的旧布道文书又有了新的市场。因为，被吓得要命的处女这种过分的腼腆，在对 17 世纪的女才子发生影响之前，一直是极端厌恶妇女的修士和神学家的心态。此后，希望把婚姻变成灵魂的神圣结合的人，说话就更有人信了，在他们看来，身体结合是灵魂结合的"替代品"，虽属必须，终归令人遗憾。夫妻义务比任何时候都更成了一种痛苦的折磨，要缓解这种痛苦，得把这种痛苦从暧昧的肉体接触中清除出去。

令人生畏的夫妻衫就这样炮制出来了，到了"牺牲"的时刻，夫妻着衫，使彼此看不到对方一点裸露的肉体，仅仅露出手腕和脚脖子。夫妻衫在相关部位开了个小洞，使得为尊重婚约而必须有的接触刚好可以实现。明智的警句格言（"这是上帝的愿望……"），都鼓励以适当方式使用这种

---

① Cité par Dulong, 59, p. 29.

② Louis Carrelet, *Instruction théologique sur les principaux dogmes de la foi*, XIIe instruction, «Sur le mariage», 139, t. 97, col. 413.

夫妻衫。在文学作品塑造的典型人物中，有这样的女人，如果某一天她的愿望和上帝的愿望……以及她丈夫的愿望相反，她就可以插上门闩，不让丈夫进屋。夫妻衫是在修道院长大的女孩子嫁妆里的必备之物，有几种叫法都很能说明问题："造基督徒的衣衫""基督徒家的衣衫""带巴黎小洞的衣衫"……可以设想，当时乡下还没有这种夫妻衫，虽然后来有了，而且一直穿到 20 世纪[①]。

旨在维护财富的婚姻还使社会面临着危险。起初，婚姻似乎是一个保持社会平衡的因素，因为虽有婚嫁，家庭的财产还是保留下来了。然而，结果却事与愿违，婚姻导致了财产的大规模聚集；有钱人与有钱人不断地联姻，最后就在贫与富之间留下了一条鸿沟。雅克·勒塞讷·德迈松在对英国于 1753 年颁布的关于婚姻法令的效果进行分析时，将这一过程说得明明白白。他清楚地知道，禁止暗中结婚的唯一目的，是防止门不当户不对的婚姻。有钱人希望通过孩子的婚姻"聚集更多的财产"，或者"用自己的财产去购买头衔和荣誉"。因此，有钱人需要对他的继承人拥有绝对的权威。

于是，作者进行了分析：财产是需要的，但聚集财产是有害的，而出现在几个富人和千百万穷人之间的财产不成比例的情况是危险的。一个用医学打的比方不乏说服力："对国家而言，财富的重要性就像体液之于我们身体的重要性。体液的梗阻是危险的，只有不停的流动才能使身体健康有活力。财产聚集的程度越低，流动得就越快，政治机体就越健康。"[②] 所以，应该在身体内自由流动以保护健康的液体，一旦受阻，就会淤塞。治疗淤塞，古典医学有自己的高招，那就是放血。如果我们还记得"婚姻法"在

---

① Sur la chemise conjugale, voir Joseph Vaylet, *La chemise conjugale*, Rodez, Subervle, 1976, et mon *Histoire de la pudeur*, pp. 125 - 126.

② Le Scène des Maisons, 123, p. 36.

法国是 1781 年公布的，这种治疗方法（书里有暗示）就再合适不过了。

　　勒塞讷·德迈松果然将他这个政治比较进行了发挥。他解释说，绝对专制制度需要一些有特权的下属，以便控制其属下的民众，而鼓励财富大量集中的婚姻制度对于绝对专制的制度有利。他没有点法国的名，但众所周知，法国于 1556 年颁布的亨利二世敕令，和英国于 1753 年颁布的法令，有异曲同工之妙。采取对于催生控制国家命脉的大金融资本家有利的措施，法国比英国早了两个世纪。

　　勒塞讷·德迈松哀叹，在英国这样一个"最接近自由国家"的国度，却必须由爱情来时不时地重建财富平等，必要的时候，还要通过让儿子违背父亲意志娶自己贴身使女的办法来重建这种平等。"贪吝在不停地设法敛财。如果你把阻止结婚的权利给予在年龄上最容易受贪吝影响的人，就是确立了贪吝的永久统治。如果你剥夺了在年龄上只知道爱情与享乐的人为自己进行选择的自由，你就把通向唯一出口的大门关上了，这个出口通向也许能够重新建立财富平等的道路，而财富平等对一个自由国家来说是必须的。"勒塞讷·德迈松所说的爱情，不是莫里哀为之奋斗的爱情。完全相反，那是一种失去理智的激情，它把分属不同阶层的人结合到一起。这已经是一种"罗曼蒂克的爱情"，而这种爱情在大革命发生的几年之前出现乃是一种征兆。勒塞讷·德迈松在敲警钟，他在进行比较和评论外国法令的掩饰下，指出了制度的缺陷。这样的制度只会加剧财富的悬殊。

　　和社会地位低下的人结婚，是社会学医生建议的放血，为的是排除财富的病态淤积。茹尔丹先生提前一个世纪就明白了这个道理，是何等了不起啊！"尽管举止怪诞，"C. 韦内索昂说，"茹尔丹想的是改革和振兴社会，那个社会特有的长处已经被金钱的力量和没落的贵族侵蚀殆尽。"①

----

① Venesoen, 199, p. 30.

关于婚姻在财产重新分配中所起的作用，克洛德·福谢于 1789 年又作了申辩。克洛德·福谢是一个具有革命思想的高级神职人员，后来成了卡尔瓦多斯拥护《教士的公民组织法》的主教。当时他发表了《论民族宗教》，想在某些领域确定一些更为公正的法律。关于婚姻的法律和遗产法排列在一起，这很说明问题。但是，他为夫妻共有财产进行辩护，理由却首先是宗教方面的：上帝不是已经确定，婚姻就像是把两个人结为一体吗？"这是宗教精神，这是习俗的好处，这是祖国的最大利益。"共有财产的好处，实际上就在于"财产可以由一个家庭转给另一个家庭这一基本属性，从而使人尽可能地接近博爱。我感觉到了，这种思想和我们狭隘的思想，即贵族的、市民的和片面的思想，是多么不相容，而和神的、人类的以及社会的伟大思想又是多么相符，没什么可犹豫的了"[1]。这个当过舒瓦瑟尔（本章开头提到的安托万·克罗扎的曾外孙）家孩子们的家庭教师的人，知道财富的聚积意味着什么。他属于大革命孕育出来的那一代心地善良的理想主义者，也像其他很多人一样，倒在了恐怖时代的断头台上。

---

[1] Claude Fauchet, *Discours général sur la religion nationale*, 139, t. 66 (1865), col. 130 – 131.

第十章

淳朴的乡村

1765 年 6 月 24 日，教区圣器保管员、以制造罗底为业的 24 岁的路易·西蒙，正坐在下梅纳村教堂的小桌子前面唱弥撒。他心里充满了悲伤：爱了三个月的姑娘，不急着来赴他的约会，却和几个小伙子一起去泡小酒馆。他断绝了和那个姑娘的来往，发誓一辈子不再谈恋爱。姑娘很失望，就在这天离开了村子。可是，命运之神的口袋里妙招不止一个。"我过去爱的人走了，而就在同一天，我可能要爱的人来了。她在教堂一见到我，就喜欢上了我（这是她后来对我说的）。"他在 44 年后讲过去的事情时，记得的几乎全是他那段奇特的爱情故事。原稿在他家里，被安妮·菲永找到，出版了。[①]

毫无疑问，路易·西蒙不是一般农民。他是圣马丁泉村的工人（织罗底）。在农村的等级排位上，这是一个体面的职业，介于被人看不起的仆役和受人尊敬的农夫之间。他去过巴黎，到法国北部旅行过；他能读会写，这是他日后要传授给孩子们的本事，并引以为荣。他承认，除了一些老作家，他还读过一些新诗歌集子，读过一些爱情小说，这都是时髦思想的媒介。他讲自己的故事时，总免不了带些巴黎情调，用些巴黎人用的词句，但语气诚恳，有板有眼。讲到他和安娜·沙波的爱情时，他真的很激动。

[①] Le manuscrit est publié dans *Louis Simon*, 71；Anne Fillon a étudié, à partir de ces mémoires et d'autres sources, les amours paysannes au XVIIIᵉ siècle dans *Les trois bagues*, 72.

路易索是他的"小名"，一直用到结婚。路易索是个乐天派，多才多艺，会拉小提琴，会拉古提琴，会吹双簧管，会吹笛子，还会吹小号！因此，婚礼和各种庆祝活动都少不了他，他得去"为跳舞的人伴奏"。所有的女孩子都喜欢他，而他自己也承认，有不少情妇（当时这个词的意思比今天轻）。不过，他不想结婚，特别是在失恋之后。他只想"快快乐乐地过单身汉的日子"。因为他不想再谈恋爱，而没有"爱情"又不想结婚，所以，这光棍他好像就要舒舒服服地当下去了。

　　安娜·沙波爱上的就是这么一个农村小光棍。真的是一见钟情。姑娘出生在一个殷实家庭，后来家道中落，不久之前来到圣马丁泉村，并在这里住了下来，很快就要坠入爱河了，那是一见钟情式的爱。在四个月的时间里，安娜一直在找机会和西蒙搭话，但未能如愿，最后只好托一位女友去传话。路易·西蒙的回话含含糊糊。安娜是一个"使女"，在村子里的修道院中负责传递从外面送来的物品。传话的是个名字叫圣路易的女人，她反反复复地对西蒙说，安娜将来会有多少多少陪嫁（爱情可以很现实），但不起作用，西蒙的回答总是模棱两可。"但是，恋爱中的人福至心灵，能想到很多点子，爱情还能使胆小鬼变得胆大包天。安娜·沙波终于按捺不住了，不能再保持姑娘对小伙子应有的矜持。"她捎话给路易，让那漂亮小伙陪自己去拉罗谢尔。见过几次面以后，小伙子的心"开始软了"，尽管他发过誓，尽管他心怀忐忑（"我再去爱，会不会又要伤心呢？"），小伙子还是被勾引过去了。这两个人，一个圣器保管员，一个教堂使女，大清早去教堂开门的时候，就在公墓里约会了。

　　困难也就在这时出现。他们两个人都不是完全的自由之身。路易还"有点爱着"另一个姑娘。那个姑娘漂亮，可人，聪明伶俐，更妙的是，她还有 200 利弗尔年金的陪嫁。不过，小伙子的父亲认为，姑娘的大腿太粗。路易没娶她，算他便宜：五年之后那位姑娘得了浮肿病，不治而亡！那位姑娘在这个故事里出现，只是为了证明路易·西蒙对安娜·沙波感情纯真，安娜陪嫁少，但路易更爱她。至于安娜这边，她也已经许给一个35岁的男人，那男人救过她的命，而她也接受了人家的戒指。按照古老的法律，这就是许婚，悔婚是很难的。而且，安娜的父亲还对这个坐收渔利的35岁男人青眼相加。男人叫皮埃尔，很快就要成为一个受人尊敬的农夫，还可以供养岳父。

作者用了很长的篇幅，描写这出三角戏在几个月里的演变，高潮迭起。安娜想嫁给路易，但又不敢把戒指还给皮埃尔。吵完了和解，和解完了吵，又是送礼物，又是许愿，三个人闹得不可开交。"我看过不少言情小说，但从来没见过像我们爱得这样苦的。"路易索感叹道。有血腥的插曲，比如和情敌打架；有滑稽可笑的插曲，比如夜晚在修道院里约会，从修道院里出来的时候路易男扮女装……在他们这部小说里，可以说是应有尽有。甚至连反对结婚的事都不缺：贴出结婚公告以后，情敌提出反对。没办法，为了解决问题，只好打官司。就连结婚典礼都不太平：举行结婚典礼的日子定下来以后，离正日子还有两天，都市民兵队来到了这个地区。为了躲避都市民兵队，路易不得不在夜里举行婚礼，虽然那天正赶上星期六，而星期天夜里是不能完婚的！

罗曼蒂克的恋爱，由爱情结合的婚姻。路易在这方面说了很多，把他拒绝了的有钱对象都列举了出来。安娜身上只有30法郎，还欠人家一个埃居。"所以，我纯粹是因为爱情才结婚的，没有一点利益上的考虑，因为我的女友什么都没有，她父母什么也没给她。"14年里，他们生了7个孩子，大部分都长大成人，结了婚。1803年安娜去世的时候，路易拒绝再婚，虽然提的那个女人——一个48岁的老姑娘，既有钱又漂亮。"我只有一颗心，已经给了我可怜的亡妻。"他说。因此，他在结束回忆录的时候，给儿子们的是这样一个明智建议："如果你们想结婚，那就选个脾气相投的女人，好脾气比财富重要。因为，贫而乐地生活，比富而忧地生活好。"

反映牧歌式爱情的镜子

尽管路易·西蒙的遭遇和回忆之间有距离，尽管构成路易故事的是些文学典型人物，安妮·菲永发现的手稿依然是一件不可多得的物证，证明农民有恋爱的自由，旧制度晚期的上层阶级已经开始羡慕他们了。寻婚，过高的陪嫁，和社会地位低下的人结婚的烦恼，不顾一切地攀比着去寻找理想的姑爷或儿媳……所有这一切，把巴黎人的婚姻人为地搞得十分复杂，到了无以复加的地步。于是，放纵、几乎是公开的通奸以及不急于结婚的年轻人的用情不专，就成了这种状况下不可避免的副产品。在这个领域和其他领域里一样，已经变得麻木不仁的首都注定要去寻求别的模式。

18世纪下半叶的巴黎喜歌剧院是一面镜子，多愁善感、喜欢卖弄风情的女子都到这面镜子里去寻找她们所梦想的纯真。喜歌剧院院长夏尔-西蒙·法瓦尔是一位作家，行文冗长但很受人推崇。他和美丽的妻子朱斯蒂娜一起，写了不少田园牧歌式的乏味作品，加剧了18世纪末期文学的沉闷。朱斯蒂娜不安于室，和萨克斯元帅谈起了恋爱，闹得沸沸扬扬，众所周知。她于1753年身着羊毛短裙、足蹬木屐上台，不是在首都引起了一场轩然大波吗？1763年至1772年间，夫妻两个写的和上演过的剧本结集出版，皇皇十卷，成了一面十分有趣的歪曲宫廷生活的镜子。

在舞台上演的戏里，一个反复出现的主题就是牧羊人在情场上对市民或对贵族的胜利。牧歌式的爱情能轻而易举地击败贵族的没落，或新富起来的市民的唯利是图。佟同就先后战胜了一个有钱的马拉驳船承包人和村子里的一位贵族老爷，把科兰娶到了手（《忧心忡忡的情人》）；比起村子里有钱的农场主和巴黎的小贵族，埃莱娜更喜欢菲林特（《田园式的爱情》）；铁匠师傅奥里费斯木想把多里斯特从迪尔西斯身边夺走，但是白费力气（《迪尔西斯和多里斯特》）；磨房主戈兰戈尔不得不把罗塞特留给她的拉通（《拉通和罗塞特》）；伦巴第国王无奈地把尼奈特留给了她的科拉（《任性的爱情》）……同样的情况没完没了地重复，不同之处只剩下人物的职业和头衔。可以很自然地得出结论，这些尚未定型的音乐喜剧是把乡村婚礼搬上了舞台，就是日后出现的"幕间歌舞节目"或"轻喜剧"。

这些常常显得荒唐可笑的戏剧不是写给人民大众的，就更不必说农民了。其用意在打动——或者常常更多的是愉悦——上层人物。"用我们的脚步和声音，/我们知道如何去塑造人：/法官、贵族老爷、金融家和布尔乔亚，/都能迸发出爱的火花。/我们还要用感人至深的艺术，/去感化您的心。/去爱吧，去幽会吧：/为什么要装得那么严肃？/去爱吧，去幽会吧：/去好好体验爱的温馨。"① 用意很明显：所有那些因受社会地位限制而不能恋爱结婚、陷入不幸婚姻里无法自拔的人，看到农民的单纯和幸福都应该有所触动：农民不那么利欲熏心，嫁娶可以不计较利害得失。

想逃避的东西也相当明显。某些台词的道德说教清楚明白："年轻的姑娘们，/不要嫁给不成功的小贵族。/这样的人靠吃糖活着，/已经被糖渍、香熏。/对伤感的情人来说，/柔情算不得什么：/人们常常受柔情欺骗，/那不过是几句空话。"② 巴黎的才子们用情不专，即使结了婚，也维持不了多久。在《田园式的爱情》里，巴黎小贵族达蒙毫不犹豫地承认，他想带个牧羊女回巴黎，指给他的朋友们看，什么是真正的乡村式脑腆，让他们惊奇。至于婚姻，那倒说不上。"讲究忠诚，爱情就只有烦恼，/随随便便，

---

① *Les Amants inquiets*, sc. IV（68, t. i, p. 8）. Les « robins » sont les gens de robe（magistrats...）; « tout sent nos flames »：tout le monde est sensible aux amours que nous jouons.

② *Raton et Rosette*, 68, p. 63, dans le t. I.

才能够欢乐无限。"戏常常以结婚收尾，并非出于偶然：和无赖们虚情假意的勾引相对的，是永恒的夫妻之爱。

马里沃的《一报还一报》（1723 年）是牧歌式爱情变得时髦之前的作品，结局恰恰相反，因为王子终于拆散了一对农村恋人，娶了那个牧羊女为妻。但是，两者的教育意义却是一样的。为了使那对农村恋人失和，王子让他的一个侍女去勾引牧羊女的情人——农村小伙子阿勒坎。可是，侍女莉塞特和朝臣们在一起能够应付自如，对付一个愚笨木讷的农民却不知如何是好。她搔首弄姿，爱情表露得过于直白，结果勾引人的企图失败了。城里的女孩子和小贵族一样，太惯于打情骂俏，已经不会表达爱情。一个世纪以前，使女才子们感到惬意的正是这种对女人献殷勤的失败。最聪明得体的颂扬话都显得平淡陈腐，人们要的是真实，要的是实际。"聪明人变得如此喋喋不休，/靠漂亮手腕，/已经证明不了您的热情。/心灵要说的话不多。/唉！一个眼色已经足够，/感情就在眼神里交流。"[1]

那么，在乡下人的爱情里，他们要寻找的是什么呢？《一报还一报》里的阿勒坎为我们描述了他们要寻找的东西，他把西尔维娅的谦虚谨慎和莉塞特的胆大妄为做了个对比。"开头几天，"阿勒坎回忆道，"你就看她见到我时的那副样子吧！她一见我就立刻往后退，然后，她往后退得慢了些；接着，一点一点地，她就不再往后退；再下去就是，她偷偷看我，而且，一看到我看见了她在偷偷看我，她就不好意思，我呢，看到她不好意思，心里那个高兴劲儿就甭提了；后来我就摸她手，她就那样让我摸，可是又显得非常不好意思；接着我就跟她说话，她一声不吭，可是她在琢磨我说的话；后来她就用眼睛跟我说话，再后来她就开了口，说的话都是脱口而出，因为她的心思转得比她舌头快；最后，我被迷住了，就像疯了一样。"

---

[1] *Les Amants inquiets*, 68 p. 64, dans le t. I.

（第一幕第六场）因为阿勒坎的回忆还不是牧歌式的，莉塞特会觉得好玩、可笑。不过，那些厌倦了宫廷生活的人，比如弗拉米尼亚和王子，对他们来说，这是一种撩拨人的天真，令他们神往。"实际上，王子是对的；这些小人物在以一种无法抗拒的方式追求爱。"弗拉米尼亚沉思着说道（第三幕第八场）。

我们在法瓦尔夫妇的剧作里看到的是同样一些画面。《田园式的爱情》里的小贵族达蒙，面对埃莱娜"朴素的美"，面对巴黎人同样闻所未闻的单纯，意乱情迷了。埃莱娜的魅力就像阳光明媚的春天一样自然、迷人。《任性的爱情》里那位爱上了尼奈特的伦巴第国王，也是一样的意乱情迷。"一派天然，／朴素，纯洁"……"端庄为华服，／娇羞做脂粉。"脱口而出的大字眼是：天然。这些尚未定型的"生态学家"看到了，乡村是美德的庇护所，而这种美德在城市里已经枯竭——人依然相信天然的腼腆。卢梭也没有心不在焉，他写的《论人类不平等的起源和基础》于1755年出版。初民的善良时髦起来了，因为没办法和"善良的野蛮人"结婚，人们就退而求其次，去找尚未被宫廷生活腐蚀的农民。卢梭亲自让人于1752年把他的《村里的预言家》搬上了舞台。

于是，真正的幸福和真正的婚姻只在农村才能找到的想法传播开来了。被伦巴第国王引诱到手的牧羊女尼奈特知道差别何在："宫廷只是樊笼，／乡村的种种好处，／是生活在自由里。"[1] 而和科拉在一起，她觉得更幸福，比带着贵夫人从她眼前走过的阔老爷幸福，那位贵夫妇的名字她记不清了，好像是"歌……歌剧院的……舞蹈演员……不过，头衔又算得了什么呢？"那对夫妇好像吵过嘴，看到农民夫妇脸上洋溢着质朴的幸福时，他们的脸色变得铁青。这里，讽刺是双重的：她当作婚姻看的，可能是通奸关系，

---

[1] *Le Caprice amoureux*, 68, p. 79, dans le t. III.

是跟歌剧院的一个舞蹈演员通奸；即使在作为对理性婚姻起补偿作用的这种放纵中，城市人的结合也是不幸的。

于是，乡村变成了一个保存纯洁的巨大储藏库，向麻木不仁的城市人开放，而且要把它像个天然公园似的保护起来。《萨朗西的贞洁少女》是法瓦尔夫妇的一部成功之作，提到了城市对乡村的这种腐蚀。代表国王执法的大法官解释说，找几个能获得贞洁少女称号的纯洁女孩，历年都不是什么难事，除非"命运为我们带来了军人、长袍小贵族和年轻神父"。财产代管人也开玩笑地说："是啊，这些人来了，就像来了一场风暴，一切被毁，颗粒无收。"然后两个人就一起唱了起来："啊！此地远离巴黎，/让人无比欣喜。"（第一幕第七场）

按照萨朗西的模式选贞洁少女，确实是从这个时候推广开来的。据说，萨朗西选贞洁少女是 525 年圣梅达尔时代就有了的。每年选出一个品德好的少女，给她戴玫瑰花冠，奖给她一笔陪嫁，让她能够在当年结婚，这本是萨朗西的习俗。如今，这种习俗在其发源地的村庄萨朗西开始消失。大量文学作品和格雷特里的歌剧使这一习俗获得了新的生命力，于是从 1775 年起，法国很多农村就开始学萨朗西的样儿，也选起"贞洁少女"来。最突出的是诺曼底，这种做法在那里找到了最肥沃的土壤。诺曼底人这样做的目的，是给一些乖女孩出陪嫁，使她们得以不失贞操就找到一个丈夫。诺曼底人最执着，找不出贞洁少女时，就找贞洁少男，给少男结婚所需的彩礼。莫泊桑的短篇小说《于松太太的贞洁少男》里说的就是这种情况。贵夫人们在自己的领地上很乐意充当这种乡村爱情的保护人，她们也在巴黎的舞台上看到过这种爱情。"对教区的贵夫人来说，为人主持嫁娶，总是一件善事，这可以减轻双方父母的负担，让孩子们高兴，给村子添人进口，让公证人及其他人赚到钱。"《城堡的节日》里的看门人说到他们的"夫人"想为一个村姑主办婚礼以庆祝自己的女儿康复时，说了一番这样的话。实际上，这位夫人给了那对夫妇1000埃居，让姑娘嫁给她爱的人，而不必考虑去找一个更有钱的。

在法瓦尔夫妇的一些戏剧里，还可以发现对农民婚姻的另一种看法。这种看法出现在《田园式的爱情》里。剧中的埃莱娜同时被三个人追求，一个是羊倌，一个是巴黎小贵族，一个是本村的大地主。巴黎人图的是一时风流，但两个农村人和他相反。羊倌（说一口纯粹而夸张的法语）追求的是恋爱结婚；地主（说一口可笑的方言）想要的是理性婚姻。有钱的地主里夏尔所追求的，是一个壮实的"家庭主妇"，给他料理家务，给他煮饭烧菜。他对婚姻的看法很简单：女人没有男人就像葡萄没有支架。他就是个支架，提供支持，女人负责保养支架……和生儿育女。

城里女人动不动就晕过去（有人说是因为咖啡喝多了，损害了神经），即使勉强能够怀孕，也不能喂奶。农妇和城里女人相反，身强力壮。在实际生活中，农妇即使不能像家庭所盼望的那样多产，至少也能够奶孩子。"在乡下，怀孕通常比在城里幸福得多。"以行医为业的蒂索说，尽管因为缺乏护理，分娩常常是死里逃生；农村妇女也不像城里女人那样，一来例假就疲惫不堪。有些地区，比如索洛涅，就因为妇女生孩子多而远近闻名。①

当然，我们不能指望在法瓦尔夫妇的剧作里找到对农民婚姻的忠实描写，他们是比照着城市婚姻来描写的。巴黎观众以为那就是婚姻最原始的镜子，想从里面看到一些影像。我们要记住，巴黎观众看到的牧羊人，是不怎么受理性婚姻约束的，他们比较自由，能够娶他们想娶的人。在城里人看来，从城市里被赶了出去的爱情，正是在农村才找到了栖身之地。这样的爱情应该很容易分辨，方法简单直接——"朴素""自然""单纯"几

---

① Tissot, *Auis au peuple sur sa santé* (1761), Toulouse, Desclassan, 1780, t. II, p. 38 (§ 364); p. 39 (§ 366); p. 30 (§ 353). Sur la fécondité des Solognotes, voir Bouchard, 30, p. 81.

乎成了农村爱情的同义语。矫揉造作的献媚跟牧羊人毫不夸张的话语和深情目光形成对比。单纯是美德的保证：爱情没有被金钱的引诱和通奸的念头玷污。幸福降临到田园式的婚礼上，婚礼中无伤大雅的集体娱乐，胜过宫廷里那一套令人厌烦的礼仪。作家更乐意描绘农村婚礼，婚礼上给新郎新娘戴花冠，参加的人都戴着饰带。城里人给新婚夫妇送糖，一盒一盒堆得满满的；乡下人不拿糖果当一回事，礼品不多，但是实用。《忧心忡忡的情人》里，科兰和佟同的婚礼，全村人都参加了，每个人都得到了一条饰带，也都送给了新婚夫妇一件家庭实用的东西。唱的歌很率真，跳的舞很简单，在《接连不断的婚礼》中，只有头一对下场的新婚夫妇不得不跳小步舞。

当时，巴黎人像宫里人一样，对有爱情的婚姻心驰神往，对真诚激情的尊重可能也是真的。马里沃笔下那个卖弄风情的女人莉塞特，一开始拒绝去引诱阿勒坎，她把话说得清清楚楚："如果我不爱他，那我就是骗他；我是个侍女，我有顾虑，不愿意去骗人。"但是，在得知事成之后她可以拿到陪嫁并与阿勒坎结婚时，她口气就变软了："啊，这样一来我就没什么可顾虑的了；我要是和他结了婚，也就不一定非爱他不可了。"[1] 在对这个唯利是图、卖弄风情的女子夸张讽刺描写的背后，可以感觉到，爱的情感比包办的婚姻更值得尊重。幸福的丈夫凤毛麟角，令见到的人心生艳羡。雷蒂夫·德·拉布雷顿认识一位大老爷，在圣路易岛和一个女裁缝秘密结了婚。女裁缝难产死了，可是，那个变得有钱有势的年轻大老爷却自言自语地说，他从来也没有像那时候那样幸福过。"这样说来，他还是能够感到幸福的，"那位梦游病患者总结道，"而很多大老爷都没有了这种可贵的官能。"[2] 毫无疑问，人不会为了体验自由和幸福就去跟一个村姑结婚。《一报

---

① Marivaux, *La Double Inconstance*, A. I, sc. 3.

② Rétif de la Bretonne, *Les nuits de Paris*, 329ᵉ nuit, 173, t. I, pp. 174 – 177.

还一报》里的王子莱利奥，为了替自己的爱情婚姻进行辩解，竟乞灵于法律，说是法律强迫他娶了一个臣民为妻（第一幕第二场）——一部不恰当的法律倒是和一个不值得重视的王国相匹配。不过，农村之所以让公主们想入非非，是因为她们相信，天然婚姻的种种规则都在农村保存下来了。

爱情庇护所？

如果我们还记得拉布吕耶尔在仅仅两代人之前对农民所作的描绘（"看到的是一些凶恶的野兽，有公的，有母的，散布在田野里，被太阳晒得黑黑的，全无血色……"），就可以估计出，17世纪末以来，巴黎人的想象有了多大的变化。不过，我们更需要知道的是，究竟是农民变了呢，还是我们对农民的看法变了？这个问题回答起来很复杂。

雷蒂夫·德·拉布雷顿为我们提供了一个暴发户农民的看法，虽带有偏见，但比较可靠。他知道，在路易十五治下，尽管有法瓦尔夫妇所描写的牧歌式的爱情画卷，农民却一直被视为"比人低一等的动物"，但他记忆中的农村，还是原来那个天堂，纯真是农村的美德，"那里的一切都是平等的"。就使我们感兴趣的婚姻而言，他的看法比喜歌剧更现实些。"城里肯定比乡下好找对象，之所以如此，世风日下可能是一个原因。那里（城市）可能更注重长相，会心甘情愿地为了快乐而牺牲利益。我们这里（农村）不同，利益和快乐不能兼得也没关系，因为，摆在第一位的是利益。"① 一张文告里写得明明白白，说"和大家在《阿里耶特的戏剧》里看到的完全相反，但这不是我们的错"。让我们别再计较了吧：不是所有的农村都像小

---

① Rétif de la Bretonne, *Le Paysan et la paysanne pervertis*, IVe partie, 71e lettre (173, t. VI, p. 85).

特里阿农①。不管怎么说，恋爱结婚的机会也还是城市（小说里指的是奥塞尔）里多些！

《堕落的农民》里的第 105 封信就是一篇关于理想婚姻的论文。这封信甚至试图在两种类型的婚姻中间找出一种最完美的折中办法。"同样，应该由激情做出选择，或者说既由眼睛也由理智做出选择，就是说，选择的根据应该是各方面都合适。结婚得有激情，就像吃饭得有胃口一样……但是，在选择妻子的时候，理智的重要性并不亚于激情，甚至挑选情妇的时候都是如此。品行，财产，出身，社会地位的平等，都是理智所要求的。"② 至于我们这些"善良的野蛮人"的单纯与廉耻心，还真不是卢梭和卢梭主义者所关心的。一个从修道院里出来的姑娘到父亲的地里参加收葡萄，就有机会体验到这一点。莫尔旺山区的小伙子和姑娘，成群结队来到这里，确实是帮助收获来了。他们开着拉伯雷式的玩笑："如果我没有读过拉伯雷的著作，那种玩笑的风格我就无法跟您说清楚；几个月之前，为了让我对我们的文学有个全面了解，我丈夫把拉伯雷的作品给了我。"为姑娘充当伴当的大法官夫人让姑娘放心，她说："这些人是从山区来的，都很善良。山区人的住处彼此离得很远，他们还像纳瓦尔王后那个古老时代一样纯真，照大法官先生的说法，那个时代离现在都有两百多年了；他们把什么都说成是纳瓦尔王后时代的，不觉得有什么不好。"用不着怕他们：这种"纯洁"是无害的。莫尔旺的小伙子们一起睡在堆干草的房屋里，姑娘们不会受到他们一点伤害："姑娘们都天生纯洁，此外，还有母亲向她们灌输的道德原则。"③

---

① 小特里阿农是凡尔赛宫花园里的城堡。——译者注
② *Ibid*. V^e partie, 105e lettre, 173, t. VI, pp. 137 – 138.
③ Rétif de la Bretonne, «La Baillive et la procureuse fiscale, ou I'Innocence du bon vieux temps», dans *Les Contemporaines*, 173, t. II, pp. 300 – 301.

这里有个反例……17 世纪和 18 世纪的农民，其爱情与婚姻之间的关系，近 30 年来令史学家大感兴趣，也令史学家产生了分歧，而文学作品所提供的证明正像走马观花的统计调查结果一样，分别为分歧的双方都提供了一些材料[1]。真理就在这两种看法之间。另外，对农民爱情的标准也很难取得一致意见。19 世纪的民俗学家怀疑，感情能够把脸色红扑扑的粗鲁男人和胖乎乎的"雄壮"女人结合到一起。可是，难道村民会欣赏城市里那种慵懒萎靡的美吗？美的标准当时还没被杂志和传媒统一起来。养尊处优使城市女人变得虚弱苍白，自有一种魅力；艰苦劳作使农村妇女像男人一样壮实。根据美丑、留给年轻人的选择自由、鳏寡的忧愁、婚前的性关系、遭毒打妇女的数目、夫权……来判断爱情，是轻率的。不过，历年积累下来的标准，还是为做出判断提供了一些指数。性、夫妻养成的习惯、独立精神，有可能和爱情混淆；甚至法典都不一样，所用的词汇也因习俗而异[2]。

这份手稿非常特别，出自一个在大革命之前不久结婚的农民之手。根据这份手稿，同时参照教区登记簿、公证人档案和司法档案，安妮·菲永勾画出一幅十分精彩的画面，生动地反映出 18 世纪曼恩地区一个村庄农民的爱情生活[3]。路易·西蒙经历了 18 世纪下半叶和大革命以后农村社会的深刻变革，于晚年（1809—1820）写出了回忆录。有时连他自己都没有意识到，他写出来的东西证实了这种变化。资料来源较少偏见，多为婚约和

---

[1] Shorter (191, 1975), Roussel (*Le mariage dans la société française*, 1975), croient à une arrivée tardive des mariages d'amour (XIXe siècle)；Flandrin (74, 1975), Segalen (187, 1980), croient à une «explosion» précoce (XVIIe siècle) des sentiments amoureux.

[2] 参阅塞加朗著作，187、167—183 页。亲近的人而非观察家所见证的某些征兆，解释起来比较困难，"爱情""友谊"和"有好感"……之间的区别又十分微妙，使用这些词的人往往掌握不好，会导致解释上的错误，这是需要注意的。

[3] Anne Fillon, 72, 1989.

教区登记簿，这使他的证据更加可信。

恋爱结婚好像是在 18 世纪传播到农村的。18 世纪初期的一些材料，使我们得以分辨 18 世纪下半叶婚姻的牧歌式画面有哪些细微差别。在路易十四统治的最后几年，从城市里发生的情况来看，多数婚姻还都是由父母包办的利益结合。1675 年至 1710 年间担任索洛涅地区塞纳利隐修院院长的克里斯多夫·勒·索瓦尼翁在回忆录里留下了一段文字，精确地描绘了他那个村子的习俗。他肯定地说，在他所在的教区的教民，"结婚都是为了利益，而不是出于爱情。多数人在找一个姑娘或女人做妻子的时候，不问别的，只问有多少只羊"。为了金钱，有人甚至会娶怀了别人孩子的女人为妻，或者把女儿嫁给私生子。他们和那位隐修院院长不一样，根本不拿婚外孕当一事。院长最后说道："总之，他们严重地亵渎了婚姻圣事，在这一点上更像畜生而不像人。"[1] 我们依然离拉布吕耶尔所说的野兽很近……虽然那位负有使人遵守基督教道德伦理之责的神甫把话说得明显地有些夸张，我们还是明白了，爱情，或者仅仅是好感，在农村依然没有什么重要地位。

雷蒂夫·德·拉布雷顿讲的关于他父亲结婚的故事，同样把我们带回了 18 世纪初。正热恋着一个巴黎姑娘的埃德蒙·雷蒂夫被紧急召回村里，说他父亲皮埃尔就要不行了。当然，这是使的一计，家里为防止这个年轻人被"城里那些堕落的、心怀叵测的妖艳女子带坏"，把他叫了回来，三天之后就让他和一个"品德高尚、一心一意只爱丈夫的姑娘"[2] 结了亲。为了把父亲说成一个听话孝顺的典型，做儿子的也许把父亲的生活重新编排了一下，加以美化，但是，强迫婚姻和对城市姑娘有偏见这个事实，大概不

---

① Ms de Sauvageon, p. 224 (93, p. XVI).

② Rétif de la Bretonne, *La Vie de mon père*, cité dans 74, pp. 50 – 51.

会有误。

　　然而，我们还须指出，雷蒂夫家是一个富裕家庭，他们遵循的规则和其他农民不一样。小尼古拉（1734 年出生）在和村里的小青年一起玩挑媳妇的游戏时，很快就发现了这一点。他的一个伙伴直截了当地说，比起"雷蒂夫先生的儿子"的处境来，他更喜欢自己的处境，因为他能够有自己的意志，可以娶自己想娶的女人。其实，雷蒂夫后来给我们留下的几个由恋爱而结婚的故事，都发生在他的故乡勃艮第。比如，像科文先生那样拥有价值 600 利弗尔的草场、葡萄园和土地的小地主，就能够让自己"出于喜欢"而娶玛格丽特·米内为妻，因为玛格丽特漂亮，虽然她的财产只相当于科文先生财产的五分之一。不过，科文却不能指望玛格丽特因此而爱他。① 恋爱结婚有个底线，起码得彼此相爱。

　　主要的是，乡村是教育比较自由的地方，姑娘们没有被关进只为了结婚才能离开的修道院。晚上的聚会和集体农业劳动为男女青年见面提供了方便。羊倌和牧羊女见面更容易（我们至今还保留着的"一块儿放过猪"的说法，就是"咱们可是老熟人了！"的意思），雷蒂夫也谈到了在找未婚妻上留给青年人的相对自由。"小伙子们去找姑娘，过好长时间才会对父母说，为的是看看姑娘是否合父母的意，也看看姑娘是否喜欢未来的公婆。"若是看上了一个姑娘，小伙子晚上就会在姑娘家周围"转悠"，这事最后总能传到那姑娘……和姑娘父母的耳朵里去。姑娘会找个借口出来，如果小伙子还行，姑娘喜欢，她就能很容易地得到父母的允许；若情况相反，姑娘父亲拒绝，好像也无伤大雅，只是夜间外出而已，小伙子的面子还是保住了。这样，爱和家庭利益之间的平衡也维持住了。②

---

① Sur le mariage d'inclination dans les campagnes et les textes de Rétif, voir 74, pp. 95 - 100.
② Lebrun, 112, p. 25.

不过，这里说的是 18 世纪下半叶的情况，这个时期，对于婚姻的门当户对，人们好像还没太斤斤计较。已经开始能够找到寡妇和已故丈夫仆人结婚的婚约了①。在司法档案里，免除亲缘关系限制的特许申请所提的理由就是爱情：尽管家长长期反对，爱情还是把两个年轻人结合到一起了。这样的申请都来自民众阶层或农民。特许上的说明可能很微妙：因为爱情不能成为给予特许的理由，得暗示说发生了"有伤风化的来往"（意思是姑娘破了身），这是穷人得到特许的主要理由。在罗马，一纸"体面的"特许真能卖出很高的价钱，而教廷用"下流穷人"的放荡和堕落来解释穷人中婚前性关系何以如此频繁②。近亲之间的真正爱情，或者说使禁婚亲等的人不掏腰包就能结婚的唯一可行借口，这类例子至少给人一种印象，即农村里选择的自由比较大，也就是说爱的自由度比较高。

这就是爱德华·肖特所谓的"第一次性革命"时代：1750 年至 1850 年间，非法出生人口和婚前怀孕的曲线示意图跳跃式上升很能说明问题。诚然，纯粹的医学因素（堕胎数量减少、健康状况改善因而导致妇女生育能力提高……）对这一现象部分地做出了解释、性活动的增加因素同样也很重要：梅毒于 17 世纪下半叶在乡间出现，就是性活动增加的证明③。

事实上，乡下对年轻人好像比较放纵。安妮·菲永认为，在曼恩，"结婚计划就算有，反映的好像也主要是一些愿望，附带着一些透明或不透明的操作手法，而不像是婚姻策略"④。在雷蒂夫的家乡勃艮第和发亲缘关系豁免特许证的香槟，走马观花的了解证实了安妮·菲永的分析。相反，在

---

① Bouchard en cite en 1772，1773，1779，30，p. 235，n. 61.

② Voir 74，pp. 100 - 106.

③ 肖特著作，191，95—152 页（"第一次性革命"），95—97 页（梅毒的出现）。在这种情况下，还必须考虑到丈夫在城里找到的临时性工作、放在乡下养活的孩子、过军队……等一系列可能的传染因素。

④ Fillon，72，p. 72.

比利牛斯和热沃当地区所做的类似研究，却揭示了以维持家产完整为宗旨的婚姻策略。在上奥弗涅或下列塔尼，18世纪至19世纪的研究人员所证实的是夫妻关系一般都很冷淡。[1] 不过，夫妻之间爱的缺失也可能表明一些在有利情况下开始的婚姻被"消耗"掉了：如果是由爱情促成的婚姻，那么，艰苦的生活条件于爱情的维持是不利的。

农村人口统计的研究还太零碎，无法从中得出准确结论。但是，爱情不太被看重的省份都处于交通不便地区这一事实，似乎也证实了巴黎（至少是城市）对农村爱情所产生的影响：勃艮第、曼恩和香槟离巴黎都近在咫尺。隐修院神甫路易·勒佩克，还在18世纪70年代，根据习俗毫不犹豫地将诺曼底东北部的科地区"划归大城市一类"[2]。相反，在隐修院院长塞纳利的时代，索洛涅地区没有为国王提供过一兵一卒，在巴黎或别的地方看不到索洛涅人；另外，农民既不羡慕新鲜事物，也不羡慕时髦的东西。因此，在他们那里发现一些不那么文明的习俗也就没什么可大惊小怪的。布列塔尼、奥弗涅或热沃当至少还要等上一个世纪才能迎来现代文明。

实际上，文学作品和档案文件都证实，在18世纪牧歌式幻想的形成中，乡村贵族起了中介作用。《萨朗西的贞洁少女》里，城堡中那位因看到农村姑娘根据自己意愿择婿而显得十分不安的夫人并非虚构出来的人物。在路易·西蒙经历和讲述的那个曲折复杂的故事中，为了把一切事情都按

---

[1] 肖特（191，第72页）引用了乡村医生布里厄德（Brieude）和阿贝尔·雨果的著作。布里厄德于1782年至1783年间发表了《上奥弗涅地区的卫生情况》（*Topographie médicale de la Haute-Auvergne*），阿贝尔·雨果于1835年发表了《风景如画的法兰西》（*France pittoresque*）。还应该指出的是，他们两个都是巴黎人：布里厄德"在闭塞的乡下苦苦地想着花城巴黎"，阿贝尔·雨果是个"不懂地方语言、来去匆匆的过客"，"对于别人告诉他的那些习俗，他总是按照自己的道德标准去理解"（塞加朗著作，187，11页）。他们在感情上和民众有隔膜，所以他们见证的东西都不怎么使人对民众产生好感。

[2] Shorter, 191, p. 121.

照最罗曼蒂克的方式安排好，全村的人，从贵族家庭出身的女修道院院长，到三里五村的亲友，都动起来了。"通过一些若隐若现的场面，我们觉得这些人都很自然，很温和，很浪漫，很活泼，一言以蔽之，比我们想象的要开化得多。连属于贵族阶层的夫人和市民出身的先生们都对这两个年轻人的婚姻表示出了明显的兴趣。"① 我们是否可以认为，因为亲眼看到了小说中描写的田园式短暂爱情而欣喜若狂，上流社会的人物就觉得自己应该在其中起点什么作用呢？这应该是特里亚农城堡里的玛丽·安托瓦内特，不过在这里的却是一个有血有肉的活生生的贵妇人！

因为，路易·西蒙向我们描述的爱情故事确实像一部言情小说。小说的要素在这里一应俱全：一见钟情，拒绝迎娶陪嫁多的姑娘，救过安娜性命的情敌，花前月下的散步，爱神设置的"陷阱"和"诡计"，路易·西蒙成了这些"陷阱"和"诡计"的牺牲品（"如果我娶了她，我就和……我主耶稣基督一样了"）……所以他的写作就有了以防万一的意思，如果他被情敌杀死了，他就是在撰写"一个因为爱得过了头而死去的情人"② 的墓志铭。发生在路易十五时代的这桩爱情注定是悲惨的，但在 1808 年至 1820 年间讲述，却产生了明显的罗曼蒂克式的共鸣。路易·西蒙说过，他酷爱言情小说，而且还说，在那些小说里也没看到像他那样"苦涩的爱情"。他会不会为了使情节和读过的书里的相符，而将自己的故事美化呢？

抑或像安妮·菲永所说，路易·西蒙并没有经历过这种经文学加工过的青春激情？他所说的爱神，在 18 世纪广为流传的新歌集子里常常出现。正是这类新歌，将一些色彩浓厚的词（"爱情"开始取代"友谊"）和老生常谈（"爱神小心翼翼地掌握着自己的权利""爱神射出了利箭"……）传

① Fillon, 72, p. 153.

② Sur l'amour au village et le roman de Simon, voir Fillon, 72, pp. 127 - 140, et la publication du manuscrit de Simon (71).

播开了。将路易·西蒙所用的词汇和流传至今的歌曲里的词汇作一番比较，很有教益。"路易·西蒙受当时广为流传的新歌词汇甚至感人氛围的影响十分明显，"作者总结道，他还毫不犹豫地将所发现的情况加以延伸：新歌散布着"新语言、新礼仪，对爱情和女人的新观念"[1]。此处说的是一种普遍倾向。由于怀孕必须申报，18世纪格勒诺布尔市的官员又将怀孕者都记录在案，我们就可以根据数字对这种普遍倾向作出推断了。未婚母亲为自己的行为进行辩解，一开始，用的词是"友谊""体贴""倾慕"等字眼。但是，1735年以后，她们用的就是"爱情"或"激情"一类在那之前实际上并不存在的字眼了[2]。感情不太可能经历类似的急剧变化。变化的可能是字眼，巴黎的歌把这些词变得时髦起来了。

事实上，18世纪的民众娱乐节目丰富了，加进了新桥歌、小酒馆歌和巴黎地下室酒吧歌。在基本上由悲歌构成的传统节目里，添加了情歌和文学作品里的牧歌——这只要提一提法布尔·德·埃格朗蒂纳著名的《下雨

---

[1] Fillon, 72, p. 332, Sur le rôle de la chanson d'amour dans la seconde moitié du XVIIIᵉ siècle, voir l'étude passionnante des pp. 315 - 386.

[2] [法] 萨潘、西尔沃兹：《从申报怀孕的情况看18世纪格勒诺布尔市的非法性关系》(Sapin/Sylvoz, Les rapports sexuels illégitimes au XVIIIᵉ siècle à Grenoble d'après les déclarations de grossese)，转引自肖特著作，191，186页：

	1677—1735	1735—1790
友谊	33%	5%
体贴	23%	11%
喜欢，爱慕	23%	20%
爱	16%	25%
情欲	0%	27%
情爱	6%	11%
总计 = 100%	(N = 31)	(N = 44)

了，下雨了，牧羊女》就可以明白。这些歌，词写得十分文雅，曲调欢快，和谐悦耳，当然能够在农村那种牧歌式的环境里站得住脚；这些歌曲更贴近农民生活，而不是无精打采的领主们的哀怨。即便在这块镜框轮廓曲线复杂的镜子里不太认得出自己，农民们也仍然会觉得，恋爱中的阿勒坎，比脑满肠肥的国王雷诺离自己更近，也更可亲。

　　"新歌"所散布的思想对农村来说还是全新的。寻找爱情，拜倒在难以接近的女人的石榴裙下，爱神的万能，选择或拒绝的自由，尤其是对快乐、幸福和柔情的赞美，与神甫们通过说教传播的忏悔、禁欲和克制等思想，形成了鲜明对照。中世纪末期遗留下来的"旷女怨夫"的悲歌，被战胜了父母意志的爱情取代了。从今以后，要唱这样的歌了："美丽的女园艺师，/爱上了胖吕卡。/不顾父母的反对，/两人终于成了家。""因此，自1750年起，种种迹象表明，新思想集中灌输的结果，就是农村青年被征服——他们心悦诚服。"

　　从那个时候起，我们就可以根据文学作品里的材料重新构置这些镜子了。这些镜子起初是为城里人设置的，可是，没过多久，农民也想在镜子里看到自己。一开始，反映出来的是过于简单化的大众爱情，就像我们在莫里哀的戏剧里看到过的一样。在《爱的烦恼》（1654年）里，胖子勒内与马里内特的爱情和埃拉斯特与吕西尔的爱情，适成对比（第一幕第二场）。

　　　　胖子勒内：你我这种人之间的婚姻，

　　　　　　　　　是大家都想要的。这件事不久就会办好。

　　　　　　　　　我想要你，你想要我吗？

　　　　马里内特：非常想要。

　　　　胖子勒内：摸摸这里！行了。

　　　　马里内特：再见了，勒内，我的宝贝。

这时，视角反过来了：在爱情要求精致文雅的时候，莫里哀笔下的人物常常玩些装傻的把戏。但是，18世纪理性婚姻的失败，使人怀着思古之幽情，把目光投向了民众阶层，根据莫里哀和马里沃等人的说法，民众阶层是爱情的最后庇护所。维吉尔①的十首田园诗，基希拉岛②的传说，阿卡迪亚③牧羊人的习俗，足以赋予农村世界以从来不曾有过的全新价值。卢梭主义和小特里亚农城堡牧歌推波助澜，使假民众文学于18世纪末出现。在这样的文学作品里，遭嘲笑的不再是农民，而是装腔作势的城里人了。

1735年至1750年间，法国农村的面貌终于发生了变化。纵横交错的大路四通八达，把巴黎的思想带到了全国，直至最偏僻的角落。最明显的是，农村破天荒第一次注意起了穿着。光顾酒馆的人多了；外省的城堡不再是朝臣们的谪居地，而成了按照时尚口味装修起来的避暑胜地。公证人把关于夫妻共有财产的新概念带到了乡间，可以不顾习俗，以婚约形式配置夫妻共有财产。我们还看到，订婚戒指逐渐代替了古时候给未婚妻家的定金。18世纪末期，在农村确定下来的已经是一种新式婚姻，不久之后，浪漫主义就要从这种婚姻中汲取灵感了④。

乡村婚姻

18世纪初，在感情方面，乡村里的景象依然和过去一样。根据安妮·菲永的说法，在曼恩，17世纪一直延续到1730年至1735年。农民就生活

---

① 维吉尔（公元前70—公元前19），古罗马诗人。——译者注
② 基西拉岛位于希腊伊奥利亚群岛最南端，被喻为爱和快乐的天国。——译者注
③ 阿卡迪亚是古希腊一地名，是传说中世界的中心位置，被喻为牧羊人的理想国度。——译者注
④ 肖特推定，"情潮的激流"出现在19世纪，这股潮流发生在18世纪末，到了20世纪就变成了"所有要结婚的年轻人无可争议的行为标准"（191，第184页及其后数页）。

在他们那个圈子里，大多数人（59%）都是和教区内的人结婚，尤其是女子（88%）。差不多所有的婚姻（90%）都是在方圆 10 公里的范围内结成的，就是说，在步行当天可以往返的距离之内。在布列塔尼、下曼恩和布雷索瓦所作的调查证实了这些数字的正确。① 节日、婚礼、命名式、教区节日、集市，等等，都是青年男女相互接近的好机会。从这一点来看，城里人所想象的情况，即农民质朴快乐、爱情无忧无虑，并没有错。

与人们可能想象到的和喜歌剧所揭示的相反，把牧歌式爱情演绎得淋漓尽致的并不是少男少女。法瓦尔夫人笔下的 15 岁牧羊女已经是成熟女人，而实际生活里的牧羊女，平均结婚年龄，第一次婚姻是 26 岁，第二次婚姻是 36 岁；男子的平均结婚年龄，第一次是 28 岁，第二次是 38 岁。在避孕只是特殊情况的时代，被当作节制生育最佳办法的晚婚与贵族社会习惯上的早婚适成对比：虽然 18 世纪不再时兴娃娃婚，但公爵和贵族院议员家子女的结婚年龄，女孩子是 18 岁，男孩子是 21 岁。曼恩地区的农民，70% 的婚姻依然遵行着年龄上的般配。他们遵行的，似乎是流行一时的历书上的规定："丈夫的年龄是一个数乘以九，妻子的年龄就应该是这个数乘以七"，即：对一个 22 岁半的男人（9×2.5）来说，妻子的年龄就应该是 17 岁半（7×2.5）。②

乡村如何如何平等，当使恋爱婚姻得以结成而不必担心不门当户对云云，只不过是个神话，是对农村等级制度缺乏了解的城里人想象出来的。不错，法瓦尔夫人戏剧里的牧羊人的地位高于农夫，但实际上，在农村，

---

① Fillon, 72, p. 51；Lebrun, 122, p. 27.

② 菲永著作，72，108—111 页；勒布伦著作，112，31—32 页；布夏尔著作，30，82 页。伦理学家和医生都劝人晚婚。韦内特（200，110 页）建议，女子 20 岁、男子 25 岁结婚。33 岁结婚的蒙田称赞主张 35 岁结婚的亚里士多德。蒙田还提到，高卢人主张禁欲到 20 岁，若是想当战士，禁欲的时间还要长些（II，8，144，61 页）。

农夫才是一等一的人物。雷蒂夫·德·拉布雷顿的报告里说，种田人的地位仅次于贵族，能够以依照上帝命令耕地的亚当为榜样而自夸。[1] 然而，在一些人看来，"握笔的手"已经和"掌犁的手"不相上下，富裕农民的女儿嫁给生活上捉襟见肘的"小小农村公证人"，已经觉得脸上有光。仆人和一般劳动者之间的区别也十分明显，当小手艺人（如裁缝，洗衣……）比在大宅门里干收入不菲的佣工受人尊重。所以，结亲就很注重财产和社会地位上的相称，这是件很复杂的事。但是，这种倾向在18世纪里扩展的范围越来越广，而担心与社会地位低下的人结亲，好像也是在18世纪下半叶从城市里传到乡下去的[2]。

　　说到财产方面的相称，即使拒绝从利害角度考虑婚姻问题的人对这一点也十分注意。因此我们就看到了，磨坊主的儿子抛弃商人的女儿，就因为"觉得她不够有钱"；说媒拉纤的人，会以姑娘将有五份继承来的财产作为陪嫁以引诱人；17岁的女孩追求她喜欢的男孩，竟直截了当地向男孩宣布她的陪嫁数额。婚姻依旧靠金钱来支撑。可是，正是在这方面我们看清楚了来自城市的影响。对公证人所写婚约的研究显示，自1740年起，嫁娶的策略都发生了变化。夫妻共有财产中双方所出的相等份额在这个世纪里有了明显增加，从18世纪前25年里占各自所有的43%，增加到18世纪第三个25年里的78%。就夫妻共有财产而言，这个情况很说明问题。事实上，1740年之前，双方将各自的所有都拿来作为共有财产，财产相当的家庭之间才联姻。接着，正如我们在前一章研究巴黎情况时所见，出现了一种灵活方式，而这种方式也在乡村里传开了：双方财产可以相差很大，但归到共有财产中的应是同样的份额[3]。

---

① *Les contemporaines*, 173, t. II, p. 249.

② Voir sur tout cela Fillon, 72, pp. 111 - 121.

③ Voir sur ce point Fillon, 72, pp. 121 - 127.

在那些除了本地传统一无所知的城里人看来，农村婚礼另一个有意思的地方在于每个村庄所特有的喜庆活动和礼仪，这和婚礼中沉闷划一的宗教与民事仪式又成了鲜明对比。18世纪的作家虽然没有民俗学家那样的情结，但依然向我们传达了他们对农村婚礼的向往。即使是民间婚礼，和农村的盛大婚礼相比，首都的也显得过于平淡。这种区别，有地域方面的，也有社会学方面的。大城市里也举行民间婚礼，但与农村相比，庆祝活动就差得远了。城市喜庆活动的贫乏，在雷蒂夫·德·拉布雷顿的《巴黎之夜》里可以感受得到。雷蒂夫应邀去圣安托万郊区，参加了手工业者的集体婚庆活动，描写了他所见到的婚礼。"市民没有下等人的习惯，"雷蒂夫指出，"下等人吃了新婚夫妇家里准备的简单饭食之后就凑钱去玩。"这是一个社会学方面的差异，于是，大家就等着看对民众欢乐饶有兴味的描写。

然而，这次的民间婚礼竟毫无生动别致之处可言。大家跳舞，喝酒，拿着帽子敛钱付账。人人都唱着咏叹调，到了11点，大家又陪着新婚夫妇去圣德尼岛。这时，一大群年轻人蜂拥而入，索取袜带；袜带被剪成一段儿一段儿的，分发给参加婚礼的男宾。在没有新婚夫妇参加的情况下，狂欢一直持续到早晨5点。①

在巴黎郊区，只有一项习俗流传下来了，实际上，这是一项全法国共同的习俗：索取袜带。不过，索取袜带也与婚礼结束之前新婚夫妇要跑掉，然后大家去寻找一样，其意义已经搞不明白了。其余的，唱歌、跳舞、丰盛的酒席，都和一般宴会一样。但我们从一群年轻人跟随着新婚夫妇从圣安托万走到圣路易这件事中，可以看到一项至今在乡间仍然很流行的习俗，即"青年修道院"的遗痕；"青年修道院"是为了规范教区年轻人的性道德和节日活动而组织的。这才是令大城市的人神往之处，因为婚庆中这种集

---

① Rétif de la Bretonne, 329ᵉ nuit.

体狂欢在圣安托万郊区的婚礼中已经若有若无。城市里的狂欢已经变得平淡无奇，而乡下的狂欢却变得越来越具有戏剧性。这些活动还保留着一种使人获得新地位所必须的过渡性礼仪。城市人羡慕农村人的正是这一点：这种天真，这种清新，使人相信某些动作能够重新"包装"生活，从而进入一个新的生活阶段。

19世纪的民俗学家收集到这方面一些已经变成碎片的遗存，想把这些遗存和基督教产生之前的凯尔特人或古希腊罗马人的做法联系起来。即使民俗学家对"民众的天才"这种罗曼蒂克的信念被夸大了，他们收集到的材料里也仍然包含着一些我们从中世纪以来就零零星星碰到过的素材，使我们得以对18世纪和19世纪上半叶的农村婚礼有个大致概念。至于民俗习惯的影响，我们就很难估计了，它能使古老的习俗恢复，也能制造新的习俗。

乡村订婚礼

实际上，在外省的传统婚礼中，涉及的不仅是新婚夫妇，整个村子的人，从为穷苦姑娘出陪嫁的城堡里的夫人，一直到主持婚礼的本堂神甫，都各有各的角色。在当事人的家庭之间，经常有些人走动，做撮合工作，这些人中，有偶一为之的，也有职业的。说媒拉纤的可以是远房亲戚、朋友、男孩或女孩的教父，也可以是个"媒人"——在情况微妙时，就请个有经验的媒人。在贝里、波邦内、阿尔卑斯和布列塔尼等地，这些人的称谓不同，但做的都是媒人做的事。阅历丰富的女人，牧羊人，都愿意当媒人。乔治·桑说，贝里的剥麻人、布列塔尼的裁缝都常常当媒人。在男女双方家长常常更喜欢用动作（有时是很激烈的动作）而不是话语表达意思的时候，媒人无论如何得善交际、有口才。媒人还必须十分熟悉两家的情况和村子里的习俗。①

　　如果媒人认为行，就可以过渡到正式求婚的阶段了。根据情况，求亲的事可以由家长来做，在米斯特拉尔写的《米雷耶》里，求亲的事是樊尚的父亲安布瓦兹向姑娘的父亲拉蒙提出的；也可以由年轻人自己做，在同一首诗里，牧马人韦朗就是亲自向户主拉蒙求的亲。因为事先没有征求姑娘的意见，虽然姑娘的父亲同意了，韦朗的求婚还是遭到了姑娘米雷耶的拒绝；安布瓦兹则因为没有通过中间人探听虚实，结果挨了性情暴躁的拉蒙一通骂，求婚的事也泡了汤。

　　也可以避免这样的戏剧性场面在脾气一个比一个大的家长中间出现。农民寡言少语，怕驳回要求让人家脸上挂不住，不愿意用话语直接回答，宁愿做个有象征意义的动作。为了表示拒绝将女儿许给对方，当爹的就把炉子里烧着的木柴用灰盖住，或者把一件东西（长柄平底锅、小锅或碟子……）翻过来搁着，要不就给求婚的人预备一道"可怜的"菜，比如一个鸡蛋。但是，如果他请你喝一杯，请你吃肉、吃鸡，如果他把火烧得更旺了或者往炉子里加了一块木柴，就用不着再多说什么：他同意了。炉子是爱情和性欲的象征物，能起到明白无误的象征作用，就跟用火钩子捅炉子一样。如果媒人在翻动炉灰的时候翻出一个土豆来，也意味着求婚被接受了；但是，如果木柴的排列是燃烧着的那头朝上，你就最好免开尊口，别多说什么了。② 这种具有象征意义的"密码"因地而异，但场面都很庄严感人，吸引了很多画家。格雷兹的《乡村订婚典礼》就是表现这种求婚场面油画中最著名的一幅。在一些地区，大家喜欢到一个"中立的"的地方

① Sur ce personnage, voir Sébillot, 186. t. I, p. 96; Laisnel de la Salle, 108, t. II, p. 48... Tous les folkloristes du siècle dernier en ont laissé des descriptions pittoresques.

② Sur ces rites et les autres coutumes des noces, voir Lebrun, 112, pp. 33 – 48; Fillon, 72, pp. 157 – 213; Laisnel de la Salle, 108, t. II, p. 50.

去见面，饭馆或酒馆，在那里，像签别的契约一样，喝着小酒就把婚约高高兴兴地签了。

　　未婚夫和未婚妻从签订婚约的那一天起，即可正式来往，在这之前，两个人可能根本就不认识。来往的时间可以很短（雷蒂夫的父亲是三天！），但通常都会长到几个月。如果两个人都识文断字，还可以相互写信。但两个人见面却必须有第三者在场。也可以互赠些常常含有象征意味的礼物。在这一点上，各地的传统也不尽相同。香槟地区，礼物是腰带：女孩子送给男孩子的是腰带，男孩子送给女孩子的也是腰带。其他地区还保留着送拖鞋的传统；提及 6 世纪图尔的格里哥利时，我们说到过这种拖鞋。1760年以后，在曼恩地区出现了在城市中早已流行的戒指。按照从前的法律，这些象征性礼物确立的是一种很难改变的关系。结婚预告贴出去以后，被排挤出局的那个人就可以凭借所收到的这种信物要求恢复自己的权利。不过，在 18 世纪，只凭一件信物就反对别人结婚的，几乎总是被法庭判为败诉。闹好了，也只是得到些赔偿。

　　现在该说到家庭了。由于婚姻牵涉的群体比小家庭要大得多，在举行婚礼之前两家人互相认识就显得很重要了。未婚夫妇要到各自的亲友那里转一圈，因为结婚以后，这些亲友就都成为他们共同的亲友了。订婚并非不可少的手续，却构成通向结婚典礼的正式起点：男女双方在各自的教区连续三次（须在例假的日子里）张榜公布结婚预告之后，即可举行婚礼。订婚之后结婚之前这段时间，可以用来签订婚约。18 世纪签婚约的比今天多，在某个时期的一些乡村里，结婚的人百分之百都签了婚约。

　　这时就可以把婚礼的日子定下来了。原则上，教会只在圣诞节前的"将临期"和复活节前的"封斋期"两段时间里禁止举行婚礼，因为那是服丧期或默祷期，和喜庆活动的气氛不和谐。在这两个时段之外，星期天和节假日当然也要除外，因为节假日本堂神甫要主持别的弥撒。此外还要考虑到迷信造成的禁忌：从远古的时候起，就有一种说法，认为5月里结婚不吉利。《百科全书》证实，这种迷信在18世纪依然存在。贝里和索洛涅的人相信，5月里怀上的孩子生出来是傻子。必须说的是，5月里怀上的孩子是很可能在封斋期前的狂欢节里出生的！在安省和阿尔卑斯地区，5月因此被说成"傻瓜月"。19世纪，这种信仰被基督教化了，5月成了圣母马利亚月。

也不能把季节性的工作忘记了，在那样的季节里举行婚礼也不合适。乡下人避开7月和8月，而渔民则喜欢夏天举行婚礼，因为夏天是捕鱼淡季。种植葡萄的地区很少在秋天结婚的。而在禁婚期前的月份里，不管是出于宗教的原因还是经济或迷信的原因，结婚曲线都是上升的。可能就是出于这个原因才出现了集中结婚的现象，尤其是在布列塔尼。在布鲁加斯代尔，直到1925年，所有的婚礼还都在1月上半月里的同一天举行，市长常常分不开身，一天之内举行的婚礼他不能都到场。塞比洛认为这是为了省钱，全村的人参加同一个庆祝会就行了。贝里人的做法则刚好相反，他们认为，如果几桩婚礼在同一天举行，第一个新娘子就会把同一天结婚的其他新娘的幸福全部夺走。

教会没有规定哪天是结婚的日子，但禁止在礼拜天结婚，劝人们不要在星期五结婚，因为星期五是耶稣受难日。不管怎么说，谁愿意在只能吃鱼的礼拜五那天举行宴会呢？在乡下，大家都愿意在一个星期的前两天结婚，即星期一或者星期二。塞比洛说，特雷戈尔人和布列塔尼人都这么做，但对其他村子来说，星期二是赶集的日子，不适合举行婚礼。除了星期五，唯一要排除的日子是星期四：星期四结婚，丈夫会戴绿帽子；这话是《福音书》（15世纪）里说的。在贝里，戴绿帽子的丈夫，外号就叫"星期四的约翰"。

因此，直到 19 世纪，各个地方还是各行其是。改变这一切的是 19 世纪的工业化。工业化把一周都变成了固定的工作时间，星期六结婚才变得普遍。结婚典礼一般都在上午太阳出来以后到中午这段时间里举行，但也有例外，那些保留着夜间举行婚礼这一古老习惯的人，也可以很容易地得到许可。这种做法可能会让那些会施魔法（在举行婚礼的时候打绳结）的人泄气。直到 19 世纪，人们依然怕那些施魔法的人。维持夜间举行婚礼习惯的主要是贵族家庭。不管怎么说，夜间举行婚礼总是很浪漫的：午夜在火把照耀下举行婚礼，是艾玛·包法利的梦想，"但鲁奥老爹却一点儿也搞不明白，夜间结婚好在什么地方"①。

婚庆活动

好日子终于到了！一大清早，姑娘们就来到新娘化妆的地方。长外衣是新的，颜色鲜艳，以红色为主。在布列塔尼，有钱人家要为新娘子准备三件长外衣，三天的婚礼中，每天一件：第一天是正日子，是一件富丽堂皇的红色长外衣，配着和陪嫁数目相称的金饰带；第二天穿的是蓝色的；第三天穿的是棕色的。每天晚上，新娘穿一件象征纯洁的白色便服。在法国各地，任何情况下，一直到 19 世纪，长外衣都保持着鲜艳的颜色。写于 1830 年的一封信已经描述了贝里的一位新娘穿的是白色衣服，但这样颜色的衣服是到了 19 世纪末才在城市的影响下普及起来的。白色也是一种豪华颜色，是在人们不再喜欢大红大紫的装束后流行起来的。这种颜色的衣服只许以处女之身来到婚姻殿堂的新娘穿。出于同样的理由，除了订婚戒指，

① Flaubert, *Madame Bovary*, P. I, ch. 3. Sur la période des noces, voir Laisnel de la Salle, 108, t. II, pp. 44 - 47; Sébillot, 186, t. I, pp. 115 - 119; Lebrun, 112, pp. 37 - 41; Armengaud, 11, pp. 34 - 36.

不许新娘戴首饰，因为首饰只能是男人们送的。[①]

新娘也不会忘记戴围裙，那是做家务的象征，而做家务最终会成为她的归宿。《魔沼》里的新娘穿的是绿色衣裳，肩上搭着一条丝质的紫围裙和一块白色的方头巾。她戴的是帽子，不是花冠，而在自古以来的大部分民间作品里，新娘戴的都是花冠。夏天，新娘用鲜花编织花冠；到了冬天，就用蜡制的假花编织。白色象征纯洁，姑娘们都更喜欢用白花编织花冠；可是，到了 19 世纪，在富裕阶层，橘花变得时髦起来了。婚礼之后，花冠或橘花束会被珍藏起来，用玻璃罩住。橘花最终象征的是新娘失去的童贞。我们还记得奥德朗写的《福神》（1880 年）中洛朗十七世唱的副歌："不过，贝蒂娜，没有危险，/我根本不能，/夺走她的橘花冠。"在沙托鲁，如果已经完婚，则用丁香花代替橘花。

作为习俗守护者团体的"青年帮"，这时就利用婚礼的机会登场了。对光棍们（实际上，光棍是青年的同义词）来说，在具有已婚男人的体面之前，这样的拉帮结派是他们在社会上显示存在的唯一方法。这样的组织形式是从中世纪传下来的，教会和民事当局都未能很好地掌控。在不同地区，名号也不同，有的自称"青年修道院"，有的自称"青年王国"，不可一世，用以表达他们作为滑稽可笑而又有限的反对势力的意志。实际上，这些成群结伙的年轻人只是在狂欢节、守护圣人瞻礼节和结婚典礼上发威，行使他们这种从贵族老爷手里或从教区买来的权力。在一些节日，他们有审判某些罪行（主要是通奸）的权利，成为村子里的"道德警察"。在朗格多克地区，他们在封斋前的星期二组织专门受理"绿帽子案"的法庭或"头上长角案"的法庭，惩罚性犯罪。他们介入婚姻领域，是为了维护自己进入

---

① Sur les vêtements de la mariée, voir Lebrun, 112, p. 42; Sébillot, 186, pp. 94 – 95; Seignolle, 189, p. 119; Fénant/Leveel, 70, pp. 397 et 449...

体面婚姻状况的权利。因此，他们责怪所有破坏婚姻制度的人：犯有通奸罪的丈夫和再婚的鳏夫是他们最喜欢整治的对象，这些人不以一个女人为满足，减少了光棍们讨老婆的机会。青年帮遵照礼仪，在婚礼的几个时间段里实施干预。[1]

记忆中的古代象征性抢婚，以抢新娘为起点。穿戴得整整齐齐、打扮得花枝招展的新娘，由家人守护着，藏在仓房或面包箱里。家里的大门是拴着的，一群年轻人假装要夺门而入，当然不会真冲进去。这时就必须妥协了，要进去就得唱歌。这样的习俗，被拉洛[2]写进了他的《伊斯国王》：前来寻找未婚妻以便举行婚礼的米里奥，"无法让那些小心翼翼的守护者动摇"，不得不为她们唱起小夜曲来（"我亲爱的，这是白费力气"）。来抢亲的骑士们唱的歌似乎也让人回忆起那个时代："茉乔栾那的伙伴们"来到未婚妻家"迎娶"那个被严密保护起来的"姑娘"。

在《魔沼》里，乔治·桑写到抢亲的时候，展现的是一场歌咏比赛，唱的都是传统歌曲。一方是前来围困新娘家的一群年轻人，另一方是保护新娘的家里人，双方都有自己的"优秀选手"，小伙子们这边是个掘墓人，姑娘那边是个剥大麻的。大门只在防守者不会唱攻击者唱的歌时才会打开。这次保卫的，仍然是火炉子：未婚夫的那伙人，只要求象征性地往炉子里放一支烤肉钎子，在炉子上烤鹅。乔治·桑笔下的掘墓人缺乏想象力，列数了带来的所有礼物，但只是最后一件礼物——丈夫的礼物——动摇了那些"小心翼翼地守护新娘的贝里姑娘"。

冲进新娘家里以后，要做的事就是寻找新娘了。关于这一点，塞比洛

---

[1] Sur les bandes de jeunes, voir J. P. Gutton, 90, pp. 231 – 246；Maurice Agulhon, *Pénitents et Francs-Maçons de I'ancienne provence*, Paris, Fayard, 1968, pp. 42 – 64；François Lebrun, 112, p. 43；Muchembled, 151, pp. 294 – 315；Flandrin, 74, pp. 141 – 146.
[2] 爱德华·拉洛（1823—1892），西班牙血统的法国作曲家。——译者注

叙述的是一段程式化的对话，在他的家乡布列塔尼，这段对话稍微有些不同：抢亲的人来到新娘门前，要求把女孩交出来。因为他说要到花园、谷仓、厨房一处一处去找，人家就带着他一处一处转，而在这些地方藏着的却分别是小妹、母亲和祖母。最后还是放他进去，找到了藏在箱子里的新娘。这种变成了仪式的习俗，隐含的意义却已经失传：一群青年这样做，是阻止他们之中的一员从此脱离团体呢，抑或帮助他找到媳妇？要不然就是对以拒绝结婚为象征的坚守贞洁的一种尊重？同样的做法还有：从古代开始，姑娘被交给"生人"的时候，只能哭哭啼啼，满心不愿意；高高兴兴嫁人的姑娘会露馅，说明她知道新婚之夜的乐趣，不只是听人说说而已。不管怎么说，抢婚的习俗在 19 世纪给人的感觉就是这样。塞比洛说，在布列塔尼，"犯过错误的姑娘"既不能被藏起来，也不能在婚礼进行中间逃跑。

到了这个时候，一行人就可以起身去教堂了。有的时候，人群前面是一只象征多子多福的动物（比如，一只白母鸡）。但是，在孚日地区，名声不好的新娘，人群前面不能有这样的动物；而在安德尔地区，为了让人露骨地联想到少女失去童贞，那只鸡事后是要被象征性地杀掉的。队伍的前导是一位乐师，拉小提琴的、吹风笛的或者是吹三孔笛的，各地的情况不一样。这项习俗很古老：早在 1294 年伊普尔市就已经立法，禁止人群进教堂，证明这支喧器的民众队伍（对古代习俗的推陈出新？）那时就已经和神圣的宗教仪式起了冲突。[①] 新娘新郎跟着队伍；新娘挽着父亲的胳膊，新郎挽着母亲或未来岳母的胳膊。被邀请来的客人佩戴"彩色缎带"，常常是一些小小的彩色带状物，这是区别客人和其他人的标志。《魔沼》里的客人戴的是用玫瑰色和蓝色饰带编成的十字，象征着男女结合。

---

① Greilsammer, 89, p. 96.

福楼拜在《包法利夫人》里描写的结婚队伍，使用的是同样的象征物：一下子陷入了婚姻的艾玛，裙子一路上被起绒草刺刮着，预示着她婚姻的不幸。在这里，福楼拜可能想起了一种早已被证实的、意思暧昧的习俗：在去教堂的路上，新娘应该被石头绊一跤，嘴里念念有词地说着"像别人一样"。在布列塔尼，新娘甚至会利用这个机会再次逃跑，而所有参加婚礼的人都得去追。塞比洛说，因此就可能发生这样的情况：到达教堂时弥撒已经结束。这时，婚礼就必须延期举行。那里把这种逃跑叫作"出其不意的一窜"。

在新婚夫妇去教堂的路上，青年帮还可以趁机表现一下，他们可以设路障：用树枝、绳索、荆棘或一捆一捆的草筑起路障，延迟举行婚礼的时间，要求缴纳入市税，否则不拆路障。一旦遭到拒绝，就起哄乱嚷嚷，用喧嚣代替小提琴的悦耳声音。这种"惩戒队的权利"或曰"淘气男孩的权利"屡禁不止，18世纪所有的高等法院几乎都颁发过禁令，但是没用。罗贝尔·杜瓦诺[1]于1951年在普瓦图还拍下过一张照片，那场面就和这种习俗相似：结婚队伍被一条两端拴在椅子上的带子拦住了，新娘的父亲得把带子剪断，并把剪断的带子分给两个参加婚礼的未婚青年。从两把椅子中间经过的时候，每个人都要往事先准备好的一个木钵里放一枚钱币，这是给牛倌的。至于沿路摆放的草捆，必须点火烧掉，表示村子里又多了一个炉灶。[2]

教堂里的活动进行完了之后，新婚夫妇准备举行生殖仪式，以使这对刚刚脱离单身状态的年轻人的婚姻更加稳固。共饮一杯酒，同吃一块面包，

---

[1] 罗贝尔·杜瓦诺（1912—1994），法国摄影家，20世纪40年代至60年代"法国人道关怀摄影"巅峰期的代表人物。——译者注

[2] Sur le cortège et le rôle des jeunes, voir Lebrun, 112, pp. 42 - 43; Sébillot, 186, t. I, pp. 104 et 120; Doisneau/Pennac, 56.

这是中世纪教会所反对的，因为太像领圣体的仪式，这样做的也就越来越少了。莱内尔·德·拉萨尔在19世纪的贝里还看到过这种仪式，不过是在洞房里举行的。分发给穷人的那部分"13银币"彩礼，常常被撒出的一把谷子或一把小额硬币代替。撒米的性象征意义十分明显，原来是由新婚夫妇往单身汉身上撒，后来很快就变成了由参加婚礼的人撒向新婚夫妇：新婚夫妇从教堂或市政厅出来的时候，撒向他们的米像雨点，意思是祝新婚夫妇多子多福。这使莱内尔·德·拉萨尔想到古希伯来人撒向新婚夫妇的谷子，那是为了让新婚夫妇实践对亚伯拉罕许下的诺言：交配并繁衍。不过，这里的象征意义很明显，无须再作这样的参照。

仪式之后大摆婚宴的越来越多，但在遵守"多比雅三夜"的地区，会把婚礼的三天安排得满满的。有的在望完弥撒以后的第二天准备婚礼，于第三天举行；有的在决定性的夜晚到来之前，准备三天的喜庆活动。婚宴原则上由新娘的父亲准备，不过多数情况下是两家出钱，或者大家分摊。家境差，房子太小，接待不了客人的，常常就把宴席设在饭馆里。要不然就在谷仓上搭棚，在家畜中间吃饭。赶上冬天，嘉宾的席位就设在家畜旁边，那里暖和。

回去的路上，当然也要提高警惕，防止恶作剧。主教会议一再发布命令，禁止出了教堂就进小酒馆，但是没人听。在某些地区，新郎官至少要亲自给客人倒酒（是为了让妻子放心，他会和她一起做家务?）。年轻人会设法偷新娘一只鞋（是为了防止她逃走?）。还要打碎餐具（白玻璃碎片意味着防止夫妻吵架，抑或给新婚夫妇带来幸福?）。

最后，到了喜庆活动的高潮：由一位男傧相去动员新娘，让她当众解开松紧袜带，剪成一段一段的，分给参加婚礼的男宾。小伙子们把袜带别在衣服的扣眼上，能保证他们很快就找到对象。如果新娘拒绝当众解开袜带，她就得冒险了，小伙子们会到洞房里去讨，就像雷蒂夫·德·拉布雷顿在《巴黎之夜》里所描写的那样。为了不让新娘子当众受窘，男傧相的衣袋里会放着一条事先准备好的松紧袜带，到索取袜带的时候，他会悄悄钻到桌子底下，掐新娘一下，让她叫出声来，然后他就轻而易举地把"战利品"展示给大家。如今，男女平等了，某些商品目录上已经列出新郎用的松紧袜带，"这样既可以使参加婚礼的人得到双倍乐趣，也可以多卖些钱"。男用松紧袜带上装饰着领带、蝴蝶结或小胡子，系在小腿肚子上，由于裤子瘦，两性的平等超不过膝盖①。

　　然后，乐声起处，新婚夫妇第一个下场，跳起舞来；歌声四起，待字闺中的姑娘们想一展才华，唱起了咏叹调；有人发表滑稽可笑的演说，也有来自父母严肃的、常常也是十分感人的祝福。新娘照例得和每个客人共舞。有些不得不跳的舞其实近乎一种象征性游戏。从前都兰地区跳的那种古柯（胡桃）就属于此类：新娘的母亲抱着一个漏了的袋子跳舞，袋子里的胡桃随跳随掉，新婚夫妇就把胡桃拣起来分给客人。为独生儿子或小儿子娶媳妇的父母要求新婚夫妇拖着一把笤帚跳舞，一边跳舞一边还要向参加婚礼的人抛撒糖衣果仁。接果仁的人得注意，不要让系在跳舞者腰带上的笤帚扫着。客人们也要跳一种舞，男宾手里拿着给新娘的礼物围绕着女舞伴转，但要等女宾把礼物抢到手以后，才能给新娘②。

　　新婚夫妇偷偷摸摸走掉也是一种古老习俗。新郎原来是他们当中的一员，他那些单身汉伙伴不会轻易就让他跑掉；抛弃单身汉组织的时候，新婚夫妇绝对需要不留痕迹地溜走，需要躲进一间别人找不到的屋子里。姑娘们会帮助他们避开男傧相。如今还往车上挂的罐头盒就是这种习俗的遗迹：新婚夫妇一跑，罐头盒就会发出响声报警。如果他们逃走的时候没有

---

① Voir les modèles de *Mariage plus*, catalogue 1994, p. 59.（此句意思是指男女只不过是在袜带上平等。——译者注）

② Fénéant/Leveel, 70, p. 151.

发现，把他们的家看住了也没用，会有好心人借一间房子给他们。另外，新婚夫妇还会在别的房间里留些东西，让人家以为他们在那里隐藏过。朋友们蜂拥而至是不可避免的，这样做只是把他们来的时间尽可能推迟而已。

因为，如果那一群年轻人把新婚夫妇找到了，他们就会把洞房围起来，让新郎新娘喝那种倒胃口的汤。这种汤各地有各地的叫法，有的就叫"新娘汤"。那是一种糊状物，或者就是加了酒的汤，里面放了大量据说能刺激性欲的调料。在布列塔尼，那是一种奶油汤，里面的面包块用一根细线穿起来，吃面包的时候得用小漏勺捞。喝的东西通常装在便盆（新的）里，便盆满满的，都是些能使人产生联想的东西——泡在啤酒里的黑色香肠、巧克力烘掼奶油……民俗学家认为，那些是完婚证明的遗迹，或者是一种用来在"第一次攻击"之后补充力气的药。

不管怎么说，这种做法让腼腆的人受不了，比如艾玛·包法利就请求父亲把这些免了：鲁奥老爹以"女婿地位显赫"为由，把这些"不宜"的东西挡掉了，但未能阻止一位表兄弟通过门上的锁眼往里面喷水。至于乔治·桑，她认为"这种做法相当荒唐，使新娘发窘，对参加婚礼的姑娘们来说有伤风化"。不管乔治·桑说什么，都没用：便盆虽然从我们的床头柜旁完全消失了，却依然是结婚的必备之物。

如果青年帮不赞成这门亲事，比如再婚或者夫妻年龄太悬殊，到了这个时候就可以起哄了。在旧制度下，这种起哄的事虽然至少从 14 世纪起就受到过主教会议法令和高等法院判决的多次谴责，却一直无法根除。到了 19 世纪，新的婚姻习俗干脆将起哄的事融入其中：对离了婚的女人再婚，可以起哄八天！克洛德·塞尼奥尔在 20 世纪的贝里还能够听到这种起哄的余音呢！除了不般配的婚姻以外，也可以用起哄的方法惩治违反婚姻法的罪行（通奸、姑娘独身时间太长、丈夫屈从于老婆……）。不过，最常见的"罪行"都和损害单身汉群体利益的婚姻有关。真像范热内普说的那样，起哄就是用吵嚷的声音避邪，以便将一桩不般配的婚姻招至的厄运消除吗？抑或像亨利·雷弗洛所说，意味着戒律被忘记了的时候，原始野蛮生物象征性地卷土重来？不管这项习俗是怎么来的，它所惩罚的都是单身青年认定的错误。他们认为某个人从他们那里偷走了一个他无权拥有的女人。死亡率提高带来的是直到 19 世纪的大量再婚——有些人结三到四次婚，而且结婚速度很快。服丧时间太短或鳏夫太老了还想结婚，起哄的事就会发生。另外，起哄的事发生在男人身上比发生在女人身上的少：就生育而言，霸占年轻男人的寡妇，要比娶年轻女人为妻的老光棍更加危险。

如何组织起哄呢？通常是在相关人家的窗子底下喧哗，用大量的大锅、小锅、平底锅和"其他能响的小东西"弄出很大的声音来，一直闹到那个当丈夫的同意缴纳罚款或请众人到小酒馆去喝一杯为止。如果那个人不顾"起大哄"的威胁，拒绝了，会闹得非常厉害。1402 年，朗格尔地区的一个女人再嫁，就发现家里的"窗子和栏杆都被打碎了"；她的叔叔想保护她，结果被暴打了一顿。直到 18 世纪，年轻人依然在向某些婚姻提出权利要求——特别是娶一个对全村的人来说都是陌生的女人的时候，要求一旦遭到拒绝，他们就会把那家围住，手里拿着棍棒、火枪、利剑，结果会造成流血事件。①

最后还要指出的是，结婚的事并非举行了婚礼就算完了。在布列塔尼，不管穷富，为了缝床单，新婚夫妇第二天都得去拣亚麻。在贝里，要到丈夫家园子里砍一棵白菜，吹吹打打地送到新娘家，放在新娘住过的屋子房顶上。同样，也要在新娘家园子里砍一棵白菜，吹吹打打地送到新郎家，放到新郎住过的屋子房顶上。在《魔沼》里，交换白菜的仪式描写得很细

---

① Muchembled, 151, p. 26. Sur le charivari, voir Fréminville, *Dictionnaire ou Traité de la police générale*, 1758, pp. 92 - 94 et pp. 142 - 144; Henri Rey-Flaud, 174; Lebrun, 112, pp. 52 - 53...

致。婚礼后的第一或第二个星期天，新婚夫妇要请一次客。此外，在一年的时间里，他们还不得不尽些义务，受点气。他们得去点燃圣约翰教堂里的长明火；在加斯科尼，要让人放在驴背上倒骑着遛几圈；或者，像布列塔尼或安茹地区那样，朝人像靶子射箭——这里指的是掀翻封建领主立在河中间的一块盾牌。新郎要乘船过去，到那里就得立刻跳进水里。这最后一项捉弄，新郎通常是花点儿钱"买断"①。

所以，结婚是一件牵涉到一个群体的事，从前有一套过渡仪式，重复、零散，要进行很长时间。过去的民俗学家，因为搜集了这类习俗的一些遗迹，就也像 18 世纪的城里人一样，面对这种把仪式的庄严和庆典的欢快巧妙地熔于一炉的婚礼，发起思古之幽情来。工业社会使这类地方习俗一点一点地消失了。

---

① Sur la quintaine, voir Fénéant/Leveel, 70, pp. 379 - 382.

第五部分

现 代 婚 姻

19 世纪至 20 世纪

19世纪圣东日的传统婚姻

婚礼的队伍上路了，由一个小提琴手引领着。小提琴手拉着大家都熟悉的歌曲："可怜啊，不幸的人！今后你饱餐的将是棍棒，而不是奶油点心。"新娘挽着父亲的手臂走在前面，身后是手臂挽着未来女婿的母亲。通到教堂的路已经整修了一遍：杂草拔掉了，车辙填平了，路面铺了一层细沙，撒满了鲜花，变成了一条能够消除厄运的坦途。路上就缺一支结婚队伍了！碰上一只鼬鼠、一只狗、一只猫、一只喜鹊……或是一个神甫，都会带来不幸！遇有公墓，宁可绕道，也不从公墓前面经过。但经过村庄时得停下，要拥抱那些看热闹的人。

先要去市政厅。一对新人在法律面前结成夫妇以后，市长就会立刻要求享受他的权利：第一个吻新娘。新郎得想方设法从市长那里把这第一个吻夺过来，不然的话，他就会被宣布为"输了"。不过，市长通常会利用在婚姻登记簿上签字的机会把事情办了。市政厅太新式了，没有什么特别的民俗色彩。得赶紧去教堂。为戒指祝福时，不愿意受丈夫管束的新娘要把手指弯起来，让戒指戴到第二个指关节上。跪下的时候，为了替丈夫驱邪，新娘要把裙子下摆放到丈夫膝盖下；有些地方，丈夫为了保持自己的权威，要跪在新娘的裙子上。19世纪，圣东日依然有防魔法的习俗，行祝福礼的时候，要用古色古香的纱巾把新婚夫妇罩住。打绳结施魔法的人选定的就是这个时刻：因此，举扬圣体时就不用响器，让施魔法的人不知道该什么时候行动！相反，为了使日后生的孩子不聋不哑，新婚夫妇从教堂出来之前必须摇铃。

结婚队伍往回走了。这一次，是新郎挽着新娘。一个人拿着酒跟在新郎身后，向路上碰到、拥抱新娘的人献酒。新郎家里，已经用厨具和农具架起一道象征性栅栏。新婚夫妇进家门之前，要细心地把每件工具都整理一下，不然就会落下个懒惰的名声。新娘子由人引领倒退着走到炉灶前面，有人在那里把她的脚往挂锅的铁钩上蹭蹭，据说这样就能让新锅灶在她手里好使。有的客人一边看礼物，一边耐心地等着吃饭。礼物上都有送礼人的名字。入席的时间到了。

在张着绣花白布的谷仓里，这顿饭是新婚夫妇结合之后两个家庭的结合。饭由家长请，请的都是两家的客人；饭菜丰盛，都是农民们平时吃不到的，常常是大鱼大肉。小伙子们挖空心思偷新娘的鞋（偷到了，丈夫就得用钱去赎）和松紧袜带，松紧袜带可以剪成段拍卖。婚礼可以持续两到三天，这至少对遵守"多比雅三夜"有帮助！终于到新婚夫妇能够躲起来享受新婚之夜的时候了，但还有被拉出去喝汤的危险。那是一种用葱头烧的汤，或是放了很多调料加了酒的汤，喝汤的盆就是上面画着一只眼睛的老式便盆。①

---

① D'après Marc Leproux, *Du berceau à la tombe*, Paris, P. U. F., 1959; Robert Colle, *Comment vivaient nos ancêtres en Aunis-Saintonge*, La Rochelle, éd. Rupella, 1977; Arnold Van Gennep, *Manuel du folklore français contemporain*, Paris, Picard, 1943 – 1958.

第十一章

到民政机关登记的非宗教结婚

事实上，整个巴黎都在嘲笑这件事。年轻帅气而又超凡脱俗的塔尔马，那个使法兰西喜剧院观众席上的夫人们如醉如痴的塔尔马，那个刚刚成为法兰西喜剧院分红演员并在 3 年中使喜剧在对白、表演和服装方面发生了革命性变化的塔尔马，那个 27 岁的天才艺术家塔尔马，他结婚了！把见异思迁的塔尔马拴住的女人，竟然是既不年轻也不漂亮的朱莉·卡罗。卡罗在婚约上写的年龄是 24 岁，但实际年龄要比这个大，大整整 10 岁。最起码可以这么说，她把岁月充分地利用了。她的情夫众多，能清点出来的情夫名单只比她私生子的名单长一点点。她原来是舞女，生来不知道父亲是谁，若不是几万利弗尔的年金把她变成了一个上流社会妇女，她本会沦为所谓的"堕落女孩"。必须说明的是，她公认的情夫约瑟夫-亚历山大——德·塞居尔子爵——是法国元帅的小儿子。约瑟夫-亚历山大在两人的儿子出生时把尚特雷纳府给了她。由于他们不曾当着本堂神甫的面宣誓彼此忠诚，朱莉·卡罗就找了一个又一个情夫，攒了一笔又一笔收入，终于有了一笔可观的财产。她在尚特雷纳大街的沙龙，吸引了全巴黎的上流社会人士。

可是，已经年届 30，朱莉应该考虑自己的归宿了。她不能打塞居尔子爵的主意，10 年来，他一直以他们之间这种尽人皆知的关系为满足。在名满京城的法兰西喜剧院分红演员路易丝·孔塔府上举行的一个大型晚会上，演了一出戏，恰巧是蹩脚诗人塞居尔子爵一时兴起写的。当然，子爵公认的情妇卡罗也和法兰西喜剧院的演员们一起参加了演出。一见钟情的一幕就发生在那里。朱莉写给美男子塔尔马的情书，使人无法怀疑她的真诚，这个比她小七岁的年轻人使她突然迸发出了激情。

至于塔尔马……他此刻正处于职业生涯的困难时期。革命观众没有否认他在旧制度下取得的成就。他接受新思想，在演出谢尼埃写的《查理九世》时，得到了观众的喝彩；在剧院不安排他演出以后，观众仍然要求看他的节目。但他的那些同行可不这么想，他们终于封杀了他，并一度把他囚禁在小屋子里。塔尔马挥金如土，又喜欢赌博，已是债台高筑，一个成熟而又风情万种的女人的财富，他当然欢迎。公证人马蒂农先生于 1790 年 4 月 30 日为他们立的婚约很能说明问题。他们采取的是夫妻共有财产制，结了婚之后，塔尔马就变成了妻子财产的管理人。她的财产计有：四万利弗尔的年金，尚特雷纳府第和肖塞·当丹街的三处不动产，还不算几个被郑重其事地写在婚约里的私生子。"双方商妥，卡罗小姐孩子们的食、住等供养和教育以及医疗所需费用，均由夫妻共有财产中支出，塔尔马先生对此不得要求任何补偿。"朱莉·卡罗确是风情万种，但虑事也很谨慎周详。

卡罗也有可担心的事。因为，弗朗索瓦-约瑟夫·塔尔马带到夫妻共有财产中的东西是"他的住宅、有价证券、穿的衣服和使用的物品"，但必须从中扣除他积累下来的"负债"。这样一来，他答应给未婚妻的一万利弗尔彩礼的事就只能让历史学家觉得好笑了。塔尔马和卡罗的婚姻，可能是那一年里最轰动的婚姻，但肯定不是最体面的婚姻。

而且，事情还曾大费周章！因为，虽然发生了革命，结婚的事却仍需按照特兰托主教会议的办法进行。于是，塔尔马就去找他那个教区圣叙尔皮斯的本堂神甫，以便张贴结婚预告。在这个教区担任了两年本堂神甫的安托万·格扎维埃·迈诺·德·佩斯蒙，是一个严肃得出了名的人，有人甚至怀疑他同情危险的冉森教派。一个满脑子革命思想的喜剧小丑，要到他的教堂来和一个行为不端、靠美色致富而且还带着一帮私生子的女人结婚，门儿也没有！任凭塔尔马一次次请求，这位老兄主意已定，来个充耳不闻。

塔尔马锲而不舍。一天早晨，一位执达吏来到圣叙尔皮斯，详细记录了佩斯蒙所说的话。因此我们得知："佩斯蒙早已得知塔尔马先生打算结婚。为慎重起见，他认为此事应该向上级请示。上级提醒他，要遵守条例，照章办事；条例就是教会法，即法国教会坚定不渝地遵行的教会法。教会法规定，在职喜剧演员只有在放弃自己职业的前提下，才能被允许参加婚姻圣事。不经上级许可，他不能直接参与这桩用结婚预告公布的婚姻的任何活动，既不能参加婚礼，也不能参加婚礼前的准备工作。作为本堂神甫，他尤其要负责和婚姻有关的民法和教会法的实施，自己不能做违反法规的事。"

本堂神甫说得不错。自从 4 世纪召开的阿尔勒和埃尔维尔主教会议以来，戏子都被逐出了教门，不能参加任何圣事。整个中世纪，因为没有职业演出团体，这种惩罚的影响不明显。莫里哀是一个突出的例子，虔诚的神甫拒绝为他行临终涂油礼。从那时起，演员们就一再遇到这个问题。万般无奈，他们只好采取这样的权宜之计：结婚前承认已经放弃了自己的职业，等到结完婚之后再重操旧业；或者，为了避开主教会议的惩罚，宣称自己是乐师而不是戏子……

要是在旧社会也就认了。可是，如今已经自由平等了啊！塔尔马说："假装放弃自己的职业是可笑的。发伪誓，我觉得有失身份，也对不起我的感情，更对不起人家用以反对我的宗教。"怎么办？1790 年 7 月 12 日，制宪议会听取了议会秘书兼议员勒尼奥宣读的一份非常奇怪的调查报告。弗朗索瓦-约瑟夫·塔尔马确实乞求过法律援助，"以便能够不受干扰地享受宪法赋予我的公民权利"。一年以前不是宣布过所有公民一律平等吗？演员当然也应该包括在内。"难道一国之内还能有一股站在法律对立面、高于法

359

律的力量，使法律对公民中的一个阶级失效，剥夺这个阶级的公民最珍贵的权利和最切身的利益，不许他们为人夫、为人父，不许他们为社会生育合法的孩子吗？"抨击直截了当，而且针对的不仅仅是圣叙尔皮斯的本堂神甫。

制宪议会为难了。可能有不少人同意塔尔马的说法："让步，"塔尔马写道，"会使我显得不配享受宪法赋予我的好处。宪法并没有在我的职业和其他公民的职业之间做出过什么区别，它所施予的好处是普遍的，没有任何例外。如果我让了步，就等于我通过一纸公共契约指责你们，说你们的决定错了，也就等于指责我们的法律没有力量。"讨论的时间不长。有两种意见，一位神职人员议员认为需要教会法学家帮忙，而一位激进的律师则在这份公共契约中看出了"有人为了使公民感到不满而施展的一个小小的毒招和诡计"。于是紧急做出决定，立即将此事的案卷送交一个由神职人员组成的委员会，由该委员会去处理。然而，有一句话说到了问题的点子上："关键是要搞清楚，在被认为是圣事的婚姻这件事上，教会的力量究竟大到什么程度。"人们已经感觉到，事情不会到此为止。

由神职人员组成的委员会也很为难。该委员会的报告人迪朗·德·马亚纳哀叹，说教会的处罚针对的是"今天一项合乎道德的职业"。他认为，这种处罚已经不像早年"小丑"时代那样说得过去了，但又主张由教会独立裁量圣事和契约两者之间的习惯性区别。总之，他反对由制宪议会讨论这件事，想将此事不了了之。不过，他本人也希望通过一项法律"改善一下法兰喜剧院演员的地位，使他们免受教会不加区别的处罚"。立法机器从此开动起来了。

塔尔马等不及了。朱莉也等不及了，她不想把私生子的名单无限拉长。1791年4月19日，他们找到了洛雷特圣母院代理主教——正直的拉皮普神甫，神甫同意将塔尔马当"巴黎市民"对待，为他主持婚礼。10天之后，一对双胞胎出生，差一点成为私生子。

这个故事的结局也是意味深长的。法律草案（迪朗·德·马亚纳是起草人之一）要求把婚姻当成民事契约，而 1791 年 9 月 3 日的宪法把到民政机关登记的非宗教婚姻确定下来了。对塔尔马来说，这项规定来得稍微晚了点儿。至于那个以为靠自己的收入结了一桩美满婚姻的朱莉，无论如何也不会料到，革命会制造出离婚来，到了 1801 年 1 月 6 日，她竟成了离婚的受害者。那时，塔尔马的事业正如日中天，不再需要这个早已年过 40 的妻子了。一年之后，他娶了 30 岁的女演员夏洛特·瓦诺夫。塔尔马一辈子恨神甫。1826 年 10 月 19 日，巴黎大主教亲自来为处于弥留之际的塔尔马做临终圣事，而这位有史以来最伟大的喜剧演员至死忠于自己的信念，他让巴黎大主教吃了闭门羹。[①]

前尘往事：法国教派

塔尔马的婚姻成了革命传说的一部分：偏见被克服，错误被纠正，旧社会的一个主要方面骤然之间垮了，让位于一项新法律。显然，历史学家的看法不这么简单。在塔尔马和几宗类似的案件发生之前，到民政机关登记结婚的事已经在法学家头脑里酝酿成形，此刻只不过是瓜熟蒂落而已。

---

① 塔尔马本人在上交制宪议会的回忆录里就讲过他结婚时如何沮丧，文件存放在国家档案馆，属于 D XIX 68 分类，第 4376 号。会议纪要存议会档案室，第 1 类，第 17 卷，50 页。迪朗·德·马亚纳《关于法兰西喜剧院演员塔尔马先生事件的报告》于 1791 年由制宪议会下令印刷发行。其他文件由亨利·达尔梅拉作为附录发表在勒尼奥-瓦兰出版的《塔尔马回忆录》里，巴黎，1904 年。还可以参阅奥古斯丁-蒂埃里：《拿破仑的悲剧演员弗朗索瓦-约瑟夫·塔尔马》（Augustin-Thierry, *Le tragédien de Napoléon*, *François-Joseph Talma*），巴黎，阿尔班-米歇尔出版社，1942 年，52—68 页。关于承认登记结婚所产生的后果，请参阅纳兹著作，154，第 6 卷，"登记结婚"。

教会从插手婚姻之事的那天起，就一直为将婚姻变成圣事而奋斗；不过它也很清楚，在它插手这件事之前，婚姻是一件世俗的事。教会本身从来没否认过这一点，而到民政机关登记结婚的基础又在经院学派大行其道的中世纪建得牢牢的。这种传统上的区别，阿坎的托马斯是这样表述的："在自然职能层面上，婚姻受自然法支配；在圣事层面上，婚姻受神的法则支配；在社会团体层面土，婚姻受民法支配。"① 当然，在他那个时代，自然法和混沌初开时由上帝建立的原始法则是一回事，民法和支配社会生活的法则也是一回事，而这个支配社会生活的法则又是靠教会启示或由教会明确规定的法则制定的。不存在把上述自然法和民法交由国王和世俗法官支配的问题。

根据传统上的区别，自然法和民法只涉及婚姻的"结果"（陪嫁、亡夫遗产、继承……），涉及婚姻"原因"的东西（圣事，传宗接代……）教会都给自己保留下来了。因此，什么是结婚障碍，以及分居、通奸、性道德等问题，都是教会说了算。这样区分民法和神的法则，正好使教会得以将程序简化，把日常事务交给主教和宗教裁判官。日常事务与世俗生活有关，牵涉不到宗教的根本原则。

然而，某些区分是逐渐明确的，在婚姻的世俗化过程中起了很大作用。不存在增加圣事条件的问题，因为圣事属于神的法则，只有神才有权力改变。因此，为了解决一些例外情况和难题，就应该把这个神圣而永恒的关键之点坚持住。比如，有时得把婚姻关系和婚姻的民事效力分开。有些人，在民事上被宣布了死亡，在社会生活中已经没有任何权利。这样的人，他们的婚姻是否就能够因此而被取消呢？他们的配偶能够因此就可以再婚吗？

---

① Thomas d'Aquin, *Commentum in Lib. IV Sententiarum*, dist. 34, quæst. 1, art. 1, 196, t. 11, p. 164 b.

如果他们的婚姻被取消，如果他们的配偶可以再婚，那就意味着人的决定可以改变神定的圣事，而这是不能接受的。因此，应该存在着没有民事效力的有效婚姻。同样，"临终时的婚姻"、暗中结婚，都可以将民事效力排除而使婚姻不受损害。相反，被推定的婚姻，即凭着诚心诚意订下来但与婚姻法相龃龉的婚姻（法律上无效但实际上存在的婚姻），能够在保留民事效力、特别是保留已生子女为合法子女的情况下被撤销吗？

最重要的演变是婚姻的定义，即把婚姻视如契约，这契约就成了婚姻圣事的要素。双方同意制，把神甫变成了权威见证人，把新婚夫妇变成了圣事的真正执行者，同时假定，许下的承诺（"愿意"字）是婚姻圣事的要素，就像水是命名礼的要素一样。可是，遇到聋哑人结婚的时候怎么办？通过代理人办理的时候又怎么办？所以，必须去找别的东西当作婚姻圣事的要素。这种要素就是"契约"，就是在这个词最广泛意义上的契约：男女双方达成的附带着某些义务的协议。这样，教会就可以为婚姻立法了，就可以为婚姻添加新的障碍和新的条件了，它可以不触及圣事，只触及婚姻的要素，即契约。

因果之间的区别，圣事和契约之间的区别，是旧婚姻法的两个缺陷，使世俗权力得以一点一点地占据地盘。领主和国王在其属下婚事上插一手，以避免通过婚姻结成危险的联盟，这样的想法表明了他们在婚姻问题上的主张。从 14 世纪起，民法学家就设法在下列问题上扩大他们的职能：解决无效婚姻的财产争端，子女的合法地位，通奸……16 世纪的民法学家终于依仗一项新的诉讼程序和神职人员法庭相抗衡。这项新的诉讼程序就是"存在弊端时上诉"。教会想控制婚姻事务？行！教会法庭可以包揽婚姻事务……条件是它得尊重王国的法律和习俗。如果宗教裁判官（宗教法庭法官）违反了王国的法律，或者不是像执行教会法那样执行王国的法律，就可以利用民事法院，撤销被判决为不正当的契约。这就是"存在弊端时上诉"[1] 的原则。

起初，之所以采取这一立场，是为了和暗中结婚进行斗争。16 世纪末，法国伟大的法学家对这件事发生了兴趣。居伊·科基耶（1532—1603）以《论法国教会的自主权》（1594 年）开了法国教派论著的先河。关于婚姻问题，他在直到 1656 年才出版的《再论法国教会的自主权和国王的法令与权威》中作了进一步阐述。他要求召开法国教会的全国主教会议来确立教会准则；他认为，法国首席主教应该能够行使婚姻豁免权，用不着到罗马去申请；主教会议可以确定结婚年龄，禁止孩子未经家长允许就结婚，宣布暗中结婚无效[2]……

法国教会自主论在 17 世纪整整酝酿了一个世纪，终于在婚姻问题上找到了一片施展身手的天地。1639 年 11 月 26 日，国王路易十三发表声明，明白无误地把婚姻问题提了出来："鉴于婚姻乃各个等级之摇篮，世俗社会之根本，家庭之基础，家庭形成团体，为团体制定规章提供准则……在家庭之中，孩子对父母出自天然的尊敬亦系臣子对君王依法服从之纽带。因此，先世诸王皆认为有必要关心家庭，将家庭的公共秩序制定成法律，关心家庭的体面，关心家庭的正直和尊严……"[3] 国王以平和的口气说明，他的权力是神授的，而不是人给的。这样，他就可以从罗马的桎梏下解放出

---

① 参阅德特雷著作，53，124—137 页，关于国王在婚姻事务上的最初干预；关于区分婚姻契约和圣事、原因和结果的起因，请参阅埃斯曼著作，64，第 1 卷，34—50 页；波蒂埃（Pothier）著作，169，9—21 页；巴德旺（Basdevant）著作（16）。但是，这些著作大部分都是围绕着关于法国教会和 1900 年前后关于登记结婚的论战展开的。晚近出版的书籍中，请参阅马东著作，132，234—239 页；塞凯拉（Sequeira）著作，190，124—126、138—157、158—226。

② Guy Coquille, *Œuvres*, éd. 1656, t. l, pp. 122 et 190 (degrés prohibés)；128 et 205 (âge du mariage)．Le second traité développe des idées déjà abordées dans le premier.

③ Dans Isambert, 97, t. 16, p. 520.

来，他的教会也就可以有独立的立场了，只要采取的立场不违背神权即可。这就是 1614 年①提交给三级会议、1682 年 3 月 2 日用国王敕令形式宣布的法国教会自主的基础。

路易十四时代，针对罗马教廷，法国确实凭借强权强化了自己的主张。那些不仅在婚姻事务而且在户籍事务中也起着举足轻重作用的本堂神甫，几乎变成了在严格监督下工作的官员。1667 年 4 月颁发的敕令就对教区登记的管理做出了这样的规定：登记由本堂神甫缮写，一式两份，由王国法官编号并在第一页和最后一页上签字；一份按年度交送法院档案室，一份留在教区，在本堂神甫死后封存。②

这道敕令没有引起什么大的波澜。于是，一项更强硬的措施就要出台了。1674 年，让·德·洛努瓦通过《婚姻中的王权》已经把国家在婚姻事务中的特权阐述得明明白白。这本书是法国教会自主论在婚姻问题上的第一部圣经，甚至在法国内部都引起了激烈论争。索邦神学院写了一篇论文，要进行反驳，但论文受到巴黎高等法院 1677 年 2 月 16 日判决的谴责，被压下来了。此后，争论就在学院之间进行。一直到大革命爆发，有不少法学论文重提或发展了洛努瓦的论点。一篇发表于 18 世纪下半叶的未署名论文，题目是《论神职人员和国家机关公职人员的权力》，将司祭人员说成了附属于王权的"某种行政官员"。根据论文作者的说法，如果婚约合乎国王规定的手续，本堂神甫就不能"因为无谓的顾虑和缺乏根据的理由"拒绝主持婚礼。③

---

① Isambert, 97, t. 16, p. 54. Article proposé par le tiers-état contre les jésuites et les ultramontains.

② Ordonnance d'avril 1667, art. 20, dans Isambert, 97, t. 18, pp. 137 – 139, confirmée par une déclaration royale du 9 avril 1736, *ibid*., t. 21, pp. 406 – 416.

③ Basdevant, 16, pp. 80 – 81. Sur le gallicanisme, voir aussi Esmein, 64, t. I, pp. 34 – 50 et Sequeira, 190, pp. 271 – 289.

当然，在这个问题上还必须慎重。在旧制度之下，高等法院从未公开取消过任何一桩婚姻，充其量也只是宣布某桩婚姻在民事上无效，或者判刑（直至死刑）。但是，冲突还是加剧了对立。种种事例中，有一个例子，即由特兰托主教会议和布卢瓦敕令规定的三榜公布结婚预告，可以说明问题涉及的面有多广。在这个问题上，教会和国家在原则上是一致的。但在具体事情上，态度就有了不同。比如，缺了结婚预告，婚姻会被宣告无效吗？教廷负责解释主教会议文件的部门认为不会，法国高等法院则认为会。结婚可以免发预告吗？教廷的负责部门认为可以，高等法院则认为不可以，至少也要发布一次。如果本堂神甫拒绝公布结婚预告，法院的执达吏能够代替他们公布吗？高等法院认为行，教廷负责部门则认为不行。在这样一个原则上已经取得一致、不应该再出问题的事情上，17 世纪又出现了一些小冲突。1650 年之后，高等法院的立场缓和了，冲突渐趋平静。除了未成年人结婚，高等法院不再把三榜公布结婚预告作为婚姻有效的条件，也禁止执达吏代替本堂神甫去张贴结婚预告。①

在法国教会自主论和教皇绝对权力主义论这两种立场之间，找到一条中间道路还是可能的。热尔贝在 1690 年写的《论结婚障碍问题上的教权与王权》中，就确定了这样一条中间道路。有两种观念：一种认为婚姻是圣事，但有民事效力（教皇绝对权力主义论立场）；一种认为，要到民政机关登记结婚，但外加圣事（法国教会自主论的立场）。两种观念之间还有余地，可以容下一种混合观念：在婚姻问题上允许双重立法。国王可以确定哪些障碍会使所缔结的婚姻无效，教皇可以确定哪些障碍会使作为圣事的婚姻无效。温和持重的人都赞成热尔贝的立场。

因此，到了 17 世纪末，形势趋于稳定，至少在暗中结婚的问题上是如

---

① Sur ces conflits concernant la Publication des bans, voir Basdevant, 16, pp. 70 - 71.

此。但就在这时，第二次冲突又起，再度引发了争论。实际上，到那时为止，新教教徒的婚姻没有多少问题。自从博利厄敕令（1576年），特别是南特敕令（1598年）承认信仰自由以来，新教教徒的婚姻都是依照他们的礼仪和教区会议规定的原则举行的，只要尊重为数不多的民法规定就行。从巴黎总教区会议（1559年）开始，经过长期酝酿，教规于1666年第一次公布。① 尽管天主教反对，王国却显得很宽容。不过，在1685年废除南特敕令之后，正式说起来，法国已经没有新教教徒了。给新教牧师15天的时间做决定，要么改宗，要么卷铺盖走人；至于新教教徒，为了避免他们成批出走，命令他们留下来，"等上帝高兴的时候再像开导别人一样来开导他们"。

一切都很有意思，但也造成了一些无法解决的问题。没有了牧师，也就没有了婚礼。本堂神甫拒绝给"异教徒"做圣事，这些人一下子就被剥夺了民事身份，被剥夺了其后代的合法身份。他们的婚姻变成了同居，所生的孩子变成了私生子女。问题立即被提了出来，1685年9月15日，国王下令，允许信仰新教的神职人员为新教教徒举行婚礼，条件是，他的活动要在法院官员监督之下进行，不能传道，不能主持祭祀。这真是"往木头腿上贴膏药"——毫无作用，因为新教牧师都被流放了，而法国又禁止在国外结婚。

于是，大部分婚姻就都在"荒野教堂"里举行了。"荒野教堂"是大家对以牧师为中心的聚会的叫法，可见新教牧师几百年前就打起"游击"来了。这是暗中结婚，因此，也就不能承认其民事效力。具有讽刺意味的是，这种婚姻天主教倒是承认，因为，只有在公布过特兰托主教会议"然而决定"的教区里，才要求婚礼上要有神甫在场……而"荒野"不是教区的一

① Voir Bels, 21, pp. 97 – 106.

部分。世俗权力却没有这样的灵活性。结果是，要么睁一只眼闭一只眼，要么进行严惩。一开始选择的是第一种办法：高等法院常常承认在"荒野"里举行的婚姻具有民事效力，视这类婚姻为被推定的婚姻；婚姻违法，但确实是诚心诚意地结成的，因而具有民事效力。这样一来，婚后所生的孩子就成了合法子女，旁系亲属提出的关于这类婚姻无效的申诉通常也都被驳回。

但这只能是一种权宜之计。让法官们遇到问题绕着走，头痛医头脚痛医脚地解决问题，法官们不能接受。到了 18 世纪，法官们就开始宣布新教教徒之间的婚姻无效，通过这样的做法，使这种站不住脚的办法行不通，向国王施加压力。从 1756 年开始，这个问题变得日益敏感，就此事上的条陈也多了起来。1787 年 2 月 9 日，巴黎高等法院要求国王"利用智慧，权衡利弊，拿出给新教教徒以法律地位的最为稳妥的方法"。于是，路易十六的智慧就在 11 月 17 日产生了一道著名的敕令，为在法国实行真正的到民政机关登记结婚打下了基础。[1]

这道"宽容敕令"的确制定出了一套替代宗教婚姻的民事措施：如果本堂神甫拒绝为一对新人举行婚礼，法官可以代替他主持。过去，一向是应该当着本堂神甫的面宣布结婚，因为本堂神甫是婚礼上的权威见证人；但是，如果本堂神甫拒绝将婚姻备案，公务人员可以对婚姻进行登记。在"荒野"里结了婚的基督教新教徒，可以在一年之内重新办理手续，使婚姻合法化。于是，基督教新教徒们就成群结队地往法官那里跑。在某些地区，法官们到各个乡镇上去转，以免老百姓跑远路！拉博·勒热纳[2]指出："可以看到这种情况，老头子们同时为自己和儿子以及孙子的婚姻登记。"大革

---

① Publié dans Isambert, 97, t. 28, pp. 472 – 487.

② *Annuaire ou Répertoire ecclésiastique à l'usage des églises réformées et protestantes de l'Empire français*, Paris, Brasseur aîné, 1807, pp. 7 – 8.

命前几年，在笃信王的君主制度之下，教会的不妥协性已经在垄断婚姻事务方面被打开了一个缺口。在这个问题上，教会法遇到的后果尤其严重：实际上，法官并不像本堂神甫那样只满足于记录新婚夫妇表示的同意。在教堂里，过去是新婚夫妇在本堂神甫在场的情况下结婚，而今却是法官为他们主持婚礼了。

因此，18世纪下半叶，在新教教徒的婚姻问题上，两种立场的矛盾激化了，法国教会自主论变得更加咄咄逼人。要求把婚姻从宗教约束下解放出来的呼声此起彼伏，其中就有罗贝尔-约瑟夫·波蒂埃（1699—1772）的声音。波蒂埃是18世纪一位权威法学家，1768年发表的《论婚约》，即便在使旧法律失效的拿破仑法典公布之后，依然是一部有参考价值的著作。

这一新论点的基础已为人所共知——"由于耶稣把婚姻契约提升到了圣事的高度，以使婚姻成为耶稣和教众结合的典范与形象化比喻"，基督教婚姻就既是民事契约，也是圣事。因此，婚姻"受世俗权力的法律管辖"，国王可以做出决定，禁止某些人结婚或者规定相关手续。不过，波蒂埃走得远了些，他还宣布不符合民法的婚姻为无效婚姻，因为民法里规定了废除婚姻的条款，而这样做符合各种契约共有的规定。法庭确实可以使一切含有违反民法条款的契约（买卖契约、租赁契约……）无效。可是，婚姻也在此列吗？更为重要的是，废除婚约把圣事也一道废除了吗？在波蒂埃看来，可能就是这样，因为"没有了成为圣事要素的东西，就不能有圣事"，而民事契约正是婚姻圣事的要素[1]。可以看出，契约和圣事之间早就存在的区别究竟会把事情引到哪里去。

波蒂埃的论点也有过当之处。他竟然认为婚约古老到这种程度，这让人忍俊不禁："上帝用亚当的一根肋骨造出夏娃，并把夏娃拉到他面前时，

---

① Pothier, Part. I, ch. III, art. l, nº 12, 169, t. I, p. 19.

我们这两位始祖立刻就立下了婚约。"不过，他只是借此回敬教皇绝对权力主义论的过当之处。他的这部著作把两个世纪以来的法国教会自主论作了个概述，直到 19 世纪中叶仍然有很大反响。

导致矛盾激化，教皇绝对权力主义论也难辞其咎。巴黎大主教德·朱涅大人就于 1786 年发布过新教谕，赋予年轻人更多的自由，违反父权，特别是不经母亲许可，也允许他们结婚。这是朝着纯粹的双方自愿的原则迈出的一步；这个原则，罗马教廷一直在鼓吹，而为法国教会自主论所不能容忍。争议很快就有了回应：12 月 19 日，巴黎高等法院提出一份长长的报告，为民法和王权对婚姻事务的干预进行辩解。在高等法院看来，民事契约是前提，没有这个前提，就没有圣事，因为民事契约是婚姻的基础。只有世俗权力能够承认婚约，能够宣布哪些是使婚姻无效的障碍。这是巴士底狱被攻克两年半之前，波蒂埃的论点被推到极致时的情况。[①]

革命婚姻

大革命前夜的形势就是这样。然而，即将出现的到民政机关登记结婚，并不是 1787 年为新教教徒创设的婚姻政策的直接结果。实际上，这也不是新政权最重要的课题。到民政机关结婚对老百姓不成问题，但对国家议员和那些想依仗王权实施父权的大家庭成了问题。大革命前的陈情表，没有一份提出过建立到民政机关登记结婚制度的要求。一些人顶多对特许制度有些怨言，并提出建议，希望主教将来能够有给予这种特许的权利。1789 年 8 月 11 日的法令接受了这项建议。

实际上，大革命在开始的时候依靠下层教士，并不想过早地去对付宗

---

① Détrez, 53, pp. 184 - 187.

教问题。有关婚姻的事没有立即被提到日程上来；制宪会议于 1790 年 7 月 12 日确实研究了婚姻问题，然而并未做出重要决定。但是，1790 年 7 月 12 日至 24 日讨论通过的"教士的公民组织法"把教士们激怒了。拒绝宣誓的教士变得更加不妥协，宣了誓的教士也在盛怒之下要求将宣过的誓作废。主教们拒绝依照 1789 年 8 月 11 日的法令赋予他们的权利对婚姻遇到障碍的人实行豁免，神甫们拒绝为可能引起争议的婚姻主持婚礼，尤其是天主教教徒和新教教徒结合的婚礼。另一方面，面对大量由拒绝宣誓的教士秘密主持的婚姻——一些乡村依然喜欢由拒绝宣誓的教士主持婚礼——一些行事极端的人则希望干脆将宗教婚姻取消。

这种紧张局面在宪法起草过程中有所体现。宪法是 1791 年 8 月起草、9 月 3 日至 4 日通过的。第二编第七条最早的表述是很极端的："法律只承认婚姻为民事契约。立法机构将为全体居民一视同仁地确立一种方式，使出生、结婚和死亡得到确认；立法机构还将指派官员接受并保管所有这类文书。"经过讨论，表述上有了些缓和，把"承认"换成了"重视"：因此，宗教婚姻虽然一直存在（宗教婚姻为法律所"承认"），但立法机构却不予重视（宗教婚姻不被"重视"）①。曾经使国王得以在婚姻问题上立法的契约婚姻，就这样被纳入了新制度的基本法。婚姻关系到的不再只是个人，但还没有涉及国家。

做出决定容易，实施起来困难。到民政机关登记结婚，但掌握户籍的却依然是神甫。在 1791 年 11 月 3 日的会议上，让·索纳因此义愤填膺地说："在旧制度下，民事职能和宗教职能混在了一起，两种职能都控制在神职人员手里。我们任由这种情况存在的时间太久了。其结果就使那些一直和旧公职人员打交道的人，在旧公职人员被替换下来以后，不知道该找谁

---

① Ronsin, 176, pp. 83 – 109.

去证明他们自己和子女的身份。这样，在宣布法律似乎保证所有公民都享有信仰自由的时候，把这两种不相容的功能合在一起，由一种信仰的神职人员排他性地行使，就在某种程度上使公民的政治权利从属于一种宗教制度，并由这种制度左右。"① 因此，必须改变法国的户籍制度，这可不是一件小事。经过漫长的讨论之后，1792 年 9 月 20 日的法律制定了一项至今仍然行之有效的制度：婚约要当着市政府掌管户籍登记官员的面签订。

当然，到民政机关登记结婚这件事引起了轩然大波。一些高级神职人员，如吕松的主教，将此事报到罗马，希望罗马能够帮助解决。教廷的枢机主教部于 1793 年 5 月 28 日回了一封信。对戒律的捍卫者们来说，当然不能让教会分立论者或鼓吹教会分立的市政府官员插手婚姻！要让法国人继续当着神甫的面结婚，没有神甫的时候，就当着证婚人的面结婚，如果可能，证婚人最好是天主教徒……一项大自由被巧妙地留给了宗教信仰，而最原始的以双方同意为原则的婚姻又应运而得以恢复。接着，为了保证婚姻的民事效力，枢机主教部同意新婚夫妇履行行政手续。这当然是有条件的，即不能把找市政府官员办手续视为结婚，首先要尽可能地举行天主教婚礼。神甫们被流放以后，在宣誓派教士或市政府官员面前结成的婚姻后来又都被罗马教廷宣布为无效婚姻，必须进行第二次祝福。然而，这第二次祝福要到 1801 年签订了和解协议之后才得以进行。

至于宣誓派教士，他们都遵行新的做法，但和教士结婚与离婚有关的事除外，这方面的事，他们一直拒绝。共和六年雾月二十二日（1797 年 11 月 12 日）召开的第六次，即最后一次法国主教会议，正式承认了国家在婚姻事务上的权力："法国自主教会只承认根据民法缔结的婚姻为合法婚姻。"②

---

① Cité par Basdevant, 16, p. 184.

② Sur le mariage révolutionnaire et les réactions catholiques, voir Basdevant, 16, pp. 173 - 198.

另一方面，一些爱国人士并不以到民政机关登记结婚为满足。科多尔省议员夏尔-弗朗索瓦·乌多就在 1793 年发表文章，为自然法婚姻进行辩护，说自然法婚姻能够给予夫妇更多的自由。其实，自然法婚姻"不是由法律，而是仅仅由双方的意志和愿望结成的"，能够"独立于法律而存在"。因此，也就不会有合法子女、私生子女和奸生子女的区别。这是姘居宣言吗？不完全是。一方面，因为法律手续和"一切能够使婚姻变得可敬的东西"，对"使子女地位、继承顺序得到保障"来说仍然是必须的；另一方面，因为在民法之外结成的婚姻也包含义务，特别是对子女的义务。乌多议员终于用婚姻的"果实"来为婚姻下定义了：合法但无子女的婚姻不能使用婚姻这个美名（至少因为拒绝要孩子而造成无子女的，不能使用婚姻这个美名！）。相反，"每生一个孩子，法律都应该认为父母双方都有满足大自然愿望的意图并尽了义务，因此就可以使用这个美名，至少，在不能证明其有相反意图的时候，应该这样"[①]。

自然法婚姻理论是基督教婚姻的世俗化。基督教婚姻一向被认为是神定的，人不能做丝毫变动。与一切革命立法（我们今天的立法大部分都是从革命立法中继承下来的）为基础的"契约婚姻"相反，"体制婚姻"错误地拒绝给予夫妇和立法机构以任何改变基本规则的自由：基本规则被认为来自神，来自大自然，或者来自爱国精神。在这种情况下，主婚的既不是人，也不是国家，而是父亲的身份，以父亲身份做出的决定是不能拒不接受的。后来，革命的空想主义者们又把这种既反对同居也反对正式婚姻的"自然"婚姻理论，作了进一步发挥。在婚姻出现危机的时候，这种理论还会冒出来，时隐时现。

博纳维尔于 1792 年发表了《夫妻新法典》，我们在其中可以找到相同

---

① Oudot, 158, pp. 3 et 7 - 8.

的见解。他想把这部法典加到民法典里去。在他这部法典的草案里，第一编第一条将婚姻定义为"一种将公民和祖国、将祖国和公民结合在一起的社会联系"。个人之间的结合只不过是这项基本契约的个别情况，包含着最重要的义务："法律要求公民生儿育女，世代绵延。"因此，只有已经娶妻生子的人才能够求得"公职"。婚姻变成了"'全'人①对自然欠下的一笔债，公民对祖国欠下的一笔债"。反过来，一旦公民生儿育女，还清了"债"，就被视为"不欠什么了"。如果他愿意，就可以和妻子分手了。②

可以清楚地看出，到民政机关登记结婚也是通过极端主义者、保守主义者和空想主义者之间的论战折中，最后才确定下来的。更主要的，这是18世纪哲学带来的必然结果：18世纪的哲学把两个人之间的契约看得比固定不变的习俗重要。不管这种固定不变的习俗是民事的还是宗教的，它对自由的诸多限制都已经是不能接受的了。

国家把教会花了19个世纪的时间才确立下来的东西接了过来，从这个时候开始，就必须把婚姻的各个方面都管起来。不管怎么说，结婚不只是（又来了！）个简单手续，并非只在结婚证书上签个名而已。在乡下要持续两三天的婚礼必须搞得豪华壮丽，要给人留下深刻印象，要把结婚的日子变成"一生中最美好的一天"。有些人预见到了这种情况。议员戈耶就要求制定"真正的公民婚姻仪式"：他建议造一座祖国圣坛，在圣坛上举行登记结婚，但这个建议未被采纳。

布瓦西·德·安格拉梦想的是个草坛：地上是葱绿的草，上面是遮天蔽日密不透风的大树枝丫。他的设想也不行，冬天不能用！博纳维尔在1792年出版的《夫妻新法典》里，也描述了一个很富于戏剧性的公民结婚

---

① *Integer*, *totus* (note de l'auteur). «Intègre», au sens étymologique, signifie «complet», Le célibataire n'est pas un être accompli.

② Bonneville, 28, pp. 9 et 14 - 19.

仪式，把主持婚礼和参加婚礼者的角色处理成了不信教的人在望弥撒。公务员成了真正的主祭，手里拿着一本宪法，就像拿着一本摩西十诫，对着新婚夫妇说话，声音很大，但含糊不清："你们好，两位自由公民！请时刻记住把你们结为合法夫妻的法律；你们的友爱和利益，应该使那条把你们联结在一起的纽带永不松懈。（对新郎）自由的男人，（对新娘）自由的女人，（对四名证人）自由的公民们，千万不要忘记，我们这个宽厚仁慈的民族为之做出了重大牺牲的宪法，要由家长以及妻子和母亲的警惕性来保护，要由年轻公民的爱心来保护，（对全体参加婚礼的人）要由全体法国人的勇敢来保护。"新婚夫妇致答词："自由万岁！民族万岁！善良的公民们，祝福我们吧！"公务员回答："愿这对新人幸福，白头偕老。"四位证人回答："愿新婚夫妇幸福，白头偕老！"[1] 必须真正相信这些豪言壮语才能够加以重复；在汗牛充栋的革命小册子里，这样的东西比比皆是。

共和六年果月十三日（1798 年 8 月 30 日）的法律，只是把每旬的最后一天定为结婚的日子，利用的是公民开周会的时间；公民周会也像一个大弥撒。确实，在指定举行公民周会的地方，总有人在宣读法律和市政当局的法令，宣传"勇敢行为"和"能够启发公民责任心和道德意识的行动"，宣布过去的一旬里的出生和死亡情况……市政管理委员会主席就在这样的群众大会上，在"杂耍和体操表演"中间，主持婚礼；这样的表演，小学教师要带着全班的孩子来看。牧歌式的田园情调和对大自然的崇拜一样，都是难以根除的。

然而，在这些我们可以认为可笑的尝试背后，有着使一项重大行动正式化的考虑，有着在仪式领域里和教会一争高低的打算。缺乏正式仪式，这种情况很长时间以来一直受人嘲弄，我们只要想一想龚古尔兄弟那句著

---

[1] *Ibid.*, p. 32.

名的话就能够明白："在这样的民事场合宣布男女结合，确实太像重罪法庭庭长宣布判决了。"① 20 世纪 50 年代，为了对付经常性的婚姻危机，信仰基督教的大学生青年还在考虑，"如今无声无息地进行的登记结婚"② 是否需要一种仪式。由于没有创造出一套真正的登记结婚的仪式，大革命终未能将宗教婚姻仪式彻底根除。

　　1801 年签订的和解协议恢复了宗教婚姻，但没有取消登记结婚。正如人们过去所看到的，1787 年是新教教徒排队等候将他们的婚姻合法化，到了 1801 年，就是天主教教徒争先恐后地去教堂举行宗教婚礼了。为了把登记结婚从与宗教仪式如此突如其来的竞争中解救出来，执政府凭借共和十年芽月十八日（1802 年 4 月 8 日）的法令，强制要求先到市政府结婚，然后再到教堂去举行祝圣仪式。

　　拿破仑法典就是在这样的基础上形成的，但带有更为高明的关于婚姻的想法。离婚法对那个时代来说太超前了，带来了不少过火行为，使新生的资产阶级政权因此而发生动荡。恢复圣事婚姻是不可能了，但至少可以对宪法承认的契约婚姻的效力进行一些限制。在新上任的立法议会议员看来，婚姻的某些方面，如家庭的建立、夫妇社会地位的改变，已经超出了由个人契约所承认的意愿的简单一致。因此，不能将一项和民族命运如此息息相关的制度完全扔给私权。于是，自然法又"悄悄"出现了，把婚姻变成了一项高于一对夫妻本身的机制。

　　推行这一系列法令，目的是要制定一项更为严厉的离婚法，最主要的是要取消双方同意这一原则。政府发言人、1801 年和解协议谈判的参加者和领导人、日后成了宗教大臣的波塔利斯所持的就是这样的观点。他反对

---

① *Journal* des Goncourt, 27 juillet 1877 (Paris, Fasquelle-Flammarion, 1965, t. II, p. 1193).
② 7, p. 20.

抱着民事契约思想不放的法学家：婚姻关系到的首先是社会，然后才是当事人，所以不能任凭个人的"激情"行事。他的主张占了上风，"体制婚姻"取代了"契约婚姻"。

自从拿破仑法典公布以来，必须在宗教婚礼之前进行的登记结婚，只在细节上小有变化，常常是为了简化手续。根据 1804 年的法典，婚礼应该在至少居住了六个月的市镇里举行；先要在市政厅前张贴结婚预告，连续两个星期天；还要有四个证婚人。市府官员要向新婚夫妇宣读法典中婚姻编的第四章，那是讲夫妻权利与义务的。听取了双方同意娶嫁的表述以后，市府官员以法律的名义宣布他们结为夫妻。结婚证书当场写好。如果新郎不满 25 岁，新娘不满 21 岁，结婚证里要包括父母同意的内容；富贵人家子女，男不满 30、女不满 25 的，必须出具三份措辞恭谨的证书；超过了这个年龄，一份即可。证书中也要列举这些内容：无人反对，按规矩发布了结婚预告、起草婚约的情况，当然还要有用出生证抄件证明了的各人的身份，或者，在没有出生证抄件的情况下，用由七位证人签字的公证书来证明。

这项民事婚姻制度实施起来并非总是那么轻而易举。比如，结婚预告的发布和宗教婚姻制度衔接得比较好：结婚预告在做主日说教的大弥撒时进行，用通俗语言，大声清楚地宣布，而且"要在三次不同的节日进行，其间要有合适的间隔"。整个教区都必须知道。可是，民事当局缺少定期的、必须参加的会议和场所，也没有这样的场所发布结婚预告。1787 年的宽容法令未能摆脱宗教制度：本堂神甫拒绝为新教教徒主持婚礼时，结婚预告由法院执达吏于做完弥撒以后在教堂门口发布。大革命时期和帝国时期都极力避免出现这种必要的情况。拿破仑法典第六十三条明确规定，要在市政厅前宣读结婚预告，还要将预告贴在那里。但是，根据 1813 年对波蒂埃著作进行评论的奥尔良律师提供的证据，即使在户籍官员提出反对之后，结婚预告还是在主日说教大弥撒结束时公布。[1] 只是因为后来开化了，从口头宣布改为文字宣布，这个问题才得到解决。从那时以后，结婚预告都贴在市府门口，无须再在大庭广众面前高声宣布了。

至于怀念旧制度的人对这项新制度的态度，可以用埃莉斯·乌瓦亚尔写的一部小说来概括。这部小说叫《恋爱结婚》，创作于 1833 年，但故事的背景是 1805 年，写的是布列塔尼一位贵族小姐（不情愿地）嫁给一个有钱市民的故事。为了避免婚礼到别处去举行，三个有关的权威部门同一天派人去了城堡。这"婚姻的三重纽带"要分别由公证人、户籍官员和本堂神甫来体现。当然，这是依照法律规定行事。可是，因为神甫迟迟未到，不能为新婚夫妇祝福，新娘的父亲就认为，女儿的婚礼只完成了"四分之三"。那位上了年纪的听忏悔的神甫确定不来了，只好再派人去请教区的本堂神甫——一位宣誓派教士，就是小姐一开始就拒绝了的那位。因为这个，小姐后来一直觉得自己没有真正结婚。这种为时已晚的讽刺出现在宗教婚姻企图利用复辟之机重整旗鼓的时代，背后隐藏的意图是可以想见的：天主教几个世纪以来告诉人们，真正的婚姻是在天上结成的，对虔诚的天主教徒来说，真正的婚姻不可能是民法典里说的那种。

19 世纪的反动

复辟的王朝未对登记结婚提出质疑，也未对登记结婚要先于宗教婚礼一事提出质疑。想在恢复旧架构的同时保住大革命突出成果的立法议会的议员们忙不过来，他们有别的更为紧急的事情要做。毫无疑问，宗教当局想恢复旧制，把要结婚的人交还给神甫，即使以对国家做些让步为代价也

---

[1] 169, t. I, p. 49, note.

行。例如，罗马教廷传信部于 1821 年承认，"世俗国王"对其"不信教的臣民"——说的是非基督徒——的婚姻有立法权，条件是国王制定的法律不能和自然与神的法则相抵牾。[①] 至于天主教徒的婚姻，则与神甫以外的任何人无关。这是白费力气："世俗国王"想保有的权利，是包管各种人的婚姻，不管你是不是基督徒！

君主制复辟时期天主教徒的希望一次次破灭，倒是让罗马教廷对登记结婚的正式反应在一段相当长的时间里显得不那么激烈，一直等到第二帝国时期，执拗的庇护九世登上圣彼得大教堂的宝座，才发出对登记结婚的明确谴责。教皇庇护九世于 1864 年 12 月 8 日公布的《现代谬误学说汇编》，重新简明扼要地提到了 1851 年、1852 年和 1860 年教皇通过书简和讲话发出的谴责。从这个时候起，这样的看法就是错误的了："由于有了纯粹的登记结婚，基督徒之间的婚姻就是真正的婚姻了；而且，说基督徒之间的婚姻一直是圣事，或者说婚约中的圣事一旦被排除，婚姻即属无效，都不对。"[②] 教皇并不以拒绝承认登记结婚的一切价值为满足，他要重拾将婚约当作圣事要素的旧观念，三个世纪以前，这种观念曾经成为基督教婚姻定义中的一个破绽。

1880 年 2 月 10 日和 1907 年 8 月 2 日，莱昂十三世和庇护十世分别以教皇通谕和教皇谕旨的形式，对渐渐蔓延到法国以外地区的世俗婚礼进行了谴责。莱昂十三世从总体上谴责了对传统婚姻观念的"攻击"："发生这种攻击的主要原因，是很多人脑子里装满了错误的哲学观念，沾染了腐朽的习惯，害怕顺从和服从甚于害怕一切。于是他们就不遗余力地去引诱，不仅引诱个人和家庭，也引诱整个人类社会，引诱他们去傲慢地蔑视神的

[①] Laisney, 109, p. 57.
[②] Pie IX, 164, ch. VIII, 73.

威严。"① 这番话说得起码坦率：在自由和服从之间，婚姻问题是选择问题：选择生活，还是选择宗教。

另一些人，特别是那些带有法国教会自主论色彩的教士，对新的婚姻形式没有表现出什么敌意，他们忍了，把这种婚姻形式当作一种毋庸置疑的既成事实忍了。路易－奥古斯特·罗比诺（1756—1841）在其于 1824 年发表的《就宗教的某些问题所做的教理和道德演说》中，表现得格外随和："毫无疑问，而且大家也都感觉到了，夫妻关系对国家利益、家庭和睦、公众安宁和公民命运至关重要，理应成为一个开明政府必须关注的问题；但你也必须明白，政府可以改变与民事契约有关的形式和安排，而不必因此去触动婚姻的实质，婚姻的实质是真不能改变的。"他甚至觉得，举行宗教仪式之前先在户籍官员那里办理手续，没有什么危险："形式变了，但内容没变，至少对天主教徒来说是这样。他们知道得非常清楚，履行完国王的法律手续之后，为了成为一个合法丈夫，还得去履行神及其教会的法律手续。"②

他是不是把基督徒的信仰估计得过高了？要不然就是其他的基督徒更为好斗？对民法典的反对事实上就聚焦在这最后一点上了：必须服从登记结婚的制度吗？行，但起码得把宗教仪式放在前面。天主教所怕的是混宗婚，自从哲学家、革命者和社会主义思想侵蚀宗教这座大厦以来，混宗婚越来越多了。受新无神论伤害最深的，是男人。修道院的教育，在男人们泡咖啡馆的时候仍然持续不断地去教堂望弥撒，使女人成了天主教的支柱。可是，如果一个虔诚的女天主教徒遭到一个不信教的人强奸，那男人答应

---

① Cité par Laisney, 109, p. 65.
② Robinot, *Discours dogmatiques et moraux sur certains points de la religion*, dans 139, t. 76 (1856), col. 450.

按宗教仪式娶她为妻，但到了决定命运的那一天，在户籍官员那里办完手续之后，他又突然拒绝举行宗教仪式，会怎么样呢？那个办了民事手续的新娘本人不会认为自己合乎手续地结了婚，教会也不会认为她合乎手续地结了婚，但她和丈夫却又是不可分离地结合到一起了，因为离婚法已经在1816年废除。婚姻未经神承认，但又不得不完婚，对最虔诚的基督徒来说，这一点特别难以忍受。这样一来，从教会法的角度来看，那女人就是一个和男人同居的人了，遭人厌恶！本堂神甫保利虽然承认，"在法国，我们的基督徒习俗把法典第二百一十四条的效力抵消了"，却并未因此而停止为争取优先举行宗教婚礼而进行的奋斗。①

为了解决这个问题，理论家提出了若干建议，他们对现行制度采取了容忍的态度，如同他们容忍建立在明目张胆的欺骗基础之上的婚姻里夫妻之间没有爱情一样。事实上，你不能把到教堂里去举行婚礼的想法写入婚约之中，那样会使婚姻失效：附有条件的婚姻是法律所禁止的。至于把婚礼的顺序颠倒过来，那会造成别的问题：法律所要求的条件不能将教会所要求的条件完全包括在内（特别是不能将自古以来就有的家长同意这一条包括在内）。万一法律不承认在教堂里举行婚礼的婚姻合法，那又怎么办呢？

关于登记结婚和在教堂里举行婚礼之间的分歧，不仅仅是理论问题。1847年5月4日在蒙彼利埃曾发生过真实事件，1859年1月29日在昂热也发生过：昂热的法官正式宣布一对夫妻分居，这对夫妇自1813年起就不在一起过日子了！法官认为，他们当年拒绝到教堂里举行婚礼是一种严重的冒犯，虽然他们事先做过去教堂的许诺。因为没有离婚，再婚是完全不可能的。诚然，在昂热的那件事里，夫妻年龄大了，再婚已经颇不相宜，而

---

① Paoli, 159, p. 162.

一些法学家希望看到的是将其判为无效婚姻，理由是搞错了人，拿破仑法典第一百八十条有这样的规定①。

确实，就这一问题发表意见的人，多数都极力想找到一些符合民法典的解决办法。于是，政治经济学和行政法学教授安塞尔姆·巴特比于1865年12月在政治与道德科学院宣布的论文中提出建议，在新婚夫妇到市政厅办手续的时候，必须问他们是否想举行宗教婚礼。如果他们保证去教堂举行婚礼，婚礼过后就必须回到市政厅来，在民事婚约的空白处注明已举行宗教婚礼。另外有些人建议，把市长请到教堂里去为天主教徒主持婚礼，这样就将宗教婚礼和民事契约合二而一，毕其功于一役了。比较极端的人则把问题的顺序颠倒过来，建议首先举行宗教婚礼，向本堂神甫提供一份证明，保证不会有使婚姻不被民事当局承认的反对意见。② 在民事和宗教两种权力对立的气氛中，这样的解决办法，抛开其复杂性不谈，根本就是行不通的。

另外，这个问题直到1884年才提出来。当离婚在法国又一次被允许的时候，裁判惯例即把答应在教堂举行婚礼而没有举行视为允许离婚的一个理由。另一方面，1870年以后，对罗马教廷来说，当务之急已经不是法国。19世纪下半叶确实经历了一场立法热。一些国家建立起来了，发生了变化，通过了宪法或民法典。公布民法典的国家有意大利（1865年）、葡萄牙（1867年）、西班牙（1889年）和德意志（1900年）。1848年至1875年间，德意志、奥地利、西班牙、法兰西、希腊、意大利、卢森堡、普鲁士、罗马尼亚、俄罗斯和瑞士，都通过了新宪法，或者对老宪法进行了彻底修改。独立了的拉美国家还没有计算在内，天主教在那些国家里也生了根。美国

---

① Sur ces cas, voir Batbie, 17, pp. 7 - 10.

② Batbie, 17, pp. 7 - 10; Basdevant, 16, p. 218; Paoli, 159, p. 162; Vanhems, 197, p. 143.

宪法和拿破仑法典常常成为别国学习的模式，而在比利时、日内瓦和普鲁士的莱茵河地区，登记结婚一直是法国占领的遗存物，从来就没有被废止过。

这样一来，19世纪罗马教廷的努力就集中到这些未来的国家身上了，不能让有与宗教分离性质的东西在这些国家滋长。一些国家（意大利和西班牙）在宪法里明确指出，天主教是国教；另一些国家，如厄瓜多尔，选举权只给天主教徒。登记结婚还是举行宗教婚礼，逐渐变成了法国一国的问题。罗马教廷已经可以为某些胜利吹嘘：比如，西班牙虽然于1870年采取了法国式的登记结婚，但到了1875年，又重新接受了宗教婚姻，而1889年的民法典则批准了登记结婚和宗教婚姻这两种裁定权。19世纪末，论述登记结婚的大部分书籍都环顾了全球的状况，给人的感觉是，在不得不放弃某一阵地时，作者们就又把火力集中到别处去了[①]。

然而，1900年前后，登记结婚和宗教婚姻之争又在法学史家中间掀起，而且延续的时间长得出奇。实际上，大革命前的法国教会自主论法学家（洛努瓦，1674年；波蒂埃，1768年……），已经把他们的理论建立在墨洛温王朝关于婚姻的民法优先基础之上。19世纪末，巴黎医学院法学史教授夏尔·勒菲弗（1847—1922）周围的一些史学家，对这种从来不曾受到过质疑的看法提出了怀疑。在勒菲弗看来，从开始的时候起，教会在婚姻问题上的权力就一直在行使着，从未间断。他的讲义于1900年、接着又于1906年至1913年间结集出版。他讲授的东西和他的同事——自1888年起就占据着巴黎医学院首席法学史教授宝座的阿代马尔·埃斯曼（1848—1913）讲授的相反。埃斯曼写的《论教会法婚姻》自1891年起就成了参考

[①] Voir notamment Vanhems, 197, ch. VII, pp. 205 – 214; Esmein, 64, t. II, pp. 52 – 58; Laisney, 109, pp. 102 – 193.

书，在这部著作里，他认为教会在婚姻问题上的权力是 10 世纪才开始有的。

另外，夏尔·勒菲弗反对的东西还不只是宗教方面的：接受法兰克人在立法上的优先权，就等于接受日耳曼人的一项重要遗产，而 1870 年以后的复仇民族主义极力要抹掉的，正是法国历史中一切来自德国的东西。两位杰出教授之间的争论，以及继之而起的两派学生之间的争论，"如今看来"似乎没有什么意义。墨洛温王朝时期的教会，不是 1870 年以来一直想扩展教权的罗马教皇的教会，而是基本上建立在省教区会议基础之上的教会，不信教的人常常和地方上的主教一起参加那样的会议。那时，"教廷"和"国家"之间的关系也没那么紧张，掌握着文化的主教和教士，如果不是国王手下的官员，也常常很自然地就成了国王们的顾问。因此，试图区分他们在这个问题上起的是"顾问"作用还是"法官"作用，似乎没什么意义。但是，这场博学鸿儒之间的争论竟一直延续到 20 世纪 30 年代，皮埃尔·都德于 1933 年和 1941 年先后两次发表论文，将作为团体的教会和作为有裁定权的教会做了进一步区分，争论才得止息。

是宗教仪式抑或民俗活动？

20 世纪一开始，登记结婚就遇到了危机，因为离婚制度再次确立之后，登记结婚需要重新定义。莱昂十三世的分析显得越来越正确：共和国稳固了，离婚制度重新确立了，人心就越来越不愿意受压制，而在法国人眼里，登记结婚的强制性还是太大。在主张自由同居的无政府主义者和想把合法奴役之最后形式废除的女权主义者夹击之下，婚姻这座大厦动摇了。

1900 年在巴黎召开的关于妇女地位和权利的国际会议，掀开了 20 世纪的新篇章。在会上发表演讲的人——男女都有——要求以契约自由的原则取代夫权。毫无疑问，法律允许就财产（负担和供给的分摊、嫁妆、财产的共有或分有……）问题签订合同，但是，在演讲者们看来这还不够，必须加上一条：可以同样自由地就"人"（特别是就妇女地位）的问题做出决定。与会者所提出的问题，把这种仁慈大度的想法推到了极致。那么，人们是否从此就有权在婚约里写上选择夫妻分居？或允许对方有非婚生子女，允许对方和别人生活在一起，三年之后分手呢？"当然是这样，"空想主义者演说家答道。从这一点就已经完全可以看出，这种从善良愿望出发的想法毫无价值①。

在与德国实行冷战和"复仇"政策的时期，因看到法国未来士兵减少而生的恐惧，演化成了对法国大革命创立、拿破仑法典不曾充分纠正的"契约婚姻"的普遍怀疑。如果婚姻只是个人之间可以随意签订和解除的一纸婚约，民族的最高利益还能有保障吗？于是，一些人就想以"体制婚姻""身份婚姻"的观念来代替"契约婚姻"的观念，这种观念将超越夫妻两个人的一般意志，甚至超越立法机构的意志。"就其本质而言，"G. 勒纳尔于1904 年就是这样下定义的，"婚姻乃是一种不受立法变化影响的原始制度，其天然和亘古不变的性质，是任何个人或公共意志都无法改变的。"② 在这种用词含有孔代哲学意味的形而上学的观念里，婚姻制度变成了一种抽象的、永恒不变的概念，是对神创制度的继承，人只能以将其稍加世俗化为满足。

同年，罗歇·瓦南在一篇法学博士学位论文里说，就其所包含的义务（忠诚、夫妻义务……）而言，婚姻不能和契约相比。根据他的意见，这些义务产生于一种"状况"，一种民事当局可以"承认"但不能"制造"的状

---

① Voir Kerambrun, 106, pp. 73 et 105 - 106.

② Renard, *Le mariage est-il un contrat*?, 1904, dans Laisney, 109, p. 36.

况。婚姻是一种所有人都必不可少的天然联系，而不是由法律"制造"出来的民事联系。结论显而易见：婚姻不能被法律解除，离婚应该废止。因此，瓦南呼唤受自然法支配的、不能解除的"自然婚姻"。这样就必须"废除民事的结合，而代之以天赋权利的结合，即承认自然结合的结果，这种承认已经不言而喻地包含在今天的结婚宣告中"①。在这里，我们看到的是一个世纪之前乌多和博纳维尔维护过的思想，但两者最终引出的结论各不相同。

为了解决因女权主义和离婚率上升而出现的婚姻危机，婚姻改革委员会于 1906 年在司法部组成，主席是亨利·库隆先生。委员会的常设办公室和那些态度积极的委员招徕了一大批对"两性结合问题感兴趣"的人，有作家、法官、议员、律师、哲学家……这些人吹嘘说，他们要"净化"婚姻，使结婚离婚都变得容易起来，给予妇女若干她们依然被剥夺的权利。委员会里有当时几位最著名的作家，如莫里斯·梅特林克、安德烈·纪德、皮埃尔·路易、朱尔·勒纳尔、亨利·巴塔伊、保罗·亚当、莫里斯·勒布朗、马格里特兄弟……都是一时之选，他们狂热地拥护女权和离婚。司法界和政界也派了些大人物当代表，其中就有普安卡雷②。

可惜，结果是雷声大雨点小。重提了一番只有建立在爱情基础上的婚姻才是"真正高尚的"婚姻这一类只能让论者发笑的陈词滥调之后，参加委员会工作的人公布了一项法律草案，然后就如石沉大海，没了下文，未能立即起什么作用。他们要求把"分有财产"作为必须遵守的合法制度，给予妇女完全的民事能力，缩短因通奸而判的刑罚期限，建立单方离婚制度（双方同意可以离婚，因脾气不合也可以离婚），减少结婚费用，简化结

---

① Vanhems, 197, p. 238 et passim.
② 普安卡雷（1854—1912），法国政治家，曾任内阁总理。——译者注

婚手续①……今天，这些建议大部分都已经变成了现实，但在当时，实行这一系列改革还是需要一点勇气的：这些改革把大革命以来政治家和作家的要求都正式地提了出来。法律草案超前，写进 1907 年 6 月 21 日法律的，只是草案中最缺乏勇气的那部分（简化手续）。当时，对改革家的反对很是激烈，但反对的焦点是离婚，因为害怕离婚的普遍化会导致同居的无限增加。

实际上，20 世纪上半叶对登记结婚做出的反应，说到底，牵涉的还是婚姻可不可以分离的问题。登记结婚已经成了习俗，不能再公开地进行攻击。两次世界大战之间，墨索里尼把婚姻大权交还给了教会；对墨索里尼政权的幻想，在法国使得某种希望出现反弹。不过，想将登记结婚完全取消已经是不可能的了，最多也只能希望将登记结婚变成"辅助"婚姻，留给非天主教徒，就像英国或美国那样；或者制定一种民法制度，承认宗教当局可以介入婚姻的缔结或婚姻障碍的确定。

因此，修道院院长维奥莱在提出由国家扮演"保护家庭，使家庭不至于成为滥用权力的牺牲品""解决因家庭本身的存在而出现的世俗问题"这一角色时，他小心翼翼，既没有反对登记结婚，也没有反对宗教婚姻。维奥莱院长以为，如果说"现代国家"在婚姻问题上"滥用权力"，那也是因为"国家似乎使婚姻关系的存在取决于立法机构的意志"。实际上，根据基督教的理论，这种关系不是来自"上面"，不是来自国家（或教会），而是来自"下面"，来自"当事人表明的意愿"。因此，"在某种意义上说，国家的作用和面对基督徒婚姻时教会的作用一样"，两者都只能"证实两个人之间产生的这种关系，而不能形成这种关系……更不要说解除这种关系了"②。

---

① 44，1906.

② Viollet, 203, 1932, pp. 59 - 60. Voir sur ce sujet l'article «mariage civil» de Naz (154), les livres de Laisney (109), de l'abbé Viollet (203)…

维奥莱十分巧妙地提到个人的根本自由，即只有个人可以决定是否要建立这样一种关系，为的是拒绝给予个人以另一种自由，即解除这种关系的自由。在维奥莱的眼里，在解除这种关系的问题上，国家和教会同样无能为力。诡辩还没有发展到悖论的地步，到了悖论的地步就很容易让人怀疑了。无论如何，他指明了一点，即在两次世界大战之间，登记结婚本身的存在已经不再受到质疑；但是，要加以保护的依然是婚姻的不可分离性，即使是非基督徒的世俗婚姻，其不可分离性也在被保护之列。

在这方面，教会的主要武器是公众舆论：在接受离婚的问题上，公众舆论比法律显得更加犹豫不决。不过，到公众舆论也发生了变化，离婚已经变得很流行的时候，教会就降低了要求，只局限在基督徒身上。另外，虽然不能阻止基督徒民事离婚，教会至少还能努力禁止他们再婚。今天，在新的教理问答中，民事离婚在某些情况下已经可以"容忍"，不再被视为"道德上的污点"了。但是，再婚还一直被视为通奸。

就这样，登记结婚完全变成了一种习俗，教会也渐渐放弃了它的大部分要求，只是仅仅局限在离婚和再婚上：关于离婚和再婚的要求，那是必须遵守的道德规范。但是，世俗婚礼仪式一直没有能够办得像宗教婚礼仪式那样喜庆中带着庄严，对于那些想让所有的人都把结婚这个"大日子"永远留在记忆中的青年人来说，宗教婚礼仪式永远都保有巨大的吸引力。把必要然而总显得有点令人厌烦的手续扔给市政府以后，宗教婚礼仪式甚至好像变得更加吸引人、更加给人以好感了，混宗婚或平常很少遵循教规行事的基督徒结婚，也都举行宗教婚礼，这完全是因为宗教婚礼仪式有魅力，并非为了这种仪式所体现的深刻象征意义。

因此，面对在教堂里举行的婚礼的含糊性质，一些教士像不信教但受了洗礼的人一样觉得尴尬。巴黎的教会法学家米歇尔·勒格朗认为："教士只愿意举行小规模的温馨仪式，他们觉得自己有责任彰显基督对教众的爱。

但举行盛大婚礼这项不能逃避的义务，却严重地歪曲了圣事。"① 由于没有世俗的结婚仪式，因此教会的结婚仪式就有变成民俗活动的危险。举行这样的仪式，一些教士接受，其他教士拒绝。

在不损害仪式庄严性的前提下，如今的天主教神甫或新教牧师，都让新婚夫妇一起参加庆祝仪式的准备工作：从今以后，与越来越生动活泼的基督教婚姻仪式相比，登记结婚倒显得死气沉沉、手续僵化了②。年轻人明显地感觉到了登记结婚手续和宗教婚姻仪式之间的差别。路易·鲁塞尔于1975 年对 18 岁至 30 岁的人群进行过一次调查，碰上了一对夫妇，他们已经在一起生活两年，刚刚办完登记结婚手续，正等着去教堂举行婚礼。"结婚不是一种仪式，"那对夫妇解释说，"就是签个字，是民事行政手续。我们不想按照美国人的方式结婚，美国方式就是到市政厅去，除了办证，就什么都没有了。我们总还是感觉到一些什么东西吧，我们觉得……对自己所做的事更有责任感了。我们结婚，不想让我们两家的人参加，因为我们觉得这是我们自己的事。"在进行调查的两个半月里，宗教婚姻仪式把 60个人结合到了一起，"为的是让我们最爱的人幸福"③。在这种情况下，宗教婚姻仪式变成了节庆，变成了社会生活中的额外欢乐。亲情则体现在世俗活动中，那种想让朋友分享的无边幸福在世俗活动中是表达不尽的。

在这个问题上，教会也逐渐改变了立场。从理论上讲，教会仍然只承认按照教会规定举行了婚礼的婚姻为完全有效的婚姻。但是，对于那些不

---

① Dans Bagot, 12, p. 62.
② "请您与陪伴您或将要为您举行婚礼的人一起，按照您的追求和教会建议您度过这一时光的方式，筹划如何举行婚礼。"［居伊·德·拉绍：《终身大事》(Guy de Lachaux, *Deux oui pour la vie*)，婚事操办中心散发的小册子，1994 年］"让新婚夫妇自己去准备这场特殊的礼拜仪式，说出他们想说的话，参与经文、赞歌、祷词和誓言的选择。"［泰奥·普弗兰梅：《为什么结婚?》(Theo Pfrimmer, *Pourquoi le mariage?*)，新教教会散发的小册子］
③ Bourguignon, 179, pp. 41 - 42.

信教的人，教会态度变了，承认登记结婚有效。和教会最初的态度相比，这是它迈出的第一步；连一些基督徒都希望教会再往前迈一步。"事实上，很多受过洗礼但不信教的人举行登记结婚以后，拿到了真正的结婚证，教会也承认。必须往前再迈一步，应该承认，信教的人登记结婚，即使这桩婚姻只有在教堂举行婚礼之后才具有真正的基督教意义，但在世俗的层面上，也已经是正式结婚。"这是约翰-保罗二世于1980年在罗马举行的一次主教会议上指出的方向，教皇在会上"承认只经过登记结婚的夫妻生活的价值"①。

这样一来，今天还成为问题的最后一点，即教会对教徒登记结婚的承认，也很快就能完全解决。登记结婚恢复了从罗马法和日耳曼法中继承来的原始传统，这两种法都把婚姻的立法权和裁决权给了非神职人员。

---

① Bagot, 12, p. 56.

第十二章

恋爱结婚

"婚姻作为一种制度，无可指责，而且我很乐意承认，婚姻可以是给人带来幸福的一个条件。实际上，我就很想哪天能够结婚。但一想到包办婚姻，我就觉得腻味了。"在今天看来，这样的想法好像十分自然；其实，20世纪30年代，在文学家、基督教或世俗伦理学家甚至立法机构为普及恋爱结婚而奋斗的那个时期，这种想法就已经是很自然的了。英国国王爱德华八世因为对一个女人的爱而逊位，成了温莎公爵。对他的这种做法，有些人颇不以为然。然而，这个从一登基就被说成"现代国王"的人，却只是突显了他那个时代的观念。

爱德华八世逊位，使英国感到震惊，那是因为英国已经把他变成一个"有魅力的王子"，一个在宫廷舞会上和美国夜总会里翩翩起舞的迷人的"国际级"人物，一个尚未结束维多利亚式初次荒唐的年轻人，正等着他登上王位以后循规蹈矩地行事呢！英国报纸和当时出的一些小册子，都还不知道那个后来它们很快就用大写字母印刷的名字：沃利斯·辛普森。有人说，这位威尔士亲王，虽然身边美女如云，却一直还是独身，因为"害怕选定一人会令众多应征者失望"。还有人说，王储在郊区咖啡馆里通宵漫舞，是一种"不应受指责的娱乐，但成为国王爱德华八世以后，再这样做就不行了"①。英国

---

① Voir Gaston Marchou, *Le roi Édouard VIII*, Paris, Plon, 1936 et Simon Arbellot, *Édouard VIII*, *roi moderne*, Paris, Denoël, 1936.

人希望他们的威尔士亲王人见人爱，但到了他 41 岁时，希望看到的就是一个循规蹈矩的国王了。

老一套的东西已经有上百年历史，只对大贵族和王室还有约束力。我们在巴尔扎克著作里看到的，是旧制度下的行为方式（无忧无虑地打情骂俏）和市民婚姻（基于利害关系而非爱情的婚姻）之间的对立。当年，年轻的爱德华七世穿着巴黎花里胡哨的女装、没完没了地等着母亲维多利亚女王过世时的那份放纵，人们都还记忆犹新。爱德华八世已经能够和美国接触——他笔下的美国是个"特别刺激的国家"，他正等着选一个能够配得上自己的王后。

英国公众舆论面临的就是这样一个背景。在上层圈子里，那种不安来得更加具体。乔治五世不同意他儿子对美国的看法。儿子回答大洋彼岸一位女记者的问题时说了，如果他爱上一个美国女人，就娶她为妻。听到这话，国王再也笑不出来了，他"立即断绝了王室成员和美国的私人来往"。可是，伦敦也有美国人。从 1931 年冬季一次著名的猎狐活动开始，人们经常看到威尔士亲王和嫁给了欧内斯特·辛普森的沃利斯·沃菲尔德在一起；欧内斯特·辛普森是一名美国商人，加入了英国籍，住在城里。沃利斯已经离过一次婚，这就使她不得不被排除在王室的一切正式邀请之外。确实，英国圣公会还没有承认离婚，而国王就是圣公会的首领。不过，最好还是不要对威尔士亲王说，他偏爱的那些舞伴和他的地位不同。"那么请您告诉我，这里谁和我地位相同？"他在南非总督举行的舞会上驳斥一位贵妇人时就是这样说的……

消息灵通的人都知道，沃利斯有朝一日会成为问题。另外，美国报纸并不遵守使英国报纸三缄其口的"君子协定"，就会不会在英国王后宝座上出现一个美国女人的问题不断地进行鼓噪。可是，在这个既不年轻也不漂亮的女人身上，威尔士亲王图的到底是什么呢？你得承认，沃利斯思想敏锐，判断力强，谈吐"机智幽默"，富有教养，对政治形势见解独到（她一天看四份报纸）。此外，对亲王在国内不受重视的社会阶层中进行的工作，沃利斯还给予了特别宝贵的支持。这倒不是因为他是社会主义者或工党党员，刚好相反，是因为他对英国社会问题特别感兴趣。他周围的人听他说起在约克郡工人俱乐部的见闻时，都会用同情的语气顺情说好话："啊！殿下，您可真辛苦了，您不太累吧？"在这个问题上，只有沃利斯能够驳斥他。

威尔士亲王可能就是因为沃利斯才没有结婚。根据关于亲王婚姻的1772年法令，威尔士亲王的婚事要经国王批准，还要经议会批准。爱德华没有任何希望，他得不到国王的批准，也得不到议会的批准。等着当国王吧！当上国王，决定权就属于他一个人了。因此，1936年1月20日乔治五世晏驾后，登上国王宝座的他就打算使形势明朗化了。"我想娶她，"他可能就是这样直截了当地对欧内斯特·辛普森说的。如果说，商人辛普森的回忆和国王的回忆都走了样，那么有一点还是可以肯定的，即爱德华在1936年一直在为沃利斯离婚的事操心。法庭对国王百依百顺，做得十分露骨，令左派报纸大为不满。爱德华让左派报纸反感的，可能就是这一点。

英国上流社会突然明白了，国王还打算像当威尔士亲王时那样生活。难道他就不明白，他担任了另外一种角色，游戏规则已经改变？他通过一个朋友在《每日邮报》上透露，他要根据自己的兴趣办事："婚姻问题一直是使他感到不安的诸多问题之一。他之所以准备无条件地履行自己对公众的义务，是因为他觉得婚姻问题是私事，只关系到他自己，王位的继承不会受到威胁，因为他的几个弟弟都已经有了孩子。"他想独身？你怎么理解，悉听尊便。但是，对那些能从字里行间看出东西的人来说，种种迹象都已经很说明问题。

在英国王室的一次正式晚宴上，沃利斯单独被邀，而不是和丈夫同来。这种做法不合情理。夏天在地中海旅游时，有人看到沃利斯在为爱德华挑选游泳衣；爱德华国王上身裸露，穿着短裤和她一起出现。坎特伯雷大主教——可敬的科斯莫·戈登·兰，接着是首相斯坦利·鲍德温，都试图使他回到理性上来，但是白费力气。没人想破坏国王的爱情，只是要他暗中进行，别那么张扬。"附近一所不引人注目的房子，花园门的钥匙，合乎礼仪的来往——这样的关系，在私生活里可能让人觉得惋惜，但是不乏赫赫有名的先例。"国王与斯坦利·鲍德温第一次交谈之后得到的就是这样的印象。针对这种维多利亚式的解决办法，这位"现代国王"说的是他想娶沃利斯·辛普森为妻，如果政府反对，即使不得不"引退"，亦在所不惜。

这里，国王在策略上犯了一个致命错误。他本可以想结婚就结婚的，他的婚事已经用不着先由谁批准了。但是，他想表现得随和些，于是提出建议，请首相了解一下，看看欧洲大陆王室与平民女子结婚的习惯，英国能不能接受。这样一来，首相将要提出的，就不再是朋友的建议，而是官方的意见了。如果国王不听从这个意见，就会导致公开冲突，而冲突只能以国王逊位或政府辞职来解决。鲍德温一任形势恶化，甚至让人产生这样的想法：他是不是想利用这件事来解决国王和大臣们之间一项更为严重的矛盾？布赖恩·英格利斯指出，国王和大臣们之间在内政（国王对工人阶层的同情）和外交（国王仇视德国）上都存在着分歧。最终会出现关于国王特权界限问题的宪法危机，这一点已经可以预见。最简单的办法，是让这场宪法危机在一件小事情上爆发。

事实上，反对国王的是整个政府（只有一个大臣除外）、保守党、教会、权势集团、势力强大的《泰晤士》报。工党支持他，民间报刊支持他，但前者的支持不得力，后者的支持是帮倒忙。经过十多天的较量，国王于12月10日签署了退位诏书。12月11日，国王在电台发表了一通演说，然后就到法国找沃利斯去了。由于以前在电台发表的历次演说都是顺着政府的意见说的，这次是国王第一次得到在臣民面前为自己辩解的机会。国王解释说："没有我所爱的女人的帮助和支持，我觉得担负不起那些沉重的责任，尽不了我作为国王的义务。"在工人区，有人认为"爱德华走的是一条唯一的、最该走的道路，因为，说到底，爱情才是世界上最重要的东西"。

在思想正统的人看来，逊位都不足以平息丑闻。1937 年的"剥夺法案"只给了国王一个温莎公爵的头衔，预先剥夺了他的妻子和孩子的"殿下"头衔；禁止主教为他主持婚礼。后来，一个工业小城镇里的牧师从报纸上看到了给主教们下的这道禁令，乃大胆自荐，为他们主持了婚礼。1937 年 5 月 3 日，沃利斯宣布离婚；6 月 3 日，她在安茹的康代城堡变成了温莎公爵夫人。昔日把芒什海峡彼岸的英国视为恋爱结婚仙境的法国人，如今可以把他们这个梦想还给英国人了。①

爱德华八世的爱情故事从几个方面来看都很有意义。首先，表现为拒绝：在两次世界大战之间，拒绝采取古老的、可以不将婚姻与爱情混淆而又能保住面子和爱情的解决方法；拒绝了古老的虚伪，而且还拒绝尊重一项大概可以适应新要求的法规。其次，表现为恋爱结婚在地理上的变化，自此以后，法国和美国取代英国和西班牙，成了欧洲人想象中的恋爱结婚的国度。再次，表现为爱情的民主化：古代有娶牧羊女为妻的国王，如今又有了国王娶平民女子的浪漫故事。一个想过这种浪漫生活的国王，不怕招致使自己失去国王宝座的丑闻，这样做了。

传统爱情

在谈论骑士那种"彬彬有礼的爱情"时，我们提到过中世纪爱情与婚

---

① J'ai principalement utilisé les mémoires du duc de Windsor (208), les livres de Brian Inglis (94) et de Ralph G. Martin (130) et l'émission de Frédéric Mitterrand, «Les amants du siècle, Edward et Wallis, la liaison fatale des Windsor» (France 2, avril 1994).

姻之间含糊不清的关系。非常注重父权和财产均等的现代，"乍看起来"，不利于爱神丘比特在婚约中进行不合时宜的干涉。在三个世纪的时间里，蒙田的严肃看法一直具有现实意义：维吉尔把维纳斯描绘成"赤身露体、生动活泼、气喘吁吁"，通过对维吉尔诗歌的研究，蒙田觉得这样的维纳斯"对于丈夫来说有点过于激动了"。爱情确实嫉妒，并且还"卑鄙地混入以别的名义建立和维持的关系——比如婚姻——之中，而出于结盟和财产的种种考虑在这种关系中所占的地位，与风韵和美貌相等，甚至更多。不管怎么说，结婚更主要的是为了生儿育女，为了家庭"。因此，我们这位哲学家偏爱由别人介绍撮合的婚姻，介绍人可以不那么激动。"这一切和爱情的俗套完全相反！因此，在可敬而又神圣的亲属关系中随意放纵也是一种乱伦。"另外，最脆弱的婚姻是由爱情结合的婚姻："婚姻必须有更为牢固的基础，结婚要格外小心，实在没什么值得特别兴奋的。"[1]

夫妻之爱——这种"乱伦"就像圣热罗姆所说的"通奸"！——从这样的终审判决里是翻不了身了。如果这种爱胆敢在夫妻之间出现（不管怎么说，爱自己生活中的伴侣，哪怕不是自己挑选的伴侣，总是一件很自然的事），它也得自轻自贱，羞羞答答，至少在文学作品里是这样。在文学作品里，男人想以比在生活中更为强大的姿态出现，文学作品也通过放大镜来描写社会的梦想。在《克莱芙王妃》里，王子只是到了濒临死亡之际才向妻子倾诉自己是多么爱她："我把我的大部分爱情向您隐瞒了，怕您觉得不自在，也怕表达的方式与我做丈夫的身份不合，因而失去您对我的尊敬。"[2]这情形的确显得有点浪漫，不过所反映的却是贵族的偏见：爱妻子是一件有失尊严的事，妻子会觉得爱是冒犯。情夫的爱可以原谅，因为情夫是轻

---

① Montaigne, *Essais*, III, 5, 144, pp. 64 – 65.

② Cité par Dulong, 59, p. 39.

浮的化身，是附属的；可是，一个完全依靠丈夫的妻子，怎么能够信任一个有着和情夫一样弱点的男人呢？瞽目小爱神的形象是彼特拉克①笔下的胜利之神：被爱神绑在战车上的俘虏都是赫赫有名的大人物。难道妻子想看到自己的丈夫也受到这样的侮辱？

如果说爱情仍然使少女们充满幻想，那也是在婚姻之外。那类卖弄风雅的小说传播的就是这种东西。因此，斯屈代里小姐的著作《伟大的大流士》里才有这样的话："爱情可以经过坟墓而继续存在，但它经受不了婚姻。"② 如果说，在莫里哀的戏剧中，婚姻中的爱还是有理性的，那么，在上流社会人的眼里，那也只是一种阶级现象。爱妻子，小市民一个！在《女学究》里，亨丽埃特把幸福局限在"一个爱你也为你所爱的男人"身上，但她的妹妹却以为那是"下层人的思想"："把这类事的低级乐趣，/留给那些粗人和俗人。"（第一幕第一场）莫里哀幻想的幸福是市民的梦，贵族是要故意杜绝的。在舞台上嘲笑贵族的莫里哀，是想用贵族挑选拿到宫里去演的那种没有灵魂的东西安慰他们吗？

女学者阿尔芒德并不拒绝爱情——她的选择正巧落在了妹妹的情人身上——但她排斥婚姻的思想让追求她的人泄了气："您不能对我抱有那方面的想法，/要光明磊落，排除其他；/这是心灵的结合，没有肉体的参加；/在情爱的妩媚中，您体验不到它。"在她眼里，完美的爱情只愿意"与心灵结合"，而把其余的都"当作可鄙的东西"（第四幕第二场）。且慢嘲笑那些超凡脱俗的女才子。她们拒绝夫妻之爱，可能是出于正当要求。实际上，想娶亨丽埃特为妻的那个克利唐德尔，先前爱的是阿尔芒德，但被阿尔芒德所要求的纯洁爱情搞烦了。这种纯洁的爱情，和克利唐德尔后来对那个

---

① 彼特拉克（1304—1374），意大利学者、诗人、哲学家，被誉为"文艺复兴之父"。——译者注

② Cité par Dulong, 59, p. 133.

通情达理不怕结婚的姑娘罗曼蒂克的爱，毫无共同之处。使阿尔芒德恼怒的正是这一点，即把排他性激情和夫妇之爱混到一起的玷污爱情的方式，这种方式着落在随便哪个准备嫁人的女孩身上都起作用。她宣称："什么也没有违背誓言可怕，/不忠实的心，在道德上是夜叉。"她这样说并不全错。

女才子拒绝婚姻，那是因为，在她们看来婚姻是怨恨的同义词，或者是打了折扣的爱情。她们和蒙田以及所有把爱情从婚姻中剥离出去的传统一脉相承，但她们却选择了对立的阵营，站到了反对朱诺的维纳斯一边。她们对婚姻的蔑视集中在婚姻的物质方面——性，怀孕，分娩。皮尔神甫小说中的女主人公建议试婚，甚至建议生了第一个孩子就将婚姻了断，因为生孩子是促使男人结婚的唯一理由……有些历史学家认为，17 世纪女才子的风雅，对 17 世纪至 18 世纪贵族家庭事实上和法律上的分居增加产生了影响。为了离开丈夫，一些妇女确实像那些女才子一样，乞灵于分娩问题，又埋怨丈夫让她们生孩子的次数太多；另一些人则豁出去了，反正都像坐牢，宁肯进修道院也不结婚……然而，在婚姻和爱情之间的对立变得日益尖锐的时候，也正是在才女中间萌生了幸福而忠实的爱情婚姻的希望。①

面对婚姻形象的每况愈下，伦理学家作何反应呢？我们知道，传教士过去支持基于利害关系的婚姻，对爱情表示怀疑，此刻，他们却慢慢开始为恋爱婚姻正名了：枢机主教托莱多于 16 世纪末，枢机主教黎塞留于 17 世纪，安托南·布朗夏尔于 1713 年，都曾谴责过让子女和他们不能爱的人结婚的父亲。佩里格的主教纪尧姆·勒布（1621—1693）甚至支持那些违背本人意愿嫁娶的年轻人："如果你们的父母想压制你们的爱情，让你们和不

---

① Dulong, 59, pp. 133 – 136.

喜欢的人结婚，你们可以反抗，但不能不尊敬他们。"① 至于法官，面对爱情的要求，他们并非总是无动于衷。从 17 世纪中叶起，法官即开始只根据宣称没有爱情就判决订婚无效了②。这样的例证很重要，但为数太少。我们得注意，在"你爱的人"和"你可能爱的人"之间是有细微差别的。在 17 世纪，恋爱结婚并非总在爱情中开始，而是提供一个适合爱情开花结果的条件。

在哲学家笔下，爱情也羞答答地回来了，条件是要"得体"，当然不能让无节制的激情引起浪漫主义的泛滥。回归本性（卢梭是象征），使天性方面的般配（爱好与性格）比社会地位方面的门当户对（门第和财产）显得更为重要。于是，恋爱结婚被说成了"天然"婚姻。"不要把那些只在特定条件之下才合适的人结为夫妇，"卢梭说，"因为，一旦特定的条件消失，他们就不适合再做夫妻。应该使那些不管在什么形势下、不管住在什么地方、不管会沦落到何种社会地位都合适的人结为夫妇。我不是说，是否门当户对在婚姻中无所谓，我要说的是，天然条件所产生的影响比门当户对重要得多，只有这种影响能够决定生活的命运，而一个女孩和一个男孩如果在趣味、脾气、情感和性格方面达到了这种程度的般配，做父亲的，不管他是王爷还是国君，就应该毫不犹豫地把姑娘给儿子娶过来，不管那姑娘出身多么寒微，哪怕是刽子手的女儿！"③

在他看来，在不幸中一起哭泣，都比家财万贯却同床异梦好。然而，爱情不是瞽目的爱神用箭把两个毫无共同之处的人穿起来就有了的，社会各个阶级之间的结合是有限度的。因此，卢梭认为"很难在下层民众里找

---

① Sermon VI, «Sur le mariage», 139, t. 12 (1845), col. 1079.

② Flandrin, 74, pp. 87 - 88.

③ Rousseau, *Émile*, 1. V, classiques Garnier, 1961, p. 515.

到一个能使体面男人幸福的妻子"。他明确指出，这不是什么品德问题，而是因为缺乏教育。"劳心者"应该在他们那个圈子里嫁娶。地位相称才会产生爱情，而使人移情易性的恰恰就是这种地位。最后我们还要注意，不要使这种相对宽容发展成任意挑选的自由：尽管爱弥尔更留心的是性格是否相合而不是财产是否相当，他的妻子仍然是他的家庭教师推荐给他的，不是他自己挑选的！

这就是1762年提供给公众阅读的东西。看了之后，我们同时还会意识到，财富的变动改变了价值体系。金融财富比土地财富脆弱，此起彼伏的破产造成的影响使社会不稳定。另一方面，富起来的市民和"暴发户农民"社会地位的提高，使原来的阶级界限变得模糊了。在财产相当、地位相等基础上结成的婚姻，可能不再像从前那样牢固。心心相印、性格相合，似乎成了最好的王牌。大革命使人明白了命运的脆弱，可能在提高爱情价值上也起到了某种作用。不管怎么说，在人事变动剧烈、很多人失势的社会大变革中，出于利害考虑结成的婚姻，其基础变得和两情相悦结成的婚姻一样不稳固。那么……

夫妻之爱羞羞答答地回来了吗？远非如此。单凭爱情结成的婚姻，成了普遍怀疑的对象。面对这种情景，夫妻之爱成了小事一桩，根本算不了什么。不如让我们听听为王后讲道的弗朗索瓦·巴莱（1702—1762）是怎么说的吧："凭着一股激情结了婚，然后会怎么样呢？我们的初祖遇到的情况是，他们违抗造物主，听了蛇的话，刚一屈从诱惑眼睛就睁开了，于是就认识到了自己的错误。他们因意志薄弱而脸红，为不幸遭遇感到羞耻……纯洁无瑕的友谊天长地久，疯狂的爱情转瞬即逝。"既然孩子被痴情蒙住了眼睛，为他们选择配偶就成了父母的事："上帝嘱咐我们尊敬父母，孩子若违背了这一条，就是犯罪。那么，如果他们在进行一项选择，特别是在进行一项有很多危险需要避免的选择时，不征询父母的意见就没有错误吗？"孩子们若是用暗中结婚的办法来违抗上帝的教诲，情形又会怎么样？"有多少不般配的婚姻啊！有多少婚姻是凭激情结成的啊！社会是何等的混乱！家庭是怎样地蒙羞！高贵血统与低贱血统混合到了一起，富庶与贫穷混合到了一起；低级而粗俗的教育与出色的基督教教育混合到了一起，默默无闻或臭名昭著的名字和闻名遐迩、对国家民族说来十分珍贵的名字混合到了一起。"①

安德烈-纪尧姆·热里唱的是同样的调子。他承认，恋爱结婚可能合乎天性，但合乎的是已经被色欲和罪恶搞得蜕化变质的天性。"最合乎天性的婚姻，即合乎根据造物主教诲应该有的、由于耶稣基督的拯救应该变成的那种天性的婚姻，是理智控制欲念的婚姻，是人只想从中获得纯洁而持久的乐趣，而不是可耻的肉体享乐的婚姻，哪怕肉体享乐合理合法……"② 关于天性还真有不少说辞！至于在天性堕落之前唯一经历过初始婚姻的亚当，他娶夏娃是为了爱情还是为了利益，这是个棘手问题，热里的神甫在这个问题上没有表态。还有一个问题必须解决：我们这位初祖会不会爱上别的女人，或者说他会不会想娶一个陪嫁多的女人……

结果：恋爱结婚在路易十六时代和女才子的时代一样，也是信誉扫地。1784 年，匿名发表的《一个独身男人关于肉体享乐的哲学思考》再次证实了这一点："时至今日，恋爱结婚已如凤毛麟角；恋爱结婚使采取这种方式结婚的人成了笑柄。"幸福婚姻稀少，即使有，也差不多总是在市民阶层，特别是商界。《特雷武》杂志③在举例子的时候所使用的词汇，把下述意见

---

① Sermon sur les Évangiles, IV, Sur la sainteté du mariage, dans 139, t. 49 (1854), col. 667 - 668.

② Prônes, VIII, «Sur le mariage», 139, t. 63 (1854), col. 875.

③ 《特雷武》杂志是耶稣会于 1701 年创办的一本文学杂志，专门发表攻击百科全书派启蒙思想的文章。——译者注

说成是前一个世纪的享乐主义哲学家圣埃夫勒蒙的："如今，丈夫爱妻子好像成了可笑又可耻的事，而闺房之乐则成了市民独享的乐趣。"① 根据贵族所遵循的原则对伉俪之情进行谴责，也成了败坏旧制度名声的老生常谈。以贵族道德规范的名义谴责夫妻之爱是一种陈词滥调，也促进了旧社会的毁灭。

然而，婚姻和爱情在 17 世纪至 18 世纪远没有到水火不相容的地步。有争议的是自然顺序问题。诚然，没有像斯屈代里小姐那本漫画化了的小说里描写的那样，执拗地禁止丈夫爱妻子或妻子爱丈夫，但恋爱结婚还是不得体的。夫妻之爱不是那种使青年男女极度兴奋的短暂激情，而是结婚"之后"才产生的有节制的感情，这种感情不能成为结婚的原因。例如，《女学究》里的特里索坦就是这样看的：亨丽埃特不爱他，但他觉得娶亨丽埃特为妻是很自然的事。"我想牵起您的手，/它会把被克利唐德尔占据的心变归我有；/我有充分的理由相信，/终能让您跟着我走（第五幕第一场）。"这真让人忍俊不禁，因为这个老天真的风流想法不可能有实现的机会。但不管怎么说，他的态度或者说打算，毕竟和他那位竞争对手不同吧？年轻漂亮的克利唐德尔的打算是，将心交给爱情支配之前，先找个老婆。

在 18 世纪的上流社会里，这样做是很自然的。1748 年，芳龄 18 岁的年轻姑娘德·阿凯利亚小姐离开修道院去和人家介绍的一位年轻男子见面。这是她第一次外出。见面回来之后，她把自己的印象写信告诉了母亲："我没有拒绝。我不可能拒绝。我希望，如果我们从此结为夫妇，我会很高兴地让自己去爱他。"② 对于人家给她找的丈夫不反感，就足以使爱情之花开

① Cité dans Ronsin, 176, pp. 21 et 23.
② Cité par Pilon, 165, pp. 73 - 74.

放了，不过要等结了婚以后。爱情显然是少女的梦，用不着小说来提醒。但是，聪明的女孩都知道，这是个实现不了的梦。两个大家闺秀于 1762 年的通信暗示了这一点。热纳维耶芙·德·马尔布瓦西埃尔给朋友阿代拉伊德·梅里昂的信就是这样说的："亲爱的，我觉得您真了不起。您说，德·弗拉维尼先生一直爱着他的妻子！真的，这爱情也太持久了。他们结婚马上就六个月了，一起生活了这么长时间，竟然还彼此爱着！真是为后人树立了一个榜样……如果我结了婚（不过这是不可能的），我希望丈夫心里只有我，只爱我。我会把让他高兴当成我最大的幸福，但我希望他也能这样待我，以便使他和我在一起生活的时候，像情人，而不是丈夫。"[1] 在塞维涅侯爵夫人不经意的仿作背后，在那封信开头的冷嘲热讽中，如果要下结论，我们就会发现，那是一颗纯真的心，梦想着相许，但受社会约束教育得太久了，已经不可能让自己的梦想自由驰骋。爱情？情人可以，夫妻嘛，想都别想……

婚姻的冲击

在思想守旧的人依然抱着出现不久的浪漫主义不放时，一部小说把 19 世纪初复辟时期婚姻与爱情的危机摆到了读者面前。这部小说就是巴尔扎克的《婚约》。小说出版于 1842 年，但写的是 1820 年前后的事。生活在巴黎的外省绅士保罗·马内维尔，27 岁那年决定回到领地上去成亲。他招来的只是一阵冷嘲热讽，而嘲讽他的那个人日后证明是其挚友。在他那位朋友德·马尔塞看来，婚姻已经不时髦了，只不过是上流社会装样子的东西，十分无聊。"好哇！去当个好丈夫、好父亲吧！你后半辈子会成为

---

[1] Cité par Pilon, 165, pp. 188 - 190.

一个笑柄的。"他接着又说了一席话，把他这个毋庸置疑的断言详细地论述了一番。

婚姻的第一个危险，是被固化。在动荡不定的 19 世纪，被固化是危险的。"危险在于：你在社会上就到此为止了，"德·马尔塞概括道。在新思想不断涌现的时候，婚姻提倡的却是慎重和保守。"结了婚，你就会变得呆头呆脑，你要算计有多少陪嫁，你会大谈公共道德和宗教伦理，你会觉得年轻人不道德、危险，最后你就会变成一个卫道士。"在大革命洪流和拿破仑功业的影响下，大户人家出身的年轻人在法国历史上破天荒地第一次受到这种"反习俗"的流行病感染。1816 年再次禁止离婚之后，婚姻就又进入了一种十分稳定的状态，成了精神和道德上因循守旧的象征。

除了这种担心之外，社会上还流行着一种说法：保罗结婚，是迎合"法国革命带来的市民习俗"。"今天谁还结婚啊？商人结婚，是为了资本生利；农民结婚，是为了两个人拉犁，或者生一大群孩子去当工人；结婚的，还有经纪人或公证人，因为他们得花钱去买自己的职务；再有就是倒霉的国王了，他们必须让倒霉的王朝后继有人。免受这份苦差使的，只有我们，而你却要去自讨苦吃？"问题的实质在这里：婚姻所暴露的，是市民习俗和富贵人家子弟社交放纵的对立。准备进入婚姻"牢笼"的保罗，想要体验的恰恰是"大多数人的生活，我守旧，我是市民，属于这个大多数"。在他眼里，和一个体面姑娘有一个体面的结局，是大革命的成果，也是新兴资产阶级的理想。

相反，德·马尔塞却把自己当成了风雅婚姻的吹鼓手，我们分析过 18 世纪的这种婚姻。在他看来，唯一可行的婚姻，应该是"以大领主身份"结成的婚姻：丈夫和妻子分开住，让妻子在"蜜月期"生两个合法子女，然后，夫妻俩完全生活在两处，丈夫外出旅行回来时，用书信通知妻子。此即大革命以前贵族的门面婚姻，唯一的问题是，这样做需要有 20 万利弗尔的年金收入①……

可是，保罗·马内维尔后来还是掉进了市民罗曼蒂克的陷阱：他不顾姊姊和公证人的劝阻，甚至违背自己内心深处的想法，一门心思地想恋爱结婚……因为他受的是旧式教育，只知道有建立在利害关系之上的婚姻，突然发现还有"不顾利害关系的爱情——关于这一点，良知让他保守秘密，连对自己都不能承认——他就把爱情当成了结婚的愿望"②。不巧，他碰上的是个西班牙女骗子，凭一纸婚约，巧妙地骗走了他的钱财。婚约里的奥秘，连保罗请的公证人都未能识破。

先在公证人之间，接着又在家里讨论婚约的那场戏，脍炙人口，几乎把面对婚姻的三种态度漫画式地勾勒出来了。在"老人"营垒中，有未婚夫的姊姊，她预感到侄子面临陷阱，要求签订婚约："我们这些老太太都很看重这样的问题：未婚夫有什么？未婚妻有什么？"但这个营垒中还有个体面而狡猾的公证人，他像从前一样，对恋爱结婚疑虑重重。"我听人说，像情人一样相爱的夫妻不生孩子。照这么说，结婚的唯一目的不就是找乐趣了吗？难道结婚的目的不是寻找幸福和建立家庭？"③ 财产相当，想传宗接代，是 18 世纪的家庭所要的婚姻；蔑视金钱，怕被孩子拖累，是自私的新式爱情。

保罗所代表的确实是一种新风尚——签订婚约的事，连想都不能想，他觉得那是对爱情的亵渎——结果却被未婚妻的公证人巧妙地坑骗了。这位公证人担保，说爱情顶得上一份陪嫁，可以被看成"姑娘的固有财产"。不过，这样的恋爱结婚，在成为罗曼蒂克的梦想之前，还是西班牙传统，

---

① Balzac, *Scènes de la vie privée*, *Le Contrat de mariage*, Paris, Furne-Dubochet-Hetzel, 1842, pp. 169 – 173.

② *Ibid*., p. 184.

③ *Ibid*., pp. 257 – 258.

需要参考未来岳母的意见。在没有实行过亨利二世敕令的地区，父母包办婚姻比较困难，而罗曼蒂克的抢婚传统激情四射，却依然家喻户晓：《唐·璜》和《塞维利亚的理发师》让 18 世纪的人浮想联翩，并非出于偶然。保罗的公证人承认这中间的区别："在西班牙结婚，得按照西班牙习俗办，想怎么办就怎么办；但是，在法国结婚，就得按照法国习俗办，那就理性多了，能怎么办就怎么办！"①

并非只有巴尔扎克感觉到了法国的这个特色。和法国特色相对的，不仅有西班牙式的婚姻，还有美国和英国式的"调情"。在埃德蒙·阿布于 1868 年发表的一部中篇小说里，写到斯特拉斯堡一个恋爱中的男人，说他在求婚方式上犹犹豫豫。"若在英国，爱上了阿达，我可以从获得她本人的芳心开始，然后再跟她一起去征求她父母的同意。在法国，如未经姑娘父母允许就和姑娘谈婚论嫁，是不道德的。"他虽然不赞成这种民族习惯，但还是遵守了。因年龄和宗教方面的差异，他在姑娘父母面前遭到了拒绝；因作为求婚对象的姑娘完全被蒙在鼓里，这一拒绝就变成了悲剧。②

孟德斯鸠的《论法的精神》于 1750 年出版，早于 1753 年公布的婚姻法，他在书中已经指出英国和拉丁民族有这个特点。他解释说，在英国，女孩子常常"滥用"法律，以便按照她们自己的兴趣结婚。不过，她们这样做可以被谅解，因为婚姻是她们可以选择的唯一出路。圣公会取消了修道院，使她们没有了别的选择余地，如果人家给她们找的丈夫不合心意，没有了修道院，她们就无处可逃了。相反，西班牙和意大利的女孩子就得不到这份谅解：孟德斯鸠认为，西班牙和意大利的女孩子不经父亲同意就

① *Ibid.*, p. 207.

② About, «La fille du chanoine», dans *Les mariages de province*, Paris, Hachette, 1868, p. 16.

结婚的习惯"不合情理"。如果她们拒绝了一门亲事，不选择进修道院又能怎么样呢？①

西班牙是爱情的天堂，在那里，是先把所爱的女人抢走，然后再偷偷结婚；英国小姐不管父母是怎么想的，只按照自己的心意结婚。在法国人的想象里，这两个国家是夫妻之爱的主要避难所。《塞维利亚的理发师》中那场在暴风雨之夜偷偷举行的婚礼，或者是那个神秘的铁匠格林，都使人产生这样的幻想，从这种幻想里又生发出浪漫主义。因为，正是复辟以后的法国，使自己用了两个世纪去扑灭的爱情之火，首先在日耳曼民族各国，接着又在异国情调的拉丁民族国家里重新燃烧了起来。婚姻观念不能不受爱情之火的影响。

想认真改革法国习俗的伦理学家，很自然地转向了英国、德国和美国。1879 年，瓦朗谢讷的国民议会议员路易·勒格朗成了恋爱结婚的坚决捍卫者。他特别对修道院施于女孩子们的教育提出了批评：姑娘们在修道院里与世隔绝，和异性没有任何交往，需要找丈夫的时候只能认可父母做出的选择。"思想上没有一点共鸣，性格上完全不合。"他抱怨道。在这一点上，最好采取盎格鲁-撒克逊模式。"在美国、英国和德国，姑娘们独自外出，一切自立。自主结婚；看到她们与青年男子随随便便或热情友好地相处，没人觉得唐突：爱情正是从这种亲密接触之中产生的，然后再因为有了爱情而结婚。"② 这种美国式的"调情"值得引入法国——法文里甚至连"调情"这个词都没有，这是很能说明问题的。可是，英文里"调情"一词正是从我们祖先对妇女说的"甜言蜜语"一词转化而来的，这还需要提醒吗？我们这些不肖子孙啊，竟然连甜言蜜语都不会说了！

---

① Montesquieu, *Esprit des lois*, 1. 23, ch. 8, éd. Bordas, 1990 (classiques Garnier), t. II, p. 104.

② Legrand, 117, pp. 75 - 76 et tout le chapitre III.

不过，法国上流社会已经丢失、如今要到外国去寻找的这种感情，在不爱赶时髦的阶层里却依旧保留着。亲拉丁甚于崇盎格鲁-撒克逊的司汤达，在意大利找到了这种感情。他说，使法国人远离爱情的，是虚荣心，是怕让人耻笑，是难以摆脱的唯恐被所爱女人抛弃的念头。因此，在法国找不到意大利式可歌可泣的爱情；在意大利，失恋的绝望不会让任何人觉得可笑。"在巴黎，要想找到爱情，必须深入下层，到没有受过教育也没有虚荣心、正在为基本需要而奋斗着的人中间去找，那些人还保持着活力。"[1]异国情调和对下层百姓的兴趣，成了法国浪漫主义的两个奶头，哺育了她要寻找的爱情。

促使爱情婚姻这个梦想产生的，确实是文学作品。在这一点上，爱打笔墨官司的人、伦理学家、听忏悔的神甫……还有文学家自己，看法一致。1856年，政治与道德科学院把"文学与戏剧对当代习俗产生的影响"这个题目抛了出来，作为年度竞赛的作文题。昂热的宫廷顾问欧仁·普瓦图于1857年发表的那篇文章就是这次竞赛的获奖之作。同年，采取了实际行动：《包法利夫人》和《恶之花》被大加挞伐，成了这场运动的第一批牺牲品。

欧仁·普瓦图于1857年发表了《论现代小说戏剧及其对世道人心的影响》；夏尔·普瓦万于1872年发表的《论法国文学的腐败》推波助澜；埃内斯特·塞利埃尔发表的《浪漫主义与民风民俗》唱的也是同一个调子，狠批浪漫主义：世风日下，通奸越来越多，离婚，不幸的婚姻……都来源于法国的浪漫主义狂热，是轻率冒失的文学家向年轻人灌输的爱情毒素造成的。"为了抨击婚姻的流弊，"普瓦万揭露道，"他们就否定、破坏、诅咒婚姻本身。唯一能使婚姻变得神圣的是爱情，他们由此得出爱情与圣事水火不容的结论。选择丈夫的自由，引出了一个接一个地选择情夫的自由；

---

① Stendhal, *De l'amour*, ch. 49, Paris, Le divan, 1927, t. II, p. 13.

纠正错误的权利，变成了可以屡犯错误的权利。"①

在当时的小说里，同样的主题反复出现。从福楼拜塑造的女主人公身上抽象出来的"包法利夫人精神"弥漫在当时的文学作品之中。读了不许女孩子看的禁书而变得狂热的姑娘，不只是艾玛。莱奥迪·德·尚塞用安德烈·莱奥的笔名发表了《婚姻丑闻》（1862 年）。莱奥写的是一个深受《保罗和维吉尼亚》一书感动的年轻农民正热恋着一个小地主的女儿。埃德蒙·阿布小说中的主人公马夏尔教授，尽管是学自然科学的，且已年届 35 岁，冷静有余，热情不足，却以文学的尺度判断他和司铎女儿的爱情："难道我真像小说里写的那样，爱她爱得发狂？我说不清楚，不过，这一年来，我的感情和全部思想，确实一直都在围着她转。"②

但是，英国、德国、西班牙和意大利的影响，对农村或民间爱情的向往，某些小说的成功，就能够解释，18 世纪一直受贬抑的恋爱结婚何以突然之间就大行其道了呢？老一套东西的革命性改变，就能够把一个好争辩、不讲廉耻的民族，变成一个充满爱情狂热的民族了吗？大概不能。这首先要有一个观念上的变化，能使 1789 年以前就已经表露出来的情感不再受到蔑视，而是得以在社会的尊重中开花结果。一切都在我们到处可见、和夫妻之爱连在一起的"市民"这个词里。在不合常理的阶级偏见影响之下，一般人最终都相信，贵族不可以爱自己的妻子。在这一点上，19 世纪没有什么变化。司汤达还能够碰到"富有的年轻人以表现轻狂为荣，为的就是让人以为他们仍然像过去一样有教养"③。害怕永远陷入婚姻的"可笑境地"的，是巴尔扎克笔下的德·马尔塞一类人物。但是，和举止虽尚有欠缺但

---

① Cité par Ronsin, 177, pp. 73 – 74. Sur cette question, *ibid*., pp. 70 – 75.

② André Léo, *Un mariage scandaleux*, Hachette, 1862; About, «La fille du chanoine», dans *Les mariages de province*, Hachette, 1868, p. 14.

③ Stendhal, *De l'amour*, Préface, loc. *cit*., t. I, p. 23.

已掌握了政权的资产阶级比较起来，德·马尔塞们从此成了少数，而像巴尔扎克塑造的马内维尔那样的乡绅，已经打算以"资产阶级的方式"过恋爱结婚的生活了。

新式生活产生新式心性。对资产阶级来说，社交活动成了工作之余的休闲，不再是生活中必须做的事情。根据司汤达那个从此广为人知的分析，爱情是需要时间来"凝结"的，有一个"结晶化"过程：出现在夜晚舞会上的那个女人，如果第二天又在无聊的社交场合见到了，你怎么可能爱上她呢？产生希望和怀疑，需要时间；让新偶像在回忆中产生光环，需要时间；使爱情"结晶"，也需要时间。问题就在这儿："像从前在法国宫廷中能够见到的那种真正的上流社会（我想，自 1780 年以来，那种上流社会已经不复存在）于爱情不利，因为那个上流社会使'孤独'和悠闲几乎成为不可能，而孤独与悠闲于结晶过程却是不可或缺的。"① 对今后统领社交生活尚缺乏历练的资产阶级，掉进了风雅的陷阱，对从前就曾经附庸过风雅的人来说，这不会有什么严重后果。福楼拜好像要使司汤达的理论发扬光大，他把舞会的场面描写得令艾玛·包法利久久不能忘怀。如果那种舞会每天都有，她还会那么痴情地爱上鲁道夫吗？

另外一些更带物质性的因素，同样使爱情得以在大革命后的法国开出鲜艳花朵。最重要的是有了过上真正夫妻生活的可能性，私密的单元房使年轻夫妇能够单独相处，这在传统家庭里是完全不可能的。社会的基本单位逐渐变为一对夫妇，而不再是部族家庭。从前的贵族大府第或家庭农场，使人不得不杂处，于爱情的发展不怎么有利。夫妻家庭的普及和"这种普及使爱情成了必然"②，是 19 世纪的一项重大社会变化。为了解释工业革命

---

① Stendhal, *De l'amour*, ch. 13. loc. *cit*. , t. I, p. 68.

② Métral, 137, p. 18. Voir aussi sur cette question 136, pp. 211 - 229, ainsi que Segalen, 187, Shorter, 191, Muchembled, 151, Burguière (35, t. II. p. 111) ...

的这种现代演变，有人提出了几种假设。在很长时间里，人们把这两种现象联系在了一起，并把更为紧密的夫妻核家庭的产生归之于移民，归之于离开土地且脱离了古老家庭结构的农民。在这样的家庭里，爱情代替了遗产。这样的解释不无道理，我们今天从中看到了一个漫长过程的结果，从16世纪起，这一过程改变了社会生活、政治生活，也改变了家庭生活。更加"文明"、能够控制自己的冲动、使感情生活和精神生活内心化了的现代人的形成，伴随着更加细腻情感的萌生，伴随着对爱情更加敏锐的剖析。不管是真实的还是幻想出来的，大革命之后，民众的典范变成了可资参考的对象。

文学作品里的爱情

不过，我们用不着为法国人的精神健康担心。并非所有的人都在大革命中昏了头。我们称之为"爱情"的东西，还掩盖着各种不同的真实情况。用司汤达的话说，我们还可以碰到"有情趣的爱情"，这种风雅"1760年前后弥漫于整个巴黎"。巴黎的一切，直到夜色，都应该是"玫瑰色"的，这座城市很拿人们的情趣当回事。我们还可以碰到"虚荣的爱情"，这指的是某些男人的"爱情"，这类男人虚荣心强，他们把时髦女人当作名马来炫耀，招摇过市。"这种庸俗关系最令人满意的地方，是习惯提升了肉体的快乐。回忆能使它变得有点像爱情……由于想到小说里的描写会使你兴奋得透不过气来，你就以为自己是在爱，还觉得自己有点忧郁，因为虚荣心也可以让人误以为那是一种伟大的情感。"[1] 这两种爱情又把我们从思想上带回18世纪：无聊的打情骂俏和结婚以后产生的伉俪之情是可以容忍的，需

[1] Stendhal, *De l'amour*, ch. 1, *loc. cit.*, t. I, p. 29.

要防范的是痴情。因此，在 19 世纪，传播痴情的小说就只能披上有节制的夫妻之爱的外衣。

我们在埃德蒙·阿布的小说里发现的就是这种思想。在《曼弗鲁瓦》里，阿布写了一个读了现代小说兴奋不已的贵族小姐。根据贵族和本省——书里所说的这位小姐是格勒诺布尔人——传统，小姐应该进修道院，以便把遗产完整地留给哥哥。"可是，她是一个好幻想的人，"她的父亲抱怨道，"和那些时髦青年一样。她想被人爱，想得到自己应该得的那份幸福。"读者很快就放心了：那个小姑娘所憧憬的，无非是去爱她父亲将要给她找的男人。真的什么都没变①。

我们在埃莉斯·瓦阿尔写的《婚姻与爱情》（1833 年）里发现的是同一个模式，也是一个小说化了的故事。一男一女硬被撮合到了一起，双方都很冷淡。"我是永远不会爱这个女人的。"男的抱怨道。分开 12 年之后，两个人又聚到了一起，谁也没认出对方来。他们彼此心生好感，夫妇之间竟然产生了爱情。尽管对包办婚姻提出了审慎的指控，人们还是认为，男人努力去爱给他当了老婆的女人天经地义。这两个年轻人的第二次婚姻也是包办的，不过那是在美丽的奥弗涅的一个城堡里，一个暴风雨之夜。一切都中规中矩。

因此，莱奥迪·德·尚塞的小说《婚姻丑闻》里几种不同爱情之间的冲突，使我们觉得很有意思。作者是个年轻女子，普瓦蒂埃的名门之后，动手写这本小说时，她芳龄 20，刚刚结婚。但是，她却不得不等了 12 年，才给这部小说找到出版人，而且小说还必须用一个男性作者的名字匿名出版。安德烈·莱奥这个名字，是用她一对孪生兄弟的名字组合而成的。她想象出来的"婚姻丑闻"，是米歇尔和露西之间的婚姻。米歇尔是个农民，

---

① About, «Mainfroi», dans *Les mariages de province*, Hachette, 1868, p. 86 et 111.

412

露西是个殷实的乡绅之女。这种门不当户不对的婚姻在当时已经相当普遍。尽管为了减少议论做了很多铺垫——露西喜欢劳动，米歇尔爱好读书——通过女主人公表露情绪时的那种反感，愤愤不平的意思还是能够让人十分明显地感觉得到的。嫁给一个农民？"她宁愿去接受圣女贞德或伊丽莎白·弗赖伊那样的使命。她宁愿在箭雨中越过台伯河；她宁愿像阿丽雅那样，把匕首插进自己的胸膛；或者像索弗尼斯贝，一口气把毒药喝下去，干什么都行，就是不要成为耻辱的牺牲品，让凌辱与轻蔑的利箭把自己杀死。"①分析鞭辟入里，但文笔夸张，多少有点以词害意。

因为，几个人物的悲剧都是根据一些老生常谈的东西推论出来的。对于这类老生常谈，小说作者分析得十分认真。因此，露西那位和专区区长儿子订了婚（这是一桩基于财产门第考虑的婚姻）的表姐，就信心十足，相信"这桩婚事的好处和未婚夫的才干"一定能够唤起她的爱情。"你现在非常爱他，是不是？"露西问道。"我现在应该爱他了！"布尔东小姐回答。布尔东的父母精心培养过女儿，以使她进入妻子这个角色，这和露西在她那桩幸福但遭物议的婚姻里所扮演的角色形成了鲜明的对比。"爱情是婚姻必不可少的条件吗？"那个嫁得不错的表姐的母亲问道。"为什么不是呢？"布尔东先生回答，带点犹豫。"我女儿年轻漂亮，纯洁可爱。她怎么就不能要求得到一个体面男人真爱的幸福呢！奥雷丽不好幻想。我觉得不应该让她有什么幻想，这是为她好。她明白，女人的一生是奉献。只要丈夫大面上过得去，他在外面做什么，她都应该视而不见，照样尽自己的妇道，忠实、顺从。"

---

① 由于历史的隐喻随着潮流变化，这位小说家的幽默也变得有些暧昧了。伊丽莎白·弗赖伊（1780—1845）是教友会一位自愿探监者；阿丽雅是罗马帝国一位牵连进反对皇帝案子的元老院议员之妻，看到丈夫不敢自杀，她就在丈夫面前用匕首自尽，使丈夫有了勇气（"帕蒂斯，这算不了什么！"）；索弗尼斯贝是尼米底的王后，为了不让自己成为"非洲人"西皮永炫耀胜利的证据，服药自杀。

不得不立即承认，那可怜的姑娘真需要受一点这类克己忘我的教育。

然而，在当时的老一套做法里，还有一种可替代基于利害考虑的婚姻的唯一办法，那就是发疯的爱、无理性的爱；在这种疯狂的爱面前，必须折服。我们不是野蛮人，我们有文学修养。露西的母亲只知道有这么两种婚姻：一种是爱得死去活来的婚姻，因人品出众而被认可；另一种是"财产门第相当，水到渠成地结成的"婚姻。茹尔丹夫人或罗西纳夫人说过：没有折中办法。如果她女儿是小说中嫁给了"男主人公"的"女主人公"，作为母亲，她准备同意这门奇特的婚姻。但是不巧：露西只认可"经过深思熟虑的最深切的爱"，只要求得到"一个完全自立的朋友、伴侣，为了他，她可以心甘情愿地去死"。

当妈的惊诧了。"你这不是爱，你就是想和社会地位低下的人结婚！……但这是可耻的！丑恶的！……"情况确实比较复杂。小说作者不相信罗曼蒂克的爱情。"本世纪上半叶对于爱的必然性吹得太过了，"她解释道，"爱情被说成'不可抗拒的''神圣的'，很多荒唐事都拿爱当幌子，得到了开脱。"露西的爱情不是那种不可抗拒的激情，"如果某项神圣的戒律谴责她和米歇尔的婚姻，她一定会服从，因为真正的情感不会起而反对合情合理的情感原则"。可是，谴责他们这桩门不当户不对的婚姻的，不是神圣的"戒律"，而是针对农民的过了时的偏见。露西不想发疯似的嫁给一个比她地位低下的人，她的母亲和村里人也许都不会接受她疯狂地"下嫁"。不，她想理智地行事，嫁给一个和她同等的人。这才是引起公愤的真正原因，因为这会打乱社会秩序。这样一来，就是将一种例外情况当作权利来要求，这确实是不能接受的。于是，这部乏味的言情小说就突然产生了一股出人意料的力量[1]。

---

[1] *Ibid.*, pp. 68, 221 – 222, 375 – 377, 356.

除了这部小说所反映的社会现象之外，让我们记住，在罗曼蒂克小说的影响之下，作为例外，激情从此似乎被接受，成了婚姻有效的理由，哪怕是以和社会地位低下的人结婚为代价。在后浪漫主义文学作品中，激情摆出的是一副嫉妒女神的姿态，如果谁忽略了爱情的权利，只为利益而结婚，爱情就会起而维护自己的权利。资产阶级嫁娶讲究陪嫁，深思熟虑，计划周详。针对这种情况，保罗·埃尔维厄在1895年发表的作品里塑造的人物提出了一种"听天由命式"婚姻，就是说，一切听其自然，凭本性去唤醒女人的爱和男人的心。如果人生中的两大事件（生与死）都不以我们自己的意志为转移，我们为什么硬要在婚姻这第三大事件上表达自己的意志呢？"婚姻，"他说道，"就是爱情！……高尚的习俗为这件事又庄严地加进了市政府和教堂……在一定的时间里，我们可以无视本性，或者不等本性表露。但你要相信，本性迟早是要发挥作用的，或者是追认那些当初未经本性同意就结成了的婚姻（大多数好夫妻的情况都是如此，日久生情，都会相爱），或者是在别处……以自然的方式……让它不曾使之结合的人结为夫妇。"①。"罗曼蒂克式的激情"，外露，令人震撼，从此又大行其道，并拒绝理性爱情的种种好处。蔑视罗曼蒂克式的爱情，你就会遇到这样的危险：刚把小爱神赶出门去，就发现它又从窗子进来了。

1875年发表的一部书信体小说，洋洋洒洒300页，描写的就是一宗遭蔑视的爱情所酿成的灾害，它把人一步步诱入通奸、发疯和死亡。不错，在教堂里祝福过的婚姻是圣事。"可是，爱情，那也是上帝……古人为爱情建立过神坛。爱情像上帝一样，也惩罚罪犯。一旦被婚姻这根牢不可破的纽带结合到一起，就必须等着爱情出现，以便签订婚约。在教堂里和在市政厅里一样，为了能够说出'我同意……'，情必须炽热真诚，心必须坚定

---

① Paul Hervieu, *Les Tenailles*, Acte I, sc. 5, dans *Théâtre complet*, 1910, t. I, p. 154.

自由。"整部小说表达的就是这样一个主题：嫉妒心强的爱神，对那些把爱从婚姻中排除的人进行报复。基于利害关系结成的婚姻里的爱情，我们以为已经被窒息，却依然炽烈地燃烧着，而那个遭人厌恶的"情"，也还在纠缠着自以为有了地位的年轻资产阶级。

"你昧着良心这样做，是要受到惩罚的。"被抛弃的情夫决绝地说。惩罚来自神明："当时你是当着神的面说过爱我的……啊！你为什么就抵御不住自私男人打的小算盘呢？……"恋爱结婚是神圣的结合，比出于物质利益考虑的婚姻更牢靠："你并非自由之身，你的灵魂也不再属于你，因为它已经把自己悄悄地给了我。你我之间有协定，你要明白，我会不顾一切地重申这项协定。我会对所有的人申述这项协定！……我跟你说过一百遍了：你的灵魂已经不是自由之身，不能再和别人结合。"① 这些用颤抖的声音说出来的话，今天看来似乎很滑稽，但我们在这些话的背后发现的，却是一种理想的恋爱观：爱情变成了信仰，凭着这种信仰做出的承诺，其神圣性超过了被教会祝福过的承诺。有个女人，因为冒犯了性喜复仇的爱神，得疯病死了，她的情夫跑到非洲遭人杀害，丈夫一蹶不振，终日酗酒、赌博，放荡不羁，两个孩子，一个疯了，一个傻了。对神话中的爱神来说，可谓战果辉煌！

在维也纳正精心制定精神分析学理论的时代，法国人就已经认识到，为遭受压抑的冲动需要付出什么样的代价。弗洛伊德的理论正好派上用场：可以肯定，他的理论会对恋爱观念产生决定性影响，同时也会间接地影响婚姻观念。那个外在的宿命，即嫉妒心强的小爱神，将会被内化，而且常常会被简约为一些性的因素。但思想是一贯的，即认为这是一种人无法摆脱的需要。

---

① Alric, 4, pp. 9 - 10, 279 - 280.

然而，这种理想主义观念有危险。小说家们肯定地说，爱情和婚姻可以并行不悖，但是没用，他们把爱情抬得太高了，使爱情和资产阶级的婚姻变得势同水火，不能相容。司汤达写了《论爱情》，巴尔扎克写了《婚姻生理学》，两个人鼓吹的都是用婚姻这根纽带把心结合在一起的思想。到了下一代，对这样的想法就开始半信半疑了。爱情，只不过是小说家欧仁·苏的《永世流浪的犹太人史》里的同居，福楼拜的《包法利夫人》或乔治·桑小说里的通奸。在维利耶·德·伊斯勒-亚当写的《阿克塞尔》（1885 年）里，这种绝望达到了顶点：为了避免看着他们高尚的爱情随着时间的流逝而枯萎，阿克塞尔和撒拉选择了死亡。"既然灭亡是事物的规律，我们的爱情之火不久也会熄灭，某个可诅咒的时刻一定会来临，届时我们的爱情之火会失去光辉，终归消逝……那就不必等那个悲惨时刻到来了吧！"自杀进行得像婚礼：撒拉把剧毒药物藏在了戒指镶宝石的底座上。这样，她就把自杀和订婚无形中联系到一起了，他们将在死亡中完婚。远处传来的是婚礼上愉快的歌声。[①]

共和主义的爱情

　　至于伦理学家和政客，他们很快就跟在小说家身后亦步亦趋了；但他们小心谨慎，把夫妻之爱限制在……理性的范围之内。父母此后应该允许孩子们自己择偶。勃艮第女公爵的指导神甫夏尔·德·蒙莫雷尔，证实了大革命前后教会布道的这个根本转变："由于心的结合是使婚姻幸福的最可靠方法，由于这种结合又主要取决于某些建立在崇敬、才能和品德基础之上的脾气和爱好方面的关系，你们就应该听取孩子们的意见，研究他们的

[①]　Villiers de l'Isle-Adam, *Axël*, A. IV, sc. 2, Paris, Le Courrier du livre, 1969, pp. 252 – 256.

爱好，永远不要强迫他们做什么。只要不违情背理，就应该顺着他们。"对激情还是有些不放心，依然在建议孩子们不要缔结父母不赞成的婚姻。蒙莫雷尔以非常传统的方式做出结论，要克制自我，要讲孝道。不过，承认爱情婚姻，承认追求幸福的权利，这在天主教布道中已经是很大的进步了。[①]

但是，爱情成为婚姻的试金石，可能是进入第三共和国时期以后的事了，至少在新的社会思潮广为传播的城市里是这样。在新制度建立之初的几年里，几乎和19世纪70年代所有的社会现象一样，婚姻也与失败和复仇的愿望扯上了关系。按照夏尔·阿尔里克的说法，世风日下，法国面临危险，面临"遭某个更有远见的国家报复或觊觎"的危险。这种世风日下主要来自"我们过于忽略家庭的构成，已经到了难以想象的地步"。冷淡多疑，嘲笑爱情、义务和牺牲精神的父母，生不出"心地热情善良、具有高尚忠诚的品质和爱国情怀的孩子"。结论：要彼此相爱，要因爱结婚，不要因利益而结婚，这样，生出来的孩子就能在对……祖国的爱中长大成人。但是，如果把利益看得比夫妻之爱的理想还重，那就得当心，我们要失去自由了！"到了这种时候，只有到了这种时候，傲慢而贪婪的外国人才会对我们说：'奴隶的子孙，我已经把你制服，你休想再站起来了'……"[②]

爱情是什么？是真正的共和主义品德。夏尔·阿尔里克还在他那部小说的前言里提醒我们："我们生活在这样一个时代，公民自由，再加上在社会各阶级之间进行交往的某些便利，似乎把道路拓宽了，为我们的激情奔放做好了准备。"自由和平等是新的博爱的保证。出于金钱和门第考虑的婚姻是旧制度的一个特点——父权或王权至上；社会各阶级之间彼此封闭，

---

① Monmorel, *Discours sur les Évangiles*, 139, t. 91 (1866), col. 122 et 124.

② Alric, 4, pp. 308 – 312.

各自在自己的圈子里嫁娶。恋爱结婚是我们重新争取到的自由的一个象征。这样的观念，在路易·勒格朗的作品里表现得尤为明显。路易·勒格朗是瓦朗谢讷省议员，属于共和主义左派，写过一本关于法国婚姻与习俗的书。书于1870年前后写成，当时他还是个28岁的小伙子，但到了1879年才发表，正是世俗和理想主义的共和国取得胜利的时候，也是关于离婚的论战进行得正酣的时候。

在反对独裁、宗教、道德败坏和离婚的斗争中，这位议员把恋爱结婚当成了利刃。因为，根据他所作的分析，在一个社会里造成金钱婚姻多于爱情婚姻这种悲惨结果的是独裁——言下之意是第二帝国。"除了让政府保证物质范畴的东西以外，人们别无所求，对公共事物不感兴趣，只关心自己，只关心自己的事情。财富变成了一切活动的唯一目的。"因此，共和国责无旁贷，应该把爱情重新唤起。在因肉欲而与社会地位低下的人结婚（违背父母意见娶生活堕落的女人为妻）和因感情而与社会地位低下的人结婚（违背父母意见恋爱结婚）之间，只有因感情而与社会地位低下的人结婚合乎道德。"最好蔑视社会等级偏见，只寻求美德，不管你在什么情况下碰到美德，都要抓住不放。"因此，和一个爱你的穿灰色工作服的年轻女工结婚，就不仅仅是爱情的胜利，也是……爱国的！安德烈·莱奥及其"惊人的爱情"不得不举双手赞成。

然而，在讲平等的共和国里，也会有门不当户不对的婚姻，但这种不般配是人品方面的，而不是社会地位方面的。"在民主社会内部，唯一可能的不般配，是道德和知识水准上的差异，这种差异应该阻止结婚，因为它会破坏婚姻的和谐。"一个有品味的男人会爱上一个"迷人的白痴"吗？共和主义爱情也有限度……公民教育小册子就是以对爱的呼唤结尾的："是时候了，是爱情重归本色的时候了：爱情应该是夫妻结合的决定性因素和基本条件。只有爱情能够发现或创造人与人之间的契合。"

恋爱结婚的障碍也颇具政治性：女孩子所受的教会教育没有使她们做好自由择婿的准备；工厂里工作繁重，使年轻人很快就离开家庭去过同居生活；提倡"性爱好"，在这里可以看到，旧制度的遗少们想借此保持假的贵族风流。因此，在这位热情的共和主义者身上发现这种近乎神秘的爱情观念，也就用不着大惊小怪了。他使用的词清清楚楚（"神秘的感动"），还有那股像从圣泰蕾丝·德·阿维拉那里发出的抒情味道："于是，两个灵魂自动离体，然后，可以说是一个进入了另一个之中。"一百年前的政治演说就已不乏这样的华丽辞藻了！

因此，这位议员不以友谊为满足，他要求夫妻之间要有激情。夫妻在婚姻中发现的"完美喜悦"是人生目的，和"屈从信仰"完全相反。过去宣扬"屈从信仰"，可以结上一门出于财产和门第考虑的好亲事，也肯定能够相安无事，但不能保证幸福。"光不反感不行，甚至光有友谊都不够……铸工要想把两种金属熔在一起，没有火的帮助是不行的。"[①] 可见，道德是如何在与政治产生共鸣的；这种共鸣各种各样，有时完全出人意表。爱情婚姻在第三共和国时期渐渐多了起来，这反映了世俗社会对人类幸福的坚定信仰，对在反对阶级偏见和宗教压制的斗争中取得的人类幸福的坚定信仰。同样重要的是，一度被视为"病态爱"的"激情"，如今又回来了。

恋爱结婚的要求当时变得非常普遍。在这一点上，宗教和传统的卫道士又和共和主义者狭路相逢。而某些左派人士宣传离婚和同居，打的旗号也是爱情和幸福。在政治与道德科学院于帝国末期举行的一次征文比赛里，公共教育部办公室主任、科学技术普及协会习惯法教授埃内斯特·卡代的一篇分析文章得了奖。可见，1870 年发表的这篇论文，反映的是具有正统观念人士的社会观念。在这里也一样，作者感到遗憾的仍然是"完全以爱

---

① Legrand, 117, pp. 130, 92, 93, 94, 137, 96, 2, 97 - 98.

情、人品和双方的敬重为基础的婚姻"会变成"合法的卖淫"①,不过,谴责的主要还是功利主义和宗教感情的弱化。因为爱情而结成的婚姻依然遭白眼,得不到信任,而敬重和好感应该取代社会地位和财富,成为婚姻的标准。"爱情婚姻,等于短命婚姻。"公共教育部这位喜欢夸夸其谈的办公室主任就是这么说的。② 不过,在他稍后对造成道德堕落和物质贫困的原因进行分析的时候,除了宗教感情的弱化,他又提到了当局的无知(啊!国民教育的法宝!)和对习俗(鲜明的共和主义道德!)的冷漠。同样的观念,同样的愿望,却导致埃内斯特·卡代和路易·勒格朗作出了截然不同的分析;两个人的写作时期相同,只不过是在 1870 年这个政治转折点的两侧,一个正值帝国日落西山,一个刚好赶上共和国旭日东升。

19 世纪末由离婚法及其在实施上的困难所引发的危机,并没有使这种美好的乐观主义受到什么影响。到了 20 世纪初,恋爱结婚流行的程度前所未有。"如今,到处都在谈论婚姻危机,"德特雷于 1907 年指出,"几位小说家已经组成十字军,朝着另一个应许之地进发,宣称要在爱和欢乐的天国登陆,这颇具吸引力。跟随他们而去的不乏其人。问题已经不仅仅是谈论爱情,大家正在议论的竟是如何把爱情写进法典里去了。写进法典里的爱情会是什么样子,只有天知道。"③ 把爱情写进法典? 当然不会,永远都不会走到这一步。不过,这篇法学论文是在修改拿破仑法典的高潮中写成的,当时正打算简化法典中规定的结婚手续。同时,婚姻改革委员会也正在认真考虑将彼此相爱定为结婚条件。保罗·埃尔维厄提出建议,对法典第二百一十二条作这样的修改:"夫妻应该彼此相爱,互相忠诚,相互帮助。"④

---

① Cadet, 37, pp. 7 – 8.

② Cadet, 37, pp. 7 – 8.

③ Détrez, 53, 1907, p. 2.

④ Cité dans 128, p. 235, n. 44.

正是为了化解由于最近重新允许离婚而引发的危机，才于 1896 年提出一系列建议，目的是使结婚变得简单易行，不需要花太多的钱，不会使人觉得婚姻"贵"不可攀。不同派别的政治家很久以来就在呼吁简化手续、降低费用，以免弱势群体的人只能采取同居的形式。结婚手续繁杂、费用昂贵，对穷人来说，成了一件很奢侈的事。1896 年的法律草案，旨在简化婚礼，开始时只适用于"贫民"。但是，除了那些旨在限制费用的措施之外，草案也包括一些限制父权的条款，这样一来，相关的就不只是"贫民"了，连当时还被称为"屈从于家长权力的儿子"也都包括在内。参议院表示不满，争论不休，但又无法对一项只涉及部分居民的法律提出苛求！于是，1896 年 6 月 20 日的法律在所列的各种措施之外，又加入了这样一项内容：取消当年对未经父母同意而结婚者规定的"尊敬行动"；"尊敬行动"共有三项，这次取消了其中的两项。1907 年 6 月 21 日，连最后一项也取消了。从那时起，只消请公证人把结婚计划通知拒绝表示同意的父母就够了。结婚年龄重新定为 21 岁，男女一样；过了 30 岁再结婚，连通知都不用了。

为 1907 年制定的法律做准备，1906 年成立了婚姻改革委员会，我们已经看到，它的成立激起了多么巨大的希望。尽管法律草案结尾部分说得明确，不存在"把爱情写进法典"的问题，但这部唯一根据大法典制定出来的法律，用意却是朝着这个方向的："屈从于家长权力的儿子"恋爱结婚变得容易了。另外，这也是 20 世纪初采取的各种不同措施普遍包含的意思。目的就是要降低结婚年龄，一般是降低到发育完成的年龄[1]。为了防止把结婚当成"敛财手段"，还有一些作家提出了取消陪嫁的要求。若做到这一点，市民阶层就能够得到真正的爱情婚姻。[2] 这些权宜之计，若是和作家与

---

[1] Voir la publication de ces deux lois et les discussions qu'elles ont suscitées dans Duvergier, 61, t. 96, pp. 173 ss. et t. 107, pp. 287 ss.

[2] Kerambrun, 106, pp. 134 - 136.

思想家鼓吹的富有远见的思想相比，可能显得有点鼠目寸光，不过用意却是一致的：正式承认爱情婚姻。提出的理由也明明白白：生育率降低了，在这个"民族复仇"时期，生育率降低是一个十分敏感的话题。

爱情奇迹？

第一次世界大战以后，文学作品，政界和宗教界的伦理学家，新的法律等，使夫妻关系的面貌发生了深刻改变。沃蒂埃·德·艾加里埃在1926年说过这样的话："没有爱情就结婚的人极少；或者说，至少，在没有建立能够保证和睦相处的相互敬重、尚未达到温情脉脉和心心相印程度就结婚的，很少。"这是不是夸大了的乐观主义呢？有这样的可能，因为就在这同一本书里，这位新教牧师还认为，依然有人出于"与爱情格格不入的理由"[1] 而结婚！有一点显得颇具先兆性，即在这些"与爱情格格不入的理由"里，他没提追求陪嫁或社会地位，却提到了想独立、爱好社交、希望做母亲……可以衡量出这几个世纪以来的进步有多大，因为，在基督教传统里，希望做母亲是结婚原因中最体面的，而爱情是结婚原因中最可疑的。

金钱婚姻在20世纪并没有突然消失。但是，从这时起，它在伦理学家眼里好像不再是绝对坏的东西了。大革命之后取消了官职买卖，第一次世界大战之后出现了经济衰退，人们对陪嫁制度失去了兴趣，随着劳动和致富都受到尊重而出现的财富多样性的增加，所有这一切使人的思想发生了巨大变化，足以把婚姻建立在新的基础之上了。对陪嫁的吸引力依然有兴趣的，只限于社会上层和乡村；在乡下，地主仍然可以用多少公顷土地来估算一个女孩子的身价。

---

[1] Wautier d'Aygalliers, 204, p. 195 et p. 170.

然而，在文学作品里，在论文著作中，却再也见不到那种曾经把爱情变作共和主义美德的乐观主义。婚姻跟社会一样，也遇到了危机，经历了第一次世界大战、经济危机、精神分析学、达达主义和超现实主义。沃蒂埃·德·艾加里埃牧师写的是他那个时代的失望与幻灭，和上一代人的陶醉形成对比。他解释说，对人类进步和科学的绝对信心破灭了。科学不能把一切问题都解决；人看破了红尘，"从知识界传出来的悲观主义"笼罩着整个社会。所幸的是，"爱情和信仰是灵魂必不可少的营养"①。他把信仰留给了布道的讲坛，自己又写了一本题为《爱情守则》的书。

　　他的分析得到了广泛赞同。实际上，沃蒂埃·德·艾加里埃牧师是"法国振兴公共道德联盟"的成员。该盟盟员来自社会各个阶层，有自由派思想家、医生、犹太教教士、天主教议事司铎、教师、新教牧师、学生家长联合会会员……他与同处困境的"法国青年反对社会灾害行动组织"合作，出版了《青年之声》。这是一个系列"小册子"，涉及的都是社会问题，声称要"建立民族的道德观念"。在这些小册子里，有一本题为《爱情与婚姻》，多次再版，出了数千册。联盟的活动并不孤立。当时有不少这类协会，有教会的，也有非教会的，如"基督教婚姻协会""法国振兴道德联盟""社会卫生防病协会""全国社会政治研究委员会"……所有这些组织都在研究婚姻危机问题，都在揭发当代人的自私自利，都在反对传播恐怖的利己主义，而且也都在兜售一种相同的万灵药——爱情。

　　"基督教婚姻协会"的宗旨是"对年轻人进行婚前教育，使他们对婚姻有所准备；帮助基督徒夫妇，让他们始终恪守夫妇之道；为神甫和传道士进行家庭传道提供方便；和不道德的宣传进行斗争"。主持该协会的维奥莱司铎特别注重布讲福音。《婚姻的义务》《夫妻和睦》《婚姻》《基督教婚姻

---

① *Ibid.*, p. 8.

法则》《婚约》等出版物，从小册子到大部头著作，反反复复地讲同一个道理：时时刻刻地爱，爱到心荡神驰。那么，在两次世界大战之间出现的有关爱情书籍的繁荣里，有什么新东西吗？

首先，读者面扩大了。上一代人的共和主义爱情观念留下了痕迹。爱德华·蒙蒂埃发表了一封关于婚姻的《致少女的信》，主要是写给青年女工看的。他认为，青年女工确实"没有因为生活中的其他乐趣而分散了对爱情的专注。比起别的女人来，她们觉得自己更需要外界的帮助"。"青年女工"在很长时间里一直是幼稚感伤主义的象征，却比市民阶层更会辨认在婚姻的大花园里，哪些是代表真挚爱情的蓝色花朵。"如果她培育得法，这株花的芳香就足以使她拥有美好人生；这样的花是公主们在豪华宫殿里遍寻不见的！"从前，骷髅舞歌颂的是人在死亡面前的平等；今后，复苏了的性爱要接班了："爱情，是上帝的礼物，是无尽的宝藏，它重建了人与人之间的平等。"同时揭发——这是除了对大资产阶级的战斗之外的后卫战——陪嫁在市民阶层家庭中的作用，即妨碍婚姻中产生爱情。"青年女工"了不起，只有她们知道什么是幸福。① 这使人想到了维利耶·德·伊斯勒-亚当，想到了他写的《残忍的故事》，那是仿照《保罗和维吉尼亚》写成的，脍炙人口。情意绵绵的对话中，每一句话里都有"银"字，连诗里提到的月亮发出的都是"银色"的月光，夜莺唱的歌也是"银铃"般的歌声。

罗曼蒂克的 19 世纪曾为爱的自由而奋斗，如今想走得更远，要求的已经不仅仅是爱的自由。这一点也是新的。这就是我们前面在沃蒂埃·德·艾加里埃牧师的著作中指出的矛盾所在。在婚姻中，爱情可能越来越处于主导地位，却不足以保证幸福。爱情婚姻已经和莫里哀笔下的不一样，不再是喜剧中的亮点和大团圆的结尾。年轻人太容易接受这样的想法了：感

① Montier, 145, p. 3.

情在"蜜月"里就已经枯竭,根本不可能维持一生。他们把婚姻当成目的,目的一旦达到,"爱情稳定了,于是,由于没有什么可以再征服的,爱情也就在麻木中枯竭"①。这样的分析可能和 17 世纪的女才子们所害怕的东西太接近了:在为了心的结合奋斗了一个世纪之后,现在却发现,到眼下为止,这只不过是一种理论分析而已。

对于司汤达发明且颇有研究的爱情"结晶"论,纪德在《伪币制造者》中做出了这样的回答:"大家在不停地谈论着爱情的突然结晶。热恋中的人'对对方产生的缓慢幻灭',倒是一种更令我感兴趣的心理现象,但我还从未听人谈起过。我认为,在所有的爱情婚姻中,过了一段或长或短的时间之后,这样的心理现象都可以观察得到。"② 对于两次大战之间的那一代人,纪德的影响是很大的。这种热恋中人'对对方产生的缓慢幻灭'正是阿努伊笔下的人物所惧怕的,他们宁可死,也不要这样的幻灭。在一个甚至无人再相信爱情的危急时刻,夫妻伦理受到了沉重打击,连放荡都算不上是一种乐趣了。

必须想到这样一个背景,再来读两次世界大战之间爱情伦理学家所写的那些矫揉造作的文学作品。沃蒂埃·德·艾加里埃抱怨道,古老的婚姻制度只不过已经是一个"装美食的空盒子",只不过是一个抽掉了内容的字眼,接受婚姻,听天由命,但并不期待它会带来幸福。"大家不拒绝婚姻,但对婚姻都不再抱有幻想,走进婚姻之门的时候,把希望留在门外,就像伊斯兰国家的人进清真寺时把拖鞋留在门外一样。"婚姻是岸,经过一段放纵生活之后上岸,是为了"有个结局",是"为了摆脱爱情"。要是像乔治·桑的时代那样,能够起而造这种平庸宿命论的反倒好了!鼓吹夫妇之

---

① Wautier d'Aygalliers, 204, pp. 195 – 197.

② Gide, *Les Faux Monnayeurs*, Iᵉ partie, ch. VIII, *Romans, récits et soties, œuvres lyriques*, Paris, Gallimard, 1958 (coll. *La Pléiade*), p. 988.

爱的牧师对被视为魔鬼一样危险的乔治·桑式离婚的赞扬，足以说明婚姻圣事的形象已经跌落到了何等地步。"然而，为了使婚姻再度变得神圣，只要重建正常的价值体系就够了。毋庸置疑，第一的位置应该属于爱情。"①

但是，请注意，第一的位置并非属于随便什么样的爱情；它属于持久的爱情，属于那种不会随着时间的推移而"幻灭"的爱情。艾加里埃牧师那本书的第三部分写的是"爱情的维护"，分别列举了爱情的"盟友"（体贴、饮馔……）和"敌人"（嫉妒、妻子的娇纵、"庸俗的不拘小节"……），也提到了爱情的危机（淡漠，中年恶魔）和成功（信任、生育……）。保持最初的情感成了夫妻关系的最佳保障。

维奥莱司铎的天主教观点与此殊途同归，目标一致。作为夫妻不可分离之基础的伉俪之情，如果想天长地久，就应该是无私的，依靠的应该是意志而不是感觉。伉俪之情需要牺牲和克制——其中的"夫妻禁欲"并非小事一桩。爱情不能是"两个人的利己主义"。"上帝把爱情像最珍贵的宝物一样赋予了人，切不可将它与利己主义混为一谈。利己主义以炽烈欲望的面目出现，实际上只是想满足占有欲和统治欲，非常霸道。"基督教思索了几个世纪，搞清楚了爱情和利己主义形式上的微妙区别："真正的爱情倾向于慷慨和无私，虚假的爱情倾向于独霸和利己。"这种忘我和牺牲精神，如果不是被布道者拿去当作布道的根据，喋喋不休地去宣传，本来是很值得尊敬的。真正的爱情不能幸福：对一个自尊自重的基督徒来说，幸福属于今世吗？维奥莱司铎希望用这样的奇谈怪论，把年轻人拉回到他们拒绝了的圣事中去："完美的幸福"只能在天国实现。必须寸步不让地用伉俪之情像生孩子一样在婚姻中生出这种幸福，而且要像所有基督徒的分娩一样

---

① Wautier d'Aygalliers, 204, pp. 163 – 170.

在痛苦之中进行。① 等着进天堂的人，不能在门口拥挤。

　　同样的号召，即号召人在整个夫妻生活中好好维护感情，甚至在基督教的道德说教之外也在进行。不过，在基督教的道德说教之外所进行的号召里，想牺牲奉献的少，想官能之乐的多。因此，阿尔布朗大夫主张，要对那些可能到了新婚之夜还不懂什么是性的女孩子进行良好的性教育，"照亮为妻之道要谨慎，但还是要把它照亮"。同时，还要教会年轻男子在完婚之前慢慢唤醒妻子的性意识。如果说，自慰确实是这个时代特有的一种挥之不去的担忧——阿尔布朗大夫最担心的是那些得不到满足的女人用自慰代替丈夫爱抚——那么，建立在夫妇关系中最佳平衡基础之上的长久伉俪之情，令人忧虑的也是这一点。

　　玛格丽特·勒布伦用韦里纳的笔名发表了《性教育：一个刻不容缓的问题！》（1928 年），她也对迷失在战后那种可悲的自由中的"老青年"表示了同情。她说，老青年们"渴望某种清洁的东西，渴望感情和诚实道德的复苏，渴望某种散发着纯洁芳香的清新之物"。勒布伦呼吁起草一部"爱情法典和一些宽松的守则，把性欲引向夫妻之爱这条单行道上，使感情更完美，赋予人以个人的、家庭的和社会的价值"②。瞧，又提到了著名的"法典"，一部曾经有人考虑是否可以将爱情写进去的法典。不能把感情写进民法典里吗？没关系，咱们另写一部好了！

　　这部法典后来还真见了天日，不过是以一种近乎滑稽的方式出现的。这就是 1939 年 7 月 29 日通过的"家庭法典"。既然不能就爱情问题立法，那就想方设法通过在财政上资助婚姻和家庭——这是爱情的具体结果——来鼓励爱情。这一次，使当局感到不安的还是出生率的下降。1935 年以来，

―――――――――――――――

① Abbé Viollet, 202, et 203, pp. 9, 23, 125 – 126.
② Vérine, 201, pp. 3 et 6.

死亡人数超过了出生人数，在国际形势紧张的时代，这种现象为军事当局和民事当局都敲响了警钟。提出的措施是对年轻父母实行补贴，对为了经营农场而结婚的农民实行补贴。当然，同时也采取措施，加强了反对堕胎、反对有伤风化、反对酗酒，伦理学家认为对家庭和种族构成威胁的一切，都在反对之列①。在现实面前，这些伟大计划又一次黯然化为泡影。

这次婚姻宣传新浪潮的另一个实际结果，触及的恰恰是结婚手续。长期以来，社会学家和医生一直要求进行婚前体检，颁发婚前体检证明。在发明盘尼西林之前，特别是梅毒的传播，令医学界深感不安，而允许青年人结婚之前"无拘无束生活"的自由，又使这个问题变得更为严重。有人抱怨，说女孩子也更喜欢"经过风浪"的小伙子，认为这种小伙子能成为最好的丈夫。② 关于体检证明，在两次世界大战之间一直都被议论。

1924 年，众议院议员皮纳尔教授向议会提交了一份法律草案，提出"任何想结婚的公民，均须持有近期开具之体检证书，证明其无任何传染病症状，方可到户籍部门登记结婚"。但这项草案未获通过：反对的人担心，这样会使自 1920 年以来开始下滑的结婚人数再度减少。另外，有必要强迫或建议进行这样的体检吗？难道非要让想结婚的人得到自己呈阳性反应或禁止结婚的通知，才觉得心满意足？必须指出，在当时的气氛中，这种仁慈的关心带有一点让人觉得危险的味道。医生和法学家在以"保卫种族"的名义进行奋斗。皮纳尔教授恰恰是法国优生学会主席。我们知道，在不同的背景下，同样的关心带来的是什么样的结果③。最早解决这个问题的，竟然是维希政府。维希政府于 1942 年 12 月 16 日和 1943 年 7 月 29 日通过

---

① *Code de la famille*, décret du 29 juillet 1939 publié dans Dalloz, *Recueil périodique et critique*, 1939, IVe partie, pp. 369 – 381.

② Vérine, 201, p. 10; Montier, 145, p. 13...

③ Voir Vérine, 201; Viollet, 203, p. 34; Biardeau, 26.

法律，强制建立了婚前检查制度。法国本土解放之后，这两项法律均被撤销，但旋即又得到确认，并写进1953年的公共卫生法。

今天，爱情婚姻已经成为风尚，连教皇保罗六世都说我们这个时代是"爱情文明"① 的时代了。人比以往更相爱了吗？可能并非如此，不过，某些樊篱确是被拆除了。为了拆除这些樊篱，伦理学家、作家和哲学家，战前曾经不遗余力地奋斗过，但是没有成效。首先被拆除的是金钱的樊篱，金钱和职业的联系越来越紧，和遗产的联系越来越松了。美国那些"白手起家的人"和"黄金王老五"的神话，一连串的"新富翁"和"新穷汉"的出现，使我们也接受了这样的思想，即财富是多变的，是多种多样的。以土地为基础的婚姻少了，在具有影响力的圈子里结婚的多了。"新婚夫妇的未来主要不是建立在家产上，而是建立在个人自身的成就上；个人自身的成就，很大一部分又是以社会整体带来的成果（教育，社会保障）为基础的。总的来说，爱情不再像过去那样，受制于绝对的必须。"②

还必须考虑到的一点是发明了真正有效的避孕方法，对大多数夫妻来说，这是一大解放。首先承认这一点的是基督教作家。十诫中第九诫（"性交只能在结婚之后进行"）的规定，在一定程度上也是因为发生性关系就有怀孕的危险，而生了孩子就必须有一个接纳孩子的家庭。"性活动之所以神圣，正是因为会带来新生命。从这个角度看，婚前保持贞洁是防止未婚先孕的最佳方法。"可是，自从怀孕的危险大大减少以来，一些新的价值观就出现了。比如，有人认为，以爱情为基础的夫妇将取代以社会关系为基础的婚姻。"我们看到，圣事被回避了。今天，压倒一切的是人与人之间的

---

① Homélie pour la clôture de l'Année Sainte, 25 décembre 1975, rappelé dans la *Lettre aux familles* de Jean-Paul II, 102, p. 43.

② Bagot, 12, p. 11.

爱情。"这是马歇尔·勒格兰的分析。[①] 在 19 世纪和第一次世界大战以前所作的关于婚姻的许多研究分析中，难题一直都是未婚先孕。

另外，避孕方法的进步也带来了其他众所周知的结果，其中就包括不再把性视为犯罪，以及妇女解放。这两种现象对于婚姻，特别是对于爱情婚姻，不无影响。对女人来说，婚姻状况不再是提高社会地位的不二法门，为了避免陷入"老姑娘"那种不受人羡慕的处境，女孩子往往早早就结婚。对男人来说，结婚也不再是满足性需要的唯一体面方式。结婚无须再去考虑那些往往和爱情毫无关系的事情，婚姻可以成为两颗心的忠诚结合了。

最后，离婚范围的扩大增加了单亲家庭的类型：社会的最小细胞不再是家庭，而是个人，这个个人可以是父亲，也可以是母亲。孩子的教育从前一直被视为婚姻的一根支柱，如今，对于单个的个人来说，孩子的教育已经不再是一个解决不了的问题。因此，把夫妇连接在一起的，就只有爱情（可能以各种各样的面貌出现）了。

自从实行男女合校、开放舞厅使年轻人更自由地过起夜生活以来，约会的机会多了。古老的"追求"方式——在父亲或陪伴的人监视之下来往，似乎已经成了陈旧过时的东西。爱情的现代神话提出了另外一些问题：混宗婚（夫妇分属不同的宗教），不同民族的男女之间的婚姻……在一些大都市里，宗教和民族上的多样性使这些问题变得更为突出。

是不是说，"包办"婚姻就不再流行了呢？这样说有点夸张。即使对大多数人（除了受监护的人）来说，父母之命已经不再是必须的，压力，特别是金钱方面的压力，还是可能存在的；家长就算不能左右婚姻，却一直可以包办安排约会。在某些富裕或显赫阶层中组织的"相亲聚会"，可以使社会地位相当的年轻人彼此建立联系，也可以限制和社会地位低下的人结

---

① Legrain, 116, pp. 41 - 43.

婚。几个世纪以来的偏见并未被扫除尽净；在门当户对、天作之合的婚姻里，理性可以使爱情之花开放的婚姻神话，比新浪漫主义存在得更长久。有人在婚姻介绍所里贴出小广告，开始寻找"第二个我"，以保证婚姻和谐。家长已经不再关注儿女的婚姻是否般配了，当事人自己把这件事接了过来。

这可能就是今天的爱情最暧昧的地方。在 19 世纪和两次世界大战之间的牧歌式爱情之后，爱情遭遇了一个受难期，至今尚未完全恢复过来。"青年女工"的爱之类的爱情，自从不再相信这种爱的存在主义盛行以来，自从把这种爱说成只是一时冲动的精神分析学问世以来，就被年轻知识分子抛弃了。结果：在一个无疑是人类历史上第一次为爱情的胜利准备好了一切物质条件的时代，爱情却从文学作品里被赶了出来，因为文学想要变得"严肃"。"正如对大多数人来说性是禁忌一样，对一些人来说，爱情今天可能也变成了禁忌，"泰奥·普弗里梅和德尼斯·普弗里梅两人在 1972 年都这样抱怨过，"所有的人不久前还在谈论'爱'，议论、歌颂、铭记'爱'，可是，一段时间以来，这个词的使用频率却降低了。是因为它贬了值才把它从流通领域中抽了出去，抑或为了等待升值而把它保存起来了呢？很多人，男女都有，年轻的、不那么年轻的，都犹豫了，不敢用这个词了。"①

爱不再是感受的，而是"做"的了——在某些阶层，"做爱"确实比"传情"更被看重。今天，"我爱你"成了最难启齿的话。是羞？是怕？还是要求太高？在爱情婚姻成了最普通的婚姻形式时，"爱"这个字和感情却使人感到一种说不清道不明的不自在。大家都在避免说"我爱你"，只把爱理性化，像登征婚启事一样开列择偶标准，相信性格默契合乎理性……就是不提这个"爱"字，不使相爱的夫妇名誉受损。不管表面现象如何，今

---

① Pfrimmer, 163, pp. 12 - 13.

天我们更接近的是莫里哀的庄重的爱，而不是罗曼蒂克式的激情。

至于天主教会，在承认爱情为结婚之充分理由一事上犹豫了八个世纪之后，此后就只认这个理由了。"你们用结婚的办法向家人和朋友，也向上帝表示，你们的爱重要到了这样的程度，使你们做出决定，不把这爱只留给你们自己。"① 约翰-保罗二世于1983年颁布的新教会法法典包含了这一变化。1917年的旧法典，继承的是天主教自圣奥古斯丁时代传下来的正统观念，把传宗接代当成结婚的首要目的，把互相帮助当成结婚的次要目的，甚至把结婚作为防治淫欲的灵丹妙药。20世纪60年代，借召开第二次梵蒂冈主教会议之机，教皇连续发出通谕，来了个180度的大转弯，把结婚目的中的互相帮助摆在了传宗接代前面。这就等于承认了爱情婚姻至高无上的地位，甚至承认了夫妻关系在父子亲情之前。1983年的法典，在使结婚的两个传统目的不分轩轾上，做得很有分寸。1993年的教理问答书里是这样写的："把婚姻的这两项意义或价值分开，就不能不使夫妻的精神生活变质，就不能不损害婚姻的好处和家庭的未来。"②

因此，这种"蒙受天宠"，这种夫妻之间的"契合相通"，并非"爱情的顶峰"。顽强反对离婚的教会一直忧心忡忡，担心爱情只是一时的热情，蜜月度完，爱火熄灭。即便不能像"管理银行账目那样管理你的爱情"，也必须学会把爱情在时间上留住——婚姻不可分离就是这个意思，这一直是教会的正式理论。"教会说爱情天长地久，并非要人相信爱情不会改变，会多少年如一日；教会知道，爱情是会变的。"尽管有了新教理问答书，那些基督教协会好像还是把婚姻目的中第一的位置留给了爱情，第二位才是传

---

① Christian Alexandre, dans *Deux oui pour la vie*, brochure distribuée par «Accueil Rencontre», centre de préparation au mariage, avec *Panorama*, 1994.

② *Gaudium et Spes*, n° 48; *Lumen Gentium*, n° 11; Code de Jean-Paul II, 100, §1055, 1; catéchisme de l'Église catholique, 101, §2363.

宗接代："婚姻不仅是两颗心的结合，也是夫妻子女家庭的建立。相爱的时候想要个孩子，就是想通过孩子使他们的结合得到具体的体现，并得以延续。"[1]

热烈的爱，"五分钟热情"的爱，从前是与持久性不能相容，今后却成了婚姻和长期共同生活的关键。伉俪之情，本该从共同生活中产生的伉俪之情，遭到了那些渴望立即得到幸福的急性子人的拒绝。"我们把一锅凉汤放到火上，汤会慢慢变热；你们把热汤倒在一个凉盘子里，汤会慢慢变凉。"一个印度人谈论欧洲人的婚姻时作了这样的概括。[2]

这可能就是爱情婚姻目前遇到的一大挑战：由于人的平均寿命延长了，不离婚的夫妻平均算起来要共同生活 50 年。既然生儿育女不再是结婚的第一目的，就必须找出别的理由，把爱情在时间上留住。可是，引发爱情的却常常是美貌和青春，而美貌和青春又都转瞬即逝。形势变化得越来越快，很少有人一辈子都能保住同一项工作，甚至连同一个住处都保不住。因此，就会有一系列的危机要应付，但婚姻如何应对这些危机，传统上对这个问题的思索却一直没有给出答案。可惜，从今以后，离婚成了解决问题的方法，但这个方法又过分简单了。爱情婚姻越来越不是一时冲动的行为，而越来越成了一种状态，成了一座必须学会如何加固的共同建筑。

---

[1] Textes de Christian Alexandre et de Xavier Lacroix, dans *Deux oui pour la vie*, *loc*, *cit*.
[2] Cité par Béraudy, 22, p. 41.

第十三章

同居还是蚕茧式生活?

　　他在落款的地方只写了:"一个过来人",就把那封信寄给了《晨报》。《晨报》于 1908 年 2 月 14 日将信发表了。从哪儿"过来"的呢? 先是从同居过来的,后来又结过婚。但他也是一个从巴黎过来的过来人,像很多人一样,他也是从巴黎回来的。我们会觉得他的故事很一般,只是在同类故事中显得比较典型而已。他是一个外省青年,对首都心怀憧憬,就扔下儿时女友去了巴黎。可以设想,那女孩子对他已经有了点意思。他宣称自己是婚姻的死对头,赞成同居,同居可以"不合适了就分手,有了子女时事先有个安排就行"。很难说这是不是他在这样做之前就已经有了的想法,即便他说出自己的诺言时,用的几乎都是宗教词汇 ("渎圣""牺牲"……)。

　　在巴黎,他经历了生活中的激情;三年之后他回忆这段生活时,说得极简单,可能还做了美化。一开始,他是和一位女友共同生活,两个人都工作。为什么不娶了她呢? 可能是因为他们的工作都不稳定——他不久就丢了差使;但不结婚的主要原因,还是因为他反对婚姻这个俗套。"我真怀念巴黎那段生活!"他感叹道,"那个时候,没有任何偏见,我们在世人面前相爱,同时又完全不拿当代社会那一套习俗当回事。"这就是一个刚刚经历过乡下人初次荒唐的年轻人的表现,他反对习俗,但显得很有教养。

　　好梦不长。丢掉差使以后,他决定"打道回府",因为"不想靠一个女人的正当工作生活;那女人爱我,我也爱她"。虽说摆脱了一切偏见,但他还是不想让人把他当成一个吃软饭的"叉杆儿"——"正当工作"意味深长，想到那情景让他害怕。他会认为，在小镇里生活能像在陌生的大城市里一样自由吗？儿时的女友一直在等着他，觉得他从巴黎回来以后，神采飞扬，容光焕发。几个月之后，女友怀了孕。"谁也不是天生的圣人，"这就是我们这位匿名书信作者对这件事的评论。

可是，乡村不是首都。他被勒令尽应尽的"义务"，哪怕只是尽"一半"义务也行。他忠于自己的承诺，去找了市长，但没有去找本堂神甫。到教堂里去举行婚礼，对他来说，那会成为"对他观念的亵渎"。"我指望家庭的欢乐能补偿我所做出的巨大牺牲。"他很天真地说。可惜的是，三年之后，他不得不承认，这一次的经验又失败了。"结婚之前，我的妻子爱我，这一点我确信不疑，可是，后来呢？后来为我招来的几乎是恨了！"

为什么会发生这样突然的变化？他对妻子的主要抱怨就很能说明这个问题，能够说明一个已经尝试过现代卫生的人又回到"乡巴佬"中间时是什么样的心态："从前，我以为她很干净，事事精细；其实她就是个干粗活的女佣人，花钱还大手大脚，从不算计。这样一来，我们就老吵架，所以她也就有点恨我了。"这对夫妻牢牢地结合在一起，靠的主要是外省的固有习俗，而不是婚姻这根纽带，维系他们之间感情的只有那个孩子。"可是，这是什么样的生活啊？这样的生活还得过多少年啊？"

这位失意的外省小青年，其经验很有代表性，反映了 20 世纪初期思想和行为方式上的冲突。首都流行的新思想，虽然报纸在传播，但很难到达外省。由于缺少详尽的资料，很难确定这个投书给《晨报》的读者是什么样的人。他不是有钱人——所以他和他的巴黎女友不得不工作。他没自称知识分子，也没说是什么什么活动家（其他投书者都很坦率地亮明自己的政治色彩），但他读巴黎的报纸，有意地追随当时还没有广泛传播的思想

（那些思想冲击"当代社会习俗"）：对他来说，这就是一项很庄重的约束（违背了就是"亵渎神明"），不可能不遇到挑衅（"蔑视"）。但他拒绝把自由恋爱和不道德的"乱搞"搅到一起：他不想靠女友养活，到分手的时候又显得很为孩子担心。后来，他在被逼无奈时，又"尽了自己的义务"。所有这一切都令人联想到19世纪末在工人中间流行的同居。问题不在于要和道德规范对着干，因为他们也反对卖淫和私通，但是无政府主义思想使旧的基督教道德有了某种新意味。爱情和自由成了这种具有某种新意味的基督教道德的两面新旗帜。

那些与同居这个词合起来用的字眼在这一点上很能说明问题："爱""热爱""自由"。至于婚姻这个词，它让人想到的是岁月静好（"家庭欢乐"），连在一起的主要是亲情，不是夫妻生活，而且要付出很高的代价（"义务""牺牲""忍受"）。原来存在的爱情会变质，会变成恨。激情与婚姻之间旧有的对立是从基督教道德中继承下来的，但如何选择的问题，此后要在相反的方向上解决了。在这桩失败了的外省婚姻中，可责备的大概就是对首都的念念不忘：在走投无路不得不结婚之前，那年轻人还打算再来一次自由恋爱，他因为觉得妻子不像巴黎人那样讲究卫生而发火……他自己也承认，他妻子此后对他的恨，至少他也有一部分责任。还家的浪子，脑子里总有个被热爱着而且被理想化了的巴黎女人，没完没了地拿这个女人和自己比较，那谁受得了？

工人同居

是先有同居，后有婚姻吗？这个问题，我们今天可能觉得荒唐，却曾经使伦理学家们伤透了脑筋：基督教教义认为，婚姻是对失乐园中原始婚姻的继承；理性主义者反对这种说法，他们认为，最先有的是同居，是

"原始"① 部族至今还在实行着的同居。其实，这个问题只是在欧洲开始基督教化的时候才提出来的。我们看到，古老的民族多数都经历过几种不同的婚姻，在"合法婚姻"之外，还要面对一种更为灵活的婚姻形式，这种婚姻形式，在日耳曼人那里是"情婚"，在罗马人那里是"同居"。这些次等形式的婚姻却并不因为等次低而不合法。只是在唯一一种形式的婚姻——根据基督与其教众的精神婚姻模式建立的婚姻——被接受之后，多种婚姻形式才成了问题。同居并未因此而消失，而且，中世纪双方同意的原则还将同居视同婚姻——暗中结婚也是有效的。有句民谚："一起吃喝一起睡，不是夫妻能是谁？"惩罚措施律有明文，但两个人并不因此而不被视为正式夫妻。

同居是特兰托主教会议之后才真正出现的，这次会议把未经本堂神甫认可就生活在一起的夫妇统统列为非法同居。有些教士还想走得更远些，要把同居者逐出教门，甚至当作通奸犯或异教徒来惩治。有人提议，对同居中女方实行的制裁，严重的可以直至流放。但是，抗议也很激烈，最后只好由教区主教（不是宗教裁判所法官）来宣布对未婚同居者的处罚。由于法国没有公布特兰托主教会议的决议，同居的人事实上只受王法管辖，而只要事情没有闹得满城风雨，王法对这类事通常都是民不举官不究。如果宗教裁判所想插手，当事人很容易就可以向高等法院上诉，说宗教裁判所滥用职权。实际上，也只有宗教裁判所有权在无人起诉的情况下进行"调查"和惩罚。②

从特兰托主教会议引出来的新婚姻观念，本应该使非法夫妻销声匿迹，却只是带来了不少新的问题。因为，男人也好，女人也罢，都没有因此而

---

① Voir Peytel, 162, p. 5, et tous les théoriciens de la promiscuité à la fin du XIXe s. (*infra*, pp. 381 ss.).

② Voir Esmein, 64, t. II, p. 349 – 354.

停止自由地生活在一起。在某些地区，甚至连没有什么天主教色彩的习俗都很难根除。比如，在科西嘉，就有一种世俗婚庆在整个旧制度下流行不衰，虽然它一直受到教士们的威胁，说要把这种婚庆的婚姻视为同居。按照这种习俗，丈夫由家长挑选，未婚夫妻由家长向双方引见，引见之前，两个年轻人通常谁也不认识谁。未婚夫妻拥抱，献"炸食"（一种像炸糕一类的东西，是未婚妻的母亲做的，并由未婚妻献给未婚夫）。然后，未婚妻的母亲就会亲自把女儿领入洞房，立即完婚。这就算结婚了。只是在过了很久之后才举行基督教婚礼，为的是使自己既合乎民法，也合乎教会法。这当然不是同居，即使当局假装把这种家庭形式视为同居或"试婚"。这种结婚方式一直存在着，而由母亲"主持"的这种婚姻，与由教士批准的婚姻一样神圣①。

在大城市和巴黎，问题有所不同：弱势群体对婚姻相对淡漠，弃婴（或者把孩子放到育婴堂门口的柜子里），大家庭里有私生子或奸生子……由于同居没有法律地位，加剧了"丑闻"的发生。大革命宣布对非婚生子女、合法子女和私生子女一视同仁时，虽然没有公开承认同居，实际上等于默认了。拿破仑法典也没有进一步使同居合法化。不过，法典好像想否认同居问题的存在，没有重提那句古老的法律格言："同居对同居，赠与概不宜。"不说就是默认。互赠礼物就应该被允许。能够实行生前赠与，就把依然在妨碍同居普遍化的一道障碍撤除了：没有工作的女人，一旦成了寡妇，也不至于有一文不名的危险②。因由不大，效果不小：因为拿破仑法典对一个棘手问题保持了沉默，容忍同居的大门就被打开了。

于是，从 19 世纪起，同居开始广泛流行，主要是在城市里、在大众阶

---

① Voir Collomp, 43, pp. 128 - 129; Marin-Muracciole, 129; Flandrin, 74, pp. 184 ss.

② Voir Peytel, 162, pp. 201 - 249, qui demande contre cet état de fait le retour à l'ancien adage.

层中流行。出于自信，出于贫穷，或者出于无知，工人们常常自行同居，既不找市长，也不麻烦本堂神甫。1848 年 4 月 23 日，蒲鲁东向塞纳区选民发表演讲，猛烈抨击同居。他在革命纲领中，对工人的婚姻问题进行了专题论述：“众所周知，因为居无定所，因为家境贫寒，因为没有财产，大城市里的工人逐渐堕落了，堕落到了无耻地同居的地步！那些一无所有的人，无依无靠的人，活一天算一天的人，他们没有任何保障，对结婚不感兴趣：没得可答应就不如什么也不答应。于是，无产阶级就命中注定了要堕落。”①蒲鲁东本人与同时代的无政府主义者和空想主义者相反，一贯主张一夫一妻制，主张婚姻不可分离，所以他反对离婚，成了家庭的卫道士。他最多也只是要求限制父权，限制继承权，以使婚姻不再成为“私有制的堡垒”。因为，关于私有制，他喜欢提醒人们：私有制是偷窃。

城市无产者经济上和心理上的不稳定，是使他们难于结婚的主要原因。人们只在确信能够尽到自己责任的时候，才会对生活做出承诺。农村人口流入城市，大城市人口突然过剩，使城市中离乡背井的人越来越多，而这些离乡背井的人，其生活和思想的环境突然之间就被打碎了。路易·勒格朗分析说，在乡下，农民常常是些小有财产的人，他们还有“居处有常的道德观念和独立自主的尊严”。离乡背井之后，他们集中在大城市里，在工厂中累昏了头，变成了“雇来的机器零件”，连自尊都丧失殆尽了。家庭遭到了破坏，妻子儿女也得去工作，甚至常常是男女杂处，让思想正统的人看了觉得别扭。工作说丢就丢，一旦失业，就不可能有钱找像样的房子住。瓦朗谢讷省议员路易·勒格朗熟悉工业革命，也熟悉急剧增长的城市无产者的第二代：他所关注的主要不是在巴黎安顿下来的农民，而是他们的子

---

① Proudhon, *Programme révolutionnaire*, *aux électeurs de la Seine*, dans les *Œuvres complètes*, publiées sous la direction de C. Bougle et d'H. Moysset, Slatkine reprints, 1982, t. 10, p. 302. Il s'agit d'un extrait du *Système des contradictions économiques* (1846).

女，那些在根本不像个家的临时住所里长大的孩子。这些孩子一旦能够工作并独立生活，就会离开那里。"他们不结婚，常常就是找个伴儿，这在工业城市里非常流行。找伴儿也很容易，什么时候腻了，就把同居女伴一脚踢开，再找一个。"①

但是，在被新的社会阶层占领了的工业城市里出现的住房危机，对同居也产生了一定影响，使同居的人更多了。例如，对一个贫穷女孩来说，几乎就没有可能找到住房。没钱买家具的人只能租连同家具一起出租的房屋，可这样的房屋又几乎不租给女工。"您要明白，"一个房东解释说，"要是有人知道一个女工单独住在一间屋子里，这间屋子的门槛就会被踢破，这个家也就别想安静了。门上的挂钩会被摘下来，门会被卸掉。这样的情形到什么时候是个头儿，我不知道，这取决于那个女工自己，但是你可就一刻也不得安宁了。如果一个女工想单独生活，那就得住到妈妈或亲戚家，但不能没人陪着就住进旅馆。在巴黎，女人得有人保护才行。"② 这个房东的反应很典型，表明了直到 1900 年前后的妇女遭遇，显然不是孤立现象。乔治·皮科就把连同家具出租的房子里何以有这么多"假夫妻"归因于这种形势：对年轻女子来说，和一个男人生活在一起是解决住处的唯一办法。这样，我们也就能够更好地理解，在同一时期爆发的女权主义运动为什么能取得成功了。

车间里男女杂处，方便了男女之间的接触；结婚花费提高了，手续繁琐了；工作和住处都不稳定：这一切加在一起，就使同居的人更多了。工人同居的深层次原因只有一个，那就是贫穷。研究这个问题的人，大多数都对此抱有同情。他们认为，根据依然生机勃勃的哲学和革命的成见，民

---

① Legrand, 117, pp. 138 - 139.

② Georges Picot, *Les garnis à Paris*, conférence donnée à la Société d'économie sociale, Paris, 1900.

众的道德和资产阶级的堕落一直都是对立的。这种不合法的男女关系，并非像富家子弟那样，是因为道德败坏而结成的。刚好相反，同居征得了家长的同意，同居后生的孩子被承认，没有任何困难；同居的一对关系稳定，为了不使孩子在社会上安身立命受到影响，孩子长大之后，同居的两个人最后常常都会结婚。做父亲的，以高于人类法律的自然法的名义，接受女儿和人同居，但女儿若是当了妓女，父亲就不认了：这就足以说明，他们有基本的道德观念。这类分析①宽容而乐观，使思想正统的人以为危机是表面的，而传统道德观念依然深深扎根于民众中间。制度没有遇到危险，抱怨制度的人对制度依然抱有理想，只要使对制度抱有理想的人有可能实现这种理想，就万事大吉了。多么美好的幻想啊！

对于摆在面前的这种新的、威胁社会一项根本制度的现象，社会又是如何反应的呢？因为不能（或不愿）根除这种弊端，慈善团体和立法机构对这种情况进行的分析稍微有些不同，其主要判断为：工人阶层结婚的人数回落，是极端繁琐的制度造成的。面对合法结婚要履行的各种繁杂手续，穷人宁肯选择同居。"无知是穷人的第一不幸。就算市政厅的人在穷人提交的证件上弄出了一点小小的麻烦，穷人也会错误地认为，他们的证件是绝对不会被接受了，并且会认为，他们所处的那种可耻境地是不可救药的。穷人从此就不会再想结婚。于是，他们就可以心安理得地堕落，不以为耻，甚至不感到内疚，因为他们认为自身的可悲境地是无法改变的。"②

这番充满善意的分析是基督教的一个慈善团体作出的，该团体于复辟时期成立（1826 年），就是为了解决这个问题，它的名字叫作圣弗朗索瓦-雷吉斯，发起人是巴黎皇家法院的一位法官。该机构的宗旨是为工人阶层

---

① Henry Leyret, *En plein faubourg*, *mœurs ouvrières*, Paris, Charpentier, 1895, pp. 132 – 135, ch. VIII, «De l'amour».

② Compte rendu de la société Saint-François-Régis, cité par Legrand, 117, p. 141.

的婚姻正名，使同居以及同居后生的孩子合法化。在实际做法上，该团体提出简化行政手续，为那些本人做起来有困难的人去搜集户籍证明、取得家长同意、更正判决……很快，这个慈善机构就管起了一些颇为棘手的婚事，这类婚事需要往返奔波，需要求得特别的批准，比如姻亲中同辈人之间的婚姻，叔叔侄女之间的婚姻，姑姑侄子之间的婚姻，姑表兄弟姐妹一级亲属之间的婚姻，或教会一直明令禁止的新教教徒之间和犹太人之间的"临终"婚姻，或混宗婚……该慈善团体使教会不赞成的这类婚姻很自然地结成，因而得到了普遍的尊重。必须指出，该团体在其存在的 20 年间，一共使 13798 宗婚姻和 11000 名儿童合法化。在被拉回到婚姻架构中的夫妻里，某些人承认，两个人已经共同生活了 40 年之久；不过，大部分都是在一起起码生活了 6 个月以上的。

这个负有天主教使命的慈善团体在婚姻史上产生了深远影响，因为它使立法机构注意到了一件显然是被忽视了的事：费用问题。1846 年 7 月 3 日的法律就是在这个团体的推动下投票通过的。该项法案的起草人是第一批承认错误的人，也是第一批协调一致把此事办成的人。成家立业，证件费是一大笔开支（在巴黎，1845 年，这笔费用是 10638 法郎）。因此，公证书、批准证、结婚预告发布证明、亲属会议的审议、各种手续证明、必要的审理和判决等的签字盖章登记，均须免费。关于抄件和副本的缮写费用，一概豁免。12 月 30 日，规定了一个标准，确定了适用这种免费或花销不大的结婚手续的人群：不纳税或纳税在 10 法郎以下者，或持有贫困证明的人①。

但是，对很多人来说，这项法律只是在本来就已经崎岖难行的路上又添加了一道障碍。在短命的第二共和国时期，旺代的立法议会议员布耶·德·莱克吕兹提出了一项旨在简化这些手续的草案。他说："那些被扔到一

---

① Duvergier, 61, t. 46, p. 247, tit. Ier, art. 8 (loi fixant le budget de 1847) et p. 482.

边自生自灭的穷人，差不多已经没有能力办理民事生活中那件大事上的种种手续了。"而 1846 年的法律却又增加了一项手续，即办理贫困证明，从而使结婚的事变得更加不可企及。必须对最穷困的人提供帮助，使他们不至于在这栋行政迷宫中迷失。"慈善团体充分利用了这件事。"这位议员语带讥讽地说。共和国能够像君主制一样，也来依靠圣弗朗索瓦-雷吉斯济贫会这样的慈善团体吗？如果依靠它，就必须使它成为正式机构，赋予它以行动手段，而这样做会令议员们反感。法律确实应该"在权利完全平等的情况下"对所有的人提供帮助。可是，慈善团体的行动是"独立的"，行动又主要集中在大城市里。必须找到一种解决办法，找到一些有效的传导机构，使这项法律对所有的人，直至最偏僻的村庄，都能够起作用。能够完成这项新使命的，只有那些精英本人。就这样，转瞬即逝的第二共和国在婚姻史上留下了自己的足迹：共和国时期的婚姻成了一条设有各种障碍物的跑道，1850 年 12 月 10 日通过的法律，把市长变成了参加婚姻赛跑的穷人的特选支持者。[1]

19 世纪的乌托邦

然而，到了 19 世纪下半叶，遭慈善机构和政治家反对的同居又有了新的支持者，支持是以完全不同的形式出现的，理由多种多样。这种关于男女同居宽容而激进的思想，要到后革命时代的乌托邦里去寻找根源。夏尔·傅立叶在他 1808 年发表的著作中就已经在呼唤爱情自由。不过，他眼里的"自由"只是一种新制度，一种和婚姻一样严格的制度。如果这种制度实现了，将导致建立一种新的正统，也就是建立一种具有新的排他性的

---

[1] Duvergier, 61, t. 50, pp. 486 - 490.

正统。在爱情世界里，他这样区分男女结合的几个等级：没有孩子的，两个人是正式情人；有一个孩子的，男女双方都是"生育者"；至少有两个孩子的，是夫妻。这种根据当时的一般思想确定的、力图根据父子（女）关系来重新界定婚姻的区分法，伴有赋予配偶以累进继承遗产份额的权利。由于有了前面所说的几种截然不同的情况，一个女人就可以同时拥有一个丈夫、一个"生育者"和一个情人。这种理论明显带有旧制度婚姻观念的印记：建立没有爱情的家庭，以解决继承和转让遗产的财务问题，同时搞婚外恋，两者并行不悖。傅立叶理论的实质，在于用一个不那么下流的名字（"情人"）使自愿的通奸合法化；承认私生子有继承权（继承"生育者"），从而提高私生子地位。这些都是他那个时代的问题，与18世纪末传统婚姻的解体有关，也正是这些问题催生了傅立叶思想①。

一心想恢复神秘婚姻制度的激进主义者，他们的改革同样也是一种乌托邦幻想。埃米尔·德·吉拉尔丹就提出，在姓名和遗产的传承上，用母亲的身份取代父亲的身份。财产由母亲往下传，父亲的财产则回归他母系的直系尊亲，在没有直系尊亲的情况下，上交国家。女人在被引诱结婚之前，要让丈夫为自己建立一笔亡夫遗产，用以保证孩子的教育。这是在我们处于不总是能够把握自己的情况下，把信任完全寄托在男人的美德和女人的坚定上了。那个于1884年促使离婚法获得通过的阿尔弗雷德·纳凯，此时提出了一项与此差不多的制度，要求取消家庭和婚姻；在他眼里，家庭和婚姻是卖淫、堕胎和杀婴的根源。母亲又变成了家庭的中心人物，在国家的帮助下，孩子由母亲培养成人。② 在纳凯再次成为离婚的旗手时，富裕的资产阶级感到担心就是可以理解的了：这位传统家庭的对头，是不是

---

① Legrand, 117, pp. 165 – 166.
② *Ibid*, pp. 166 – 168.

因为无力再对传统家庭进行正面攻击，要转而力图将传统家庭这座大厦彻底摧毁呢？

另有一些人则把试婚看成了长期、幸福、不会仳离的婚姻的保证。在离婚法又一次摆到桌面上的时候，一本匿名小册子于 1848 年出版，其中提到了一种"见习期"，类似发愿一生侍奉天主之前所要求的见习期。"包办"婚姻依然是富有人家的祸根。为了避免"包办"婚姻，未婚夫妻在结婚之前，应该由证人证实他们已经相识至少一年，"其间，他们能够以尊重彼此习俗和性格的方式相处"。这样一来，要结婚的人就要提前一年被带到市长面前宣布结婚意向，宣布完了之后，再想解除就难了，除非有重要原因。

然而，这并不是真正的试婚，因为"主要的事情"还悬在那里。这里说的只是试试性格是否合得来，姑娘应该抵御得住未婚夫，使自己到结婚的时候依然是处女之身。既然姑娘能够证明她有力量打退男性的进攻，这岂不就是她忠诚的最好保证？因为必须把各种情况都预见到，包括而且特别是女性的软弱，所以做了这样的规定：如果在"订婚"期间生了孩子，而结婚的事又终成泡影，则孩子的抚养费由国家负担。为此，每家的父母要把自己财产的四分之一交给国家。[①] 这种想法混合着大胆与偏见、天真与清醒，面对这样的想法，人们感到惊愕。不过，这个小册子颇具时代特征。这个时期，左派卢梭主义者依然相信人与生俱来的美德，而那些最大胆的空想主义者，也还都认为必须尊重现有的道德观念，以便使人接受他们设计的制度。于是，婚前没有性事的同居，就变成可行的了。

也有这样的人，他们担心不合法子女的数目过度增加，认为回到纯粹的双方同意原则才是理想的解决办法。保罗·拉孔布于 1867 年发表了一篇题为《自由婚姻》的论文。在他看来，立法机构"表现得不够世俗"：首先

[①] *Réforme du mariage sans le divorce*, 172.

想到是婚姻，然后才想到孩子。"立法机构似乎以为，把孩子抛弃比把孩子自由地生下来，有害程度更低些。立法机构借此证明，它更希望大家在生活里讲究贞洁，而不是讲究公正。这就是我所谓的教徒思维。我要补充的是，这种思维是错误的。"为了不再有被父母无视的孩子，必须向双方同意的婚姻回归，用不着经公务员批准，也不举行结婚仪式，使婚姻重新变成生活"共同体"，像别的团体一样，也是一个根据适用于私人契约合法条款而结成的"共同体"。孩子一出生，在孩子和孩子的父母之间就立即有了"准契约"，需要的时候，法官即可推定婚姻成立。一切外在的形式——同居、契约、私下里举行的仪式等——都可以采用，以便将婚姻确定下来。目的是仁慈的：保护少女，使勾引少女的人在和少女发生关系之前，不再可能先允婚、事后再以种种想象出来的困难为借口而拒绝和少女结婚[①]。不过，制度永远也不可能面面俱到，无法把人完全管住，在这件事上也不例外。

有些乌托邦思想，留下的痕迹常常只是国家图书馆里一本尘封的小册子。在各种各样的乌托邦思想中，有一种思想显得特别有影响力，因为把这种思想带给公众的是大名鼎鼎的弗里德里希·恩格斯。恩格斯与马克思合作，写了《共产党宣言》，他想使他的《家庭、私有制和国家的起源》（1884 年）和名著《资本论》成为姊妹篇。在人类发展的社会主义理论中，生产和生殖是人所遵循的两个基本动因。《资本论》分析了经济制度，剩下要探讨的就是婚姻制度了。事实上，在恩格斯的剖析中，这两者是相互联系着的。劳动和财富的分配意味着关系扩大，资本和财富的集中则倾向于将这些关系的圈子缩小到血缘关系。随着以劳动为基础的经济的发展，社会阶级取代了家族关系。

恩格斯的政史理论意外地和一派人类学理论产生了呼应，在 1860 年至

[①] Lacombe, 107, en particulier les pp. 60 - 65.

1880 年间，这派人类学理论改变了关于婚姻起源的传统说法。根据对未欧化民族（主要是北美印第安人）的研究，摩根（1851 年）、莱瑟姆（1859年）、巴肖方（1861 年）和卢伯克（1871 年）先后提出了原始部落群婚、群婚又慢慢演变为一夫一妻制的假说。恩格斯接过他们的结论，将范围扩大，主要是扩大到古代的凯尔特文明和日耳曼文明。一些现代的实例（如从 18 世纪起就使西方人想入非非的夏威夷放荡）被拿出来和从古代史中找出来的传说（如关于布列塔尼的传说：根据朱尔·恺撒的说法，布列塔尼人实行群婚，每群有 10 人至 12 人）进行比较。

可能有这样三种婚姻形式，分别和人类演化的三个阶段相适应：处于野蛮状态时，是群婚；处于未开化状态时，是"对偶婚"（松散的一夫一妻制，男女双方可以在任何时候分手，这种婚姻形式可能与古罗马的氏族制及其他原始部落的制度相合）；到达文明状态时，是一夫一妻制。一夫一妻制带来的是女人对男人的顺从，与此相应的是权力倒过来了：从那个时候起，只有男人可以打破婚姻（休妻），只有男人可以再找别的女人（法律上容忍男人通奸）。从夫妻自成一统开始，就可以准确知道将要出生的孩子父亲是谁了，而原始的母权制也就变成了父权制。在松散的一夫一妻制和一夫一妻制之间，可以推定，还有过一个一夫多妻制的时期。

这些理论①与我们的主题有关的，主要是其对 19 世纪末和 20 世纪婚姻史所产生的影响——布勒通在《疯狂的爱情》里还提到了《家庭的起源》呢！实际上，恩格斯通过原始群婚看到的是进步，是相对于动物的"一夫一妻制"——比如我们在高等猿猴身上看到的"一夫一妻制"——的进步。在这一点上，他和韦斯特马克观点对立。韦斯特马克认为，动物的"一夫

---

① D'après le résumé d'Engels, 62. Voir aussi les critiques dans les ouvrages de Westermarck (205，206).

一妻制"证明，人类从起源的时候开始，就已经越过了男女杂处的阶段。恩格斯的看法则相反，"为了在发展过程中脱离动物状态，实现自然界中的最伟大的进步，还需要一种因素：以群的联合力量和集体行动来弥补个体自卫能力的不足。用现今类人猿那样的生活条件根本无法解释向人类状态的过渡。[……]而成年雄者的相互宽容，没有嫉妒，则是形成较大的持久的集团的首要条件，只有在这种集团中才能实现由动物向人的转变"①。跟发情期里互相撕咬的动物相反，由于有了群婚制，人反而能够团结在一起，把自己从要命的嫉妒中解脱出来了。

因此，向一夫一妻制回归，向不可分离的婚姻回归，就可能被看成是一种倒退——即使恩格斯没有走得这么远，他那些激进的读者有时也会把他的理论推进到这一步。给夫妻带来了这种约束的，是经济条件的发展，约束使人得以准确知道谁是自己的继承人。一夫一妻制的产生，是因为巨大的财产集中在同一双手里——一个男人的手里，而这个男人又想把这些财产通过继承转给自己的孩子（别人的孩子统统被排斥在外）。② 然而，某些习惯似乎还保留着原始状态的痕迹：古代近东文明中的"神圣卖淫"③，可能就是女人要付的一笔"罚金"，重新买回她们只委身于一个男人的权利。同样，初夜权和结婚典礼后的第一夜把未婚妻让给伴郎的习俗，可能也都是"赎金"，是女人因为今后要禁止自己群婚所付的代价。这种种说法，也都引发了争议。④

---

① 恩格斯：《家庭、私有制和国家的起源》，中共中央 马克思 恩格斯 列宁 斯大林 著作编译局编译，2018 年，第 35 页）

② *Ibid.*, p. 96.

③ "神圣卖淫"指的是古代巴比伦和塞浦路斯等地举行的一种丰庆宗教仪式。——译者注

④ Voir notamment Gordon (88), pour qui l'humanité la plus ancienne a des idées élevées sur le mariage, plus spirituel que sexuel à l'origine. Voir aussi les critiques de Westermarck à la théorie de la promiscuité, dans 205, t. I, pp. 115 - 303 et t. II, pp. 5 - 72, et 206, pp. 52 - 129.

在这样的理论基础之上，恩格斯可以预言一种新型婚姻。"我们此刻正向着社会革命前进，在这场社会革命中，一夫一妻制的现行经济基础肯定会消失，就像作为一夫一妻制补充的卖淫肯定会消失一样。"他是个乐观主义者，相信一种新的一夫一妻制会凭借"个人的、性爱的爱情"而取得压倒性优势，那将是一种排他性的结合，可能不会再有卖淫、通奸和奴役妇女等阴暗的一面①。这位德国哲学家在这一点上和他那个时代关于爱情婚姻的思想一致：爱情婚姻大概可以在很短的时间内取代资产阶级的陪嫁制度。我们知道，同样的思想，共和主义者也大力主张过；不久之后，莱昂还会重新提到这些思想。认为个人的、性爱的爱情是根治卖淫的灵丹妙药，这是一种被夸大了的乐观主义，若将这种被夸大了的乐观主义排除，恩格斯的预言倒也不坏。

特别奇怪的是，在这些理论中常常可以看到以基督徒的信仰和梦想作为参照。目的一样，道德规范相似：靠更为牢固的婚姻来消灭通奸和卖淫。历史的观念相同，既是线性的，同时又是循环的，时间会把我们带回初始婚姻，但那是被已经完成的一系列进程净化了的初始婚姻。不过，向已经失落的理想回归，却并非从相同的基点出发：对一些人来说，出发的基点是严格的、不可分离的、在人间天堂由上帝保佑的一夫一妻制；对另一些人来说，则是建立在爱情和纯朴性欲基础之上的自由群婚。依然相信一夫一妻制的恩格斯不会走得这么远，但是，在他的理论和他据以建立这一理论的人类学假说的照耀下，我们可以看得更加清楚，19世纪末的无政府主义者对同居和群体的"同志爱"，何以表现出那么高涨的热情。这不是什么"乱搞"，远非如心地善良的人后来所揭发的那样，而是相反，完全是基督徒的梦想，梦想找回已经失去的乐园，那个自由而圣洁的乐园，远离令人

---

① Engels, 62, pp. 96-98.

憎恶的腐朽社会。

因此，在整个 19 世纪，那些宅心仁厚的思想家都想对这个问题重新进行一番彻底的审视。他们提出来的解决办法常常很接近，都是从革命的空想主义那里继承下来的，同时具有他们那个时代的特征：向通奸、同居的不稳定性和卖淫……展开斗争。他们终于走到了这一步：实际上是根据结果（生孩子）而不是根据原因（双方表示过自愿）或典礼（举行过仪式）来确定婚姻。他们将帮助人们摆脱古老的教会观念；教会观念的两极，一个是双方同意的原则，一个是隆重的结婚仪式。纯朴自然的原则（爱情，父性，选择的自由）受到了尊重，和几个世纪以来构建的宗教和世俗的庞然大物分庭抗礼。但是，所有这些思想都因为这同一个问题而犯了错误：恢复"纯洁"婚姻的名誉地位要求人表现出美德和清醒，而这种美德和清醒是人不能提供的。人的这个侧面，在那些大思想家笔下常常付诸阙如，小说家却写到了。小说家对当代的社会问题表现出了越来越大的兴趣。

同居和女权运动

然而，这些乌托邦思想似乎与浪漫主义文学又相去甚远。浪漫主义文学高举爱情的大旗，对 19 世纪的婚姻制度持批判态度。但两者的梦想又是相同的，对初始的纯洁也一样向往。比如，欧仁·苏在《永世流浪的犹太人史》里，就把纯洁的感情和为证实这种感情而采取的无益形式完全对立起来了："如果我们一直相爱，干吗要这样的约束？假如我们不再相爱了，这样的约束又有何用？到了我们不再相爱的时候，这样的约束只能是一种可怕的镣铐。"不过，这是为了寻找一种更为实质的联系。"一种使你我互相约束的办法，"加布里埃尔叹息道，"要让上帝看到，但在法律之外……一种神圣的结合。为了维护我们的尊严，在这种结合中，我们又是自由的。"① 同居、爱情和离婚之间的这种关系，是从 16 世纪以来的人文主义思想中继承下来的，人文主义一直站在婚姻不可分离主张的对立面：结合的自由和分离的自由一样，对爱情的发展都是必须的；越是知道婚姻脆弱，就会越加珍惜。

但我们在这里又要面对空想主义者的反应了，他们起而反对婚姻的腐败，甚于反对婚姻制度本身。目的当然是用一种制度代替另一种制度。很简单，在小说家还在探索并只能表示愤慨的时候，哲学家已经在构思出理论。理论很诱人，这是肯定的，但完全脱离现实。两者的做法相互补充，并行而不相交。这个时期，有相当多的作家发泄了自己的不满，欧仁·苏、乔治·桑、洛朗·塔亚德、奥克塔夫·米尔博、马格里特兄弟和保罗·埃尔维厄，只是其中最有政治倾向的几个。但是，当时的所有小说家，从福楼拜到左拉或莫泊桑，都没有回避婚姻问题。有些人甚至以一种近乎临床的方式来对待这个问题——福楼拜的《包法利夫人》简直就是一部关于外省婚姻与爱情问题的专著。另外一些人的反应就比较表面化了，这些人主要是一些妇女或女权运动积极分子。

实际上，最坚决反对传统婚姻的是妇女。传统的婚姻制度，把妇女从父权奴隶变成了夫权奴隶，使她们成了首当其冲的受害者。妇女没有像男人那样，陷入理论上的、不切实际的乌托邦。她们只是宣布，拒绝那些其重量几乎完全压在了妇女身上的锁链，态度十分坚决。"啊！最神圣的权利犯下的可恶暴行；男人对女人的可耻专横！婚姻，社会，我恨你们！我恨死你们了！"② 乔治·桑的《瓦朗蒂娜》里的人物这样大声喊叫着。这个"受过割礼的两性人"——这是洛特雷阿蒙对乔治·桑的叫法——很快就变

① Eugène Sue, *Le Juif errant*, t. X, ch. X, pp. 187 et 192, cité par Poitou, 167, pp. 77 et 96.
② George Sand, *Valentine*, t. II, pp. 34 - 35, cité par Poitou, 167, p. 73.

成了激进女权运动的代言人。"依我之见，婚姻是社会炮制出来的一项十分野蛮的制度，"她在 1834 年写道，"我毫不怀疑，如果人类朝着正义和理性再往前走几步，婚姻制度就会崩溃。一种更有人情味而同样神圣的关系将取而代之，这种新型关系可以保证所生婴儿的苗壮成长，而孩子父母的个人自由却不会永远受到束缚。"① 在《奥拉斯》（1842 年）里，她也没有忘记提出这样的看法：自称圣西门信徒的女主人公欧也妮，认为婚姻"只是一项自愿的但也是自由的承诺，对于这项承诺，市长、证婚人和虔诚的教徒所赋予的神圣性，不会比爱情和良心所赋予的神圣性更高"②。

在路易-菲利普治下的法国，说这样的话是危险的！即使在左派空想主义者眼里，小说家乔治·桑的思想似乎也太大胆了些。蒲鲁东宣称，桑夫人把爱情和婚姻混为一谈了，婚姻"并不仅仅是爱情；婚姻要服从正义，这种服从可以直到否定爱情的地步，这是那个没有义务感的女人不懂、并且以其堕落的道德观念全力拒绝的"③。历史证明两个人都有道理：乔治·桑批判的婚姻在 19 世纪以后就不存在了，但并非为普遍的同居所取代。蒲鲁东和乔治·桑在 19 世纪中叶都未能预见到爱情婚姻重新扩展的趋势。

女权思想在 20 世纪初传播开来，同居即女权运动提出的要求之一。她们的口号是："做同居的自由女人！"对她们来说，这里说的同居，不是那种能让见异思迁的男人捞到好处的短暂同居，而是一种更为灵活的形式，能够保证女人有家庭安全感，又不会招致传统婚姻强加给她们的那种近似奴役的压迫。女人希望只是向市长作个结婚声明，由市长保证她们的婚姻权利，同时限定她们对丈夫服从的范围。事实上，她们所要求的是婚姻改

---

① George Sand, *Jacques*, t. I, p. 79, cité par Laisney, 109, p. 32 – 33.
② George Sand, *Horace*, t. II, p. 42, cité par Poitou, 167, p. 90.
③ Proudhon, *De la justice dans la révolution*, cité par O. Poivre d'Arvor, 168, pp. 76 – 77.

革，而不是真正的同居。① 那个时候，很多女人还都以婚姻为满足，只有那些在物质上和感情上都已经独立的激进妇女可以不要婚姻。有一个名叫伊莎多拉·邓肯的女人，宣布拒绝接受"为妇女准备的奴隶境域"②，可是，有多少法国女人能够以这个解放了的美国女性为榜样呢？

对一个独立的女人说来，离婚女人的处境实际上仍然比"姑娘"的处境舒服得多——杰出的自由女人是 1910 年离了婚的科莱特。马塞尔·阿沙尔在《戴绿帽子的约翰》（1929 年）里让我们明白了个中道理。马塞利娜是个轻佻女孩，和弟弟生活在一起，靠一个接一个的情夫供养，终于被那个最爱她的情夫约翰娶为妻子。在马塞利娜想离开约翰的时候，她的寄生虫弟弟克洛泰尔来了，郑重其事地向戴了绿帽子还不知情的约翰告别："不管怎么说，你娶了她，总得让我谢谢你！我代表全家谢谢你！也还因为她现在就要做的事不会有什么重要性了。她马上就是个离了婚的寡妇了。"（第三幕第三场）尽管时间过去了几个世纪，古罗马人的想法依然和过去一样："家庭"对未婚女儿负责，离了婚的女人则自己做主。离婚女人的所作所为不再对娘家的声誉产生影响。她肯定会被人瞧不起，但被人瞧不起只是她自己——而且程度上要比一个过分自由的"女孩"轻些。同样的行为，过分自由的女孩如果有个情夫，往好里说，会被视为一个名声不好的"半上流社会女人"，若是她逃避男人，就会被视为一个"假小子"。正是从这类小小的细节上，我们明白了同居会碰到什么样的困难，同时也明白了，妇女需要继续进行斗争。

小说家保罗·马格里特和维克多·马格里特兄弟，在新旧世纪之交，通过传播女权主义思想而名噪一时。他们维护建立在两个人选择的基础之

---

① Voir Peytel, 162, pp. 91 et 184 – 187.

② Paul Esmein, 65, p. 5.

上、不带"卑鄙的金钱考虑"的同居。爱的时间多长，同居的时间就多长，"如果可能，就同居一生一世"。同居还可以使孩子的教育得以在自尊和尊重他人的气氛中进行。这些都是高尚而有理性的观念。可是，在他们的许多同代人看来——马格里特兄弟也知道同代人怎么看，这种类型的爱情架构只不过是"成就了两个人的任性，紧跟着就分道扬镳"，而且不考虑孩子怎么办。同居不适合西方习俗，这种习俗中浸透着太多的男子优越感。为了使同居不会再导致男人对女人的压榨，还必须进行长期的教育。

马格里特兄弟不是空想主义者，不是建立制度而对实施制度的人不加考虑的人。他们是小说家，习惯于琢磨人。因此，他们宣称自己支持现行的婚姻制度，把它当成一种权宜之计，等着观念自然演变，有朝一日可以建立另一种类型的婚姻，更自由，同时又平等。他们充其量只要求婚姻再"宽松"些，不要使婚姻的进出之门只是个小小的洞穴。根据现在的经验来看，不能不认为他们的分析合乎道理。今天，在感情和经济上，女人不再那么依赖男人了。妇女的解放起了很大作用，使同居的人大大增加了。①

1908年，同居问题将要提交公众讨论的时候，主题剧《离婚》正在准备上演。剧作者保罗·布尔热是法兰西学院院士，一个反德雷福斯的君主主义者，此人刚刚于1901年改宗，重新皈依了天主教，其后不久，又于1904年写出了《离婚》。借这个机会，《晨报》于1908年1月28日发表了一篇对《离婚》作者的专访。布尔热是个善于打笔墨官司的人，说出来的话有分量。"革命的法国被逼得左右为难了，"他开门见山地说，"要么回归不可分离的婚姻，要么干脆实行同居。现行的离婚法只是那些言行不一致的伪善者要走的路程中的一站，是那些既想将他们觉得维持社会稳定所必

---

① Les frères Margueritte ont écrit de nombreux livres, romans, essais ou pamphlets, sur ce sujet. Ces idées sont surtout développées dans 127.

须的道德观念保留下来，又想将维持社会安定的条件牺牲掉的人要走的路程中的一站。"我们看到了，一位纳凯派人士的大胆思想是如何使一个思想保守的人的担心显得有道理的。在某些人看来，1884年的法律是走向传统婚姻深入改革的第一步。另外，在对社会演变一向采取回避态度的传统中，布尔热所论述的问题对他来说变成了一种征兆，预示着习俗的全面腐败，预示着观点的急剧变化，涉及的面要比婚姻问题广泛得多：个人主义占了上风，社会不再像过去一样以家庭为单位，而是以个人为单位了。离婚是"变相的一夫多妻制"，因此是人类发展进程中的倒退，因为历史发展的方向是从一夫多妻制到一夫一妻制，然后达到婚姻的不可分离。

登在第一版上的社论，引起了一连串的反应，令《晨报》感到惊讶。不错，这位小说家是在骄傲地逆潮流而动，他接触的是同居和离婚这两个最热门的话题。但更主要的是，他触动了那个尚未结痂的伤疤，那块因实行1884年法律和进行关于同居的论战以来造成的伤疤。就在这篇专访发表的第二天，作为对这位小说家的回答，居斯塔夫·泰里发表了他前不久和阿里斯蒂德·白里安的对话，题目颇具挑战性："为什么不呢?"争论从离婚说到同居。白里安认为，习俗的演变会把我们引向同居，但同居不是，也不可能是"普遍的乱搞"。

"如果人正当地提出要求，说一切行动都得是自由的，"白里安写道，"你怎么能在最重要、最根本的行动中拒绝给他自由呢? 在这项行动中，其全部法人地位显示和表达得最完整。"这位年轻的左派部长甚至把理想婚姻比作"一张普通的租赁合同"：这是"最好的法律，用不着改动一个字就能够解决两性关系中的所有问题"。他是这样看的，还把关于租赁合同的条文附在了后面。挑战的背后，白里安所主张的试婚是那种不会变成不道德的乱搞的试婚，被纳入了当时的爱情理想主义之中。同居、离婚和试婚，只是努力寻找理想女人的几个阶段。如果挑的时候没挑对，再重新挑一个就是了……"因为很严重的原因离婚时，不是离开自己的妻子；是出离……为了去寻找妻子"。

发表了这两种引人入胜而又针锋相对的观点之后，这家报纸一下子就收到了成百上千封来信。整个2月份，报纸上一直在登载读者来信的详细摘要。每天的读者来信被分成三类：赞成离婚的，拒绝离婚的，赞成同居的。我们对赞成同居的信格外感兴趣，因为那些信来自社会各阶层的读者，其中有的人已经同居了好几年。

"同居是唯一符合人性和整个大自然普遍规律的制度，"一位读者这样写道，"因此我赞成同居。我正在同居，直到今天，我的同居女友和我，对同居都非常满意。"看来，12年来一直都非常满意。另一位读者承认，已经同居了20年，没结婚就生了4个孩子。一个学法律的大学生说，他觉得婚姻可笑、不适当、虚伪。可笑，特别是开启婚姻的那场矫揉造作的典礼。"先生，我是这辈子都不会结婚的，因为我讨厌婚礼上戴的那种大礼帽。"不适当，在那样的日子里，在那么个晚上，以那样一种方式"对罗马并对全世界"宣布，某先生就如此这般地和某小姐同床共枕了，这不适当。

阿里斯蒂德·白里安的挑战吸引了一批观点相同的人。有些人建议，在"财产合股公司"制度下建立同居；有些人建议，只搞个协议合同……站在对立面的，主要是那些爱国主义者，在"复仇"时期，他们担心的是出生率下降。"自由的婚姻造就不出一个强大而健康的民族。"登在另一栏里的来信这样说。

在20世纪第一个十年里，像其他领域一样，婚姻领域也经历了一场令人吃惊的思想大碰撞。在婚姻改革委员会的文件公布之后，在关于结婚年龄的法律公布之后，在一个年轻的、具有社会主义思想的记者莱昂·布卢姆发表了那篇让人觉得危险的文章之后，突然涌现出这么多见证文章，这难道是巧合？莱昂·布卢姆的文章《论婚姻》，发表于1907年，随着他在政治上的提升，被多次转载。他提笔为文，是为了反驳婚姻改革委员会于1906 年提出的想法。不过，他比多数人更深思熟虑，尽量将极端自由主义的倾向和社会的需要往一起拉，让人觉得他的态度是想等一段时间再来评价令人吃惊的现实情况。

这位年轻记者觉得自己和极端自由主义思想接近——"我得拿出点儿勇气来，才能把同居在我身上引起的好感压下去。"但是，他不相信"一夫多妻制"——他把这次激进革命带来的脆弱而多变的同居说成"一夫多妻制"。相反，他认为可以对老的婚姻制度进行改良。在他的思想里，一夫多妻制和一夫一妻制，不是社会演变的两个清晰阶段，而是——这是他思想的独特之处——个人演变的两个阶段，是在不同年龄段出现的两种愿望。他因此建议"到想结婚了的时候再结婚，到天性发生了革命性转变之后，变化和冒险的愿望让位于对专一、和谐与温馨情感的渴望时再结婚"。换言之，让年轻人去荒唐，让他们去同居，去做露水夫妻：他们早晚总要结婚的。

这不是什么创见。首先，不会有这样的事——各个阶层的年轻人，都在周围人的默许之下去拈花惹草。革命之举不仅在于使制度正式化，而且更在于宣布制度同样适用于年轻女子。在这里，我们再次发现了当时正方兴未艾的女权运动的影响：解放妇女，就是承认妇女享有和男子相同的权利，包括享有更为自由的风流韵事的权利在内。布卢姆的思想也打上了基督教思想的烙印，在伉俪之情和罗曼蒂克激情之间做出了区别；资产阶级的伦理学也接受了这种基督教思想。爱情婚姻？可以。不过，这里所说的爱情，是教会几个世纪以来一直鼓吹的温馨的爱，不是那种热得不得了但什么长久的东西都留不下来的爱。这可能并不是在挪揄被浪漫主义美化了的感情。激情是高尚情感，是必须有的情感，但激情只存在于年轻人身上，而且注定是短暂的。一个布卢姆称之为真人真事的例子使他相信，疯狂的爱情和婚姻两不相容："必须让他们能怎么爱就怎么爱，然后再结婚，冷静下来之后，对双方来说，剩下的就是终生的同盟者、合伙人、伴侣和朋友了。"

不同于资产阶级伦理道德之处在于，这种对爱情婚姻的戒备心理并不禁止青春的激情。只是，年轻女人绝不应该嫁给她爱的男人，因为激情是脆弱的。"对那个男人，她可以全身心地去爱，但爱过之后，她必须嫁给另外一个男人。"年轻时多一些交往是必然的，反对也是白费力气。"我可以断言，违反自然规律，不能不受到惩罚。"布卢姆肯定地说。这里所说的惩罚，指的是离婚或通奸。实际上，难道这不就是一种尊重现存制度的解决办法吗？难道这不就是人们称之为"美好年代"的年轻女子，依然心照不宣地接受的解决办法吗？大户人家的女子出嫁早，"自己也没把选择夫婿的事看得太重"。一旦"阔了，有地位了"，她就会接纳"足够数量的情夫，个个都很活跃……而善于处世的丈夫，也不会从中作梗"。最后，她会和其中的一个情夫固定关系，正式来往。有人主张青年男子婚前拈花惹草，认为这是一种解决办法；同样，对年轻女子来说，她们的解决办法就是通奸。这位作者的一位女友就"看不出以通奸为解决办法的婚姻有何不妥"。

可见，社会自身已经找出问题的解决之道，只要用晚婚使之制度化就可以了。婚前可以正式而且不止一次地同居，找到了理想伴侣就从一而终。可是，把书翻过去 310 页之后，读者才看到，还有一个根本问题："这一切都十分美好，可是……孩子怎么办？"答案立刻就有了："孩子？不能有孩子。"至少，在多配偶的青春期不能有孩子。布卢姆相信，避孕方法的进步，可以使年轻人多次短暂同居而不必冒很大的风险。万一出了意外，年轻女子可以为自己找个愿意把她连同怀着的孩子一起娶过去的丈夫。否则，就等着晚些年再生，结了婚以后再生。布卢姆把结婚年龄定在 28 岁至 40 岁，把这个年龄定为婚姻的"界线"。他还引用谚语说："生孩子会使 20 岁的女人身材变形，使 30 岁的女人青春永驻。我相信，还会使 40 岁的女人变得更年轻。"他身边甚至还有个医生支持他，说 30 岁以后生的孩子更健壮。①

这项制度和我们这个时代很多青年男女所接受的制度相近。布卢姆对避孕方法的进步和女权主义思想寄予厚望。看到他所寄予厚望的东西得以使社会行为方式顺理成章地发生演变，这给人留下了深刻印象。也不能忘记，盘尼西林的发现消除了性病长久以来对人的困扰，至少到发现艾滋病以前是这样。布卢姆理论的主要弱点没变，一直就是关于孩子的问题。一方面，因为晚育并不真是医生建议的；另一方面，因为在到达一定年龄之后，养育的困难（父母双方）会大于从中得到的乐趣。

是同居还是自由恋爱？

还算比较谨慎的社会主义思想，到了 19 世纪末，就被无政府主义者搞得激进起来了。作为 20 世纪初傅立叶派和乌托邦思想的传人，他们依然相信幸福与爱情这些美好思想。不过，他们已经不再建立什么稀奇古怪的理论体系，而是坚定地相信，应该消灭一切制度，就从他们那个时代解决婚姻的制度开始。在埃利泽·勒克吕看来，一切"将话语用最终誓言形式固定下来"的制度，都是违反思想自由、言论自由和行动自由的。因此，无政府主义者明确地、堂而皇之地承认人家给他们扣的帽子："宗教、家庭和财产的敌人。""说得对，他们要消灭作为交易的婚姻，他们主张同居，而同居只以互爱、自尊和尊重别人为基础。从这个意义上说，他们对将生命与自己的生命连在一起的人如此爱恋、如此忠诚，当然就是家庭的敌人了。"②

---

① Blum, 27, pp. 4, 16, 17, 13, 30, 31, 91, 311, 324.

② Elisée Reclus, *L'Évolution, la révolution et l'idéal anarchique*, Paris, Stock, 1898, pp. 144
–146.

19 世纪末，理想的无政府主义仁慈而高尚：以爱的名义反对资产阶级大家庭包办的不幸婚姻，以自由和幸福的名义提倡同居。但是，随着越来越被边缘化，无政府主义也就变得越来越极端，提出一些更加大胆的主张。几乎在同一年，夏尔·阿尔贝和埃利泽·勒克吕抨击了"仿婚同居"的虚伪性，要求真正的"自由恋爱"。想法依然是仁慈的，起初是为了保护爱情，反对国家为有钱有势的人制定的婚姻制度。"由于国家只能从对经济领域产生什么影响这个观点出发审视两性结合，它也就从这个观点出发，来细致地规定两性结合的条件，并从这个观点出发，鼓励和支持家庭的要求，反对爱情。"

可是爱情，夏尔·阿尔贝想对其惊人历史做一番探索的爱情，却主要被局限在爱的性因素上了，而孜孜以求的爱之和谐也就着落在夫妻之间性的情投意合上。说到底，这跟构成婚姻协议的均衡是同一种均衡。只不过，夏尔·阿尔贝更喜欢的是性的均衡，而不是财产的均衡。游戏规则变了，但游戏本身没变：理想的结合依然是白头偕老的一夫一妻。"强加的、人为的一夫一妻制，即使严格地实行了（这种情况很少），也只能是双方自由认可的、天然的一夫一妻制的一种变态。双方自由认可的、天然的一夫一妻制，才是爱情所追求的最终理想。"为了达到这种理想境界，与婚姻相比，同居也不再是更为有效的途径：同居的结局也一样，逃脱不了"金钱的魔爪"，不容爱情滋生和发展。

有鉴于此，当务之急是技术进步，能使所有的人在物质生活上都有保障，以确保"性别自主"。然后，还必须让妇女在找到理想对象之前，像男人一样享有多次与人同居的权利。因此，贞操就不能再作为一种绝对的价值观高居于爱情之上。自由之爱于是就成了前奏，成了达到持久和谐结合的手段。[1]

---

[1] Albert (Charles), *L'amour libre*, Paris, Stock, 1899, pp. 96, 157, 199-208.

这种解决办法,形式上和莱昂·布卢姆所提的主张针锋相对,内容上其实非常接近。这也和今天很多男女所采取的方式更为接近——技术的进步正好给那些男女带来"性别自主",而小小的避孕药丸又把他们从贞操的神话中解放了出来。

因此,1900 年前后,自由恋爱与同居之间的对立就纯粹是形式上的了。理想没变,变的只是达到理想的手段。透过空想主义的理论,我们看到了对这个问题十分精当的分析,习俗演变和技术进步肯定了这种分析的正确性。两次世界大战之间一直维护"同志爱"的埃米尔·阿尔芒的理论,又使无政府主义的夫妻观往前走了一步,而这种"同志爱"实际上是把稳定的一夫一妻制理想抛弃了。阿尔芒以自由的名义要求恋爱自由:"针对'奴隶的爱'这种独裁社会能够有的爱情的唯一形式,无政府主义者提出的就是'自由的爱'。"

除了玩弄字眼之外,一开始还提出,要对被判定为婚姻"次要"目的的感情与性进行重新评价。这是一种很有意思的思想。"无政府主义者认为,把使男女相互吸引、纯粹的性或感情方面的意气相投视为婚姻的'次要'目的是没有道理的。"不但没有道理……而且特别虚伪。"另一个范畴的意气相投——知识和品德范畴的意气相投,常常是一条迂回的路,殊途同归,结果依然是相互拥抱。"他揭露道。话说得不无道理。不过,他由此得出的结论却值得商榷,因为他只能靠贬低其他类型的意气相投,来抬高这些被判定为"次要的"意气相投——知识和品德范畴的意气相投出现得"要晚些,是第二位的",他武断地说。

这种精神分析故意将人类行为局限在性的因素里,其影响显而易见,这是连阿尔芒本人也承认的。但是,如同布卢姆以及当时所有的空想主义者一样,阿尔芒也想和"乱搞"划清界限——资产阶级的道德伦理正故意将同居和"乱搞"相提并论。他抱怨说,人们今天所经历的同居,是资产阶级制造的赝品，和婚姻没有什么区别："同居和世俗婚姻相比，就相当于世俗婚姻和宗教婚姻相比，差也差不了多少。"为了"面子上过得去"，那些"生性心猿意马"的人一起生活着，强迫自己保持忠贞，要不就也像结了婚的夫妻那样，偷偷摸摸地去"通奸"。他是主张真正的恋爱自由的人，再说一遍，切不可将这种自由恋爱和资产阶级制造的赝品混为一谈：资产阶级的"自由恋爱"是调情，是卖弄风骚，是唯利是图，是谎言，是欺骗……

这就更像是同时对几个人的"同志爱"了，这将使性行为变得多元，以避免占有、嫉妒和虚伪。我们感觉得到，在这种理想的后面，隐藏着恩格斯和主张原始男女杂处说的人种学家所散布的思想。然而，不可否认，一些同志对这种性行为的多元倒错有抵制，有成双成对地生活在一起、而不是成群结伙地生活在一起的倾向。这也没什么，阿尔芒让了一步，只要这么做是因为特别喜欢成双成对地生活，而不是受了资产阶级习俗的有害影响就行。因此，这样的人要在"明白了一对一的生活对他们特别合适，而不是怕听闲言碎语所致"之后，才可以接受这种"贫乏单一的爱情"①。

至于他自己，他认为无政府主义理想即将被引向胜利，而他在这种胜利中要求的是"将各种不同的'感情-性欲'都整合到同志爱里去实现"。在对"爱情文明"的期待中，他相信男女之间的关系可以靠"自由的合作契约"来解决；这种'不同性别的'无政府个人主义者之间签订的契约（两个人同意之后，有没有事先通知都可以解除），包含着必要的性卫生基础知识，签约的目的在于保证签约人能够对付爱情生活中可能碰到的某些问题，如'拒绝、破裂、嫉妒、排他性、占有欲、单一性、献媚、任性、冷淡、调情、不体恤、找妓女，等等'"。从两个人到无数人的同志爱群

---

① Armand, 9, pp. 11, 9, 10, 22, 21.

体，就这样形成了。①

这类激进思想对两次世界大战之间的道德观念产生了多大的影响呢？将有好几种因素对这些思想给予独特的回应。首先是俄国革命和马克思与恩格斯的思想在一个欧洲国家中取得了胜利。同居在新生的苏维埃国家里实行起来了，大有和正式婚姻分庭抗礼之势，只要能证明在一起生活，就可以推断为同居。于是，有些法国人害怕了，怕这种榜样影响法国的共产党人。② 同居不再是理想主义者的梦想，不再是塔希提岛文学里的描述，也不再是会传播开来的灾难，同居已经成了一种真实的政治选择，一种近在咫尺的威胁。

这个问题之所以特别引人关注，是因为自古代罗马以来，同居在两次世界大战之间破天荒第一次取得了合法地位。事实上，知识界的思考、公众舆论的压力、文学作品，等等，都推进了同居的思想，而立法机构对这种思想却未曾给予足够的注意。1912 年 11 月 16 日的法律规定，要为在法定怀孕期内曾人所共知地一起同居过的男女所生子女找到父亲。这项法律就是朝着承认非婚稳定同居走出的第一步。1914 年至 1918 年的第一次世界大战使这项法律得以付诸实行：在照顾"长毛"（第一次世界大战时民间给法国兵起的绰号）的妻子时，能把他们的同居伴侣和孩子扔掉不管吗？对部队的士气来说，这样做将是灾难性的。于是，部里的各项通知就指示给士兵同居伴侣发军人补贴，接着又在住房上予以照顾，与给士兵合法妻子的待遇完全一样。将同居视同婚姻对待的办法在战后很难再改过来：1926 年 4 月 1 日关于住房的法律将同居妇女在这方面所得到的好处维持不变，

---

① Armand, 10, pp. 9 - 15.
② Par exemple P. Esmein, 65, p. 6.

法律批准了这项既成事实①。

于是，对女人来说，如果同居已经由合作契约正式确定，就会很有利。在夫权未被取消的情况下，在婚姻的框架内，实行由女人管理本人事务的共同生活体制实际上是行不通的。同居双方之间的赠与，自1804年通过的法律不再禁止以来，事实上办起来甚至比夫妻之间的赠与更容易。反之，夫妻之间的赠与有非常严格的规定。这样，在第一次世界大战——对承认同居合法起了推动作用——和1939年通过家庭法典这段时间内，在很多情况下，同居似乎都比婚姻更可取。1921年至1940年间，现代史上第一次发生真正的结婚率下降，难道是偶然的吗？② 还有另外一些因素，如对长久的共同生活不利的经济危机大概也起了作用。维希政府的"劳动、祖国、家庭"三位一体，在失业、占领和同居使祖传的价值观再次遭到质疑的时代，被证实了是个三重失败。

婚姻危机

战后，在欢庆法国本土解放的火树银花中，关于爱情、婚姻和同居的种种观念也都展现了出来。在1946年的制宪会议上，爆发出了"让家庭进博物馆！"的呼声。必须指出，家庭、国家和劳动是贝当维希政府三位一体的口号，其名声不太好。某些人发表讲话，保护由母亲和孩子组成的以繁殖后代为目的的家庭，因为真正的父亲是国家：这是19世纪流传下

---

① Jourdain, 103, pp. 7 - 40; p. Esmein, 65, p. 20.
② 结婚率从1920年的16‰降到1940年的4.3‰。由于战争之后结婚率明显提高（1872—1875，1919—1920；1945—1946年结婚率提高得很明显）、战争的头几年结婚率又很低，这种下降就显得十分突出。如果考虑到自1815年以来结婚率一直保持在7.5‰～8‰之间，而在1935年至1939年有规律的下降，降幅在6.2‰～6.8‰，结婚率的下降依然很明显。如此低的结婚率到20世纪80年代再次出现。参阅附录Ⅱ。

来的乌托邦传统①。同居不再是腐朽的资产阶级或极端自由的无政府主义者的特权了。笼罩着胜利花环、充满朝气的美国大兵一批批涌来，令不知莱昂·布卢姆理论为何物的年轻女子，出乎天然地产生了将这一理论付诸实施的愿望和勇气。信奉存在主义的青年不再相信爱情，逃避到了性的放纵之中。避孕手段进步了，盘尼西林为性关系打开了闸门，而伦理道德上也更加宽容，种种因素都起到了推波助澜的作用。然而，年轻人尽管放纵，20 世纪 50 年代却依然是一个理智的年代，像历次战争过后一样，出现了传统的婚姻反弹。经济上欣欣向荣，于合法婚姻和人口多的家庭有利。不过，暴风雨正在形成，在另外一些国家里已经感觉到暴风雨即将来临的前兆。

性解放在美国和斯堪的纳维亚各国发端于 20 世纪 50 年代，而这股潮流真正波及法国已经是在 20 世纪 60 年代末期了。很明显，婚姻有待改革，但改革进行得战战兢兢，1965 年 6 月 13 日法国才通过新婚姻法。根据新婚姻法，丈夫放弃了对妻子的最后一点监护权，夫权终于被废除。不免晚了点儿。1967 年 12 月 28 日通过了避孕不再罚款的法律，紧接着又发生了1968 年的五月风暴，这就把真正的问题暴露出来了：没有一项改革能够使旧制度符合年轻一代的心愿，因为年轻人认为改革是"陈腐的"。这一次，伦理学家不再来帮历史学家的忙了。伦理学家长时间以来一直在揭示婚姻危机，指出道德沦丧，话说得太多，已经显得平庸陈腐。他们想用新的辞藻把这个问题掩饰起来。同居？没见过。"青年人在一起住"这个说法听起来倒还不那么让人担心：这种做法是临时的，不排斥婚姻，相反，是对婚姻要求过高造成的结果。因为害怕失败，不甘平庸，就想在正式结婚之前试验一个阶段，通常都是到生第一个孩子为止。一般认为，这样做不会出

---

① 7, p. 17.

什么问题。① 然而，过了一段时间之后却发现，问题相当严重。

　　把真实情况摆出来的是统计学家。自 1972 年起，登记结婚的人数逐年下降，每年下降的幅度在 2% ~ 3%。自 1950 年以来，出生率一直保持在 6.7‰ ~ 7.9‰ 之间；1972 年达到 8.1‰ 的峰值，和 150 年来的平均出生率相当接近；此后逐年下降，一直降到 1993 年的 4.4‰。1972 年可能是婚姻史上的一个转折点：1968 年的五月风暴过去四年——消化新思想所需要的时间——之后，年轻人开始实行同居，家长不得不低头了。经济危机（1974 年的石油冲击之后变得特别明显）不利于为未来制订计划。这次的婚姻危机和 20 世纪 30 年代的严重婚姻危机十分相似，要知道，20 世纪 30 年代的那次婚姻危机对应的也是经济萧条。从 1980 年开始，各项数字和临近大战爆发之前那几年的数字一样低。1981 年，结婚率降到了 6‰ 以下，1985 年更降到了 5‰ 以下。虽然 1988 年至 1990 年间略有回升，后来的趋势仍然是下降。②

　　如果我们想把结婚率下降放到更为广阔的背景中去观察，反而会发现，必须重视的是，当时那场经济危机延续的时间特别长，没有像 20 世纪 30 年代那场危机一样被武装冲突打断。20 世纪 70 年代，我们曾经为草草结成的不稳定关系的增加而担心，今天发现，对婚姻相对地失去好感并不是婚姻危机，而是在寻求另一种婚姻形式。从 1968 年到 1990 年，清点出来的作为婚姻补偿的同居，数目有了非常明显的增长，从原来的 35 对里有一对，增加到了 8 对中就有一对。③

　　在 1990 年的人口普查中，共同生活在一起的男女 13% 没有结婚：1979

① Voir Béraudy, 22, pp. 52 - 54；Peyrard, dans 128, pp. 211 - 232, croit aussi à un phénomène superficiel moins important que le concubinage du début du siècle ou des années 1950.

② Sauf indication contraire, les statistiques citées viennent des annuaires et des bulletins de l'INSEE. Ils sont repris en annexe IV.

③ *INSEE Première*, n° 235, décembre 1992.

年以后的历次人口普查，记录的都是这种新型"夫妻"在增加（1975 年是 446 000 对，1982 年是 810 000 对，1990 年是 1 720 000 对）。相反，"成对"生活的人，数目明显下降（1990 年，男人下降 50％，女人下降 47％），而"户数"却增加了（从 1968 年到 1990 年增加了 37％，其间人口只增加了 14％）。这种现象解释起来非常简单：增加的户数是单人家庭（1990 年占户数的 27％），有的是已经独立的年轻人，有的是年龄在 30 岁至 50 岁之间的离了婚的男子，有的是退了休的鳏夫。对婚姻的淡薄、离婚的便易、死亡率的下降、生活水准的提高（使年轻人较早独立），这些因素非常明显地改变了法国的人口结构。

新近出现的一种现象和年轻一代的关系尤为密切：不错，在成双成对地生活在一起的人中间，结了婚的占到了大多数（1990 年占 87.53％），但这种现象的出现主要得益于 40 岁以上的人。生活在一起的 40 岁以下没有孩子的人里，结了婚的只占 44.14％，而同居的却变成了多数。40 岁以上的人，不管有没有孩子，生活在同一个屋檐下的男女，90％以上都是结了婚的。[①]

一种新型婚姻？

立法机构紧跟形势，或放松对夫妻关系的限制，或越来越将同居者和夫妻一视同仁。因此，1975 年 7 月 11 日公布的离婚法许可夫妇有两个不同的住处（但不是自立门户），认定分居对共同生活不构成危害（第 108 条）。这就把古老的合居观念打破了，自 1804 年以来，合居的表述从来没有变过："已婚妇女，除了丈夫的住处以外，没有别的住处。"

---

① Voir annexe II.

接着，1977 年、1978 年和 1983 年通过的一系列法律，又把从前只给合法夫妻的权利，给了同居而未结婚的男女：享受同居男友社会保障的权利、生育保险的权利、家庭补贴的权利、个人住房补贴的权利……自 1946年以来，大部分家庭补贴可能就是按"户"计算，而不管这一户"结婚"了没有。不过，给予夫妇和扩大到同居者的这些权利只限于有了孩子的夫妇和同居者，没有孩子的不能享受。1970 年至 1990 年，同居而没有孩子的人也开始被承认为真正的夫妻了。实际上，1975 年的离婚法使夫妻的概念有了演变：从前指责同居者，是因为他们同居的时间短暂。自从婚姻也变得越来越短暂以来，同居与婚姻两者的区别也就很模糊了。此后，在统计上就用"家庭""一对""一户""家室"来取代"婚姻"这个概念了。法国已经开始用不同的方式思考。

另一方面，法律也开始要求同居的人尽义务了，尽那些过去只有夫妻才尽的义务。例如，帮助的义务，如果一方不主动尽此项义务，习惯上另一方就可以要求其尽此项义务：在金钱上为同居女友提供帮助的男人不能突然中断供给[1]。这样，同居就有了义务，对别人或同居伴侣都有了义务。如果从表面上看，与人同居的人和结了婚的人一样，同居的人使某个第三者受到伤害时，"表象论"就要求同居者必须对受到伤害的人做出赔偿。因此，在某些情况下，男人对和其同居女人所欠下的债务，也就有了偿还的责任。同样，在同居者之间也有了不得不尽的义务：如果女方为男方无偿地干过活，分手的时候，若明显地因共同生活和劳动而变得贫穷，她可以对同居男人的"不正当收入"提出诉讼。

婚姻与同居的内容接近了，形式也就不会差得太远。女人结婚以后改

---

① Dewevre-Fourcade, 54, p. 61. Sur le concubinage dans les vingt dernières années, voir Dewevre-Fourcade (54), Fell (69), Bernet-Grave-reaux (23), Peyrard (128, pp. 211 – 232).

姓丈夫的姓本是婚姻的一个特点，如今这个特点完全消失了。实际上，夫妻使用同一个姓只是一种习俗。因此，同居的人使用同一个姓，结了婚的人不使用同一个姓，都是允许的。于是，就出现了两种情形：结了婚的女人婚后依然用娘家的姓，而同居的女人却用起了男友的姓。后一种情形有受到"表象论"打击的危险：给第三者以自己是已婚妇女的印象，若第三者因此而受到了伤害，这个同居女人就会受到惩罚。

使同居正式化的进程又开始了。为便于同居者办理享受各项社会优惠（家庭补贴、法国国营铁路公司或航空公司的票价减免……）的手续，一些市的市长签发了"同居证明"。尽管"同居证明"既不是非发不可（可以拒绝发放），也不一定有用（虽然可以为办理手续提供方便，但为得到夫妇有权享受的优惠又并非必须），却被认作社会对一种非正式婚姻的承认。同样，越来越多的同居者在公证人的见证下签订合同，有时是为了预先给后死的配偶留下赠与，有时是为了划分财产，一旦分手，可以保住自己的那一份。实际上，如果没有合同，一切东西就都被视为归共同居住房屋的业主（或租房人）所有。

最后，公众舆论也渐渐接受了这一新的既成事实。1978 年，只有 11％的男人和 14％的女人不赞成同居，40％的男人和 37％的女人完全赞成同居，29％的男人和 31％的女人接受别人同居，但自己不想去试，他们在思想上不赞成把"年轻时住在一起"当作婚姻的前奏。同一次民意测验还表明，60％的男人和 63％的女人同意过了 30 岁的男女同居；过了这个年龄，补办结婚手续的机会也就微乎其微了。① 1994 年 1 月进行的一次调查证实了原来那些数字是正确的：被调查的人中，只有 43％的人持这样的看法，认为

---

① Roussel, 179, pp. 105 - 106.

婚姻"对于孩子的教育来说是不可缺少的"①。

这样一来就等于承认两种婚姻并存,一种比较灵活,另一种比较庄严,就像我们所了解的多数古老社会的情况一样。选择这种或那种形式,理由是什么呢? 1994 年 1 月进行的一次民意测验提供了部分答案。51%的信教并遵守教规的天主教徒认为,婚姻是"一项重要的宗教承诺",这与多数人的看法一致,甚至排在了孩子的利益之前。然而,就全体参加这次民意测验的人而言,43%的人认为,婚姻首先"对孩子来说是不可缺少的",29%的人认为,婚姻是"使社会承认夫妻关系的一种手段"。另有 21%的人认为,婚姻也是"一项重要的行政手续",能"增进夫妻关系"。只有 7%的人认为,婚姻只不过是一种"过了时的制度"。②

统计数字证实了民意测验的看法。通过补办结婚手续使身份合法化的孩子,数目在节节增加;1981 年补办手续的占 7.8%,到 1991 年增加到了18.5%③。似乎越来越多的男女采取了同居,直到生第一个孩子才补办手

---

① Publié dans *La Croix* du 20 janvier 1994.
② 发表在 1994 年 1 月 20 日的《十字架》报上。拿来和鲁塞尔 (179) 的数字进行一番比较是很有意思的,但所提出的问题稍有不同:

	男人	女人
认为"结了婚对男女双方社会生活更方便"者	37	30
认为"结婚对孩子有好处"者	35	40
认为"家庭压力太大"者	7	8
认为"结了婚会使两个人的结合更牢固"者	18	20
不表示意见者	3	2

③ 7.8% (1981), 8.5% (1982), 9.5% (1983), 10.1% (1984), 11.4% (1985), 12.6% (1986), 14.4% (1987), 15.3% (1988), 16.7% (1989), 17.6% (1990), 18.5% (1991), *INSEE Première*, n° 235, décembre 1992.

续。"他们补办结婚手续，比较顺从地接受了家里要求的那一套随俗做法。既然他们过的是规规矩矩的日子，也就能够让家长放心，自己也踏实。"[1] 有的时候，几个孩子一起通过婚姻合法化（1991 年，52 000 对婚姻使 70 000 个孩子合法化），这说明，除了孪生和一胎生三个孩子的情况以外，有些人是等有了第二个孩子以后才补办结婚手续的。

还应该指出的是，由这 18.5％的人补办结婚手续而合法化了的孩子，只占"非法"出生子女（229 100 个孩子里，非婚生的为 69 455 个）的 30.3％。可见，绝大多数同居者还是认为，用不着生了孩子就去补办结婚手续。不过，补办手续倒是和年龄有关系，年龄越大，补办手续的越多（25 岁以下的母亲占 13％，25 岁至 34 岁之间的占 21％，35 岁至 39 岁之间的占 34％）；另外，也和所从事的职业有关（同居者男方做管理工作的占 13％，当工人的占 23％，女方无工作的占 38％[2]）。离婚之后单独抚养孩子的父亲或母亲人数之多，可能最终会迫使人们相信，对孩子来说，婚姻并不是什么保障，而不经民事当局和宗教当局批准就生活在一起的男女，关系也一样稳定（或一样脆弱）。

因此，同居的形象正在变化。"20 世纪 70 年代中期，大家都在谈论年轻人生活在一起的事，说那是生活富裕的社会阶层年轻人所采取的试婚，是一种过渡形式。这样的年轻人很少有生孩子的：一旦怀孕，两个人就立即决定结婚。今天，同居已经变成了个人生活的一个正常阶段。如今，一半以上的婚姻都经过同居阶段。"[3] 加上那些不曾结婚就散伙和同居已经达到稳定阶段的，由同居开始的婚姻大约在 80％左右。

《十字架》报的民意测验显示，孩子合法化之后，争取社会承认就明显

---

① Commentaire de Pfrimmer sur un couple cité en exemple, 163, p. 22.

② *INSEE Première*, n° 235, décembre 1992.

③ INSEE, 96, p. 13.

地成了结婚最重要的理由。我们不能在 20 年的时间里把基督教的 20 个世纪统统丢弃,更不用说在基督教存在的 20 个世纪以前已经有了几千年历史的婚姻了。在我们的集体无意识中,婚姻一直是一个过渡仪式。"就算你结婚时采用的是最简单的手续和仪式,你也还是离开了私人领域,进入了社会圈子。"[1] 这既是一个社会仪式,也是一个个人仪式。毛头小伙子变成了成年人,无牵无挂的单身汉负起了家庭责任:"过渡完成了。每个人都已经肩负起和自己的新地位连在一起的责任。"婚姻不仅可以使夫妻关系以及结成这种关系的爱情让人承认,还能使结婚的人融入社会,得以像成年男人(或女人)那样出现。"让看热闹的人知晓/有个姑娘觉得我好。"从前,布尔维尔[2]在《充满活力的新娘》里就是这样唱的。路易·鲁塞尔询问过的一对年轻夫妇感觉到的是:"受到邀请的时候,妻子比女友介绍起来方便。"[3]不过,在不同的社会阶层,夫妻的社会形象也有所不同,而日益增多的同居又正在一点点改变着夫妻形象。

在一个把所有的"加入仪式"都丢掉了的社会里,结婚是改变地位、放弃原有身份、一下子就和过去决裂的唯一方式。职业只能慢慢起这种作用:它不稳定,先要经过长时间的学习,甚至要经过一段时间的失业,最后也就很难"提升人的地位"了。因此,公开的仪式对年轻人就总有吸引力。想保持这些传统的愿望就是很好的证明,而其他领域的传统则一概被认为"陈腐"。那些想改变婚姻习俗的人,虽然小心谨慎,仍然均以失败告终。"年轻女子依然保持着对白色连衣裙的偏爱。这一天,年轻女人对这个

---

[1] Legrain, 116, p. 16.

[2] 布尔维尔(1917—1970),法国演员、歌手、笑星,参演过《虎口脱险》等电影。——译者注

[3] Bourguignon, 179, p. 34.

世纪流行的放肆鲁莽、恬不知耻和异想天开，均持否定态度"。① 结婚典礼变成了一种有利可图的生意，干这一行的，把象征古老传统的东西都翻腾出来了：小型四轮马车、接待宾客的城堡、旧式的喜帖……

正是这些东西构成了"生活中最美好的一天"。标语口号可能就是幸福。"这是人的一生中留下深刻印象的时刻，"一个女人解释说，"至少有了一个幸福的日子，有了属于自己的一天。"不过，这种复古的庆典里常常带些具有讽刺意味的不真实性："总不免带些游戏性质：是在做戏，拿传统婚姻闹着玩。"② 戏剧化了的幸福也纯洁吗？在这出只能当一天主角的开场小戏里，也能拿幸福当儿戏吗？

除了上述种种理由之外，结婚也是在世上安身立命的一种方式。这个世界，人情越来越冷漠了。城市里的孤独，家庭关系的疏远，都促使人们到夫妻关系中去寻找每个人都需要的安全和心理上的平衡。带有久远历史光环、最不容易破裂的传统婚姻，在很大程度上还担负着这样的功能。

至于同居的吸引力，似乎是多方面的。20世纪六七十年代，社会上层出现了大量同居，这与19世纪的"工人同居"有着根本性区别。城市的同居现象多于农村，吸引的主要是教师、行政官员和中高级管理人员。在青年人中间，性自由带来的是性要求的提前到来，而学习期限的延长又使他们不能过早结婚，这就可能成为他们选择同居的原因。不过，这种同居不一定都走向婚姻。1970年至1975年间生活水平的提高使年轻人独立得越来越早。大城市里的年轻人，不管是念书的、工作的还是失业的，往往都有自己的独立住房。这种情况和同居人数的增加有直接关系。在住房有困难

---

① Ghislaine Andréani, *Le nouveau savoir-vivre*, Paris, Hachette, 1987, p. 262.

② Témoignage recueilli par Odile Bourguignon dans 179, p. 41.

的国家，如日本或原来的苏联，同居就不那么普遍。①

但是，同居发展必不可少的条件（生活水平高、避孕、思想演变……）并不是选择这种生活的直接理由，而主要理由可能还是对离婚的担忧。离婚耗时间，费用昂贵，为了压低赡养费或得到孩子的抚养权，还不得不撕破脸皮来争。"第二代"年轻人逃避的正是这个；1975 年那部用协议方式使离婚变得容易的法律通过时，这些年轻人还都是孩子。家庭突然显得脆弱和敌对了，年轻人不愿意让他们的孩子像他们一样，去经历那种撕心裂肺的痛苦。结婚的曲线在 1985 年和 1986 年降到了最低点。持乐观态度的人指出，主要是结婚年龄推迟了：男人 26 岁、女人 29 岁起结婚，15 年来初婚率确实在有规律地提高。因此，结婚数量不足可能是因为对婚姻态度的变化造成的：婚姻不再是共同生活的开始，而变成了共同生活的美好结局，或者要经过一个比较长的试验和追求阶段才能到达。"但是，与 20 年来积累下来的青年人结婚数量不足相比，这些晚婚就微不足道了。"②

同居的发展，主要还是行为方式、生活节奏和生存理念的深刻变化造成的。在一个生活节奏快的社会里，一个人不得不多次变换工作，从一个城市到另一个城市，甚至从一个国家到另一个国家，这会使人对做长远规划感到犹豫。人们只想过好眼前的日子，不去筹划未来，也不去考虑过去。至死不渝、白头偕老的婚姻，充其量也只能是理想，常常只是过去年代留下的奇特遗迹。对自由的崇尚，让人觉得一点点约束都是沉重的镣铐。个人主义的社会不重视家庭、社会或民族的建设，认为生活是自身价值的培养和体现，不去操心比较一般性的问题：人口减少或人类生存似乎都是理论问题，关系到的是整个民族，就是说，常常被看成是别人的问题。吞噬

---

① Fell, 69, p. 35.

② *INSEE Première*, n° 235, décembre 1992.

大量鲜活生命的战争造成的威胁似乎还没有迫在眉睫；在防御战略上，新的科技进步也确实得以节省一些人力资源。19 世纪那些主张鼓励生育的人，其最有力的论据就是害怕入侵者，如今，这样的论据已经失去分量。

其实，还可以走得更远：几年来，同居已经不再是婚姻的唯一替代办法，独自生活而有一个关系虽然松散但是稳定伴侣的人，同样可以构成一对，在朋友圈子里得到社会承认。婚姻最可怕的对头就是这些人。他们逃避家庭生活，追求独处，不想再落入另一种体制之中，哪怕形式比较松散。总之，在一些年轻人眼里，婚姻成了一种社会整体化残缺的象征。"一结婚，就不得不进入体制，不得不牺牲一部分自我"，你会听到这样的说法。或者："我想和一个男人生活在一起，真的，想和人分担、分享。可是，把我的生活和一个别的什么人连在一起，然后对自己说，这就不能变了，我得整个陷到里面去，那我就没有自由了。"①

这样的反应让人担心吗？用不着担心，在婚姻史上，我们多次碰到过这样的情况。《婚姻生理学》中嘲笑别人的花花公子德·马尔塞就是这样推理的，他担心的就是在某个决定性的时刻陷进去出不来。但那是一个怀念逝去社会的上流人士，这样的人不多。在这种情况下，躲到婚姻里面去，是对自由社交生活的抵制。今天，抱独身主义的理由已经不再是社交方面的，而常常是个人主义膨胀的结果了。很简单，婚姻和生活形成了对立。这种应该由两个人建设的生活前景有将现实生活毁掉的危险。

例如，加布里埃尔·马茨奈夫感觉到的就是这样，他觉得结婚就是把现在送上未来的祭坛，想想都觉得"害怕"："一想到结婚我就害怕……我觉得自己绝对无能，建立不起一个家庭来。我甚至要说，在我的思想里，'建立家庭'这个说法里有某种可笑的东西——小布尔乔亚的尊严，小布尔

---

① Témoignages cités par Bourguignon, 179, p. 33.

乔亚的种种卑劣中的尊严……结婚就是拿未来打赌，是把某种东西建立在未来的基础之上。可是，我才不在乎未来如何呢！我对未来从不感兴趣。从孩提的时候起，我就一直活在当下，怀着对未来的忐忑——一种由恐惧和我不明所以的东西构成的忐忑。"①

是的，婚姻是一个时间问题。对未来的恐惧，不管是个人的还是社会的，都会迫使人躲进现在，这样的话就不可能对人有利。奥迪勒·布吉尼翁写道："今天，我们这个社会未来的不确定性，甚至是我们整个文明未来的不确定性，是全方位的。能够证实社会发展方向正确的社会进步饱受争议；预测变得极不可靠，让人不能做出长期计划，它只能让人犹豫不决，无所作为。"② 造成婚姻危机的不仅仅是经济危机，还有失去了判断标准的良知危机。

如此说来，由多种情况不巧地凑到一起——有陈旧制度无法避免的衰退、有与旧社会典范形成对比的个人解放、有向古代曾经历的多种婚姻形式的回归——造成的危机是一时的吗？这就只有未来能够回答了，只有未来能够在统计曲线持续变动和短暂跳跃式的变化之间做出区别。

---

① Gabriel Matzneff, *Vénus et Junon*, cité par O. Poivre d'Arvor, 168, p. 61.
② Bourguignon, 179, p. 55.

结束语

　　对两千年来西方婚姻的粗略研究，给我们留下的印象是既统一又多样。在大量仪式、理念、目标和法律……的背后，显现的是一种制度的持久性，这种制度的目的在于依靠社会基本细胞的稳固来保证社会的凝聚力。即使是在男女结合一直保持其严格私人性质的文明中，社会机构（国家、宗教）也起到了主要的作用。在罗马人那里，和在日耳曼人那里一样，婚姻首先属家庭法管辖。但是，古罗马的"氏族"、日耳曼的部落，在社会组织中所起的作用，比今天要重要得多。通过古罗马人的"家长"和日耳曼人的"监护人"所具有的权力，在缔结神圣婚姻的过程中，体现出来的是民事和宗教的权威。父亲既是家长，也是家里的法官和神甫；最初的法律常常不得不服从家长不受约束的权利。

　　从来没有获得过这种宗教和世俗权利的妇女在结婚典礼上不起任何作用；男人也只是在监护被解除以后，使他也能够主持家庭仪式并参加公众生活的时候——简而言之，即在轮到他当"监护人"或"家长"的时候，才可以参与这样的庆典。另外，早期的教会，起初只是作为父权的替代物插手婚庆的，这种情况主要发生在孤儿或因改宗而与家庭破裂的青年结婚的时候。父权削弱以后，宗教或世俗当局就自然而然地取而代之了。

充满矛盾冲突的婚姻史

婚姻史，特别是在一种所受影响彼此矛盾的文明中，就是一部几种不同力量不断冲突的历史，这几种力量都企图控制婚姻这项根本制度。要保留对婚姻的控制权的，首先是家庭。因为婚姻既关系到遗产和纯正血统的传承，也关系到贵族家庭的荣耀，以及与昔日祖先崇拜相联系的家庭崇拜。接纳一个外人总是一件很微妙的事，会有各种抵触。为了使家庭放弃这方面的特权，必须使获得财产的方式改变，必须取消祖先崇拜，必须弱化出身荣耀的意识。这只能在一定的阶级（工人、农民）中，一定的制度（社会主义、共和）下，或者到了一定的时期（20世纪），才会成为可能。到了20世纪，决定财富多少的是劳动而不是继承，才能要胜于出身了。

其次是世俗权力，想控制在它周围织成的关系网，支持或反对它的，都要控制。封建时代，权力的分割使大家族在社会结构中占有重要地位，封臣的婚姻和主君有着直接的关系，在政治上有举足轻重的影响。比较稳固的国家建立起来之后，国王们的管理监督权就局限于外交政策（和外国人联姻须得到国王的允许），或局限于宫廷这个小社会，主要是在那些作为王位推定继承人的亲王们身上。在民主政治和政治国际化的时代，世俗权力会变得更加审慎：如今，在有关婚姻障碍的问题上，世俗权力只在年龄（但法定成年年龄比平均结婚年龄低得多）和亲属关系（限制的范围很小）等问题上进行一些干涉。实际上，国家权力只局限于确定婚庆方式，以及让人遵守一夫一妻制这个欧洲传统。在西方历史中，世俗权力行使立法权，这往往只是为了批准和统一家庭的权力。

最后是教权。教权创立了婚姻等级，分为精神婚姻和现世婚姻，与教会对世界和社会的总体看法相呼应；它要维持这个等级。"结婚在天，完婚在地"，这是卢瓦泽尔在 16 世纪收集到的古老民谣的说法。但是，如果说宗教作家是根据人间婚庆模式描摹出天上婚庆的（洛泰尔·德·塞尼写的《四种婚姻》就是一个范例），那么，这种根据人世间婚庆模式描摹出来的天上婚庆，却又反过来逐渐成了人世间婚庆宜于遵守的模式。"婚姻制度"就这样确立下来了；这种"婚姻制度"，人不能稍加改动，因为那绝对属于神权。我们曾经看到过，连教皇本人都没有改动的权力。那是另一种婚姻理念，是超凡的，是人只能以高级存在的名义来接受的。一些人曾经试图使"婚姻制度"世俗化，特别是在法国大革命期间，不过，这种使人类法律从属于"高级存在"（上帝、人类、父子关系、祖国……）的形而上观念，后来一直没有怎么发扬光大。

但是，教会自己也有控制婚姻的现世政策。面对异教徒世界或伊斯兰世界，基督教世界的统一于异族通婚（在确定亲属关系上日趋严格）有利，使凯尔特人、日耳曼人和拉丁人得以同化；与此同时，禁止混宗婚，起初只禁止基督徒与异教徒和犹太人的混宗婚，后来又加上了与新教教徒的混宗婚。在这一点上，教会与世俗权力对立，后者更喜欢民族内通婚（包括不同宗教之间的婚姻），而不喜欢不同种族间通婚。封建时代对婚姻的控制也能保证对封地的控制。只有教会能够决定孩子属于合法或私生，因而也就只有教会能够决定遗产的传承。

在婚姻史中始终维持着紧张态势的各种权力之间，不能忘记还有一个个人权力；在西方的双方自愿的制度里，最终在婚姻问题上有全权的是当事人。但是，由于社会对年轻人有种种压制手段，有经济的，也有强制性的，而且力量往往都非常强大，可以迫使年轻人做出一世不能更改的承诺。所以，这种所谓的当事人的全权常常也就只不过是一种说法而已。

然而，尽管存在着这么多冲突，这些外部的权力依然不可或缺。教会强制推行严格自愿制的打算，接着是空想主义者和无政府主义者往这种古老制度中吹进一股自由空气的企图，都在同一块礁石上触了礁。暗中结婚和同居一样，根本得不到社会承认。所以，结婚并不仅仅是私人行为。婚姻需要公示，需要庆典。家庭的、世俗的或教会的权力都要介入，以担保人的身份介入，作为确保婚姻具有稳定性的保护者介入。宗教婚姻比任何其他婚姻都更具有这种社会现实的构成要素，它要求永久的承诺，给婚姻祝福（圣事），以便克服共同生活中所遇到的困难，并通过多重隆重仪式给人留下深刻印象。

　　但总的说来，每种权力都根据自己的参照物对婚姻做出了构想。民法将婚姻归入它所管辖的契约（20 世纪初走到了极端，甚至建议依据租赁契约法来签订婚约）之中。家庭法把婚姻变成了继承遗产的一种特殊情况。教会强制性地为婚姻搞了一套极具特色的结婚仪式，特别是上帝及其子民之间的基础结婚仪式——结合的本身被视为和《旧约》里的婚姻相似。建立盟约，从歃血为盟到饮酒为盟，就如同夫妻做出承诺时伴以领圣体一样；盟约的条件记在十诫板上，犹如婚姻的条件记在婚约或陪嫁单上；立一块纪念碑，如同交出户口本；婚庆仪式的最后，是圣餐式或节日般的宴会……对比基督教神秘婚庆和人间婚庆，都扎根于一切神圣联盟所共有的仪式之中。

　　继续求助于外部权力，是因为需要外部权力保证婚姻的持续。我们所见到的各种婚姻，都符合人们所期待于婚姻的不同类型的稳定性：财富的稳定性（家庭财富的传承或增加），家庭的稳定性（必须有时间教育孩子），情感的稳定性（能把爱情固定住吗?），政治的稳定性（用婚姻来保证的家族之间或国家之间的和平应该长久延续）……还有社会的稳定性（根据现代社会学家所做的心理分析，婚姻是把男人纳入传统的手段）。婚姻是工具，使用这个工具，一户一户地，社会秩序就建立起来了，使共同生活有了方向。通过夫妻交谈，出于把"可能"变成"现实"的必需，婚姻获得了稳定性和保守性。男人摆脱了青少年时代的自我中心和无忧无虑，承担起了责任。因为结了婚，他周围的世界改变了。"这样一来，由婚姻所带来的稳定，就对这对夫妻生活于其间的整个现状产生了影响。"①

其实，这种稳定纯粹是心理上的。在很多桩婚姻中，如果我们认真分析一下，大概就能发现，结婚的深层次原因是害怕孤独，即《圣经·传道书》里早就说过的："孤独的人是不幸的！"玛尔特夫人在古诺作曲的《浮士德》中唱道："作为一个利己主义者，孤独地老去，是多么不幸啊！"为了避免这种不幸，她准备嫁给魔鬼……今天，那么多夫妇在寻找幸福中失败，难道不是因为他们在内心深处把爱情和恐惧混为一谈了吗？如果在怨恨消失之后，每个人还都想再体验一下婚姻，不正是因为随着年龄的增加，人变得老成了吗？②

我们在婚姻史中见到的第二类冲突，源于婚姻定下的不同目的之间的对立；确定下来的婚姻目的并非总能被要求结婚的人明确地体会到。爱情常常是用起来最方便的幌子。爱情与传宗接代之间的冲突（能够把不孕的妻子休了吗？拿破仑应该喜欢约瑟芬的爱情甚于喜欢玛丽-路易丝的生育能力吗?），传宗接代与金钱之间的冲突（如何使子女合法化？或如何剥夺子女的继承权?），金钱与爱情之间的冲突（暗中结婚），金钱与政治之间的冲突（不同社会阶级之间门不当户不对的婚姻），爱情与政治之间的冲突（包办婚姻和国王的情妇）……

这两大类型的冲突，一类是外在的，一类是内在的，构成了婚姻史。乍看起来，这些冲突似乎一环扣一环（爱情是个人维度上的事，金钱和传

---

① Analyse de Peter Berger et Hansfried Kellner, «Le mariage et la construction de la réalité», dans *Diogène*, n° 46, 1964, reprise dans Jacques Lazure, *Le jeune couple non marié*, Montréal, Presses de l'Université de Québec, 1975, p. 11.

② Voir les témoignages recueillis par O. Bourguignon dans 179, pp. 73 ss.

宗接代是家庭维度上的事，政治是国家维度上的事……），其实这几者之间的关系要错综复杂得多。在不同的历史时期，国家可以支持个人反对家庭，也可以支持家庭反对个人：20世纪初的生育政策鼓励爱情婚姻，而17世纪的生育政策却是控制家庭。以爱情为主导的婚姻，如果不能及时有财产或孩子来支撑，就会衰败。在婚姻的三项好处中，教会也承认爱情和传宗接代一样重要，但很快又接受了金钱婚姻或结盟婚姻。因此，由于各种不同影响在不断地重组，婚姻这幅镶嵌画也就常常显出微妙的差异。

婚姻身份

这些影响的互动在婚姻史上并不是独一无二的重要现象。仪式的意义也产生了根本性的变化。在早期的人类社会里，人的一生被分成一系列的过渡阶段，人按部就班地逐步融入社会。一般情况下，年龄就足以使一个人从一个阶段上升到另一个阶段。罗马人第一次刮胡子，日耳曼人发给年轻战士兵器，都是成年的标志。这种象征意义很强的接纳仪式常常具有宗教性质，教会不能容忍就那样下去，要把它夺过来——例如青年骑士的授甲礼。

于是，教会就通过做圣事把教徒一生的种种过渡仪式都掌握起来了。主要的圣事有：洗礼，初领圣体，坚振礼，婚礼，临终涂油礼。在所有的圣事中，结婚具有特别重要的意义，因为结婚和过渡到成年是一致的。通过结婚仪式，年轻男子在社会上和家庭里（成为父亲之后）都有了自己的地位。自从新道德禁止婚外性关系以来，他同时也获得了完美地成为一个男人的权利。1546年为根特市起草的习惯法草案，有力地证实了这种身份："不结婚不解除监护，不到25岁不升为骑士，不升为神职人员，不取得显职高位，不在国君或城市首领那里得到身份或官职，任何人都不能成为主宰自己命运的主人；同样，公开经商的人也不能成为主宰自己命运的主人。"① 唯有社会地位（神职人员、骑士）与公职可赋予成年（当时已经提高到 25 岁）之前的男子以独立，而婚姻即被当作社会地位与公职看待。

这种"婚姻身份"的观念萌生于古代社会，是自古罗马实行朱利亚法以来就有的。朱利亚法赋予已婚男人种种权利，是单身汉、鳏夫或离了婚的男人享受不到的。可是，罗马的一切组织结构仍然以年龄为依据，只有到达一定年龄，才能升到某种尊贵地位。婚姻依然是私人范畴里的事，结婚的目的主要是给孩子一种身份，就是说，是为了能够合法地转让遗产。十分自然，没有财产要转让的人（奴隶），不需要这种"符合规定的婚姻"。同居，即跟一个不指望她生孩子的女人生活在一起，两人关系稳定，虽然不合法，却也并非什么不名誉的事。离婚和领养，为不孕这个棘手问题提供了一个间接的解决办法。男人通奸，为爱情和受制度压抑的性欲打开了一条出路；女人通奸，则是把后代的合法地位拿来冒险，会受到严厉惩处。这一内部逻辑引人注目。

基督教要把这种原始的逻辑联系拿出来重新讨论。社会不平等理论的逐渐消失，实际上使不同类型的婚姻失去了存在的理由：如果没有了奴隶（取而代之的农奴，后来在婚姻问题上得到了和农奴主同样的权利），也就不再需要奴隶与奴隶之间或奴隶与自由人之间的那种"低级婚姻"；如果没有了社会阶级（代替社会阶级的等级已经开始出现），也就不再需要同居。单一的婚姻符合单一的人的理想见解。当然，社会总是分层的，但阐释这个社会的那些模型不分层，而婚姻再也不能分层了。

从宗教的角度看，婚姻也失去了指定合法继承人的法律作用。当我们要求另一种类型的占有即在精神上继承亚伯拉罕时，物质财富又算得了什

---

① Cité par Greilsammer, 89, p. 18.

么呢？在最初的几个世纪里，笃信宗教的人蔑视婚姻，因为婚姻只传承物质而不考虑精神：人间婚姻的遗产，是亚当的罪恶，是肉体凡胎（在摩尼教教徒看来，肉体凡胎把神光永远幽闭起来了）的后代，或者是世俗财富。为了追随基督，应该把这些财富卖掉或者送给穷人。婚姻切断了基督徒与其真正教父的关系。当新改宗的人发现他"真正的家"时，婚姻可以打破，以便重新建立这种真正教父的关系（"圣保罗特许"就是这个意思）。婚姻充其量也只能因为可以防止性泛滥而得到容忍。圣奥古斯丁虽然确定了婚姻的三项好处，传宗接代却已经不再是主要的：因为不孕而领养或离婚，都是不能被接受的。灵魂与耶稣基督神秘的婚姻，也可以按照婚礼的仪式（修女的戒指和面纱）缔结，也可以有合法的后代（信徒、圣书）。

在基督徒们被引导着组织社会生活时，他们还保留着早期的意象，认为人间的婚姻是以天上的婚姻为模式的。婚姻制度因此而身价倍增，因为每个基督徒都觉得自己负有重现耶稣基督与教众神秘结合的重大使命。但另一方面，无论是在结婚条件（婚姻障碍的理论）上，还是在限制性规定（不可分离性、节制性生活、单一性……）上，要求都变得越来越严格。至少从理论上来说，婚姻制度不会再有变化，但社会却处于永恒的变化之中；不变的制度和变化的社会，两者之间的关系会越来越紧张。

正是在这种背景之下，婚姻变成了一种身份，在一个与三个社会等级平行的等级中的身份。未婚、已婚和鳏寡三个等级，是战士、神职人员和劳动者这个著名三等分的雏形。从此以后，给人带来社会地位的就是婚姻了，娶妻就可能得到封地，独身只在教士这个特殊群体里才会被接受。职业本身也在已婚者和未婚者之间有了分野，因为最早的大学都是教会办的，只培养不结婚的教士。年轻的单身汉大概就是在这个时候开始组织秘密团体的——那些后来以"青年修道院"等名目闻名的团体，当时每个修道院里都有。婚姻的这种新身份最值得称道之处在于：一视同仁，男女平等，农奴和领主平等。正式的双方同意的原则给了每个人以完全的自由，在人生最重要的融入社会的行动中，每个人都可以自由行事了。至少，在理论上是如此。

实际上，基督教婚姻的实质正在逐渐消失。百年战争、异教古老文明的发现给性道德伦理带来了致命的冲击。男女平等依然停留在理论上，中世纪在妇女权利方面取得的微弱进步，到 16 世纪重新发现罗马法以后，又完全消失了。双方同意的原则只在暗中结婚时以咄咄逼人的形式实现过，新的家庭法制定出来之后，这个原则也不复存在了。各种利害冲突，新的社会力量（现代国家，割断个人和传统家庭联系的个人主义……）的出现，加剧了制度内的紧张。从这个时期开始，各国都经历了独特的演变；在因为亨利二世颁布敕令而很早就受制于家庭法的法国人眼里，西班牙、意大利、英国和美国相继成了爱情避难所的象征。

在各种势力互相冲突的侵蚀下，婚姻已经变得有名无实，又成了给继承人以合法地位的一种手段，在社会上层失去了它的深刻意义。不管怎么说，基督教婚姻的形式总算保住了；婚姻是唯一的、不可分离的，这只是一个外表，私下里又是什么事都可以做了。分居、上流社会的通奸、打情骂俏，以及农民在通衢搭的台子上对这类打情骂俏的拙劣模仿，这一切都证实，在 18 世纪的法国，贵族阶级的婚姻存在着价值危机。大革命恢复离婚并寻找男女结合的新世俗方式，等于承认了这种情况。

但是，在这个被社会变化掏净了内容的空壳里，一种新式婚姻正在诞生。大革命彻底打破了财富的平衡；在大革命之前，这种平衡即已受到资产阶级上升和以动产逐渐取代不动产的严重威胁。买卖官职制度是婚姻这栋大厦的最后支柱，也随着王朝一起倒塌了。这时，可以为婚姻添加别的效能了。爱情，依照传统看法，在因其他理由（金钱、家庭和睦、性格相合……）结成的婚姻里也能产生的爱情，此刻要收回自己的权利，要求立即以罗曼蒂克和狂热的形式亮相。爱情将感情和感情的表达（性自由、择偶自由）混为一谈，取逃脱了沉重陪嫁制度的社会底层民众和农民为榜样。在市民的头脑里，底层民众和农民顺应的只能是高尚的情感。从前，谁爱妻子谁是小市民，从今以后，市民要领导潮流了。

大革命并不像表面看起来那样彻底。爱情是占据了重要地位，可是，人们依然以不信任的眼光看待它。爱情被形象地比作烧着的干草，瞬息即灭，而伉俪之情则能够慢慢燃烧，这样的观点仍然没有过时。恋爱结婚，可以，但是那些狂热的年轻人从此提出要求，要在 20 岁就带着这种绝对激情死去，或者，如果没有这份勇气，就靠离婚或一次次与人同居的办法，让绝对激情重新开始。也许，不恢复离婚，恋爱结婚也能在我们民族的行为方式中获胜？没有什么人还要求从一而终，还要求婚姻里那种感情专一持久不变，虽然幸福且长久的夫妻并未因此而绝迹。教会也对伉俪之情做出了新的阐释：教会此后之所以接受婚前爱情，是因为，要使爱情持续一生，爱即使不要求牺牲，至少也要求深化，要求改变。

婚姻变成了爱情故事的结局，而不是一种新身份的开始，有变成一种行为而不再是一种身份的趋势。男人立足于社会，靠的不再是婚姻，而是他的社会地位、他的职务。要想承认一个孩子并让这个孩子成为自己的继承人，不再非结婚不可了。至于性事，自从发明避孕方法和预防传染性病的有效手段以来，就不再需要只局限在婚姻里了。从前所说的需要结婚的种种理由，都已经一个接一个消失，剩下的只是一种象征性的关系，一种社会传统，虽依然保留着吸引力，却没有了必要性。

那么，婚姻是应该做些相应的改变，还是应该消失呢？当前，婚姻所遭遇的危机好像很严重，虽然现在还为时尚早，难以估计出其严重程度。但自相矛盾的是，婚姻存在的条件很少像今天这样齐全过。社会心态宽容了，年轻人经济独立了，住房多了，家庭联系松散了，都使成双成对地生活在一起成为可能，这样的生活对大多数年轻人来说也依然是一种理想。恋爱变成了文明行为，没有人再为爱情设置不可克服的障碍了。如果说婚姻的传统形式受到了损害，把一男一女结合到一起的关系却依然是深厚而诚挚的；如果害怕或讨厌隆重的仪式，就采取同居的形式。

自 20 世纪初以来，此种现象变得越来越广泛。面对这一现象，主张承认不同等级婚姻形式的呼声也越来越高。说到底，这只是朝着罗马和日耳曼早期观念的回归，虽然物质条件和社会条件均已发生不可逆转的演变。早在 1936 年，保罗·埃斯曼就号召，缔结不举行隆重仪式、只住到一起的"二级或二流"婚姻。[1] 他可能希望这样的婚姻和举行隆重仪式的婚姻一样稳固和难以破坏，用来抵制越来越多的同居。不过，从那时起，另有一些人却要求将婚姻形式放宽，承认同居，不要再对同居横加限制。

"看来，多种'婚姻'形式似乎将会并存，"罗歇·热罗写道，婚姻"在这样一个多元但包含着冲突的社会里，靠尽可能少的法规并存。我们如今生活在一个使用法律过度的社会里，而私人的幸与不幸必须逃避法典与律法"。不过，热罗的主张失之于过分宽容：他希望在同居和不可分离的婚姻之间，出现一种由契约限制的可以重订的婚姻，每十年必须重订一次，并重新举行结婚仪式[2]。这样的解决办法不能不使人想起 20 世纪的乌托邦思想，遭遇的也是同样的现实：婚姻破裂常常就发生在最初的几年里，十年的契约似乎和不可分离的婚姻一样长。至于孩子的教育，很难有机会在这样一段时间里完成。

然而，承认同居者和已婚人士在很多方面有同等权利，却也是朝着这同一个方向走的。难道这是社会于无意之中选择的一条中间道路？这样说

---

① Esmein, 65, pp. 4 - 7.

② Géraud, 83, p. 8 et pp. 149 ss.

可能失之于武断。我们还没有掌握能够使我们对当前危机原因做出分析的素材，因此也就无法说出危机会持续多久，也不知道如何解决。我们能够做的，充其量也只是对危机加以描绘。路易·鲁塞尔写道："如果我们明显地察觉到了现在的紧张和举棋不定，就不得不承认，我们不曾预见到新式的紧密结合的形式，连大致的形式也没有预见到……事实上，我们根本不知道自己走向何方。"① 不过，也许这就是真正被放到历史亦即演化中去观察的婚姻的全部可贵之处。

---

① Roussel, 180, p. 259.

参考文献

1. ABOUT (Edmond), *Les mariages de province*, Paris, Hachette, 1868.
2. ABRAND (Dr Henr), *Éducation de la pureté et préparation au mariage*, Paris, Association du mariage chrétien, 1922.
3. *Des accordailles aux épousailles*, catalogue de la C. G. E. R. , Bruxelles, 1988.
4. ALRIC (Charles), *Le Mariage et l'Amour au XIX siècle*, Villefranche, Vve Cestan, 1875.
5. *L'Amour conjugal*, à Gnide, et se trouve à Paris, chez tous les Marchands de Nouveautés, 1780.
6. *Amour et mariage*, Paris, La Voix des jeunes, s. d.
7. *Amour et mariage*, Jeunesse estudiantine chrétienne, [1947].
8. ARIÈS (Philippe), BEJIN (André), din *Sexualités occidentales*, Paris, Seuil, 1984.
9. ARMAND (Ernest Juin, dit Émile), *Amour libre et liberté sexuelle*, *La question des rapports sexuels et les individualistes anarchistes*, Paris, éd. de I'en dehors, 1927.
10. ARMAND (Ernest Juin, dit Émile), *La Camaraderie amoureuse*, Paris, éd. de I'en dehors, 1929.
11. ARMENGAUD (André), *La Famille et l'enfant en France et en Angleterre du XVIe au XVIIe siècle*, *aspects démographiques*, Paris, SEDES, 1975.
12. BAGOT (Jean-Pierre), *Pour vivre le mariage*, Paris, Cerf, 1986.
13. BALUZE (Étienne), *Capitularia regum francorum*, Parisiis, F. A. Quillau et B. Morin, 1780.
14. BAR (Pierre), 《La liberté du mariage à Liège au XVIIIe siècle》, dans *Revue d'histoire de droit français et étranger*, 1991, pp. 343 - 357.
15. BARONIUS, *Annales ecclésiastiques*, Rome, 1602 ss.
16. BASDEVANT (Jules), *Des rapports de l'Église et de l'État dans la législation du mariage*, *du Concile de Trente au Code civil*, Paris, C. Larose, 1900.

17. BATBIE (Anselme), *Révision du Code Napoléon*, mémoire lu à l'Académie des sciences morales et politiques les 23 et 30 décembre 1865, Paris, Cotillon, 1866.

18. BEAUCHET (Ludovic), *Étude historique sur les formes de la célébration du mariage dans l'ancien droit français*, Paris, Larose et Forcel, 1883.

19. BEAUMANOIR (Philippe de), *Les coutumes du Beauvoisis*, éd. du comte Beugnot, Paris, Renouard, 1842.

20. BEDOUELLE (Guy), LE GAL (Patrick), *Le Divorce du roi Henry VIII*, *études et documents*, Genève, Droz, 1987.

21. BELS (Pierre), *Le mariage des protestants français jusqu'en 1685*, *fondements doctrinaux et Pratique juridique*, thèse, Paris, Librairie généale de droit et de jurisprudence, 1968.

22. BÉRAUDY (Roger), *Sacrement de mariage et culture contemporaine*, Paris, Desclée, 1985.

23. BERNET-GRAVEREAUX, *L'Union libre*, *le couple hors mariage*, Paris, E. S. F., 1983.

24. BERTIN (Ernest), *Les Mariages dans l'ancienne société française*, Paris, Hachette, 1879.

25. BESNIER (Robert), «Le mariage en Normandie des origines au XIIIᵉ siècle», dans *Normannia*, t. 7, 23, 1934, pp. 69 – 110.

26. BIARDEAU (Laure), *Le Certificat prénuptial*, Paris, Le mouvement sanitaire, librairie Sirey, 1930.

27. BLUM (Léon), *Du mariage*, Paris, p. Ollendorff, 1907.

28. BONNEVILLE (Nicolas de), *Le nouveau code conjugal*, *établi sur les bases de la Constitution et d'après les principes et les considérations de la loi déjà faite et sanctionnée*, Paris, Imprimerie du Cercle social, 1792.

29. BONSIRVEN (Joseph s. j.), « *Nist fornicationis cause* », dans *Recherches de science religieuse*, t. 35, 1948, pp. 442 – 464.

30. BOUCHARD (Gérard), *Le village immobile*, *Sennely-en-Sologne au XVIIIᵉ siècle*, Paris, Plon, 1971.

31. BOUCHIN (Étienne), *Plaidoyez et conclusions prises pendant l'exercice de sa charge de Conseiller et Procureur du Roy*, *aux Cours Royales à Beaune*, Paris, Claude Morel, 1620.

32. BOURDALOUE, *Dominicales*, dans la *Collection des orateurs sacrés* de Migne, t. 15, 1845.

33. BOURGET (Paul), «Le divorce», *Le Matin*, 28 janvier 1908.

34. BROOKE (Christopher N. L.), *The medieval idea of marriage*, Oxford

University Press, 1989.

35. BURGUIÈRE (André), etc., *Histoire de la famille*, Paris, Armand Colin, 1986.

36. BUSCHINGER (Danielle), CRÉPIN (André), dir., *Amour, mariage et transgressions au Moyen Age*, Université de Picardie, Centre d'études médiévales, Actes du colloque des 24, 25, 26 et 27 mars 1983, Göppingen, Kümmerle Verlag, 1984 (Göppinger Arbeiten zur Germanistik, n° 420).

37. CADET (Ernest), *Le Mariage en France, statistiques et réformes*, Paris, Guillaumin et Cie, 1870.

38. *Catéchisme du Concile de Trente*, Grez-en-Bouère, éd. D. M. Morin, 1984 (1969).

39. CHAMFORT (Nicolas de), *Œuvres complètes*, éd. par p. R. Auguis, Paris, Chaumerot jeune, 1824 – 1825.

40. CHARRON (Pierre), *De la Sagesse* (1601), Paris, Jacques Bessin, 1618.

41. CHENON (Émile), *Recherches historiques sur quelques rites nuptiaux*, Paris, librairie du recueil Sirey, Larose et Tenin, 1912.

42. CLERCO (Carlo de), *La Législation religieuse franque de Clovis à Charlemagne*, Paris, librairie du recueil Sirey, 1936.

43. COLLOMP (Alain), *La maison du père, famille et village en Haute-Provence aux XIIe et XVIIIe siècles*, Paris, Presses Universitaires de France, 1983.

44. Comité de la réforme du Mariage, *La réforme du mariage*, Paris, Marchal et Billard, 1906.

45. *Contrats de mariage et régimes matrimoniaux*, Paris, Préparation Francis Lefèvre, 1941.

46. CORAS (Jean de), *Miscellaneorum iuris civilis, libri sex*, Lugduni, apd Gulielmum Rouillium, 1549.

47. COTTIAUX (Jean), *La Sacralisation du mariage, de la Genèse aux incises matthéennes*, Paris, Cerf, 1982.

48. CROUZEL (Henri), *L'Église primitive face au divorce du premier au Ve siècle*, thèse, Paris, Beauchesne, 1971.

49. DAUDET (Pierre), *Études sur l'histoire de la juridiction matrimoniale. Les origines carolingiennes de la compétence exclusive de l'Église (France et Germanie)*, Paris, librairie du recueil Sirey, 1933.

50. DAUDET (Pierre), *Études sur l'histoire de la juridiction matrimoniale. L'Établissement de la compétence de l'Église en matière de divorce et de consanguinité (France, X^e – XIIe siècles)*, Paris, librairie du recueil Sirey, 1941.

51. DAUVILLIER (Jean), *Le Mariage dans le droit classique de l'Église, depuis le décret de Gratien* (1140) jusqu'à la mort de Clément V (1314), Paris, *librairie du recueil Sirey*, 1933.

52. DAVENSON (Henri), *Le Livre des chansons, ou introduction à la chanson populaire française*, Neuchâtel, Éd. de la Baconnière, 1946 (collection des Cahiers du Rhône).

53. DETREZ (Alfred), *Mariage et contrat, Étude historique sur la nature sociale du droit*, thèse, Paris, Giard et Brière, 1907.

54. DEWEVRE-FOURCADE (Mireille), *Le Concubinage*, Paris, Presses Universitaires de France, 1969.

55. *Dictionnaire de Théologie catholique*, commencé sous la direction d'A. Vacant et d'É. Mangenot, continué sous celle d'E. Amann, Paris, Letoyzey-An, 1923 – 1972.

56. DOISNEAU (Robert) et PENNAC, *Vie de famille*, Paris, Hoëboke, 1993.

57. DUBY (Georges), *Le chevalier, la femme et le prêtre, le mariage dans la France féodale*, Paris, Hachette, 1981 (Collection *Pluriel*, 1990).

58. DUBY (Georges), *Mâle Moyen Âge, De l'amour et autres essais*, Paris, Flammarion, 1988.

59. DULONG (Claude), *L'Amour au XVIIe siècle*, Paris, Hachette, 1969.

60. DUVAL (André), *Des sacrements au Concile de Trente*, Paris, Cerf, 1985.

61. DUVERGIER (J. B.), *Collection complète des lois, décrets, ordonnances, avis des conseils d'État*, Paris, 1834.

62. ENGELS (Friedrich), *Les Origines de la société (Famille, Propriété privée, État)*, Paris, G. Jacques, s. d. (Bibliothèque d'études socialistes, XIV).

63. ÉRASME (Désiré), *In Nouum Testamentum annotationes*, Basileæ, per A. Frobenium, 1555.

64. ESMEIN (Adhémar), *Le Mariage en droit chnonique*, 1891, mise au point par R. Génestal et J. Dauvillier, Paris, librairie du recueil Sirey, 1929 – 1935.

65. ESMEIN (Paul), *Le Problème de l'union libre*, Paris, librairie du recueil Sirey, 1936.

66. *Establissements de Saint-Louis*, éd. Paul Viollet, Paris, Renouard, 1881 – 1886.

67. *Famille et parenté dans l'Occident médiéval*, colloque de Paris, 68 juin 1974, Rome, École Française de Rome, 1977.

68. FAVART (Claude-Simon), *Théâtre de M. et Mme Favart*, Paris, Duchesne, 1763 – 1772.

69. FELL (Martine), *Le Guide pratique du concubinage*, Paris, Hachette, 1985.

70. FENEANT (Jacques) et LEVEEL (Maryse), *Le Folklore de Touraine*,

Chambray-les-Tours, CLD, 1989.

71. FILLON (Anne), *Louis Simon, étaminier* (1741 – 1820) *dans son village du Haut-Maine au Siècle des Lumières*, thèse, Le Mans, Centre Universitaire d'action permanente, 1982.

72. FILLON (Anne), *Les Trois Bagues aux doigts, amours villageoises au XVIII* *siècle*, Paris, Laffont, 1989.

73. FLANDRIN (Jean-Louis), *Le Sexe et l'Occident*, Paris, Seuil, 1981.

74. FLANDRIN (Jean-Louis), *Les Amours paysannes, Amour et sexualité dans les campagnes de l'ancienne France* (*XVI* – *XIX* *s.*), Paris, Gallimard/Julliard, 1975.

75. FLEURY (Jean), *Recherches historiques sur les empêchements de parenté dans le mariage canonique des origines aux fausses décrétales*, thèse de doctorat, Paris, librairie du recueil Sirey, 1933.

76. FRAIN (Irène), *Vive la mariée*, Du May, 1993.

77. FRIEDBERG (Êmile), *Corpus Iuris Canonici*, I, Gratien, II. Collections de décrétales, Leipzig, B. Tauchnitz, 1881.

78. GAIFFIER (Baudouin de), «Intactam sponsam reliquens à propos de la *Vie saint Alexis*» dans *Analecta Bollandiana*, t. 65, 1947, pp. 157 – 195.

79. GAUDEMET (Jean), *Sociétés et mariage*, Strasbourg, CERDIC publications, 1980.

80. GAUDEMET (Jean), *Le mariage en Occident*, Paris, Cerf, 1987.

81. GAUDEMET (Jean), «Le dossier canonique du mariage de Philippe Auguste et Ingeburge», dans *Revue d'histoire de droit français*, t. 62, 1984.

82. GAUTIER (Léon), *La chevalerie*, Paris, Palmé, 1884.

83. GÉRAUD (Roger), *Le mariage et la crise du couple*, Ververs, Mardbout, 1973.

84. GHESTIN (Jacques), «L'action des Parlements contre les 'mésalliances' aux XVIIe et XVIIIe siècles», dans *Revue historique de droit français*, IVe série, t. 34, 1956, pp. 74 – 110 et 196 – 224.

85. GIRARD (Paul-Frédéric, éd), *Texles de droit ronmain*, Paris, Arthur Rousseau, 1913.

86. GONTIER (Fernande), *Le femme et le couple dans le roman* (1918 – 1939), *Paris, Klincksieck*, 1976.

87. GOODY (Jack), *L'Évolution de la famille et du mariage en Europe*, Paris, Armand Colin, 1985.

88. GORDON (Pierre), *La Nuit des noces, vieilles coutumes nuptiales, leur signification, leur origine*, Paris, Dervy, 1950.

89. GREILSAMMER (Myriam), *L'Envers du tableau*, *Mariage et maternité en Flandre médiévale*, Paris, Armand Colin, 1990.

90. GUTTON (Jean-Pierre), *La Sociabilité villageoise dans l'ancienne France*, Paris, Hachette, 1979.

91. GUYOT (Pierre), *Répertoire universel et raisonné de jurisprudence civile*, *criminelle, canonique et bénéficiaire*, Paris, chez Visse, t. 11, 1785.

92. HELMHOLZ (Richard H.), *Marriage litigation in medieval England*, Cambridge University Press, 1974.

93. HUET (Émile), «Le manuscrit du prieur de Sennely» dans *Mémoires de la sociétéé archéologique et historique de l'Orléanais*, t. 32, 1908, pp. 1 - 82 et CLVIII pp. d'annexe.

94. INGLIS (Brian), *L'Abdication d'Édouard VIII*, Paris, Lafont, 1968.

95. INSEE, *Annuaire statistique de la France*, Résultats de 1989 (1990), 1992 (1993), résumé rétrospectif (1966), annuaire rétrospectif (1988) .

96. INSEE, *Recensement de la population de 1990*, *Ménages, familles*, décembre 1992 («Résultats, Démographie-Société», n° 2223) .

97. ISAMBERT, DECRUSY, et JORDAN, *Recueil général des anciennes lois françaises*, Paris, Belin-le-Prieur et Verdière, 1821 - 1833.

98. JACQUART (Danièle), THOMASSET (Claude), *Sexualité et savoir médical au Moyen Âge*, Paris, Presses Universitaires de France, 1985.

99. JEANNIN DA COSTA (Sabine), *L'histoire du mariage*, Paris, La Martinière, 1994.

100. JEAN-PAUL II, *Code de droit canonique* (1983), Paris, Centurion/Cerf/Tardy, 1984.

101. EAN-PAUL II, *Catéchisme de l'Église catholique*, Paris, Mame/Plon, 1993.

102. JEAN-PAUL II, *Lettre aux familles*, Paris, Mame/Plon, 1994.

103. JOURDAIN (René), *Les faux ménages dans leurs relations avec les tiers et spécialement avec la famille légitime*, Lille, S. I. L. I. C. , 1933.

104. JUSTINIEN, *Corpus Iuris Ciuilis Iustiniani*, éd. Ioannis Fehi, Lugduni, 1627 (Osnabrück, O. Zeller, 1965) .

105. KALIFA, «Singularités matrimoniales chez les anciens Germains», dans *Revue d'histoire du Droit*, 48, 1970, p. 199.

106. KERAMBRUN (p.), *L'Idée du mariage depuis le code civil jusqu'à nos jours*, thèse pour le doctorat, Paris, Michalon, 1909.

107. LACOMBE (Paul), *Le Mariage libre*, Paris, Librairie des auteurs 1867.

108. LAISNEL DE LA SALLE, *Le Berry*, *moeurs et coutumes*, Paris, Maisonneuve

et Larose, 1968.

109. LAISNEY (Jean), *Mariage religieux et mariage civil*, Thèse pour le doctorat, Paris, Spes, 1930.

110. LAUNOY (Jean de), *Recueil chronologique des diverses ordonnances, et autres actes, pièces et extraits concernant les Mariages Clandestins*, Paris, Edme Martin, 1660.

111. LAUNOY (Jean de), *Regia in matrimonium potestas*, Parisiis, apd v. E. Martini, 1674.

112. LEBRUN (FRANÇOIS), *La Vie conjugale sous l'ancien régime*, Paris, A. Colin, 1975 (collection U2) .

113. LECLERCO (JEAN), *La Mariage vu par les moines au XII* *siecle*, Paris, Cerf, 1983.

114. LEFEBVRE (Charles), *Histoire du droit matrimonial français*, Paris, 19061913.

115. LEFEBVRE (Charles), *Leçons d'introduction générale à l'histoire du droit matrimonial français*, Paris, L. Larose, 1900.

116. LEGRAIN (Michel), *Aujourd'hui, le mariage?*, Tours, Mame, 1988.

117. LEGRAND (Louis), *Le Mariage et les mœurs en France*, Paris, Hachette, 1879.

118. LELIÈVRE (Jacques), *La Pratique des contrats de mariage chez les notaires au Châtelet de Paris de 1769 à 1804, Paris, éd. Cujas*, 1959.

119. LEMAIRE (A.), «La dotation de l'épouse, de l'époque mérovingienne au XIIIe siècle», dans *Revue historique de droit français et étranger*, t. 92, Paris, librairie du recueil Sirey, 1929, pp. 569 - 580.

120. LEMAIRE (A.), «Origine de la règle *Nullum sine dote*», dans *Mélanges Paul Fournier*, 1929, p. 415.

121. LENGLET (Émile-Céry), *Essai sur la législation du mariage*, Paris, Froullé, 1792.

122. LE ROY LADURIE (Emmanuel), *Montaillou, village occitan, de 1294 à 1324, Paris, Gallimard*, 1975.

123. [LE SCENE DES MAISONS (Jacques)], *Contrat conjugal, ou loi du mariage, de la répudiation et du divorce*, S. L. S. E. 1781.

124. LINGUET (Simon-Nicolas-Henri), *Légitimité du divorce justifiée par les Saintes Écritures, par les Pères, par les Conciles, &c*, Bruxelles, 1789.

125. LOISEL (Antoine), *Institutes coutumières*, éd. DupinLaboulaye, Paris, Durand, 1846.

126. MANSI (Gian Domenico), *Sacrarum conciliorum noua et amplissima collectio*, Florence, 1759 - 1798.

127. MARGUERITTE (Paul et Victor), *Mariage, divorce, union libre*, Lyon, Société d'éducation et d'action féministes, 1906.

128. *Mariage et famille en question*, sous la direction de Roger Nerson, éd. du C. N. R. S. , 1978 - 1979.

129. MARIN-MURACCIOLE (Madeleine-Rose), *L'honneur des femmes en Corse : du XIIIe siècle à nos jours*, Paris, Cujas, 1964.

130. MARTIN (Ralph G.), *La Femme qu'il aimait*, Paris, Albin Michel, 1975.

131. MARUCCI (Corrado), *Parole di Gesù sul divorzio*, Brescia, Morcelliana, 1982.

132. MATHON (Gérard), *Le Mariage des chrétiens, I. des origines au Concile de Trente*, Tournai, Desclée, 1993.

133. *Il Matrimonio nella società altomedievale*, Spoleto, Centro italiano di studi sull'alto medioevo, 1977 (*Settimane di studio* XXIV, 22 - 28 aprile 1976) .

134. *Mélanges offerts à Jean Dauvillier*, Toulouse, Centre d'histoire juridique méridionale, 1979.

135. MERLAUD (abbé André), *Splendeur de l'amour conjugal*, Paris, Spes, 1949.

136. METRAL (Marie-Odile), *La Mariage, les hésitations de l'Occident*, Paris, Aubier-Montaigne, 1977.

137. METRAL (Marie-Odile), *La famille, les illusions de l'unité*, Paris, Éditions ouvrières, 1979.

138. METZ (René), *La Consécration des vierges dans l'Église romaine*, Paris, Presses Universitaires de France, 1954.

139. MIGNE (abbé Jacques-paul), *Collection des Orateurs Sacrés*, Paris, Imprimerie catholique du Petit-Montrouge, 1844 - 1855.

140. MIGNE (abbé Jacques-Paul), *Patrologie latine*, Paris, Migne, 1844 - 1864.

141. MIGNE (abbé Jacques-Paul), *Patrologie grecque*, Paris, Migne, 1857 - 1866.

142. MOLIN (Jean-Baptiste), MUTEMBE (Protais), *Le Rituel du mariage en France du XIIe au XVIe siècle*, Paris, Beauchesne, 1974 (*Théologie historique*, n^0 26) .

143. MONTAIGLON (Anatole) et RAYNAUD (Gaston), *Recueil général et complet de fabliaux des XIIIe et XIVe siècles*, 1872 - 1890.

144. MONTAIGNE (Michel Eyquem de), *Essais*, éd. Alexander Micha, Paris, Garnier-Flammarion, 1969.

145. MONTIER (Edward), Le Mariage, lettre à une jeune fille, Paris, Association du mariage chrétien, 1919.

146. MONTIER (Edward), L'Amour, lettre à un jeune homme, Paris, Association du mariage chrétien, 1919.

147. MONTIER (Edward), *Lettre sur l'amour à celle qui ne se mariera pas*, Paris, Association du mariage chrétien, 1926 (3ᵉ édition) .

148. *Monumenta Germaniae historica*, Hanovre, Hahn et Berlin, Weidmann, 1826 – 1934.

149. MOUSNIER (Roland), *La Vénalité des offices sous Henri IV et Louis XIII*, Paris, Presses Universitaires de France, 1971.

150. MOUSNIER (Roland), *La Famille, l'enfant et l'éducation en France et en Grande-Bretagne du XVI au XVIIIᵉ siècle*, Paris, C. D. U. , 1975.

151. MUCHEMBLED (Robert), *L'Invention de l'homme moderne. Sensibilités, mœurs et comportements collectifs sous l'Ancien Régime*, Paris, Fayard, 1988.

152. MULLER (Earl C.) *Trinity and marriage in Paul*, New York, p. Lang, 1990.

153. MUNIER (Charles), *Mariage et virginité dans l'Église ancienne (Iᵉʳ – IIIᵉ siècles)*, Berne, Peter Lang, 1987 (*Traditio christiana*, VI) .

154. NAZ (chanoine Raoul), *Dictionnaire de droit canonique*, Paris, Letouzey et Ané, 1935.

155. NEELY (Carol Thomas), *Broken nuptials in Shakespeare's plays*, New Haven, Yale University Press, 1985.

156. NOONAN (John T.) *Contraception et Mariage, évolution ou contradiction dans la pensée chrétienne*, traduit de l'anglais par Marcelle Jossua, Paris, Cerf, 1985.

157. *Nouveau coutumier général*, Paris, Michel Brunet, 1724.

158. OUDOT (Charles-François), *Essai sur les principes de la législation des mariages privés et solennels, du divorce et de l'adoption qui peuvent etre déclarés à la suite de l'Acte constitutionnel*, Paris, Imprimerie nationale, 1793.

159. PAOLI (abbé Antoine), *Étude sur lesorigines et la nature du mariage civil mis en regard de la doctrine catholique*, thèse pour le doctorat en droit canonique, Paris, Retaux-Bray, 1890.

160. PERNOUD (Régine), *Isambour, la reine captive*, Paris, Stock, 1987.

161. PETIT (Joseph, éd.), *Registre des causes civiles de l'officialité épiscopale de Paris, 1384 – 1387, Paris, Imprimerie Nationale*, 1919.

162. PEYTEL (Adrien), *L'Union libre devant la loi*, thèse, Paris, Marchal et Billard, 1905.

163. PFRIMMER (Théo et Denise), *Vivre et aimer, l'aventure du couple aujourd'hui*, Paris, Le Centurion, Sciences humaines, 1972.

164. PIE IX, *Quanta cura et syllabus*, Office international des œuvres de formation

civique et d'action doctrinale selon le droit naturel et chrétien, 1964.

165. PILON (Edmond), *La Vie de famille au XVIIIe siècle*, Paris, H. Jonquières, 1928.

166. POISSON (Philippe), *Le Mariage fait par lettre de change*, Paris, Le Breton, 1735.

167. POITOU (Eugène), *Du roman et du théâtre contemporains et de leur influence sur les mœurs*, Paris, A. Durand, 1857.

168. POIVRE D'ARVOR (Olivier), *Apologie du mariage*, Paris, La Table Ronde, 1981.

169. POTHIER (Robert-Joseph), *Traité des contrats de mariage* (1768), Paris, Letellier, 1813.

170. QUERE-JAULMES (France), dir. , *Le Mariage dans l'Église ancienne*, Paris, Centurion, 1969.

171. *Recueil des historiens des Gaules et de la France*, Paris, Libraires associés, puis Imprimerie Nationale, 1738 – 1904.

172. *Réforme du mariage sans le divorce*, Montmartre, imprimerie Pilloy, [1848] .

173. RÉTIF de la BRETONNE (Nicolas-Edme), *Œuvres*, éd. Henri Bachelin, Paris, éd. du Trianon, 1930 – 1932.

174. REY-FLAUD (Henri), *Le Charivari : les rituels fondamentaux de la sexualité*, Paris, Payot, 1985.

175. RITZER (dom Korbinian), *Le Mariage dans les Églises chrétiennes du Ier au XIe siècle*, Paris, Cerf, 1970.

176. RONSIN (Francis), *Le Contrat sentimental*, Paris, Aubier, 1990.

177. RONSIN (Francis), *Les Divorciaires*, Paris, Aubier, 1992.

178. *Rotuli parliamentorum (Rolls of parliament)*, Londres, s. d.

179. ROUSSEL (Louis), BOURGUIGNON (Odile), *Le Mariage dans la société française contemporaine, enquête auprès de jeunes de 1830 ans*, Paris, Presses Universitaires de France, 1978 (INED, *Travaux et documents*, n° 86) .

180. ROUSSEL (Louis), *Générations nouvelles et mariage traditionnel*, 1979.

181. RUDOLFUS, «Des Frater Rudolfus Buch *De officio Cherubyn*», éd. Adolphe Franz, dans *Theologische Quartalschrift*, t. 88, 1906, pp. 411 – 440.

182. SAINTYVES, «Les trois nuits de Tobie ou la continence durant la première ou les premières nuits du mariage», dans *Revue anthropologique*, t. 44, 1934, pp. 266 – 296.

183. SANCHEZ (le père Thomàs), Disputationulm de sancto matrimonii sacramento tomi tres, Antuerpiæ, apud heredes Martini Nutii et Joannem Meursium, 1617.

184. SCHMITT, *Le Mariage chrétien dans l'œuvre de saint Augustin*, Paris, Études augustiniennes, 1983.

185. SCHRIJNEN (J.), «La couronne nuptiale dans l'antiquité chrétienne», dans *Mélanges d'archéologie et d'histoire*, t. 31, 1911, pp. 309 - 319.

186. SÉBILLOT (Paul-Yves), *Le Folklore de la Bretagne*, Paris, Maisonneuve et Larose, 1968.

187. SEGALEN (Martine), *Mari et femme dans la société paysanne*, Paris, Flammarion, 1980.

188. SEGALEN (Martine), *Amours et mariages de l'ancienne France*, Paris, Berger-Levrault, 1981.

189. SEIGNOLLE (Claude), *Le Berry traditionnel*, Paris, Maisonneuve et Larose, 1990.

190. SEQUEIRA (John Baptist), *Tout mariage entre baptisés est-il nécessairement sacramental?*, Paris, Cerf, 1985.

191. SHORTER (Édward), *Naissance de la famille moderne* (1975), Paris, Seuil, 1981. (coll. Points-Histoire).

192. *Sur le divorce en France vu par les écrits du XVIIIe siècle*, éd. Colette Michael Genève, Slatkine, 1989.

193. TELLE (Émile V.), *Éorasme de Rotterdam et le septième sacrement*, Genève, Droz, 1954.

194. TERTULLIEN, *Le Mariage unique (de monogamia)*, Paris, Cerf, 1988.

195. THEIL (Dr Pierre), *Histoire et géographie du mariage*, Paris; Berger-Levrault, 1969.

196. THOMAS D'AQUIN (saint), *Opera omnia*, Paris, Vivès, 1871 - 1878.

197. VANHEMS (Roger), *Le Mariage civil, sa formation, ses effets, sa dissolution, étude critique de l'idée de contrat*, thèse pour le doctorat, Paris, Arthur Rousseau, 1904.

198. VAN HŒCKE (Willy), WELKENHUYSEN (Andries) (dir.), *Love and marriage in the Twelfth Century*, Leuven University Press, 1982 (Mediœvalia Lovaniensia, 1, 8).

199. VENESOEN (Constant), *La Relation matrimoniale dans l'œuvre de Molière*, Paris, Archives des Lettres Modernes, 1989.

200. VENETTE (Nicolas), *Tableau de l'Amour considéré dans l'Etat du Mariage*, Amsterdam, J. et G. Jansson, 1687.

201. VERINE (Marguerite Lebrun), *Un problème urgent! L'éducation des sens*, Paris, Association du mariage chrétien, 1928.

202. VIOLLET (chanoine Jean), *Les Devoirs du mariage*, Paris, Association du mariage chrétien, 1928.

203. VIOLLET (chanoine Jean), *Le Mariage*, Tours, Mame, 1932.

204. WAUTIER D'AYGALLIERS (pasteur Alfred), *Les Disciplines de l'amour*, Paris, Librairie Fischbacher, 1926.

205. WESTERMARCK (Edward), *Histoire du mariage*, Paris, Mercure de France, puis Payot, 1934 – 1945.

206. WESTERMARCK (Edward), *Origine du mariage dans l'espèce humaine*, Paris, Guillaumin, 1895.

207. WESTRUP (C. W.), «Le mariage des trois premiers ducs de Normandie», dans *Normannia*, t. 6, 1, 1933, pp. 411 – 426.

208. WINDSOR (duc de), *Histoire d'un roi*, trad. Marie Madeleine Beauquesne et Georges Roditi, Paris Amiot Dumont, 1951.

209. ZOEGGER (Jacques), *Du lien de mariage à l'époque mérovingienne*, thèse, Paris, Rousseau, 1915.

附录 I

1990 年法国的婚姻状况

户数 年龄划分	无子女夫妇		有子女家庭		总户数
	已婚	未婚	已婚	未婚	
40 岁前	1 164 036 24.59%		3 659 960 75.41%		4 733 996
	513 820 44.14%	650 216 55.86%	3 040 728 85.18%	529 232 14.82%	
41～64 岁	2 164 208 32.93%		4 408 748 67.07%		6 572 956
	1 997 128 91.36%	187 080 8.64%	4 174 684 94.69%	234 064 5.31%	
65 岁以上	2 165 108 32.93%		317 324 67.07%		2 482 432
	2 057 440 95.03%	107 668 4.97%	305 488 96.27%	11 836 3.73%	
户数总计	5 493 352		8 296 032		13 789 384
	4 548 388 82.80%	944 964 17.20%	7 520 900 90.66%	775 132 9.34%	

数字来源：法国全国统计及经济研究所 1990 年人口统计（96）表 49，90 页；表 62，104 页；表 65，108 页。

502

法国从 1800 到 1993 年的结婚率

法国从 1800 到 1993 年的结婚率（‰）

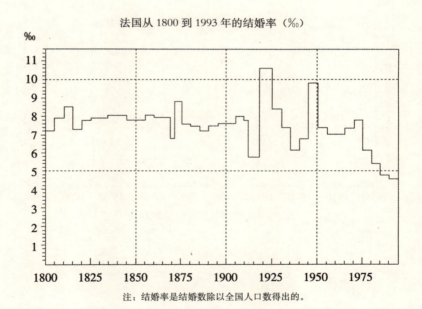

注：结婚率是结婚数除以全国人口数得出的。

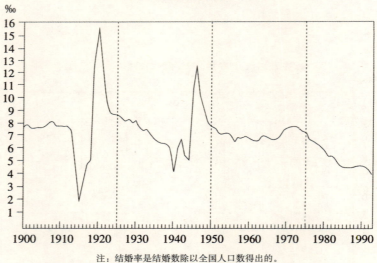

1900 年以来法国的结婚率（‰）

注：结婚率是结婚数除以全国人口数得出的。

译后记

　　国人一向称婚姻为"人生大事"。这部《西方婚姻史》讲的就是西方基督教社会的这件人生大事。书中讲述了西方婚姻从远古至 20 世纪演变的来龙去脉，描绘了婚姻在各个历史阶段的状况。世界上存在着许多不同民族，习俗虽各有差异，但在婚姻家庭这件事情上，西方也好，东方也罢，却都经历了大致相同的几个阶段，即从群婚制发展到一夫多妻制，再到一夫一妻制。不同地域，不同种族，在不同历史时段上都出现了这种大致相同的演变，似乎也不存在谁影响了谁的问题；个中原因，耐人寻味，因素虽多，或许也是人性使然吧？我们的主流说法是人性本善，西方人制定规则和制度的基础是人性本恶；撇开善恶不论，人性中存在着许多共通的东西，应该是确定无疑的。

　　人生在世，从开始认识事物起，在很长时间里，会觉得眼前的一切，从山川树木、花鸟虫鱼，一直到人际关系、社会习俗，都是自古已然，现在如此，将来也不会改变。待有了一定的生活阅历，学习了历史知识之后，这才发现，人类社会一直在发展变化，没有什么东西是一成不变的。历史上有些被当时人看作天经地义的东西，会让今人觉得匪夷所思；同样，我们今天视为天然合理、应该亘古不变的观念，说不定后人也会觉得不可思议，此正所谓"后之视今，亦犹今之视昔"也。比如，本书中提到中世纪的"责任婚姻"时，说当时的人认为婚姻只为传宗接代而设，因此，"如同爱情人那样去爱妻子，是不道德的"。看到这种说法，我们就会觉得费解。

那么，现代形式的婚姻和家庭，是否就能亘古不变呢？这是谁也无法肯定的。可以肯定的只有一点，即家庭形式将随着社会的发展而变化，而且会越变越合理，但不会像有些"心怀叵测"的人想的那样，变得混乱无序。

一夫一妻制本非我们民族的传统，我们的文化糟粕之一就是有权势的男子可以一妻多妾。"脏唐臭汉"不用说了，就是到了最后的清王朝，皇帝也还是"三宫六院"，王公们也还是既有福晋又有侧福晋，民初的军阀官僚更是妻妾成群，以至于民国初期的一班仁人志士竟以"不纳妾"相号召。历史发展到今天，婚姻家庭状况也还是不尽如人意的，比如常常可以听到的"婚姻就是搭伙过日子"的说法，比如常常可以见到的家庭暴力，等等。"告诸往而知来者"，这是读史的好处，对社会学家以外的一般读者来说，这本《西方婚姻史》大约就能起到这样的作用，给人以启迪。

西方文明是基督教文明，在婚姻家庭问题上，教会的影响无处不在，与我国的传统大不相同。从这个意义上说，这本书也算是为我们展现了一片异域风光。

辜鸿铭曾有专文论述中国人和法国人的性情，结论是两者相近。是否如此，还可以继续研究。不过，揆诸学术著作，却似乎并不尽然：国人的巨著，往往让人觉得有点像板着面孔说话，而法国人写的东西，却多语言活泼，例子生动，读起来轻松，有时还会让人忍俊不禁。这部《西方婚姻史》就有这样的特点。作者让-克洛德·布洛涅生于1966年，是个学有专长的青年才俊。他集诗人、小说家和历史学家于一身，也写随笔，功力深厚。所以，即使写《西方婚姻史》这样的历史专著，亦能以轻松流畅的文笔出之，使读者不觉沉闷。时下某些"半瓶醋"学者往往故作英雄欺人之语，靠一些十分前卫的词语唬人，两相比较，正不可同日而语。

读者诸君手里的这部《西方婚姻史》是重译本，初译本是2008年4月出版的。重译过程中，发现错漏之处，所在多有，虽均予以改正，但本人深知译事艰难，交稿之后，仍不免心怀忐忑。一部社会学专著，最好由此道中人译介，而区区乃一译手，说"外行话"、不妥乃至讹误之处，在所难免，这是译者自知而且要请方家教正的。

赵克非

2020 年 3 月

图书在版编目（CIP）数据

西方婚姻史/（比）让-克洛德·布洛涅著；赵克非译. —上海：上海文化出版社，2020.7
ISBN 978 - 7 - 5535 - 2017 - 9

Ⅰ．①西… Ⅱ．①让…②赵… Ⅲ．①婚姻-历史-西方国家 Ⅳ．①D581

中国版本图书馆 CIP 数据核字（2020）第 096035 号

《Histoire du mariage en Occident》by Jean-Claude BOLOGNE
© 1995 by Editions Jean-Claude Lattès
Simplified Chinese edition copyright © Shanghai Culture Publishing House, 2020
All rights reserved

图字：09 - 2020 - 519 号

出 版 人：姜逸青
策　　划：小猫启蒙
责任编辑：赵　静　任　战
封面设计：DarkSlayer

书　　名：西方婚姻史
作　　者：［比利时］让-克洛德·布洛涅
译　　者：赵克非
出　　版：上海世纪出版集团　上海文化出版社
地　　址：上海市绍兴路 7 号　200020
发　　行：上海文艺出版社发行中心
　　　　　上海市绍兴路 50 号　200020　www.ewen.co
印　　刷：上海盛通时代印刷有限公司
开　　本：890×1230　1/32
印　　张：16.125
版　　次：2020 年 8 月第一版　2020 年 8 月第一次印刷
书　　号：ISBN 978 - 7 - 5535 - 2017 - 9/K.225
定　　价：78.00 元
告 读 者：如发现本书有质量问题请与印刷厂质量科联系 T：021 - 37910000